漯河印记·文史资料集萃

抗战岁月

政协漯河市委员会 编

吕 岩 主编

中国文史出版社

《漯河印记·文史资料集萃》编委会名单

序

漯河市政协主席　吕岩

沙河、颍河如两条闪亮的丝带，从漯河大地上穿境而过，亘古不息。她们忠实地记录了这块土地上演绎的故事。

远古时期，这里是先民们刀耕火种、开拓缔造的摇篮。一万年前，黎明时分，大岗之上响起“哼育！哼育！”的号子声，穿着兽皮、草裙的男女以打制石器、烧制陶器、狩猎采撷为生；八千年前，贾湖部落在悠扬的骨笛声中，走出地穴，走下干栏，把美酒洒向天空，祈愿稻粱早日成熟；越千年，郝家台上筑起了一座城，以黑陶的名义宣示着薪火相传、生生不息的文明；三代连绵交替，留下了动人的传说、英勇的故事、壮阔的城郭；两汉以降，汝水、颍水成为行政区划重要地标，流域之内渐趋繁盛，文化遗存星罗棋布；直至平汉铁路通车，河上街始现市镇雏形。

近现代以来，国家命运多舛，洪波涌起、激浊扬清，推翻“三座大山”成为主旋律。铁路工人在“二七”怒潮中率先觉醒，中国共产党的组织在三县生根发芽。北伐战争如火如荼，将士热血沃四岸；救亡图存浪潮席卷，民先春笋立百竿。抗日战争时期，先后走出了沈东平、赵伊坪、李曾志等著名英烈，也涌现出效信�、蔡永令、支天雷等地方武装和孤胆英雄。三年横扫残章，中国人民解放军二野四兵团诞生在此，“打过长江去，解放全中国”唱出了浩荡绝响。

新中国成立七十年，社会主义在探索中前进，汝颍大地同样发生着翻天覆地的变化。特别是改革开放的东风唤醒了城市和乡村，创造出一个个历史性的奇迹。1986年区划调整，漯河向区域性中心城市迈开新生的步伐；1992年创办内陆特区展示了敢为人先的胆识与气魄；南街村一枝独秀率先实现了亿元梦想；双汇集团日益增长成为全球领先。

七届漯河市政协恰逢三十而立，一批地方文史学者提出整理建市以来前三十年《漯河文史资料》的设想，这无疑是顺应文化复兴潮流，彰显地方文化特色之良策。文史资料工作是人民政协重要的基础工作，具有不可替代的“存史资政，团结育人”作用，支持这个动议理所当然。整理工作专班历时三年多的时间，从浩繁的文史稿中精选出689篇，逐篇审读，删繁补简，纠正讹误，做必要的注解和附录，达到了“去伪存真，去粗取精”的目标，并几经研讨，提出了按目分类的出版方案。

抚摸案头的十二册书卷，不能不感佩历届政协委员和社会各界人士的辛勤耕耘，赞叹三十年来政协文史工作者的孜孜追求。其成果必将成为漯河记忆里弥足珍贵的见证。

今天，漯河已经进入新时代，正阔步走在建设社会主义现代化，实现中华民族伟大复兴的新征程上。许多时点熠熠闪光，许多人事灿若星辉，也期待更多的人秉笔记录，让后来者因我们而更加自豪，也因我们而更加发愤。

本丛书定稿恰逢中国共产党百年华诞，谨以初版献礼志庆。

2021年6月19日于许慎故里

卷首语

1937 年 7 月 7 日，侵华日军炮轰宛平县城 (今卢沟桥镇)，制造了震惊中外的“七七事变”，日本军国主义蓄谋已久的全面侵华战争开始。随后 , 日军从豫北、豫东向中原腹地侵犯，多次对漯河进行轰炸，制造了“芟白坑惨案”等一系列惨案。1938 年 6 月 9 日，国民党军在郑州黄河花园口决堤，阻止日军西行。黄河水从花园口向东南方向顺贾鲁河奔腾而下，豫、皖、苏数十县顿成泽国，形成了一条新黄河，迟滞了日军西进，漯河及豫西仍为国民党统治区。1944 年 4 月，日军发动河南战役，37 天攻陷豫西 38 座县城。5 月初，临颍、郾城、漯河、舞阳相继沦陷。日军铁蹄所至，杀戮我同胞、奸淫我姐妹、焚烧我房屋，野蛮残忍之极，“小沟张大屠杀”“火烧老应惨案”等骇人听闻，漯河大地惨遭蹂躏，到了国破家亡的生死关头。漯河人民在党中央的英明领导下、在当地党组织的带领下、在抗日民族统一战线的旗帜下，万众一心、救亡图存、同仇敌忾，同八路军、新四军一起创建了多块抗日根据地，抗击日伪，保卫家园，最终迎来了抗日战争的最后胜利。1945 年 9 月 22 日，驻豫一大部日军在漯河投降，漯河民众筑路、建亭、立碑予以隆重纪念。

本辑收录的抗战岁月里在沙颍大地涌现出来的人和事。这些资料或以回忆，或以专题形式，从不同侧面记述了漯河市现辖区域及相关范围内，当地人民在中国共产党领导下开展抗日救亡、建立广泛的抗日民族统一战线、创建抗日根据地武装、抗击日伪、取得并庆贺抗战胜利等有关史料，揭露了日本军国主义者对沦陷区民众奸淫烧杀、无恶不作的滔天罪行，反映了漯河人民保土卫家、共赴国难、不畏强暴、浴血奋战的壮烈业绩和救亡图存、敢于胜利的民族情怀及高度的爱国主义精神，从漯河地方局部表现出中国人民“抗日战争是战争史上的奇观，中华民族的壮举，惊天动地的伟业”这一历史事实。

铭记历史，缅怀先烈，珍爱和平，开创未来！《抗战岁月》对我们回顾党的光辉历程，讴歌党的丰功伟绩，充分展示在党的领导下漯河人民抵御外来侵略而英勇斗争的家国情怀，弘扬漯河红色文化，进一步充实、丰富政协文史资料，将产生积极的作用。

整理过程中，我们主要是以文史资料整理的基本方式、方法为遵循，参照中国古籍整理的规范，遵照原文为前提，用“校、勘、注、删、考、附、表、图”等手段，使原文文字进一步准确、无误，使内容更为丰富、相对完整、文图并茂，达到预期效果。除去查阅文献、翻阅资料等常规性的工作外，我们重点对一些人名、地名、村名和年代等进行了核对，做了细致修改，对一些必要的事件、人物、相关文献作了注释，并对少量文字作了较为规范的技术性处理。纵然如此，在编写过程中，因所记内容宽泛、涉及庞杂，资料量大而广，可资参考者不足，加之笔者学养所限，故难免有疏漏与不足，还望读者见谅并不吝赐教。

编　者

2021 年 12 月

目 录
Contents

敌寇暴行

不能忘却的记忆 …… 孟防溢 003
回忆给日寇当苦力 …… 杨海泉 005
茨白坑惨案记述 …… 张福祥 008
坡刘惨案——日寇在郾暴行之一 …… 范子文 011
忆日寇活埋沈庄八人的滔天罪行 …… 阎春标 013
日特大信公司在舞阳的建立及其活动 …… 胡德周 014
1944 年临颍县沦陷记 …… 李子安 016
日本侵略者在舞阳的暴行 …… 侯一民 夏跃进 董晋生 019
回忆日军侵占漯河犯下的滔天罪行 …… 李清合口述 邢富功整理 023
日本侵略军暴行杂记 …… 吴丰奎 026
侵华日军在舞阳的暴行 …… 胡德周 029
河状村的一次浩劫 …… 张付春 033
日伪在漯河的罪行 …… 应时雨 刘西森 035
日军在漯河的罪行点滴 …… 邢富功 042
冷饭店据点的建立及日寇的暴行 …… 郭应臣 045
皇协军绥靖第一师的组建及其罪恶 …… 刘传银 胡德周 048

战火硝烟

回忆抗战期间八路军晋豫边游击队的战斗生活 …………… 孙　坚 059
回忆在抗日挺进军第十五团的一段生活 ………………… 周声远 067
挺进河南（节选）………………………………………… 黄　林 076
郾漯抗日保卫战简述 ……………………………………… 孟新安 087
漯河抗日保卫战简述 ……………………………………… 邢富功 095
新四军五师部队在舞阳的战斗过程 ……………… 刘传银　胡德周 099
叶舞支队的组建与战斗 …………………………… 应时雨　范振江 106
寺山战斗 ……………………………… 胡德周　张遂义　王红霞 118
李楼战斗 ……………………………… 胡德周　张遂义　王红霞 121
抗日战争时期舞阳县武装抗日斗争 …… 刘传银　胡德周　韦春宇 124
尹集战斗 …………………………………………………… 刘志甲 131
在舞、西抗日斗争中的一段回忆 ………………………… 王仿禹 135
袭击驻开封日军原田师团亲历记 … 李勋甫口述　钟　声　李自堂整理 141
关于大石门战斗的考证 …………………………………… 夏跃进 148
河南挺进兵团在舞阳 ……………………………………… 夏跃进 160
舞阳的抗战概况 …………………………………………… 胡德周 175

救亡运动

漯河人民在抗日战争中 ……………………… 漯河市史志档案办公室 185
抗战实况漫忆录 …………………………………………… 周声远 190
国难记忆 ……………………………… 秦国藩口述　穆喜才采写 202
郾城县抗日巡回宣传队 …………………………… 应时雨　李　辉 206
战教团在舞阳的抗日宣传活动 …………………… 范振江　胡德周 212
抗战初期的临颍抗敌后援会 ……………………… 谷水林　周书亚 217
河南省青年救亡协会在舞阳成立 ………………… 胡德周　王春生 222
抗日战争初期舞阳县的抗日救亡运动 …………… 胡德周　王春生 227

抗战期间的郾城县砖桥抗敌“动委会” …… 李　辉 234
舞阳县抗日民主政府的建立 …… 胡德周　王春生 238
活跃在敌后的郾城铁路工人抗日破坏队 …… 于永生 242
平汉铁路工人破坏队追踪 …… 范奎恩 244

抗战漫忆

抗战前期的中共豫中地委 …… 刘西森 251
豫中地委、河南省委在舞阳 …… 刘志甲 260
铁山风云——豫中抗日根据地回忆 …… 周声远 262
建立在抗战胜利前夕的郾上西抗日民主政权 …… 李　辉 278
略述抗日战争时期舞阳县党的建设与统一战线工作 …… 胡德周 283
八年的回顾 …… 胡赞扬 290
抗战初期舞阳县地下党对敌斗争的片段回忆 …… 梁　毅 321
抗战老兵纪事 …… 潘丽亚　吴艳敏 330
抗战老兵辛国芳 …… 范奎恩 342
临颍抗日二三事 …… 王素娟 345
机智勇敢杀敌寇 …… 张锡源　张付春　范子文 348
乾勒桥的战火 …… 冯建堂 359

受降记忆

受降，漯河清晰的抗日记忆 …… 张旭坤 365
刘峙在漯河接受日军投降轶事 …… 谭星白 369
受降亭建造始末 …… 郭尚武　马树奇 370
1945 年日本侵略军在漯河投降经过 …… 马树奇 372
日本侵华军在漯河的投降经过 …… 邢富功 376
鹰森孝之外另有一名日军中将在漯河投降 …… 郝河庆 379

后记 …… 385

敌寇暴行

不能忘却的记忆

孟防溢[①]

1944 年 5 月上旬，日军侵入郾城县。当时我正上小学，时年 15 岁。

一天上午，传闻日本鬼子快要进村，刹那间人心惶惶，想法逃难。我母亲收拾些衣物，父亲牵上心爱的黄牛，驮些粮食，逃离家门，直奔武庄村外祖父家。这天下午，又听传闻鬼子快进村了，无处再逃，只得藏到屋棚子上躲避。棚子铺两层秫箔，放些杂物，5 口人都上了棚子，只剩黄牛拴在院子里。

上棚子不久，就听到村上人声嘈杂，鸡鸣狗叫，掺杂有枪声。天快擦黑时，鬼子闯进院子乱叫，摔打东西乱响。屋门虚掩着，一鬼子踢门进屋，不见人影，气急败坏，举起枪上刺刀，照棚子上乱扎乱戳，我们险些丧命。鬼子折腾一阵，又恼羞成怒，便在院子里的牛身上出气，用切菜刀把牛杀死，在牛屁股上割两块肉窜走。我们一家人抱住牛尸哭成一团（因种田靠耕牛，牛是一家人的命根）。

后来，我们又扶老携幼，辗转逃难到张德武村一带。外逃将近半月，麦子近黄熟，听说日军已组织起地方政权，乡亲们纷纷返回家园，准备收麦。

我们回到家门，面目全非，狼藉不堪，家具炊具都砸烂，最可恨的是鬼子把屎屙到面缸里，苍蝇乱飞，蛆虫乱爬。

7 月下旬的一天，我到武庄村看望外祖父，亲友们纷纷控诉日军烧杀奸淫的残暴罪行。一位老太太，声泪俱下地倾诉鬼子在打麦场上强奸

---

① 孟防溢，男，汉族，1929.5—1998.5。漯河市郾城县孟庙镇孟庙村人。1948 年参加革命工作，曾任县报社编辑，郾城中学、孟庙高中、石槽赵小学、孟庙何庄小学、蒋堂学校、五七高中、郾城二中、郾城实验中学等教师。

孕妇的罪行，使人义愤填膺。

这天下午，我从武庄村回家，路经陈庄与薛赵村之间一打麦场附近，见一扎单辫少女，提个篮子像是下地剜草。这时从西村走出个鬼子，头戴扑扇帽，背着枪，他瞅见少女，像饿虎扑食地奔跑过来，高声吆喝着："花姑娘，花姑娘！"少女吓惊了，就躲藏在一个麦秸垛后面。可是鬼子仍不放过，围着麦秸垛追撵，撵了几圈，少女无奈，就钻进场边埋人高的高粱地里，鬼子仍穷追不舍，也紧跟着追进高粱地里……

10月中旬的一天，村上的派工头到我家给日军派工修公路，父亲患疟疾卧床，我失学在家，虽身小力薄，可也只有我去顶工。我和爷儿们一起来到八里庙村西修路工地（今107国道处）。民工们怀着满腔仇恨，消极怠工，但日军也看透了人心，就加大监工力度，派很多鬼子荷枪掂棍上工地。

鬼子在汉奸配合下，来回走动，高声吆喝："干呀，干呀，不干小心脑袋！"我平时忍饥受饿，抬不动大筐土，爷儿们照顾我装筐，其实我连筐也懒得给鬼子们装。

大家正磨着干着，我发现一个鬼子，满脸横肉，三棱眼，一撮胡，手持鸡蛋粗的一根棍，走近一青年民工，厉声喝道："你的不干，坏了坏了的！"骂着就劈头盖脸打去，棍子一断两截，民工血流满面。可是鬼子还不住手，又把那位民工推倒，骑在他的身上，拾起断棍，哈哈大笑，继续抽打……其惨景实在令人目不忍睹，民工们怒目喷火！

也就在这个时候，路过我身边的一个鬼子，他认为我精力分散，干活没劲，就照我腿上狠踢一脚，他那翻毛皮靴的掌钉，挂烂了我的裤子，踢得腿上鲜血直流，双腿着地。爷儿们赶忙把我扶起，我照鬼子走去的背影，狠狠吐了一口唾沫，心里骂道："狗日的，没好下场！"我深深地记着这就是亡国奴的滋味，至死不忘。

选自1995年《漯河文史资料》第六辑

回忆给日寇当苦力

杨海泉[①]

1937年7月7日卢沟桥事变后，日本侵略者疯狂地向我内地大肆进攻，先后占领我华北、沿海各大城市。1944年，日军用飞机、大炮又先后轰炸占领了豫东和许昌、漯河、临颍一带。日本人的“三光”政策，不知害了我们多少同胞。尤其在我们临颍一带，老百姓更是陷入水深火热之中，苦不堪言。

1944年，我刚24岁。那时家贫如洗，父亲携全家老幼四口人逃荒到汝南给大户人家当佃农，撇下我一人到西华县宋庄外祖父家中寄居。外祖父和外祖母年纪高迈，家无别人，衣食无着，生活亦有困难；而我又患有严重的黄肿病，脸上黄得透明，外号被叫作“老黄”。外祖父、外祖母死后，我无依无靠，生活更是困难。为混碗饭吃，维持生命，我曾给人家当过佣工。不久，日本人为修复平汉铁路，向农村要大批“苦力”去做工。“苦力”条件是：年龄在18岁以上，身体强壮，能干重活。大户人家摊上“苦力”，掏钱觅一个，替他卖命就行了，小户摊上“苦力”只好自己去。我当佣工，主人当然叫我替他当“苦力”。我记得晚去了一天，保勤务还恶狠狠地说：“你赶快去吧！去晚了，还要挨打骂哩！做工地点在许昌南关。”那天，我沿着铁路线往北走，白天没走到，夜晚继续赶路，半夜时赶到大石桥。尚未立足，暗处一日本兵突然端着上刺刀的枪，大吼一声，向我刺来，当时我猛然想起了临来时保长嘱咐我的话：“见了日本人称大大的皇军，我是‘苦力’。”于是我说“苦力”。日本兵听后收了枪，看了我一下，叽里呱啦说的不知是什么。我听不懂，只管硬着头皮往北走，吓得出了一身冷汗，心内“扑通扑通”

① 杨海泉，临颍县人。1921年生。曾任乡长，离休。

直跳。天不明到了施工地点。在许昌做了几天工，又被弄到商桥施工。“苦力”们都是徒步而行，成群往施工地点走，我走在后边。行至中途，遇到了汽车，日本兵给我摆手，让我上了他的汽车。车上载的是日本兵，嘴里都吃着东西。

一个日本兵用枪指着我说了几句日本话，我听不懂，心里很害怕，怕他们用刺刀捅死我，吓得出了一身冷汗，但还得强装笑脸说，大大的皇军，我是“苦力”。到了商桥火车站，汽车停住了。下车后，找我们的“苦力”同伴时，看见车站西边树林内有好几个日本人，光着身子，让中国人给他们抹澡、擦灰，难看极了。这些日本人就像猪躺在杀猪床上，让人给煺毛一样。

临颍城东各保所有“苦力”都集中在商桥火车站，由各保负责人划分工段，施工区是商桥至漯河铁路线。开始施工时正是中秋季节，那几天，阴雨连绵，一直下了半个月，路途泥泞，行走困难，走在地里淤一尺多深，而且所有“苦力”头上无雨具，身上无衣换。当时我脚上穿的是一双单鞋，也烂得不能穿了，只好赤着脚走，下边的石子、砖渣和蒺藜，把脚刺得钻心疼，再加上吃不饱饭，更是苦不堪言，真称得是“苦力”了。在那10天的苦困多雨的日子里，不但不停工，而且更紧张了。有一天下大雨，他们将50多个“苦力”编成四组，其中挑选了12人为突击组，我是其中一个。这个组专摆电线杆子。大电线杆每根3000多斤，小电线杆也有2000多斤，干这活比其他组出力要大得多。施工第二天，雨下得更大了。任务也更紧了，日本人又叫我们组加班加点。施工时，他们还在旁边监视着，大声吆喝着，谁偷懒就用棍子打。当天下午，正在漯河桥南头埋第一根大电线杆子时，我肚里饿得实在顶不住了，头也晕了，身上的衣裳湿透了，冷得直发抖，但还得强装姿势随着大伙干下去。不巧，在旁边监工的日本人看我不卖力气，用拳头狠狠地向我头部打来，还用脚跺我几次，把我打倒在地，但我怒火满胸膛，两眼直瞪着日本人，咬紧牙根，握紧拳头，内心一直想反抗。狡猾的日本人看我不服气，就又怒气冲冲地向我头部打来，直打得我两耳和嘴里流出鲜血，染红了日本人的双手。我被打得脸上青一块紫一块，两个耳朵像拉风箱一样，“呼呼”地轰鸣，别人说话也听不清了。我想，日本人这样野蛮地对待我，想打死我，我是一定活不成了。同伴见我伤势严重，心里很同情，可谁也不敢给我找医生看，谁也不敢讲情，谁也不敢反抗。回到住处时，同伴们想到我的遭遇和他们被棍打脚踢的情景，忍不住都放声哭了起来。停了一会儿，有的给我擦擦血，找点药敷，有的给我弄点吃的。第二天，还得风里来雨里去，忍着疼痛照常做工。那时的“苦力”真是血泪斑斑，苦不堪言。

日本侵略者没有好下场。终于在 1945 年 8 月 15 日无条件投降了，这是何等愉快的事啊！我们听到这个喜讯，个个悲喜交加，泪流满面。今天，回忆起当年亡国奴生活的切肤之痛，更加珍惜现在的美好生活。

选自 1995 年《漯河文史资料》第六辑

茭白坑惨案记述

张福祥①

1938 年农历七月下旬一天下午的 1 点多钟，9 架日本侵略者的飞机呈品字形排列自东南方向飞临漯河上空，盘旋之后对市区（主要是火车站附近）进行狂轰滥炸，其中的两颗炸弹丢进茭白坑，炸死我同胞 200 余名、伤数十人。一时间，茭白坑血肉横飞、死伤枕藉，断头折足、腹破肠开者比比皆是，其呼天号地之声，令人不忍耳闻，血肉模糊之象，让人惨不忍睹。这是抗战以来漯河最大的一次惨案，也是日本军国主义在漯河的一次大暴行。

死难者中，大半是电影院附近华平街及马家院一带的回民同胞。1938 年 6 月，日军攻下开封，开封的回民逃难到漯河投亲靠友。如市清真南寺伊斯兰教协会委员刘二斋的姑姑一家，从开封来到漯河后才一个多月，7 口人在茭白坑被炸死 6 口，仅剩下一个两岁多的男孩；他的表嫂一家从武汉躲避日本人来漯，在茭白坑全被炸死。刘二斋的母亲和哥哥也在茭白坑中丧生，哥哥再过三天就要举行婚礼。全家 8 口人，转眼之间剩下父亲、他、两个弟弟和一个刚过百天的妹妹。他的父亲痛不欲生，顿足捶胸号啕大哭。刘二斋老人说到这里，虽然事隔 50 多年，还是泣不成声，悲哀不止。

华平街朱献堂一家 7 口人炸死 6 口，只剩朱献堂一个孤寡老头。

笔者采访的茭白坑惨案的幸存者，是 77 岁的王景，她是那次惨案当事人中现在唯一还活着的人。老太太很健康，头发微有花白，性格开朗随和，身旁放一拐杖，她的一条右腿没有了。谈及当时的情况，王景

① 张福祥，1932 年出生于漯河，高中学历。曾在漯河市文化馆、文联、干部文化学校、市供销社工作。

老人说，她母亲和弟弟跑得慢，落在后边，皆被炸死，她和姑姑刚趴在茭白坑围墙下（坑周围有土墙，高约二市尺），炸弹就落了下来，她趴在姑姑身上，姑姑幸免于难，可她的右腿膝盖以下都被炸碎了。飞机过后，抢救人员把她抬到花米坛救济署（现三中院南边），当天晚上又被抬到美国医院将腿锯掉。王景还说，邻居张好仁的两个女儿小静、小现，都是她小时候的好朋友，当时都才十四五岁，姐妹俩双双被炸死。在不足半个小时的采访中，王景老太太数次泣不成声。

另据82岁的市人民公园退休职工吴长顺说，他当时在杨靖宇开的大新面粉公司工作。茭白坑被轰炸后，他到茭白坑去看，但见附近草地树上挂的有人头，其中有南菜园于满堂的父亲还留有长辫子，他的头挂在一棵树上，能看得最清楚。其他肠子、五脏、断手、残足到处都是，还有好多带血的衣裳被炸得一片一片的。最令人不忍目睹的是，一位年轻的孕妇腹部被炸破，婴儿在外露着。吴长顺说，当时我看着心都碎了，日本侵略者心真狠呀，他们是想叫我们亡国灭种啊！

吴长顺接着又说：事过七八天之后，杨会长（杨靖宇当时任漯河商务会长）对我说："小吴，和丰后花园咋恁臭呢？你去看看。"我到了和丰（和丰转运公司也是杨靖宇办的，地址在现马路街东段路南农业银行和交通路源汇区公安局院一带）找到花匠老刘。老刘说："想不到茭白坑的人肉会被炸到这里，茭白坑少说离这也有100米，我们两三天才打扫完。"我传杨会长的话说："后花园还很臭。"我们两人到后花园寻找一遍，也没发现什么。最后，我让老刘搬个梯子到花厅上看看。我上去一看，只见花厅卷棚布上有一条三尺多长的男人腿，已腐烂发臭。

茭白坑的死难者大多为回民，当时本着人道主义和同情心理，政府当局把死者不分回汉都埋在回民义地（现市公园东南角一带，茭白坑南数百米处）。10月末，我去那里采访，公园沿八一路北侧正在盖房，建筑工地上还挖出不少骷髅。今年8月间，为纪念抗日战争胜利50周年，回民兄弟姐妹还来到当时的义地（现在的公园白果树园），举行纪念会，王景、刘二斋、杜学炎都发言控诉日寇犯下的滔天罪行，市电视台录了像，连着播放了好几天，对青少年进行爱国主义教育起到很大作用。

日本帝国主义侵略中国以后，除在战场上和沦陷区杀人放火、奸淫掳掠外，还对全国的城市进行狂轰滥炸，企图造成一种威慑力量，妄想使中国人民屈服，但这更激起全国人民的抗日决心，全国人民怀着深仇大恨，毅然决然奋起抗日，直到日本帝国主义无条件投降。

作者注：

1. 茭白坑：茭白是一种水生蔬菜，长得像甘蔗高，剥去叶像笋一样可食。现在江浙一带普遍种植。当年杜学炎的父亲将其引种到漯河。茭白坑地址，据 70 岁高龄的杜学炎先生（市伊协主任委员）领我到现场探寻。坑东沿在现人民西路农贸大厦西山墙处，南至人民西路自行车道中间，西至食品厂大门以东，北至电影院南墙后，面积约 400 平方米。当时茭白长得很茂密，人们以为躲进茭白坑飞机看不见，所以都成群结队跑了进去。

2. 日机轰炸茭白坑的时间众说不一，即便是当事人也记不准确了。根据我的采访和查找的文字资料，1938 年农历七月十七日（这年闰七月，是前七月十七日）比较可信，这是日本侵略者第一次轰炸漯河，七八十岁的老人大都还有印象。1938 年即民国 27 年，农历戊寅年；前七月十七日即公历 8 月 12 日，那一天是星期五。

选自 1995 年《漯河文史资料》第六辑

坡刘惨案——日寇在郾暴行之一

范子文[①]

坡刘村，距郾城西北17公里，北与商桥镇西大坡相毗邻，属裴城镇。54年前，这里发生了一起日寇灭绝人性的飞机轰炸惨案。笔者事后曾亲临现场，其间耳闻目睹，至今思之，仍悲愤交加，心中久久难以平静。

1941年日寇侵占西平县后[②]，即派飞机对郾漯进行狂轰滥炸。同年1月28日（农历正月初二），漯河寨内各街遭到37架敌机轰炸，死伤数百人。接着，敌机又飞到郾城，顺着目标明显的北大街，自南向北，投了无数炸弹。郾城城内群众人心惶惶，纷纷向城外逃出，大小车辆，挑挑担担，运载着家中的衣被及过年的食物，到远处乡下的亲戚或朋友家中避难。1月30日（农历正月初四）郾城县长刘焕东，如丧家之犬带着他的一班贴身家将及县自卫队，四五百人，强迫群众拉了几十辆铁轱辘车（农家生产用的车），带上县政府所有的、能拉走的粮食、办公、生活等用品直奔郾城西北、距城较远、交通闭塞的坡刘村。县政府设在坡刘东街西端路北一座庙宇后的地主楼院内，县自卫队几百人分散到坡刘附近各村隐蔽，所拉的物资用品，还没有找到卸货地方，暂放在南街路两旁，牲口亦在路两旁拴着，有200多米长。被抓去赶车的农民在街上住户的大门下或一些车棚里休息着。刘焕东县长及一些爪牙龟缩在防空

① 范子文，郾城区人，1921年生，1949年参加工作，曾任郾城一中，孟庙、商桥、李集等乡镇高、初中教师，1985年离休。

② 1941年1月25日豫南战役开始。集结于信阳一带的日军第十一军沿平汉线向北推进，曾占领汝南、上蔡、遂平和西平、舞阳部分地区。28日，敌机30余架分批飞扰漯河。2月9日前后，受新四军五师进军敌后的牵制，敌各部缩回原防，豫南战役结束。

洞里。

翌晨8时许，3架日寇飞机从东南向坡刘村飞来。远远看着像几只乌鸦似的，有的村民还高呼着“飞机来了”，引颈而望。飞机围绕地面，自东向西在坡刘村上空盘旋了一周，然后由西向东拐头顺坡刘村南街撒下一片黑点。当时群众没有防空知识，目光跟着飞机不断瞭望，甚至有的还在看这些黑点是怎样往下落的。接着，“轰隆、轰隆”一片爆炸声，满街硝烟、咫尺难辨，哭叫声、呼救声、牲畜狂嚎声汇织在一起，构成了惨绝人寰的凄惨景象。

我胞弟范富兰，头一年被抓壮丁到县自卫队当兵，亦随之到了坡刘。这天被迫在县政府南小庙门口站岗，结果左胸被炸，死于庙门之下。坡刘村南街路西田芳妮，听到飞机来了，急忙向大门外躲避。刚出门，炸弹落下，腹部被炸，栽倒在大门外死去。南街路东一老年妇女秦好荣，早饭后在大门下纳鞋底，日机炸弹恰好对着她落在街上，结果头被炸了一个窟窿。西街路南，一发炮弹从一家的草房顶穿透落在屋内，结果房子被轰塌，连炸带砸而死的有二人。按当地旧俗，农历正月初为走亲戚的高峰期，在东西街上有8个走亲戚的也被炸死炸伤。

更惨者，莫过于车夫、牲畜，满街血肉横飞，尸体模糊。街两旁树枝上，挂着不知是人，还是牲畜的肠肚，墙壁上被溅得血迹斑斑；有的牲畜被炸得断了腿，有的掉了头，有的身上被炸成洞，有的皮毛被炸脱，横挺竖卧，满街血流。不少车辆弄得零零散散，无数物资抛得遍地狼藉。此情此景，人人视之，无不悲悯；斯惨斯状，个个闻之，无不痛斥。闻讯我弟被炸死后的第二天，同二伯父一起到坡刘去认尸体，犹见被轰炸的惨状。坡刘村遭日寇飞机轰炸，计被炸死群众（包括车夫）25人，伤18人，牲畜炸死19头，伤12头。

选自1995年《漯河文史资料》第六辑

忆日寇活埋沈庄八人的滔天罪行

阎春标[①]

日本鬼子活埋沈庄8人时，我已12周岁了。

由于日本鬼子进入中原犯下了滔天罪行，引起众怒难忍，尤其是公路两旁（现在是107国道）村庄的群众更是对日本鬼子恨之入骨。就在1944年的正打小麦时，有一个日本兵，路过现在的商桥镇沈庄村时，几位打场的农民，有的拿上木棍，有的掂着打麦场用的杈把，也有的手持大刀，准备打死这名日本兵。突然从村南过来了两个骑马的日本兵，还带着洋狗、背着枪，走到这个日本兵身边，把这名将要挨打的日本兵拉到马上极快地跑了。当时，日寇的师部在现在的王店村，谁知他们是到师部报告去了。师部马上派了两个骑兵班，全副武装，还带着狼狗，向沈庄村扑来。发现鬼子进村后，村民们东躲西藏，有的藏到麦垛里，有的藏到屋顶棚子上，中、青年妇女脸上抹上灰，穿上老色衣，变成了老太婆。没来得及躲藏的沈怀张、沈土领、沈金领、沈法治、沈西台、沈兰台、沈甲祥之妻，还有一个路过沈庄的商桥人吴合梁8人，全被日本兵抓了起来。对这8名无辜的农民，先是扒光衣服进行毒打，后用一根铁丝穿住每个人的手掌。那时我家的打麦场紧靠铁路西沿，我藏在场里，看见他们一串8人顺着铁路靠西沿向南艰难地走去。后来，我听说天快黑时才走到了王店师部，押到了村西北角。而后，每人交给一把小洋锹，自己挖自己的坑，不挖就打，挖成后叫每人站入坑内，指挥官一挥手，惨无人道的日本兵向这8人每人捅了一刀，然后封土，封的都是露一个头顶，就这样把8个人活埋了。

选自1995年《漯河文史资料》第六辑

① 闫春标，河南郾城人，1933年出生。郾城县（区）人大代表退休。

日特大信公司在舞阳的建立及其活动

胡德周[①]

日特大信公司是日军侵占舞阳后建立起来的特务组织。主要目的是借经商为名，筹建特务组织、设立情报站，网罗其他日伪组织刺探收集舞阳南部地区新四军的军事动向，摸清当地共产党活动情况，谍取情报。

1944 年 6 月，日本特务重本仪一、正司荣重郎、山本三人从郑州到舞阳，在县城北大街陈朗轩院内成立大信公司。重本仪一主裁公司内的一切，任总经理，正司荣重郎负责外部联络及内政业务，并兼总务股负责人，负责传递情报。三个日本人控制着整个公司，并逐步扩大势力。

设在舞阳的大信公司上属郑州日特机关领导，所收集的情报分送郑州、漯河二地。公司除设总务股外，还有业务、会计、仓库、运输 4 个股。同年 11 月，新四军五师部队进入嵖岈山地区以后，他们旋即在舞阳南部安寨、武功及叶县的辛店三地设立分公司，专门搜集在这些地区活动的新四军情报。业务股内辖 3 个日信谍报小组，各分公司内有日信小组，每个小组指定正副组长，小组内还分设 3 个组，每组 3 至 7 人。另在城内南大街、西大街各设一个采购站，分公司、采购站 3 至 5 人不等，整个大信公司共有 40 余人。这个特务组织内除有 3 名日本特务外，其余均系中国人。（人员分工名单附后）

大信公司在舞阳以食盐交换当地桐油、生漆、牛皮、杂铜和买卖大烟土等经商活动，暗地所做完全是间谍工作，不但搜集新四军及当地共产党活动情报，还了解国民党军政情报。具体活动从三方面进行：公司、

① 胡德周，舞钢市人，生于 1962 年 5 月，大专文化，中共党员。1980 年至 1984 年在北京军区某部服役，曾任舞阳县史志档案办副科级干部，县政协文化和文史委主任。

分公司、采购站均以广开生意为名，吸引舞阳南部商贾人员，借机刺探新四军在那里的军事活动；另一手段是利用安寨、武功的分公司为门户，着重了解新四军情况；另外，大信公司还与当地日伪便衣队勾结起来，使便衣队成了它的外围组织，专门进行军事刺探，日日汇总，由便衣队长王瑞亭向重本仪一汇报。同时与舞阳县另一个伪组织维持会勾结，专门由维持会通讯组（5 人）进行同样的搜集，还严密监视当地群众的对日态度，由通讯员杨联岑向重本仪一汇报。

大信公司的活动持续到 1945 年日军投降。

日特大信公司中国籍人员分工情况如下：

负责中国人员的经理王运生，北京人。

总务股，勤务贺仲厚，舞阳县保和乡贾庄村人。

业务股黄润生，许昌人。

办事员范万贤，城南范庄人；何金铭，城内牛市口人。

会计股主任赵重凡，河北人；助理信邵武，许昌人。

仓库股主任翁悟三，邓县人；助理张松波，城北马庄人。

运输股负责人耿运身，许昌人；办事员卢富宽，县城西街人。

安寨分公司经理李群品，城南邵庄人。

武功分公司经理范万贤，同上。

辛店分公司经理何金铭，同上。

南街采购站负责人冯建三，城南曹集人；王目彬，城内牛市口人。

西街采购站负责人赵世斋，城内人；黄仲彩，舞阳县保和乡黄庄村人。

选自 1995 年《漯河文史资料》第六辑

1944年临颍县沦陷记

李子安[1]

1944年4月30日上午，侵华日军到达南席[2]，下午，五女店和张潘的电话已不通，临颍就马上进入紧急战备状态。守卫的没有国民党正规军，而是县自卫队和警察局政警队500余人，武器是向各乡镇调换的钢枪子弹[3]。“国家兴亡，匹夫有责。”他们看起来劲头十足，要血战一场，与县城共存亡了。

5月1日（农历四月初九）上午6时，一架日军轰炸机自东南飞来，先用机枪扫射，后在城西北角投下一枚炸弹，溜走了。炸弹落城河外边，人畜幸无伤亡。因此全城群众纷纷外逃，田野间树荫下，男女老少三五成群盘算着、议论着，提出不能解答的问题：日寇能不能来？自卫队有没有勇气打？可是共同的意愿是希望日寇不来。

人群里忽然发出一声高喊：“杜神仙[4]来了，还是请他算一算吧！”男男女女老老少少把杜神仙围住了，大家仔细听他的论断。杜以测字的妙术坦然自得地说：“三天以内平安无事，绝对保证。”这颗定心丸一下把大家定住了。他真有这个把握吗？没有，也绝对不可能有。

红日西沉说明这一天是没有问题了，却见一群群不成队形的中央军，倒背着枪，满脸灰尘，放羊一般退了下来，从南街到西关，路两旁坐的坐、躺的躺。这些国民党的官兵在等着群众给他们送罐饭哩，一不

---

① 李子安（缺）。

② 南席，河南省长葛市地名，与许昌市建安区、鄢陵市毗邻。下文中五女店、张潘均为许昌市建安区所辖，与临颍县毗邻。

③ 当时枪弹公开买卖，政府不加过问。自卫队以土枪换钢枪实系迫令群众购交，不但加重负担，而且受到刁难。

④ 杜子强，临颍县人，以占卜出名，群众称他杜神仙。

遂心，还要打人骂人。

黄昏后，一匹马从北而来，报告说固厢情况不明，五里河发现敌人。一声霹雳从天而降，人人胆战心惊，男女老幼拼命南逃，哭声震天。自卫队、警察局、政警队、中央军全部撤出县城。这时日军先头部队一班已占领后场①，对准城内开炮，轰轰隆隆一连10余发。县长阎受典率领县政府部分人员和自卫队五个中队官兵弃城南逃，溃不成军，连夜逃到陈庄。

5月1日午夜，日寇占领临颍县城，汉奸张光甫率领一批流氓无赖出头欢迎，大受日本军官勾口右京的赏识。2日上午，鼓楼前黑板报上用粉笔写出如下通告："公路限三天修复，如违烧杀。昭和十九年五月二日。"看后，人人忐忑不安，又恨又怕。

5月2日上午，一名汉奸闯入县政府临时办公地点陈庄乡公所企图行刺，被门岗发觉，当场击毙，并搜出伪钞和暗号。县长阎受典如惊弓之鸟，立即下令往平宁城转移，风声鹤唳，草木皆兵，随行人员手枪走火，阎受典受惊坠马丢了县印。这个流亡政府在平宁城、宋老桥一带为时不久就自行溃散了。

当时，日军吉田桔郎的一连警备队住在城东北角的书院内（现在城关粮所），大修防御工事。在临颍城的北大街成立了日寇统治全县人民的总机构——军政部。勾口右京为指导官，金宝林（河北人）任部长。同时成立了张光甫为会长的县治安维持会，黄锦章为会长的商务会，宋××为首的自卫团②，协助日寇进行扫荡，中心任务是要道木、修铁路、公路，征车征夫，劳民伤财，几无宁日。全县各乡镇除纣城外，都处在日寇的蹂躏之下。

1944年7月，日寇改维持会为光复委员会，开办以日语为主要课程的吉田小学。9月，恢复县原建制，委张光甫为县长。指导官勾口右京在西城隍庙戏楼，召开群众大会，亲自授委。张光甫接委后宣布就职，迁回原县政府办公。任金粹章、臧俊卿（良弼）为秘书，傅卓民为警察

① 后场，地名，位于原临颍县城以北。

② 1945年秋，日伪自卫队对城西大扫荡，大队长宋某失败，被纣城地方武装活埋。

局长，吕道治为督察长。各乡镇成立自卫团，协助日寇维持地方治安，又通令中小学复课，日语为学生必修课，提出教育宗旨是：“完成圣战，建立大东亚共荣圈新秩序。中日亲善，共存共荣。”在学校里进行奴化教育，妄图消除人民的反日情绪。

1944年秋，日伪政权提倡农民种植大烟，1945年春又下令铲除。日寇便衣队乘下乡查禁之机勒索讹诈，捆绑吊打种烟户，群众倾家荡产，叫苦连天，凄惨之状难以尽书，人人义愤填膺。爱国志士李鼎新组织师范学生开展抗日斗争，在王街桥口袭击日寇汽车，还准备干掉勾口右京，但因汉奸告密，他被杀害于南关外，临刑时高呼：“打倒日本帝国主义！”慷慨就义。

1945年3月，八路军夜袭顺羊[①]，日伪自卫团溃逃，郾陵望田和临颍东关也先后出现如下标语：“新四军八路军，不打人不骂人，军民合作一致抗日。”八路军所到之处，秋毫无犯，纪律严明，临走时还给群众挑水扫地。

1945年8月，侵华日寇在我抗日军民的强大压力下，14日宣布无条件投降。国民党县长谷林歌获悉，8月18日后，率纣城地方武装进逼城郊，与日寇警备队发生冲突，情况非常紧急。日寇指导官勾口右京在拐角路南黑板上写出如下通告：“中日已经妥协，日本皇军将按照指定地点集中。中国军队如不执行，大日本皇军仍以武力对待。昭和二十年八月十九日。”谷林歌多次派人与日谈判，才得以顺利进城。日伪县长张光甫从东门逃跑，便衣队杨德木在南大街被击毙，大快人心。“临颍光复了，抗战胜利了。”满街标语，户户庆贺，鞭炮声、欢呼声响彻云霄。勾口右京倒戴军帽，率警备队全体官兵走出县城，到指定地点缴械，临颍县人民一年零三个月暗无天日的亡国奴生活结束了。

选自1995年《漯河文史资料》第六辑

① 顺羊，地名，隶属郾陵县，与临颍县窝城镇毗邻。

日本侵略者在舞阳的暴行

侯一民① 夏跃进② 董晋生③

1941年1月至1945年8月，日本侵略军曾先后两次侵占舞阳，烧杀抢掠，奸淫妇女，无恶不作，并多次派飞机在县境内狂轰滥炸。据不完全统计，日伪军在县城、吴城、辛安、姜店、保和、朱兰等地，共炸死炸伤无辜村民100多人，枪杀108人，奸淫妇女120多人，强征民夫1万多人次，烧毁房屋200多间，毁坏房屋2000多间，抢劫、毁坏其他财产不计其数。兹将其暴行缕述如下：

一、狂轰滥炸。1940年农历十二月二十九日，日军飞机轰炸县城等地，炸死27人，其中县城南街居民梁勤一家7口人，全部被炸死。1944年6月，日军飞机轰炸保和朱耀环等村，炸死朱文志夫妇等4人、牛2头，炸毁房屋10多间。在上澧河店炸伤1人、炸毁牛车1辆。

二、奸淫妇女。1944年6月，4名日军到辛安乡的庙后王村抢劫，抓到1名妇女轮奸。同年6月，10多名日军抓住保和乡宗和台村一妇女，拉到刘湾河坡轮奸。1944年8月14日，30多名日军轮奸朱兰两妇女，奸后又从墙内扔到墙外，致使两女昏死过去。日本侵略军在朱兰一年内轮奸、强奸妇女54人。同年8月，日军在吴城乡北高村抢劫时，奸污妇女12人，8月至12月，日军在保和乡朱耀环村共奸污妇女30多人。

---

① 侯一民，男，舞阳县人，原漯河师范讲师，1984年调任舞阳县志总编室主编。

② 夏跃进，男，舞阳县人，本科学历。1975年参加工作，1984年开始在舞阳县史志档案局从事地方志工作，2002年选调到市史志档案局工作。

③ 董晋生，男，舞阳县人，曾任舞阳县人武部军事科干事。

三、屠杀无辜、焚掠财物。1941年1月30日，日军1万余人侵入舞阳，到处烧杀抢掠。仅在接官厅就枪杀无辜村民30余人。在爪子营村打死6岁儿童田相学，枪杀妇女田桓，撇下五个孩子无人抚养。侵入县城后，烧毁房屋30多间，枪杀2人，抢劫财产不计其数。1944年5月，日军占据县城，不久，成立了伪政权——维持会。日伪勾结横行霸道，到处设卡抓人，抓到附近村民，强逼做苦工；抓到较远地方的人就严刑拷打，或以"探子"为名处死。在西吴村魏秀家门口，一次就杀害9人。1944年6月，日军侵入保和卸甲店，烧毁房子10多间，枪杀一人。同年6月，去保和楼宋村抢劫，欲奸一妇女，村民宋拐上前阻拦，被活活砍死。同月，保和乡魏庄村一个带小孩的妇女路过日本侵略军驻地，因拒绝日军强奸被枪杀。该妇女死后，小孩还趴在她身上吃奶。7月，伪舞阳县保安团长赵相贤带领日本侵略军到姜店大王村，枪杀村民41人。同月，日军到吴城板张村抢鸡，村民张寅宾上前阻拦，被砍掉右臂。10月，日军纵横"扫荡"回来，抓了不少人，在朱兰店东黄村楝树下，一次集体枪杀13人。其余被送到医院做实验：有的被抽干血，有的被挖掉心、肝、脾、胃等，其惨状目不忍睹。中旬，日军到卜冲沟冯庄村抢劫，枪杀村民王成，轮奸其妻。同月的一天，贾湾村一个张箩匠人路过朱兰村，被日军抓住，先是严刑拷打，后被活活刺死。1944年12月，驻洛庄村的日伪军到柏庄、部林等村抢劫，抢走大车6辆、牛12头、小麦4000余斤、鸡130只、猪2头，并杀3人，其中2人被日军当活靶活活刺死，一个被砍掉头颅。同月，日军在洪山寨岗楼枪杀一名带小孩的妇女。该妇女死后，撇下一个小孩哭得死去活来。日军又在支鼓山据点开枪打死过路行人3名。苗庄村民苗存志送粪时，被日本侵略军当活靶打死。同年12月21日，日本侵略军袭击国民党舞阳县政府驻地（五座窑村）。放火烧毁该村房屋，杀光牲畜，毁掉所有东西，并抓到村民夏运毫，枪杀于朱兰村。同年冬，日军侵入营街村，抢走大牲畜50头，粮食32万斤，木材100多立方，烧毁大量衣服、被子和几百张桌子，毁坏所有炊具。

四、驱赶村民，抢占房田，强征民夫，修筑工事。1944年6月9日，日军500余人的骑兵队占据舞阳县城，强占民房1000多间，致使2000多人无家可归。1944年7月，日军从九街、姜店、孟寨、北舞渡等地强征民夫4000余人（大多数是11岁至15岁的未成年人），修补、加固城墙。同月，日本侵略军又强迫民工到县城东南的望城岗、柴庄、高庄、竹园杨和前李庄至三里河一带修飞机场，占地2000余亩，附近村民被迫流落异乡。8月，日本侵略军在田洛庄村设立据点，把该村33户人家赶走了32户。还强迫民工修筑大小碉堡280多座，并围村挖了两条宽5米、深3米、长达千余米的战壕。从修筑城墙、飞机场到修筑工事，时间长达10个多月：强征民工1万多人次，强征车辆数千辆。日军对民工百般虐待，麦收时不准返乡，过年时不准回家，动辄拳打脚踢。

五、侮辱摧残村民、糟蹋东西、毁坏房屋。1944年5月，日本侵略军进驻县城后，到处砸门撬锁，砸毁箱子、柜子、锅、碗等生活用具不计其数，抢占的1000多间民房被全部拆毁，木料被当柴烧，墙围被当作马棚，并割掉200余亩即将成熟的小麦喂牲口。同年夏天，日本侵略军进驻张楼村，又毁房100多间。村民张学英之父因不满日伪军的胡作非为，被日伪军绑在一个刑架上，用水灌得死去活来。日伪军抓住前来张楼村探亲的朱自彬（年仅10多岁），硬说他是小偷，把他绑在树上用火烧得全身滴油，其姑朱氏因说情，也被绑住烧得两只胳膊滴油。朱自彬昏死后，被扔进路沟，后因别人搭救，方免于一死。1944年8月，日本侵略军进驻朱兰店村，烧毁房屋350间，宰杀大牲畜43头，强占民房46间，致使全村562户村民无家可归。10月，日军抓住张寨村10多名村民到卸甲店修缮房屋，为了取乐，强逼未成年的张得亮扛半截儿石碑，张因年幼扛不动，被打得鼻青脸肿。同一天，日本侵略军还强逼张寨村民张笼头用盛过大粪的碗吃饭。驻朱兰村的日本侵略军中队长大本的战马病死，强逼村民王祥等人给马戴孝送殡。大本平时骑马外出，总是强逼村民趴在地上当马梯，村民稍不顺从，即遭皮鞭毒打。1944年冬，朱兰店村民赵发芝家的牛开绳外跑，赵撵牛回来，日本侵略军看见了，硬说他是偷的牛，就把他抓到司令部，后被打得皮开肉绽，昏死后又用冷水浇醒，直到其父借了几十块钱托人送去，才被放出。日本侵略军所到之处，经常抢被褥垫马铺，还经常在面缸内大小便。

选自 1995 年《漯河文史资料》第六辑

回忆日军侵占漯河犯下的滔天罪行

李清合口述　邢富功整理[①]

我一生难忘的岁月，是在日寇铁蹄之下挣扎的血与火飘摇的岁月；我一生刻骨的仇恨，是日寇对漯河人民犯下的滔天罪行。

那是1944年四月（农历），漯河被日本侵略军占领。从此，漯河人民就陷入了日寇铁蹄蹂躏之下。

当时，国民党十三军驻防漯河与日军作战，战场就在沙河北岸。李盘庄（俺庄）、张胡魏是中心地带，方圆数十里，自然成了重灾区。两军对垒，炮火连天，一时间，尸横遍野，血流成河，国土沦丧，生灵涂炭！每每回忆起那目不忍睹的惨痛情景，真令人撕心裂肺！

今天用文字记述下来，传给后世，教诲子孙，铭刻肺腑，不忘国耻、不忘我中华民族的这段血泪史。

日本军国主义分子亡我中华的野心由来已久。1931年，日寇占我东三省，烧杀掳掠，凶残至极；1937年，卢沟桥事变后，上海失守，南京陷落，日寇制造了骇人听闻的大惨案。尤其是南京大屠杀，我中华儿女，那一次就有30多万人惨遭涂炭。随着漯河沦陷，灾难也降临到漯河人民的头上，我也尝到了苦痛的滋味。

1944年四月（农历），国民党十三军驻扎沙河以北，他们从十五里店、大新店一带抓来老百姓，给他们挖战壕。这条战壕，从张胡魏、李盘庄，向西经过小高庄、石槽赵、沟张、白庙、刘窑村，全长10多华里。日本侵略军在北面孟庙、枣树王、邱李、张店、塔前王等地，展开攻势，拉开战线，时局一天紧似一天。

---

① 李清合，漯河市郾城区李盘庄村人。邢富功，漯河市人，1930年生。1949年参加工作，曾任源汇区政协副主席、区老促会会长。

农历四月初八，国民党十三军为了避免伤亡，就不准老百姓外出了。四月初九那天，我与本村的李文治、李何夫、李谓每人牵一头小驴，想逃出找个安全地方。我们向驻村的国民党十三军的兵求情，他们放我们出走，我们出了庄往南想过河向南逃。到了大高庄，因局势太紧无法过河。无奈，我们顺着北大堤朝东走，到前周又被大兵拦住。他们叫我们回村，我们不愿回去，他们就把我们带到前周关押在周景柱家。我们两三天粒米未尝，幸好，一位老大娘知道我们肚饥，就偷偷地给我们送几个馍。四月十二日，国民党的大兵叫我们往刘窑村给前线将士送饭，枪声一直不断，子弹从头顶上"嗖嗖"飞过，我们险些丧命。

四月十三日天刚亮，十三军的大兵又叫我们往西平县领军粮。出村走不多远，枪声越来越近，那些大兵叫我们回村，他们立即向村外逃。时间不长，一群鬼子兵就打过来了。鬼子抓住我们，把我们捆绑着，拉到前周西南角地里。一个鬼子对另一个鬼子"叽里哇啦"地说了几句，我们听不懂，接着一个鬼子用刺刀背朝我们头部打，先打李谓，后打我。把我们打得顺脸流血，李谓痛得大哭。这时一群鬼子兵押住十三军被俘人员，在村西头用刺刀扎死了30多人。我们亲眼目睹，既害怕又心痛。俺俩是死是活，还不知道！日本鬼子把中央军官兵扎死以后，走到我们面前，抓住我的头发说："他的中央军的不是！"说完把拴我们的绳子解开，另一个鬼子叫我们坐下不要动。停有个把钟头，他们又抓来30多个老百姓，鬼子兵向我们讲话，我们听不懂，后来，他又用粉笔在地上写字叫我们认，可没人敢去认，日本鬼子快要发火了。我叫李谓去认，他也不敢去。后来，我从鬼子的手势上看出是要我们这些人去送他们。鬼子出发了，我们有的扛一捆枪，有的扛一箱子弹，鬼子叫我们两个走在前面带路，把东西送到李盘庄，然后又把我们带到后周。第二天我们被放出来，在回家的路上经过谢庄，只见谢庄南地里死了不少人，我们不敢近前看。附近庄上的人差不多跑光了，留在村子里的人都来到南地里认尸体，寻找亲人。我到家后听说三叔没信儿，又立即同家人一道去铁桥北头找人，从我庄往南，路两沿地里被打死的人横七竖八遍地都是，我们到铁桥北头也没找到三叔。三叔究竟是死是活？全家人揪着心。沙河里滚滚东流的河水血红血红的，漯河大地，到处是腥风血雨，腥臭熏天。我记得仅我们村死在日本鬼子屠刀下的就有 16 人，计有李治、李荣振、李赖、李发治、李发河、李顺朝、李梦照、李群彦、李发贵、李保太、李苟列、李小巴、李赖孩、李高氏等。而大高庄、孙庄、郭庄、张胡魏等附近各庄的乡亲们死的、伤的也不计其数。在我庄住的日本人，白天不穿衣服，到处乱跑。我们庄两个妇女张 ××、孟 ×× 被鬼子强奸过。另有两位六七十岁的老人被抓去给日本鬼子烧茶。一天傍晚，不知为什么，敌人把两位老人拉到麦地里，一个被刺刀扎死，另一个的大腿被扎伤。

日本侵略军在漯河禽兽般的暴行，不光对中国军人，对老百姓也同样凶残。有国才能有家，国破家亡，亿万人民含恨受辱成了亡国奴！唐朝一位大诗人有两句古诗说得好："国破山河在，城春草木深！"此情此景，农民怎能安心种地，商人怎能安心做生意，每个人还有啥自由可言？

我记得，有一次正值数九寒冬，日本鬼子抓住我和李坤云叫去修理水井。李坤云先下去，他下得不快，鬼子恼火了，用砖头将他砸得鲜血直流。接着鬼子冲着我说："他的坏坏的，你的干活！"我急忙下去，干到中午让我回家吃饭，我就乘机逃往北乡去，日本鬼子离村以后我才回来。

日本军国主义分子的侵华罪行，我们世世代代都不应该忘记。这段血泪斑斑的历史应当留给后世子孙，从而激励他们要永远忠于祖国、忠于伟大的中国共产党、忠于社会主义，要奋发向上，立志把祖国建设得更加繁荣富强。

选自 1995 年《漯河文史资料》第六辑

日本侵略军暴行杂记

吴丰奎[①]

1940年农历三月二十三日上午11时左右，日本侵略军飞机9架，由信阳方面来舞阳城侦察并进行了有目标的投弹轰炸和机枪扫射，投弹约40枚，其中有七八枚没有炸响。弹身直径自六七寸至一尺不等，长二尺多至一米。炸弹从东关潘公祠南的路上直到西关外，落得到处都是。西关外麦地里钻到地下的炸弹弹洞直径一米多，入地六七尺。

此次轰炸的被害者，有臧坑东张廷燎后代张三少、张四少及其家属，共炸死6人，张四少的肢体被炸出院外。南戏院路东张秀卿的妻子和王建兴、四街戏班之二根、部雅琴之叔、张富卿之妻等7人被炸死；马号后街陶九正之妻和子，赵五纪之妻；城关区区长陈耀甫和一位南阳客人被炸死，北街老塘坑口炸死一个走亲戚的姑娘；东关东头路上从开封逃来的难民被炸死。此外，炸塌房屋百余间。

后来人们传说，这次丢的炸弹之所以有许多没有爆炸，是因为沈阳兵工厂的中国工人故意制造了瞎火炸弹。日寇发觉后，对该厂工人进行了大屠杀。

同年农历十月中旬某日中午，日本侵略军对舞阳城进行了第二次轰炸。炸塌房屋五六十间，人畜有好几宗伤亡，如土地祠街郭瑞甫受伤，其岳母被炸死。

1941年农历正月初四[②]，日本侵略军一部从泌阳县境进犯我县南山地区（今舞钢市），到达大石门时，有国民党军一一〇师的一个团和日本

① 吴丰奎，舞阳县徐和乡人，生于1950年，曾任舞阳县政协文史委主任。

② 1941年1月25日，日军调集约7个师团向河南、皖北的国民党汤恩伯部发起进攻，史称豫南战役。其中日第十一军第三师团从路西地区经泌阳向舞阳、叶县进攻，一度占领舞阳。数日后撤回原防。

侵略军展开血战，舞阳城区区团长效坦斋率领城关自卫团也主动协同作战，终因没飞机大炮等先进武器，加之众寡悬殊，致使该团全军覆没，其阵亡将士遗骸在“将军墓砦”万人坑中掩埋，立有碑记。

这一股日本侵略军，正月初六来到舞阳城，见人就用刺刀捅，杀人最多的地方是臧坑沿岸，坑里的水被血染成红色。

盘踞在县城内的日本侵略军，每天上午 8 点至下午 5 点钟，全体士兵蜂拥而出，奔向大街小巷和县城附近村庄，任意翻箱倒柜抢东西，强奸、轮奸妇女，简直是一群魔鬼和野兽，人称之“放疯”。在夜间，日本侵略军色厉内荏，常在驻地燃火壮胆助威。他们燃火从不用柴秆，专用箱柜、桌椅、条几和先人神主匣。他们还故意把房子点着，在一边狂笑看热闹。南大街一晚被烧房子几十间。尤有甚者，他们故意把大小便拉到饭桌、床上、面缸、面盆里，他们还随便抓人作人质索钱。鸡鱼行老板贾文奎被抓去干重活不给饭吃，后托人送去 50 块银圆才将人放回。他看到日本侵略军的马棚里铺的全是棉被。正月初八，这一伙强盗离开了舞阳。

1941 年农历正月十二日早上，从东北方向飞来日本侵略军飞机 18 架，丢下许多炸弹。火神庙西坑南岸防空洞里炸死、闷死王法善、君全喜、余秀根、王娃、黄俊贤及其妻 6 人；土地祠北边汪兰波家、老白家、刘家等共炸死 6 人；炸坏炸塌房屋数十间。

同年农历八月十六日，日本侵略军飞机又来舞阳城轰炸，西关外拉军麦的骡子被炸死 8 匹。

1944 年农历四月十五日，日本侵略军再次进驻舞阳，至 1945 年 8 月舞阳沦陷达一年零四个月之久，日本投降以后，才离开舞阳城。

舞阳沦陷期间，日本侵略者纠合了一些地痞流氓，组成了便衣队，做尽了坏事，丧尽了天良。

日本侵略军在西大街看守所（今文化馆），设有仓库，把抢来的贵重物品都存放这里，随时运回日本。这里警戒森严，喂有狼狗群，凡有人从此经过，就放出咬人。干果店掌柜胡相合，偶然经过，狼狗咬得他十指稀烂，不久死去。

日本侵略者烧水洗澡、烤火烧饭等全用从农村锯来的树木。特别是西关北夹后街的日军火葬场，那里树木堆积如山，县城附近农村到处是树桩子茬。

日本侵略军还逼迫农民种罂粟，毒害中国人民，在北街路东，开设大信公司，专门推销烟土、老海、药丸等。

日本侵略军在舞阳城东南以修建飞机场为名，无代价强夺农田2000余亩，逼得几百户农民倾家荡产，流亡他乡。

选自1995年《漯河文史资料》第六辑

侵华日军在舞阳的暴行

胡德周

抗日战争时期，舞阳县先后两次被日军占领。一次是1941年1月29日，由于日本侵略军发动豫南战役，自信阳北上，舞阳第一次沦陷，仅三天时间即南撤。1944年6月9日，日军自叶县进入，舞阳第二次沦陷。

日军侵占舞阳期间，野蛮成性，任意烧杀抢掠，奸淫妇女，其罪行累累，罄竹难书。

1944年6月9日，日军第二次占领舞阳后，首先是安营扎寨，五二、五八部队及骑士部队、红部队都驻扎在县城。旅团司令部（成字五二部队）就驻扎在书院。县城内到处驻满日军，并很快由日本人小野（顾问）和翻译官潘庆扬主持成立了维持会，日本人重本义一、正司荣重郎和山本三人还利用一些汉奸，成立了日特组织"大信公司"，以经商为名进行反动活动。还搞了一个由漯河人丘建荣负责的秘密情报机关"万祥公馆"。

日军务部拉拢汉奸组成便衣队，归日本人柳赖指挥，专门办了一个警察训练班，培训汉奸爪牙。

日军带到舞阳40余名慰安妇，在县城北大街搞起了慰安所。其中大部分是被抓来的中国姑娘，日军强迫她们说日语，不准说汉语。如日军占领保定后，抓了一名保定女子中学的学生张玉卿，后被随军带到舞阳，终日受其蹂躏，其他女子也和张玉卿一样受尽凌辱。

日军一到舞阳就强抓民工2000多人，修筑城墙20多天。强迫数以万计的群众修筑漯舞公路和舞阳至朱兰店的公路，开挖作战工事；强占土地上千亩，动用几千民工为其修建飞机场；索要枕木1万多根，掠夺大量树木用来烤火烧炭，士骑部队在城内挖了三个大石窑专门烧木炭。

为对付新四军，日军通过漯河的特务组织蓝机关和鄂豫边区绥靖主任李玉林、许昌绥靖第一军军长邱山宇及舞阳北舞渡武装势力关震亚、尚振华部绥靖第一师，控制舞阳北半部地区。日军在吴城、朱兰店、尹集、卸甲店、栗林铺等建立据点，并多处设立情报站，让便衣队的汉奸四处活动，收集情报。

为欺骗群众，掩盖其侵略本性，日军专门办一份《舞阳日报》宣传日华亲善的政策，同文同种，建立东亚共荣圈等。还宣扬说日本人不是来灭亡中国的，而是帮助中国复兴，要搞经济合作，共同防共，等等，并树立反共纪念碑，上刻“共匪如洪水猛兽，切需严防”等。

然而，侵略者犯下的滔天罪行却永远掩盖不了，他们野蛮杀戮的罪恶行径，中国人民永远不会忘记。

1941 年 1 月，日本侵略军自泌阳到舞阳时，在尚店镇肆意杀人，卢建中、王海峰、王德银等十几人被打死，窜到接官厅刘山附近时，逃难在一个防空洞内的 17 名无辜群众遭到集体枪杀，一名叫韩定的妇女被枪杀后，不懂事的孩子还爬在母亲怀里哭着吃奶，景象十分凄惨。日军向县城侵犯途中，所到之处，都有无辜群众被杀害。王同、王凤谦以及妇女田不白、几岁的儿童田相学等被日军所杀。

1944 年 7 月 29 日，由于民族败类徐向荣、宋振宇向日军宪兵司令部告发，舞阳县抗日游击支队长效信趁的父亲效坦斋及叔父效克灼、亲属张树森，被日军从保和魏庄抓到县城，关在维持会木笼内十数天，效坦斋被活埋于县城西关，效克灼双眼急瞎，后效信趁的岳父杨自珍花了很多钱才把尸体弄回。

1944 年 9 月 30 日至 1945 年 8 月 25 日，日军在朱兰店驻扎，除毒打民工 423 人外，还杀害群众 41 人。一次在东黄村一棵大树下，被抓来的群众有 13 人遭集体枪杀，其余则被送进医院进行抽血、解剖、开膛、挖掉心肺做实验。1944 年 11 月间，日军在柏庄寨杀害群众 3 人，其中两个被绑在木杆上，用布蒙上双眼，扒开胸膛，先用刺刀刺，后又用刀砍。在栗林铺活埋张三、张四二人，在路旁卖烟的小烟贩李夏安小肚被日军刺穿而亡，王莲芳村村民王俊卿因爬电线杆玩要被日军当作共产党打死。

1945年初，日军在县城西关一次刀杀群众7人，活埋2人。日军人马四处窜扰，任意杀戮，在姜店、大王庄、保和魏庄、楼宋等地杀害群众多人，烧死姜店农民蔡付生。在支鼓山，日军见到几个过路人，竟当活靶射击，三人同时殒命。苗庄农民苗存志正往地里送粪，也遭同祸。

奸淫妇女，丧尽天良。1941年1月，日军进至县城，光天化日下将一名妇女绑在椅子上进行轮奸；在三里店，一名年近古稀的老太太遭到轮奸，15岁的逃荒姑娘被轮奸；1944年夏，两名日军骑着马出城，正遇两名妇女从城里出来，遂将二人强奸后，扬长而去。

1944年9月，日军刚到朱兰店，就抓去30多名妇女集体轮奸，十几个不满20岁的姑娘惨遭蹂躏，这个村共有54名妇女被轮奸。同年10月，日军路过卜冲村，4个日军轮奸农民王成的妻子，王成跪地求情，被日军用刺刀杀死。在田烙庄，梁某的妻子及侄女被日军拉到将军墓寨碉堡内轮奸一星期之久，后又带到朱兰店奸淫几个月。日军在大韩庄、栗林铺、尚店、吴城北高村、保和朱耀环、辛安等地共奸淫妇女60余人。

抢劫财物，无恶不作。日军仅在朱兰店就抢劫财物5625件，砍树3000余棵，杀牲畜43头；还常将大便拉到群众的面缸里、饭锅里等，马死了还要让群众戴孝。

1944年秋，日军两次到营街，全村250户人家全被抢劫，抢走粮食、油料几十万斤，木材100多方，牛50头。群众的箱子、柜及几百把椅子全被烧光。11月11日在柏庄寨抢财物6车、小麦4000多斤、牛12头。次年元月，日军约50人到大韩庄，烧各种家具400多件，全村所养鸡子被吃光。

除抢劫外，1945年麦收刚过，日本人就利用维持会的汉奸，带上翻译官潘庆扬到农村，以市场价半价强行向农民收购粮食，并强行向农民要大烟税。

烧毁房屋，百姓无家可归。日军在朱兰店一地就毁房352间，占房

396间，使562人无家可归。在县城、大韩庄、卸庄、姜店、五座窑等处烧毁房屋1200多间。

狂轰滥炸。1941年正月间，日军多架飞机轰炸县城，毁坏房屋上百间，1943年春又轰炸县城，炸死群众几十人，其中梁勤一家7口被炸死。1944年日机在朱耀环、上澧河店轰炸，炸死群众数人。

乱抓乱打无辜。1944年夏天，日军在张楼村，将村民张学英的父亲绑起来，枪击棍打得死去活来，10岁少年朱自彬被日军绑在树上，毒打后用火烤，烧得浑身流油。在吴城谷老庄抓群众40多人，带到县城，放到雨地里淋，几天几夜不让吃东西，后群众送几车麦子才将其放回。

日本侵略者的罪恶数不胜数，仅在日军投降后，国民党有关方面派人到舞阳的调查为计：全县在日军占领期间，损失牲畜509头，粮食2390石，各种农器具3239件，衣物8483124件，无衣无食急待赈济者509人。

选自1995年《漯河文史资料》第六辑

河状村的一次浩劫

张付春[①]

1944年夏季的一天上午，驻漯河的日军赴西华逍遥镇换防，从河状村的南地经过。正走之间，忽然停止脚步，当官的不知咕噜些什么，队伍扭头就向河状村进发。这时，在田间正干活的乡亲看到日军要进村，纷纷放下活计跑回家让青壮男女躲避去了，家中只留些老弱病残之人。

日本兵进村了，像恶狼一般嗷嗷嘶叫，四处乱窜。一日本军官带的军犬，东扑西咬，弄得鸡飞狗跳。张汉卿家喂的猪，一出门就被恶犬咬掉了耳朵，鬼子见此哈哈大笑。那些日本兵野性大发，窜了东家窜西家，见谁家房屋略微好些，就夺门而入。张结实家只剩下老爹老娘两人，日本兵进他家后，东瞅西瞧，"呜里哇啦"乱说一通。两个老人见状，赶紧倒茶让座，鬼子毫不理睬，闯进屋里就用枪翻腾，东西扔了一地也没找出什么贵重之物，临走时逮走了几只鸡子。闯入我家后，他摇晃着刺刀威吓我和奶奶，奶奶紧紧搂住我，身上直发抖，小声对我说："不要哭，随他们的便吧。"两个鬼子进屋后，只听"咔嚓咔嚓"直响，听出是砸箱柜的声音，倒腾一阵子出来了，手上提着兜东西，叽里咕噜出去了，奶奶进屋一看，衣物扔满了地。几块银圆和两副银镯没有了，箱子柜子都被砸碎了，奶奶气得哭了起来。

日本兵闹腾有两个时辰，用刺刀挑着抢劫的东西耀武扬威地出村后，乡亲才敢走出家门，你一句我一句诉起了鬼子的罪行，这家的东西被砸坏了，那家的东西被拿走了，全村人怨声载道，怒骂声四起。特别

---

① 张付春，又名张富村，河南省郾城县老窝镇人，生于1930年。1948年至1949年就读于中原临中高中部，1949年6月入伍。1955年转业，曾任郾城县教育局干事、中学教师、小学校长。

是三大娘，她痛哭流涕地诉说着日本兵的罪行。那天，鬼子进她家后，看到她家有年轻妇女穿的衣服，硬逼着要花姑娘，大娘用手示意没有，鬼子不信进屋搜找，他们没找出什么人，怒气冲冲地用刺刀挑着衣服在大娘面前摇晃，比画着让大娘脱衣，以裸体取笑。临走时，还砸烂了她家的水缸，三大娘 14 岁的女儿若不是跑得快，躲在坑边一个暗洞内，必遭鬼子奸污。

日本鬼子对河状村的这次洗劫，犯下种种罪恶，激起了河状人的愤怒。全村人立即行动起来，有钱出钱，有人出入，组织了“抗日保家会”，以防鬼子再次进村骚扰。同时，还编了一首儿歌在全村儿童中传唱。歌词是：

小日本，好狠心，侵略中国害人民。
小儿小，儿小身，不能拿枪去上阵。
小能大，大成人，扛枪荷刀杀敌人。
恼日本，恨日本，拿住鬼子挖掉心。
支油锅，油烧滚，油炸日军不解恨。

还有一些老太太用赌咒的方法咒日本人，她们各家收面，联合捏成面人，形似日军，把面人放在锅里煮，煮熟后抢着吃。边吃边咒骂，这个说我吃他的头，那个说我拧掉他的腿……以泄心中对日军之愤。

选自 1995 年《漯河文史资料》第六辑

日伪在漯河的罪行

应时雨[①] 刘西森[②]

1944年4月18日，日军集中97000余兵力，发动河南战役，进犯中原。5月，漯河、郾城、舞阳和临颍相继沦陷。日军铁蹄所至，狂轰滥炸，奸淫掳掠，杀人放火，无恶不作，制造了许多骇人听闻的大惨案，其罪行累累，罄竹难书，致生灵涂炭，十室九空。

沟张大屠杀

1944年5月4日傍晚，日军一部侵入郾城县城东北五里庙村，顿时，全村鸡鸣狗叫，人哭鬼嚎，一片混乱。天黑时分，日军与附近沟张村驻防的汤恩伯部某团卫队接火，战斗持续了一个整夜。次日拂晓，国民党军队败退，日军侵占了沟张村。这个村是仅有14户人家的小村，位于县城东北三四里处的京汉路西侧。日军侵占县城之前，汤部在沙河北岸大修工事，于京汉路两侧筑起了东至刘立渡口、西至郾城北关三里庙和芦庄约10华里的战壕；日军逼近漯河时，驻沟张村的汤部又从城西北大同乡抓来80多名民工，在村头挖了一丈二尺多宽、八九尺深的战壕，试图与日军决战。汤部战败溃退时，他们置民工的生命于不顾，将其关押在临街的三间碾房里。民工们苦苦哀求放他们回家，能保住命，终无济于事。日军进村后，硝烟未尽，又举起了屠刀，对准群众，枪击

① 应时雨，漯河市政协委员，中共漯河市委党史资料征集编纂委员会副主任、市委党史办公室主任。

② 刘西森，郾城人，生于1952年6月，1982年毕业于中山大学历史系。曾任漯河市史志档案局副局长，中共漯河市委党校副校长，副研究员。长期从事中共党史、地方历史文化、民俗风情等征集、研究工作。

刀砍，穷凶极恶地进行大屠杀。当他们发现碾房里关有外乡民工时，如临大敌，立即用机枪堵住门口，一齐开枪扫射，顿时血流遍地，尸骨累累，80多名民工全部成了日军的枪下鬼。

日军对外乡民工如此残忍，对沟张村的群众也同样疯狂，他们像杀人的魔王，挥舞屠刀，不分男女，不论老幼，想砍就砍，想杀就杀。赵永全的父亲一见日军进村，就快步逃走，慌慌张张躲藏，被日军一枪打死在地。他的母亲痛哭呼救，又被他们用刺刀左刺右捅，捅得满头窟窿，鲜血直流，衣服、头发沾成一片。赵树章的一家死得更惨，全家10口人，除他儿子逃出外，其余8人全被日军刺刀挑死，赵树章也险遭活埋。村妇刘情妮抱着3岁的孩子同婆母和另一位老大娘正在躲避，一日军走进跟前，连开两枪，当场将二位老人打死。刘情妮见此惨状，连忙揽住孩子顺势倒地假死，日军又朝她打了一枪，子弹穿透了她的左臂，打中了孩子的脸部，炸开了一寸多长的血口子。日军以为她母子中弹而死，才扬长而去。刘情妮忍着剧烈的疼痛，慢慢爬起来，躲在战壕里，才死里逃生。孩子因伤口发炎，无法治疗，不久惨死。

日军制造的沟张大屠杀血案，触目惊心。据查，除死于战场的国民党官兵之外，被日军直接杀害的无辜群众计101人，其中外乡民工90人，本村村民15人，被抓的小民夫和来村探亲的6人；烧毁房屋12间，毁坏各种家具和粮食无计其数，整个村庄几乎成了一片废墟。

火烧老应

1944年5月初，日军相继侵占漯河、郾城城乡，广大人民群众颠沛流离于旷野之上，其中逃难于县城东北黑龙潭、老应村者甚多。

5月10日上午，驻在京汉铁路沿线东侧后营村的两名日军到老应村逼粮要款。当时小麦已经收割，群众正在场里忙于打麦。日军见一位从县城来这里避难的姑娘，便兽性大发，强拉到一村民家将其奸污，临走时还摘了应丁友家一篓黄瓜。群众看到自己的姐妹被欺凌，东西被抢走，无不义愤填膺，肺都气炸了。

第二天刚吃过早饭，正当群众怀着对日军的极大义愤和恐怖心情聚集在麦场上紧张地进行劳动时，两名日军从生杨村向北朝老应村而来。他们扛着枪，掂着抢来的鸡子，后边还跟着两个保丁。到了村南叉道口，一个拐到了小应村，另一个径直向正在麦场上劳动的几个妇女追来，吓得她们站起来就往家跑。目睹这一难以忍受的法西斯暴行，在场群众异常愤恨。70 多岁的应占元指着日军的背影大声叫骂道："他娘的，这畜牲不叫咱活了，咱还能叫他龟孙活吗？"得昌的父亲应运贤更是忍无可忍，立即放下工具，尾追回家。正在赶牲口打场的应得钦看到父亲舍命救护弟媳，把鞭子一撂，也飞步赶了上去。

得昌媳妇刚刚跑回家中，藏进室内，那个日军也随步追到。应得钦见他正要掀开门帘往里闯，就一个箭步猛窜上去，将他连人带枪紧紧地抱在一起，双方展开了生死大搏斗。日军凭着武士道精神和武术，拼命反抗，眼看就要挣脱，情况万分危急。如果他一旦挣脱，后果将不堪设想。得昌的父亲见事不宜迟，立即大声喊道："来人哪，来人哪！"随后赶到的应奉记、应发子、应文奋、应麦岭、应克复、应德清、应马丑、应善堂等一群青年听到喊声，立即掂着木棍、棒槌、木碓（做鞭炮用的工具）劈头盖脸地朝日军狠狠打将起来，没几下就把他活活砸死，然后收了他的枪，将其尸体拉到拐子坑沿，用半截石磙子坠住腰，推到深坑里，为民除了一害。

正当他们将要离开现场，回家准备躲避时，另一个日军由小应村赶到了村头。他发现地上的血印和用扫帚扫过的痕迹，立即挥舞刀枪，大叫起来。群众听不懂，他就用中文哇啦道："见我的日本兵一名的有？"应运来用手比画着往东南去了，另俩人指着往东北去了，两者出了漏洞。日军见他们说的去向不一致，就举枪朝运来戳去。运来手疾眼快，抓住枪梢，夹在腋下，日军随即又拔出刺刀，狠狠地朝他刺去。运来撒手闪身，逃进胡同，其余二人也乘机逃跑。日军紧追不舍，立即开枪，子弹射向屋角，三人才得逃脱。后来，日军看这个村的群众不好对付，而且就他一人，怕死于棍棒之下，在村上来回窜了两趟，便匆匆逃离村庄。

这个日军逃离后，人们预感到一场新的灾难即将临头，就四处躲避起来。果然，当天将黑时，一辆汽车载着荷枪实弹的日军，杀气腾腾地开进了村里。他们逢门就进，见人就打，到处翻腾，闹得人心惶惶，鸡犬不安。天黑时，他们开枪打死了一条狗，点了几堆火，烧了3家的房子才离开村庄。

当天夜里，应德钦、应文奋、应新贤等人为了防止日军再次搜查，发现迹象，就把已经坠入深坑的日军尸体捞出来，抬到村东洼地，抛入一眼浇瓜用的土井里，并在井旁又挖了一眼新井，把老井填得平平展展。然后，他们三家老少男女连夜逃出村庄，外出避难去了。

当时，一些善良的群众认为，既然日军没有找到尸体，查无证据，可能就此了结了，所以就躲在家里，没有外逃。第二天（5月12日）黎明，群众正在沉睡之中，一队日军带着大批汉奸，从四面八方包围了老应村，通天大祸再次降落到无辜群众的头上。日军一进村，就将未逃出的男女老少和邻村及外乡到这里避难的群众统统抓了起来，集中驱赶到村边的打麦场上，周围还架起了机枪，挥舞屠刀，逼迫他们寻找那个失落的日军。他们对群众逐个审讯，挨个拷打，从早晨打到近午，仍无一人暴露真情。正在他们无奈之时，本村一个大财主点头哈腰地走到日军面前献媚，并领着他们在人群中寻找知情人。他无耻地向应俊生说："你知道这事儿，赌说啦！"日军一听，立即将其拉出人群，用枪托、扁担朝他狠狠猛打，扁担被打断成几截，打得应俊生遍体鳞伤，死去活来。

麦场上毒打之后，这个大财主和其弟弟又领着30多个日军到东洼地里寻找尸体。走到村南老坟地时，日军用枪对准正在浇地的应马丑，要他说出日军尸体的下落。一位翻译官逼着他说："太君问你知道不知道那个被毁的日本人埋在什么地方？"马丑说："不知道。"日军看问不出究竟，就用折断带尖的桑木扁担朝他的心窝猛地刺去。马丑不畏残暴，坚持说："不知道。"这时，日军下了毒手，一膀子将他推进井里，用枪口对住井口，哇里哇啦乱叫，要他说出真情，不说就枪毙。马丑在二三尺深水的井下誓死不屈，大声说道："我是那个村（指小应庄）的，根本不知道，要枪毙赌开枪了！"话音刚落，他们就往井里填起土来。土块一阵紧似一阵地顺井而下，眼看就要埋住半截身子了，马丑还是坚贞不屈。正在这时，日军听说找到了尸体，急急忙忙离去，马丑才得脱险。

尸体找到了，但日军不仅不放过群众，还企图进行大屠杀。他们强迫被抓到麦场上的近200名男人都跳到五六尺水深的坑里，打捞那个日军的枪支，坑岸上还派兵监视，谁要是不下水，就立即遭到毒打，一些不会泅水的人几乎被淹死深水之中。后来，当群众被迫将这日军的尸体擦洗干净，用白布裹好，抬上汽车时，日军又放火烧掉了周围麦场上的2400多亩麦秧和1300多间民房，整个村里成了一片火海；接着又将群众聚集在一起，架起机枪，准备开枪齐射，斩尽杀绝，群众无不失声恸哭。

天无绝人之路。正在这生死紧要时刻，有两架飞机由南朝北飞来，随之又飞来10多架。飞机在村上空不停地盘旋，越飞越低，几乎擦住树梢。日军见此，立即收兵，慌慌张张开车逃走，数百名群众才死里逃生，幸免了这场大血案。

临颍祸殃

1944年5月1日（农历四月初九），日军派飞机再次轰炸临颍，这天午夜，县城沦陷，广大人民群众处于日军的铁蹄之下。

日军侵占临颍后，在县城北大街路东（现妇幼保健站院）建立了日伪最高权力机关——军政部，勾口右京任指导官，金宝林任部长，张玄才任建设组长，李建勋任文化组长，崔聚坤任民政组长。接着，又成立了治安维持会（7月改为复兴委员会）、商会和县大队，张光甫任维持会长，黄金章任商会会长，宋某任县大队队长。他们为虎作伥，狼狈为奸，在政治、经济、文化等方面大肆侵略，奴化人民，强迫农民种植大烟，设立水牢、活埋井、妓院，抢劫烧杀，无恶不作。据不完全统计，到抗日战争胜利，全县被日伪打死的群众计2353人，直接逼死的12333人，强奸妇女2139人（其中因奸而死者80人），有两个区就被活埋16人，其中受害最严重的是石桥村。

石桥紧邻铁路，是日军的驻地，这里的群众对日军的罪行忍无可忍，自发地进行斗争。一次，一个日军骑着高头大马，身背枪弹，气势汹汹地奔向马庙村。他一见正在麦场上打麦的年轻妇女，就兽性大发，下马抓住杨某之妻，强行将她按倒在麦垛上进行强奸。杨家兄弟目睹此状，手掂铁耙，暗暗地绕至麦垛侧面，乘其不备，一个箭步，冲上前去，夺取了他的枪支，劈头盖脸将这一日军活活砸死，埋尸于麦垛中，并躲过了搜查。当日夜里，他们又趁天黑人静，将尸体扒出，转至村外，抛入清濮河中，为家乡父老雪了一耻，除了一害。像这样陈尸于水的事，在清濮河岳庄、陈庄、马庙段不断发现，吓得日军一度不敢单独活动。

人民群众的反抗和斗争，打击了日军的反动气焰，但同时也遭到他们更加疯狂的反扑和报复。他们在石桥的72天中，打人不择手段，杀人不分老幼，为所欲为。据调查，在此期间，被日军炸死、枪杀者计14人，被逼跳井者3人，奸淫妇女105人，烧房屋20间，烧毁家具2500余件，拉走牲口35头，抢劫鸡鸭鱼肉不计其数。

血染澧河

舞阳位于豫中西南部，滔滔澧河穿境而过，是日军发动河南战役后的沦陷区之一。日军到后，不论是在澧河两岸还是南部山区，到处都是一路火光一路血。他们过后，村村添新坟，处处断炊烟，家家户户号啕痛哭。

日军草菅人命，杀人成性，罪行累累，不可胜数，他们口称“亲善”，实际是刽子手、杀人魔王。1941年1月，日军1万余人骑马挥刀，第一次侵入舞阳。他们如入无人之境，极其疯狂，见人就打，开枪即杀，即使五六岁的顽童和六七十岁的老翁、老妪也难于幸免。1944年10月，日军出动大队人马“扫荡”横山，归途至东黄村时，血刀未干，遂将抓捕的群众绳捆索绑，集中于村内大树之下，枪上弹、刀出鞘，一声令下，13名群众被集体屠杀，制造了“大树血案”。幸存者有的被送进医院当试验品，有的被抽尽血液而死，有的被挖掉心、肝、肺腑，有的被砍掉手足而丧命。日军侵入舞阳后，还在县城成立了“维持会”，用伪政权统治人民群众。日伪互相勾结，到处设卡，随意抓夫打人，置人于死地。1944 年 6 月，日军在城西关一次就抓捕群众数十人。他们将这些群众集中在魏秀家门口，强迫其做苦工、当奴隶，稍有反抗，就以不遵守“军令”或以“探子”的罪名严刑拷打，以至枪击刀砍，当场杀死 9 人。夏，日军进驻张楼村，毁房 100 余间。村民张学英之父同其讲理，几个日军立即将其绑在一个架子上，口灌污水，枪打棍击，打得他死去活来。10 岁少年朱自彬被日军绑在树上，毒打之后又用火烤，烧得他浑身滴油，其姑朱改上前苦苦哀求，不但未求下情，反而也遭到同样的毒打和火烤。同年 9 月初，日军窜至保和楼寨，肆意抢劫。他们见一年轻妇女，就持枪拦劫，企图在光天化日之下奸污，村民宋拐冒着生命危险上前阻挠，当场被他们用大刀活活砍死。魏庄一抱小孩的妇女在途中遇数名日军，因对他们奸污进行反抗，当即被杀死。同年 7 月，伪保安团团长赵相贤带领日军到姜店乡大王村抢劫财物，抓捕群众，一次就枪杀 3 人。朱兰店是日军的据点，受害最深，一年内死于日军屠刀之下的群众计 41 人。同年 10 月，日军在支鼓山据点见到 3 个过路人，遂举枪当活靶射击，3 人同时殒命。同月，苗村村民苗存志正在往地里送粪，被一日军瞄准打靶，一枪杀死于地。

日军的暴行激起了广大人民群众的无比仇恨，他们有的参加抗日游击队，拿起武器，同日军进行武装斗争；有的为游击队送情报，当向导、截军车、抢军械，配合他们抗日；还有的自动行动起来，拿起棍棒和斧头，同日军展开英勇搏斗，杀死失散之敌，涌现出了许多孤胆杀敌、父子斗寇、智杀日军可歌可泣的抗日英雄人物。

选自 1995 年《漯河文史资料》第六辑

日军在漯河的罪行点滴

邢富功[①]

1941 年日本侵华军疯狂地进犯中原，给中原大地造成历史性的大悲剧。漯河人民遭受的灾难，是这个大悲剧中的一部分。从 1941 年之后，日本侵华军对漯河这个小镇（当时漯河是郾城县的一个直属镇，近 6 万人口、3 平方公里）竟进行数十次狂轰滥炸，其中有两次轰炸的惨景令人目不忍睹，成为漯河历史上有名的大血案。

1941 年元月 27 日（农历正月初一）上午 10 时许，一架敌机在漯河上空长时间盘旋。下午 2 时许，又来了一架敌机在漯河上空侦察，飞机既未打枪，又未投弹，且漯河从没有经过敌机轰炸，故未引起人们的预防警觉。元月 28 日（农历正月初二）早晨，大约 5 点多钟，天空中的“轰隆”声把我从梦中惊醒，未等穿好衣服就听到飞机上的机枪扫射声和投弹的爆炸声，接连不断，震耳欲聋。我家的房子被震得直往下簌簌落土。我急忙跑出屋外，院子里已是浓烟滚滚，我更觉得可怕，就趴在院子里的一棵香椿树下，向四周望去，看到离我家不足百米的南大街一家粮行和糖果店（即现在的标准件厂附近）被炸，且燃起大火。

日本鬼子的飞机飞得很低，始终在人们头顶上盘旋，飞机上的“膏药旗”能看得一清二楚。这架飞机飞过去，那架飞机飞过来，轰炸时间持续约两个小时，轰炸的重点地段有南大街、东大街和老街东段的平原蛋厂等处。

敌人的飞机走后，在我身边远不过五尺、近不过五寸的地方捡起大小不同的七块炸弹皮。我清理了身上的尘土，随父亲去南大街救火，跑

① 邢富功，漯河市人，1930 年生。1949 年参加工作，曾任源汇区政协副主席、区老促会会长。

到被炸的现场，有几位老人哭得老泪纵横，既哭被炸死的亲人，又哭被炸毁的家产。许多来救火的人用盆子、水桶提水救火，很快把大火扑灭了。四周被炸得房倒屋塌，到处碎尸烂肉，死者的尸体很难辨认，留有亲属的认找亲人尸体，死绝的户就由近邻朋友收尸掩埋。其中，死得最惨的是王喜柱一家，三口人无一完尸，收集起来不足半蒲包。许多幸存者怀着满腔悲愤，强忍着眼泪掩埋了死难的同胞，同时也激起了有志者热爱祖国、保卫家乡、不当亡国奴的浩然正气，当时就有人喊出“牢记这笔血泪仇，向日本鬼子讨还血债”的誓言。

当天下午，日头平西时，估计敌人的飞机不会再来了，我随父亲去石佛寺街（今拥政街）东头看望我大姑一家，路过戏楼后街，看到东大庙（今东大街小学）一带被炸得更惨，人们还正忙着清理被炸塌的房屋，掩埋被炸死的同胞。我看到有具尸体烧成了炭状。到了我姑家，亲人一见面就抱头大哭，她家的房子全被震塌了，家具被砸烂了，由于人躲得及时才没有伤亡。我父亲先止住悲声，劝解说：“不哭了！总算有惊无伤，是老天爷保佑，真是万幸啊！”

事后听到刘法喜老人（年 86 岁）说：“正月初二那天，天刚蒙蒙亮，我起床解手，听见‘嗡嗡’的飞机声，抬头看从东南方向飞来十几架飞机，还有一架‘大母机’，一到漯河上空就散开轰炸起来。”

日军这次轰炸据说死伤 500 多人。

另一次轰炸漯河，是 1938 年 7 月下旬的一天上午，大约 10 点钟左右，从东南方向飞来四架日本鬼子的飞机，先是在铁路大桥、火车站上空盘旋后，进行扫射，投了四颗炸弹。这时马路街、老街东段和煤市街（今公安街）的人拼命向郊外跑，因北边有大沙河阻拦，东有铁路横挡，向西往寨内跑需要通过两条大街太远，只有向南菜园跑。敌人的飞机对着逃跑的人群不停地扫射，群众伤亡惨重。身临其境的丁福兴（澧河西丁湾村）痛心地诉说：“民国三十二年[①]谷子黄脸的时候，一天上午，我同本村的丁炳森、丁福忠一路去车站票房街（今公安街南段）买东西，

① 关于葵白坑惨案发生时间，调查中有两种说法。一是 1938 年，一是 1943 年。张福祥根据回忆多人走访认为 1938 年农历七月十七日较为可信。（见本卷第 10 页）待考。

听到警报声时，飞机已到头顶了，接着又投炸弹，又向下扫射，我急忙往南菜园跑。飞机飞得很低，对着人群不停地扫射，心里越急腿越酸，越是跑不快，总觉飞机紧跟在头顶上，身子前后也不断落飞机扫射的子弹。当时看到很多人往茭白坑里躲藏，我们三人也先后跑进去避难。不一会儿时间，敌人的飞机两次向坑内投了六颗炸弹，炸死很多人。有的死者的头、胳膊、腿被炸飞到百米之外，一时间茭白坑成了血浆坑。敌人的飞机走后，我看到许多像医生的人，带着药箱去救护受伤的人，凡家人不全者都去茭白坑里找亲人，哭声、骂声连成一片。我趴在一个凹坑里，幸免一死，但身上受了两处伤，到日头偏西时才把我抬回去，那两个同村人都被炸死了。"

到了下午，我跟邻居一路去茭白坑看，听说被炸死 70 多人，那真是"活者满身伤，死者尸不全，血浆洒满坑，生死顷刻间"。

从那次轰炸之后，人们更加紧张，全镇区家家户户都挖防空洞，沿街居民户和商号在门前专为行路人挖有掩体，行人遇到了敌机空袭，可随时进入掩体内避难，尽量减少同胞们的伤亡。那个时候，敌机轰炸之后，一家人能见面团圆，算是幸运。由于日军飞机经常来轰炸漯河，时间长了，死绝的户数多了，人们总结一条经验：凡警报一响，一家几口人分别跑几个地方，真谓父不顾子，子难顾父。这样即使万一有一人不幸被炸死，也不会造成一家人死绝，有活人背着死人头过日子的说法。当时流传有这样一首民谣："警报一响万人惊，敌机轰炸灭人性，山河破碎户户愁，苦难何时才是头！"

前事不忘，后事之师。对于日本帝国主义的侵华罪行，我有责任把这些史实记述下来，使有亲身经历者不忘记这笔血债，让我们的子孙后代了解这段悲惨的历史，从中明白：只有祖国的独立、富强，才会有人民的自由幸福。所以，我们要建设祖国、保卫祖国、热爱祖国、牢记为维护世界和平而奋斗！

选自 1995 年《漯河文史资料》第六辑

冷饭店据点的建立及日寇的暴行

郭应臣[①]

冷饭店地处漯河、周口之间，漯周公路和南北官道从村中交叉通过，交通十分便利，具有重要的战略地位。

1944年，抗日烽火燃遍中原大地。爱国将领张师长（姓名不详）率领南召、唐河、镇平、南阳、平舆（号称南五县）五县的地方武装驻守谭庄、冷饭店一带，积极抗击日军，像一把铁钳，卡断了周口、漯河之敌的联系，使之东西不得相顾，他们又在南北官道上挖了许多横沟，断绝了南北交通，以拒驻守西华县逍遥镇之敌，有力地遏止了日寇的进攻势头。

日军为打通漯周公路，并向南继续蚕食，于1944年6月初，集结骑兵、步兵，突然对冷饭店发动进攻。当时正是麦收时节，一天上午，人们正挥镰收割麦子，发现枯河村（位于冷饭店西北）方向黄尘滚滚，且越来越近。不久，几十辆由骡马牵拉的四个轱辘太平车组成的车队，急速向冷饭店冲来。起初，人们怀着好奇的眼光注视着这支来路不明的车队，待车队驶近冷饭店，并发现车上载着军用物资和日军时，人们惊慌失措，开始奔逃。接着，从东北、西北、正北方向冲来大队日本骑兵，对冷饭店形成三面包围，一时枪声大作，人们扶老携幼向南涌去，驻守冷饭店的抗日部队也迅速撤离，退守距冷饭店15里的谭庄。日军进村以后，烧杀抢掠，无恶不作。日本兵追上农民王德玉，用脚将其头部踢破，致其血流不止，昏迷过去。农民王万喜，躲在村南坑塘里的芦苇丛中，被站在坑旁的一棵大桑树上一边摘吃桑葚，一边四处瞭望的日本兵发现。日本人为了炫耀自己的战功，给王万喜穿上国民党军服，用

① 郭应臣（缺）。

日本军刀砍了头，把头挂在树上示众。同时，他们在村中大肆洗劫，到处捉鸡子，追杀猪羊，还破门入室，翻箱倒柜，进行抢劫，在面缸、盐罐、饭锅中拉屎撒尿，把油漆家具堆积在一起放火焚烧。一时间，村中枪声不断、犬吠鸡飞、猪羊惨嚎、火光冲天。

下午，许多辆汽车载着日本增援部队源源不断地开来。与此同时，张师长率部在谭庄同日军展开攻防战，枪声炮声不断，战斗异常激烈，从下午 4 点一直持续到第二天中午，谭庄寨被攻破。日军进寨放火烧房，谭庄西街一片火海，房屋几乎不存，被杀和烧死的有四五十人。日军也受到重创，战后日军将战死和受伤的士兵堆放在干柴上，浇上汽油，放火焚尸，仅在张老村一处就焚烧几十人。谭庄战斗结束，日军退守冷饭店，开始营建据点。

冷饭店村后南北公路西侧，枯河南岸是一所中心小学，有校舍五六十间，在校学生 400 多人。日军赶走了师生，强占了学校，从此就在这里驻扎下来。首先设立皇军部，纠集地方势力十四五人，组建保安团，设立团部，由漯河人陈治明任团长。成立维持会和乡公所，建立反动武装保安队，由大郭村人郭老虎任队长。各种机构的设置和武装团队的成立，强化了对人民群众的统治。其后就是修建据点、构筑工事。他们从周围村庄抓去大量民夫，在日本兵的监督下挖堑壕、修地堡。日本人对民夫强制劳动，四周站岗，用刺刀进行威逼，稍有怠慢，日军就用砖头砸，用铁锨把粗的木棍打，有时还把人高高抬起，扔进深水之中，手段之残忍，令人目不忍睹。在日军逼迫下，挖成了相距 20 多米的两道堑壕，壕深丈余，宽一丈五尺，外壕设有鹿角，内壕设有吊桥，沿内壕里沿又修多处地堡，日寇盘踞的巢穴修建得非常坚固。

日军以冷饭店据点为依托，并利用他们所豢养的保安团队、维持会四处骚扰，催逼抢掠，犯下种种罪行：一是逼粮逼款，强令各村送粮送面，送鸡、鸭、猪、羊，以充军需；二是四处扫荡，在保安团的配合下，日军对冷饭店周围 20 里以内的村庄进行扫荡，到一地害一地、到一村抢一村，老百姓对此恨之入骨；三是滥杀无辜，1944 年麦收时节，日军公然在据点内，把正在地里收麦的农民当靶子，开枪射击，枯河村一个

18 岁的姑娘在他们的枪口下中弹身亡。

日寇的暴行，激起我抗日军民的极大义愤。1944 年冬的一天夜里，抗日部队化装成日军，计划潜入据点，里应外合，将据点拔除。当我化装人员接近敌堑壕时，因敌人口令临时改变，没能对上口令，被敌人识破，当即交火、激战一阵，迅速撤离战斗。此战虽然未能拔掉日寇据点，但是也打击了敌人的嚣张气焰，从此，日军龟缩在据点，不敢轻举妄动了。

1945 年 8 月，日军宣布投降，驻守在冷饭店据点里的敌军，将枪支、弹药扔到河里，撤往漯河，向我军投降，人民终于迎来了抗战的胜利。

选自 1995 年《漯河文史资料》第六辑

皇协军绥靖第一师的组建及其罪恶

刘传银[①]　胡德周

1944年6月，日军侵占舞阳后，霸据舞阳北部的武装势力关震亚、尚振华部，认贼作父，卖身投靠日寇成了皇协军。控制着9000多人的武装，为日本侵略者及国民党反动势力效劳，危害人民，拼命与共产党为敌。

关震亚，又名位东，祖籍北舞渡关老寨，原是一个封建地主，有地500余亩，妻妾5人。1928年县立师范毕业后到冯玉祥西北军田金凯部当兵，后任军需处长。1934年回到原籍，与北舞渡一带地霸阎耀五、孙鑑泉、刘斌亭、庞斌亭等相勾结，成为霸派，下通土匪上结官府，与北舞渡恶霸李筱馨合伙经营华昌烟厂，逐渐形成一方恶霸势力。到1937年冬季，国民党蓝衣社分子刘馨吾被从南阳派回舞阳任联防主任（刘原是舞阳两大封建派系之一悦来派的骨干），关震亚与其勾结，加之另一悦来派人士张茨山到北舞渡任区长，就推举关震亚为区团副团长。

此时，于1934年6月被国民党抓捕的原共产党员尚振华，被释放回到家里，脱离了共产党，当上了当地联防主任，同关震亚合流，并借机结交官吏，在北舞渡独营振昌烟厂很快与关震亚并驾齐驱。1938年张茨山去职，关震亚当上了代理区长，把区团副之职给了尚振华。在此基础上二人又以各自不同的社会关系向外扩展，不仅串联了阎耀五、刘斌亭、陈星樵、关瑞舟、王灿宇、李子盘、郭寿岑、孙鑑泉等大小恶霸，还网罗土匪，杀人越货，欺压百姓。政治上同县城悦来派的主要头目孙孟山、刘馨吾、卢宏宇、胡灿宇、胡琢青、张哲超联络以得到政治

① 刘传银，山东冠县人，生于1944年12月。曾任舞阳县委常委办公室主任，县政协副主席，漯河市政协文史资料委员会主任、办公室主任、港澳台侨委员会主任。

声誉。

关震亚借刘馨吾的关系与别廷芳取得了联系，并有刘馨吾保准关震亚为北舞渡区联防主任，关瑞舟、杜振乾、孙鑑泉、尚振华、庞斌亭、孟琢如、李良卿、王灿宇等为乡联防主任。其中关瑞舟、杜振乾控制舞阳沙河以北地区，庞斌亭控制华店一带，尚振华控制樊堂一带，孟琢如控制孟寨一带，王灿宇控制下澧河店一带，孙鑑泉控制北舞渡西部一带，形成了一个完整的统治势力，在这些地区强行编制民枪，对群众采取明抓暗杀的办法，拉兵派工、催派粮款。

1940 年 10 月，尚振华在信阳第三师范的同学张承先到舞阳当县长，关、尚二人更为得势，使张承先做了关震亚母亲的干儿子，在关老寨为张承先霸占土地几十亩，关震亚为其代管。关震亚、尚振华以送枪送马、送钱财、嫖赌为手段打通县内官吏，1941 年 5 月，尚振华又当上了北舞渡区长，在他们的统治区内横行霸道，为所欲为。

关震亚除有华昌烟厂外，还与李子盘合营大新烟厂，与刘斌亭合营开办华新烟厂，经济上有了基础。而在北舞渡镇，凡是较大的商业，大都有关、尚二人强行投入的股本，基本上统治了北舞渡的经济。

1942 年间，他们借保护地方安全为由，组织地下游击队，关震亚为司令，有了武装势力后，关、尚二人更是不可一世，他们乘这年灾荒之机肆意霸占土地，尚振华强行霸占 400 亩，在北舞渡古翼街占房屋 30 余间。他们在北舞渡地区为孙孟山霸占土地五六百亩，为刘馨吾霸占 300 余亩，为胡琢青、夏建章霸占 200 余亩，为刘丹岑霸占 300 余亩。

1944 年 6 月，舞阳沦陷后，关、尚二人通过国民党县长禹升联找到南阳行政专员兼保安司令褚怀理，褚委关震亚为舞阳抗日游击动员纵队总队长，尚振华为副队长，驻北舞渡。关震亚控制关老寨及沙河以北的民枪，派其表弟刘玉山、女婿井凤田驻关老寨，尚振华控制樊堂一带民枪。总队有秘书 1 人，军需 1 人，1 个特务中队，3 个大队。特务中队由张志甫负责，一大队长董茂亭，二大队长孙鑑泉，三大队长由尚振华兼任。随后召集澧河以北各乡长、各大队长开会，商议增加大队，扩充力量，这时恰有国民党汤恩伯部十三军二十二师内高 ×× 团的朱文轩、张文英、徐光兆、阎立华、李儒法等自登封败逃到舞阳，带领三个连共600余人。由孙鑑泉、董茂亭收编，又扩编了阎刘、三民、樊陵、孟寨、清和等乡的几十个大队。到7月，纵队官兵共计2000余人，有步枪1000余支、机枪10挺，大部均系朱文轩、张文英、徐光兆、阎立华、李儒法携带而来。

关震亚、尚振华又与临颍地霸寇子清、郾城的娄澄甫、舞阳屈岗的屈勋亭相联络，通过孙鑑泉与襄城县霍堰地霸刘凤基相联络，互相勾结。其间，襄城土匪张连三驱逐国民党襄城县县长任邦，国民兵团副团长崔东魁、在霍堪与张连三激战，任、崔请求孙鑑泉帮忙，尚振华率部击垮了张连三，加之尚振华又率董茂亭部消灭了姜店土匪赵和宇部，一时声威大振。

1944年8月，国民党第十五集团军总司令何柱国委关震亚为许（昌）、临（颍）、郾（城）、襄（城）、舞（阳）、叶（县）六县挺进军指挥官，尚振华及何柱国派来的王振淮为副指挥官。10月间，挺进军组成。这支挺进军加上郾城的王兆林大队、娄澄甫大队，临颍的寇子清大队，襄城的刘凤基大队、辛召先大队，舞阳姜店的夏子琴大队、九街的樊绍希大队共计9000多人，其中尚振华负责舞阳的5000余人。

到10月底，王振淮去临泉请示何柱国，回舞阳时路过漯河见到鄂豫边区绥靖主任李玉林派驻漯河的办事处主任周静，商议要成立绥靖第一师事宜。周静遂来北舞渡见关震亚、尚振华，召集各大队长，关震亚又派其参议李伯勋、田金凯去许昌见李玉林及许昌绥靖第一军长邱山宇，邱山宇曾任西北军某军军长，与田金凯是故交。李玉林委关震亚为绥靖第一师长，尚振华、王振淮为副师长。

李伯勋、田金凯回北舞渡后，即由关震亚、尚振华召集临颍的寇子清、郾城的娄澄甫、襄城的刘凤基、崔东魁及屈勋亭到北舞渡开会，定人员，改编成立第一师。尚振华兼第一旅旅长，李天运为副旅长，下有王灿宇、孙鑑泉、朱文轩（主要是副团长屈勋亭的人）三个团。襄城的崔东魁为第二旅旅长，下有刘凤基、娄澄甫、寇子清三个团。董茂亭因人多，不愿被尚振华收编，编为该师特务团，关震亚派其表弟刘玉山到该团任特务营长，尚振华之女婿冻春亭为尚旅特务营长，张文英为该师直属特务营长。另外，在原姜店何口设指挥所一处，屈勋亭任主任。

驻漯河的日本特务机关蓝机关指示其舞阳县城日军派人到北舞渡点验该师，指定该师管辖范围为东至郾城大新店，西至叶县坟台，北至襄城纣城，南至舞阳县城，方圆百里之地。

该师编制为每团下辖三个营，每营辖三个连，每连三个排，每排三个班。另有参谋处、副官处、军需处、军械处、军医处、军法处、交际处、秘书处、护商处、修械所及上级驻舞办事处和参议室，总参议田金凯、参议李伯勋，另有孙孟山、阎耀五、刘斌亭、周承文、关汉生、李令一、李光宇、陈星樵、李启元等参议人员。师总参谋长王书文，另设政治部，主任尚振华、副主任郑贯一，还有一个以关震亚、尚振华、李天运为正副团长的军官团，有迫击炮连、工兵连、通信连。

该师之供给全由当地群众摊派负担。其主要分布为：王灿宇团黄鼎新、黄国卿、孟琢如三个营驻下澧河店及孟寨以西以南地区；孙镒泉团张简斋、尚祥甫、陈兆龙三个营驻北舞渡以西地区；董茂亭团王玄亭、杨明城、李彦宗三个营驻董寨及马村以东以南地区；朱文轩团樊绍希、吴锡九、夏子琴三个营驻九街一带地区。崔东魁旅刘凤基、娄澄甫、寇子清三个团分别驻临颍、郾城、襄城地区。

关震亚、尚振华之武装改为绥靖一师后，国民党河南省政府通知关震亚去人联络。关派李伯勋去内乡西峡口经梁冠英引见，与刘茂恩会面，刘将蒋介石致关震亚、尚振华的电报交给李伯勋。蒋称赞关、尚在敌后做得很对，望忍辱努力等。通过省政府介绍，李伯勋两次赴蒋管区联络，并与西安胡宗南调度室取得联系，调度室允许关震亚派人去西安联络。随后关、尚派曹振声到西安，转达关、尚请求派人协助工作的要求，调度室派冯剑天（化名蓝小平）与曹振声一起到北舞渡，住在关震亚的大新烟厂，终日花天酒地、吃喝玩乐，关、尚送妓女给他玩，并与尚振华组成该部政训处。直到日军投降后蓝小平才公开露面，并为关、尚的绥靖一师改编为新编七十五师而活动。

1944 年春，日军大举南进时，漯河以东至周口一带，西至方城、保安的一段交通被切断，临泉的国统区有被日军四面包围的形势，而蒋管区后方所需物资须经上海等地经蚌埠、界首、漯河、南阳运往西安，再分布各地。故此，国民党第十九集团军总司令陈大庆指示界首警务司令部，设法打通这条货运通道，其办法是分别联络此段皇协军的关系，分段转送，并借此拉拢皇协军。舞阳的刘丹岑在1942年因有共党之嫌被抓到叶县汤恩伯的青训团受训。受训时的教育长李铣此时已调到界首任警备司令，李铣知刘丹岑能酿造酒精，便带刘丹岑从叶县到界首开办酒精厂。而刘丹岑与关震亚、尚振华交谊笃深，故让刘丹岑做这一工作。刘丹岑找到曾在舞阳当国民兵团副团长的张哲超及南阳人许定民（许此时正在界首国民党军七分校战干四团界首招生办事处工作，办事处主任是周愚）商议办法。许定民与漯河东归村皇协军绥靖第三师师长宋屏轩是同学，取得联系后，三人定下在界首中和街成立大通运输商行，刘丹岑为经理，张哲超、许定民为副经理。这样，界首至项城以西地段由界首警备部负责，项城以西归村至漯河由宋屏轩派人护送，漯河至北舞渡到叶县、保安由关震亚、尚振华派人护送。刘丹岑与界首警备部军需处长吴觉僧商定，由张哲超押送第一批货物20辆车到北舞渡，然后由关震亚、尚振华派兵护送到保安。

在张哲超临出界首前，吴觉僧传达了陈大庆给关、尚的口信，让他们保护好商运，将来给他们请求番号，张哲超见到周愚，周嘱其说如他们（关震亚、尚振华）同意，可向胡宗南请示给一番号。张哲超到北舞渡时，将口信向关、尚说明，二人非常高兴，当即写了两封信派人送到界首，表示竭力护送货物。十几天后，张哲超由北舞渡返回界首。刘丹岑、许定民又带一批货物同周愚的参谋长王学礼赴北舞渡。

刘丹岑十几日后返回界首，把关、尚请求援助、速赐番号的信转交给陈大庆、周愚。但由于1945年春，日军进犯南阳，这条运货道路中断，大通运输商行结束，刘丹岑仍回酒精厂，张哲超同朋友赵介宇另组豫大商行。

1945年夏，刘丹岑到北舞渡收地租时，把陈大庆致关、尚的信带来。关、尚遂派李伯勋去界首，带着致陈大庆、周愚及时任豫南挺进军司令张轸的信，说已有人枪一万余，要求速给一个番号。同时还有田金凯给陈大庆的信，因田、陈素有交往，李伯勋、许定民、张哲超、刘丹岑等又去秋渠寨见周愚，周答应上级要给番号。李伯勋独赴临泉见陈大庆，陈当即拟电致蒋介石，并派其高参刘效虞同李伯勋到北舞渡协助整训。张哲超赴新蔡将关震亚、尚振华写的信交张轸，张轸答应说都是同乡关系，保证给代请番号，并写了一封回信。

日军投降后，张哲超又押一批货物回北舞渡，把张轸的信交给关震亚、尚振华，二人遂派刘效虞、张哲超赴临泉见陈大庆。陈说日军已无条件投降，可速回，令关、尚在地方维持秩序，并写了个条子，委关震亚、尚振华为襄、舞、叶、许、临、郾地区挺进军正副总指挥，又写了一封信给刘峙。

1945 年 9 月，国民党华北地区招抚使熊斌到各地收编伪军，派襄城地霸苗峻峰到北舞渡，送来蒋介石委任状，委任关震亚、尚振华为新编第七十五师正副师长，刘效虞为参谋长，蓝小平为政治部主任，要求好好维护地方秩序。1946 年 1 月，军事委员会又来一同样电令，将关、尚师划归刘峙指挥。苗峻峰要回刘凤基、崔东魁，仍担任襄城国民兵团副团长及自卫大队长。

刘峙从老河口到漯河后，刘效虞、张哲超带着蒋介石的委任状及陈大庆的信件到漯河，经刘峙长官部的李雅仙引见见到刘峙。刘令关、尚到漯河见面，关、尚得到消息后即去漯河，刘峙对其二人大加赞赏。

1945 年 9 月 2 日，刘峙派人到北舞渡点验，自此皇协军绥靖第一师不复存在。

关震亚、尚振华的绥靖第一师原归许昌绥靖公署，受日军驻漯河的蓝机关指挥监督。除此之外，还与县城的维持会及舞阳南部的国民党县政府相勾结，相互利用。

舞阳县的维持会长原是杨明阁，但此人不听关震亚的指挥，引起关震亚、尚振华的不满，于是由尚振华、孙孟山、李伯勋、周承文、胡灿宇、刘馨吾、侯祥甫、赵乾岑等在原姜店兴国周李伯勋的烟厂开会商议，决定改组维持会，推周承文为维持会长，胡灿宇为副会长，并向国民党舞阳县政府担保，说周、胡二人是曲线救国，不能以汉奸论等。随后由周承文、李伯勋赴漯河，找到漯河维持会长李子芬，经其介绍又到蓝机关见日本人，得到委任令，二人回县即又得到日军驻舞阳的小野顾问及指导官潘庆扬的同意，改组维持会。绥靖一师派孙松震为驻县城办事处主任，专门与日军及维持会联络，北舞渡一带乡维持会长也全部是关震亚、尚振华的人。

绥靖一师与维持会及国民党舞阳县政府完全是相互勾结。日军占领舞阳后，禹升联（汜水人）及县政府逃到舞阳南部山区。最初，关、尚二人不断派人送去钱物等。不久，感到县长禹升联是外乡人，不如设法捧出一个自己人当县长。故关、尚出钱、出烟使刘馨吾到南阳找国民党省政府活动，刘当上了县长，驻在王店地区。这样一来，舞阳各地的维持会分会长，大都成了刘馨吾加委的会长。刘常赴各处维持会催款要粮，关、尚的一师也不断给刘馨吾送钱等。

国民党县政府与城内维持会及皇协军绥靖一师相互之间的联络主要分两条路线。一条是由王店通过县城、马村到北舞渡，县政府在城内设联络站，由夏建章负责，马村设一联络站，由王玄亭负责；另一条由王店经过庙街、卸甲店至董寨，庙街设联络站，由阎升堂负责，分别与张光亚、王国贤、贾文轩、贾茂德、张希端联络，并由卸甲店的贾茂德同董寨的董茂亭联络。

1945 年 3 月间，驻漯河日军蓝机关及许昌绥靖公署命绥靖一师调一个旅替日军驻扎舞阳尹集地区，对抗新四军。尚振华及副旅长李天运带领孙镭泉、朱文轩等两个团 2000 余人，分驻尹集寨内及附近村庄。

3 月 26 日晚，新四军河南挺进兵团在周志坚率领的三十八团一部协助下，对尹集地区发起进攻，俘团长朱文轩，营长樊绍希、王有礼等以下官兵 80 余人。尚振华、李天运率残部逃回北舞渡。

关震亚、尚振华及他们的一师官兵不但听从日本人的调遣，反对共产党，而且在北舞渡地区更是随心所欲地欺压百姓、敲诈勒索、滥杀无辜，激起广大民众的极大愤慨。

关震亚、尚振华全部土地财产均是用残酷的剥削手段霸占而来的，他们为扩大自己的权势，不择手段，杀害异己，只要谁与他不和或骂过他们，或明或暗必将置其于死地。

如一个叫左德岑的人因与关震亚争嫖妓女，引起关的不满，关遂派土匪王静斋将左杀死。后王静斋纠集土匪百余人，乱抢滥杀，势力日渐增大，关、尚有所顾忌，便派人将王静斋等 10 余人枪杀。

1944 年间，维持会委徐挺荣为定陵镇乡长，因徐不是关、尚之爪牙，尚振华便派人将徐等六七人装进麻袋，抛入沙河。

尹集战斗结束后不久，尚振华认为该师直属特务营营长张文英有共产党嫌疑，便将张文英等 10 余人活埋于北舞渡南地，张文英之妻跑去哭诉说情，亦被尚振华杀死。

尚振华的弟弟尚祥甫之妻与其烟厂一工人通奸，尚振华便将该工人一家 6 口于大白天活埋到北舞渡南地。

关震亚、尚振华在初期杀人多采取暗杀，皇协军时，他们设立了军法处，往往公开绑人到刑场上执行枪杀。

关震亚在北舞渡一带奸淫妇女不可数计，他本人曾自诩说：光北舞渡寨内的姐妹或母女二人与他同床的不止一个排。

1944 年，他们为修筑北舞渡寨墙，强迫周围十几华里内的农民自带干粮。历时几个月，为此修穷家产的农民有之、累死累病的有之。他们还强迫农民种植鸦片，强行收税、收烟，送给日本人。

他们在整个北舞渡地区为所欲为，任意向群众派粮派款，征兵拉夫，与其有关系者可以一文不出。尤其是皇协军时期，更是肆无忌惮以吊打烤烧等手段向群众要枪、要铜元，其手段之残忍，令人发指。

其特务团长董茂亭，仗其势力，欺压百姓，他在董寨盖楼房 20 余间，其全部砖瓦及地皮，都是向周围群众索要，不论农忙与否，只要他有活及所需之工具，皆由其任意使用，稍有违抗，轻者被打伤致残，重者被打死。他外出时常坐着轿，前后有十名骑兵护轿，架着鹰、牵着狗，横行无比。

所以，在当时的北舞渡地区流传着这样一句话："杀不杀问问尚振华，穷不穷问问董茂亭。"其罪恶行径，可见一斑。

选自 1995 年《漯河文史资料》第六辑

战火硝烟

回忆抗战期间八路军晋豫边游击队的战斗生活

孙　坚[①]

我是河南省济源县伯王庄人，从小受二哥孙竹箫的影响较深。二哥于1929年加入中国共产党，是济源县党的地下工作者之一，活动在济源、洛阳一带。那时他在洛阳上学，每逢学校放寒暑假，常常有一些人到家里来，我总是替他们看门放哨。1934年夏，二哥在济源马寨村参加党的会议，因叛徒出卖，不幸被国民党反动政府逮捕，解赴省会开封。在押期间，受尽了各种酷刑，他的手和脚也被砍断了，但始终坚贞不屈。这一年10月，竹箫二哥于开封英勇就义。噩耗传来，年迈的祖父与我的父母悲痛欲绝，悒郁恻怛，相继去世。我们全家同国民党反动派从此结下了血海深仇。1937年抗日战争爆发，日本帝国主义侵占了济源，我们兄妹感到，只有像竹箫二哥那样，投身到革命队伍中去，才是唯一正确的道路。

1938年初春，在大哥孙渊明谨慎机智、不动声色地四处打探下，我们终于找到了日夜盼望的革命队伍——刚刚开始组建尚未公开宣布的晋豫边区游击支队，当时简称“唐支队”。

4月初，我们兄妹四人，心情舒畅，情绪激动地奔向唐天际司令员领导筹备的支队所在地黄楝树村，一路上我们兴高采烈，无限憧憬地对未来进行了热烈的讨论。最后，大哥说：“今天参军，是我们迈向革命的第一步，也是起点，一为抗日救国，二为实现竹箫未完成的事业。为了表示我们和过去的决绝，迎接火热的斗争，我们兄妹四人都重新起了名字，大妹取名孙军，二妹取名孙坚，小妹取名孙毅，我亦取名关飞（后

① 孙坚，女，河南省济源县人，1938年参加革命，历任看护班长、卫生队指导员、医院药库主任、妇幼保健院副院长等。离休。

又改为关非）。四个人的名字合起来，就是我们要振翼高飞，投身革命队伍，心坚志毅，将自己锻炼成一个真正的革命者。”大家听了，一齐鼓掌，说大哥总结解说得好。当时，我们就是怀着这样的心情，参加了晋豫边游击队。司令员唐天际同志和他的爱人耿希贤同志亲自热情地接待了我们。之后除大哥另有任务外，我们姐妹三人被分配到政治部民运科工作，和安平、岳水、刘玉娥、马楠等同志一起到各乡村去向群众宣传抗日、宣传八路军的抗日主张，并动员青年参军、扩充队伍、筹备军粮等。

1938 年 4 月 28 日，八路军晋豫边区游击支队宣告正式成立。支队在济源县邵原镇北寨村召开了成立誓师大会。司令员唐天际，政治部主任敖纪民（后任支队政委）、参谋长方升普（后任副司令员），晋豫边区特委书记聂真同志都在会上讲了话，将 4 月 28 日这一天定为支队成立纪念日。佩戴的臂章为“八路游”——八路军游击队。从此，唐支队[①]从无到有，不断壮大，到八九月间已发展成近 2000 人的抗日队伍，活动在山西、河南边区，不断地打击日本帝国主义。

不久，支队在北寨村举办抗日干部训练班，我们兄妹四人都参加了学习。干训班 200 人左右，由特委组织部长薛迅同志领导。学习期间，唐天际司令员讲抗日战争的战略问题，聂真同志讲抗日战争的形势和任务，敖纪民同志讲中共党史和党在抗战时期的任务，方升普同志讲抗日战争中的游击战争问题。经过这次学习，认识提高了，革命的决心更加坚定了。学习结业，大哥和小妹分配做宣传工作，我和姐姐孙军被分配到支队新成立的卫生队工作。

当时，卫生队工作人员很少，只有 5 个人，队长张学恭同志兼任医生，另外 4 人是刘玉娥、岳水、孙军和我。以后才又增添了一名司务长兼炊事员。当时医疗条件很差，既无诊断的仪器、药品器材，也无经费，除张学恭同志外，我们四人都没有任何医疗常识。为了尽快开展医护工作，我们动员当地开业的中、西医医生和药店，他们自愿捐献了一

① 八路军晋豫边游击支队的简称。

些我们急需的药品、器材、器械等，我们才算初步具备了治疗伤、病的条件。

卫生队成立后，部队奉命从济源县转移到山西省阳城县黑龙乡青龙村一带，沿途收容了数十名伤病员。白天行军我们尽力照顾病人，做些简单治疗，晚上除站岗放哨、保护他们的安全外，还要值夜班、查病房，观察、了解病人的病情以及端屎接尿等。张学恭同志更是不分昼夜地劳碌，既要给伤病员治疗，又要利用一切机会给我们四个人讲卫生护理课，还要给我们讲点政治、教点文化。那时我们都感到时间的宝贵，一有空闲便努力学习，因此，我们姐妹常是现学现卖。开始，给伤病员换药时，我们看到血淋淋的伤口脓血外流，连看都不敢看，经过学恭同志多次讲解、示范，才慢慢胆大起来。在那艰苦的年代里，我们深深地体会到，我们革命队伍中的伤病员，都是些勇敢的战士。他们为了减轻我们这些初学者的思想负担，换药时大部分伤员都能够咬紧牙关忍着疼痛，没有呻吟、没有怨言地积极配合，有时还鼓励我们几句，要我们大胆地操作。我们看到这些很受感动，因此也尽心竭力、想尽一切办法减轻他们的痛苦。

在药品十分缺乏的情况下，为了给伤病员治疗，我们便积极收集民间单方、偏方、验方，翻山越岭在深山野沟里寻找药材。我们把蒿苗揉碎给感冒病人搓脚心、手心、前胸、后背，用以降低体温；遇到伤口感染发烧的伤员，内服我们采集的柴胡、石膏、桑叶、蝉蜕等汤剂以清热解毒。外伤治疗方面，用自制的百分之一的食盐水洗涤伤口。没有敷料，我们用碱水将普通棉花煮沸自制脱脂棉，用当地土白布蒸煮消毒、自制绷带等。这些东西虽然不精，但来之不易，为了节约敷料，每天都要把换下来的绷带、盖伤口的布块、用过的棉花球等拿到水沟或山泉里去洗净、晒干、消毒，重复使用，直到实在不能再用时才丢弃。遇到寒冬腊月，水冷刺骨，同志们的手都冻得红肿起来。由于部队流动性大，伤病员都分散居住在当地的群众家里，医生带领我们走东串西到各家各户为伤病员进行治疗，常常不能按时吃饭。就这样，我们土洋结合，中西并用，千方百计治好了无数的战士，使他们重返前线。

1939年初，卫生队改建为卫生处，处长王志远，教导员晋敬敏，副处长张贯英，医务主任黄涛，新增医生黄华、石爱莲、乔东新、吴健，司药刘守权，护士石文英、王素秋、陈弘道、王曼华、郝树高、郭修荃、何正根、芦凤琴、史淑清、刘兰芝等，总务会计孙乾×、苗纪英，力量壮大了。同年，卫生处转移到离阳城县城30多里的西封村，医务人员又增加了西医张思载、李少峰、王兰英、兰××，中医文××，中药师姚九盛。这时战斗也越来越频繁了。日本鬼子不断进行扫荡、清剿和封锁，国民党也时常制造摩擦。这年冬天，国民党第二战区司令长官阎锡山发动了十二月事变，公然进犯我八路军，并扬言要消灭我党领导下的决死队、牺盟会等抗日军队和群众团体。我们在石臼村驻防时，就遭到了阎锡山军队的袭击。他们打伤我们的人员，抢掠我被服厂的布匹、军衣、军被、棉花等军需物资和部分医疗器械，甚至逼迫我们的伤病员把身上穿的棉衣脱下给他们，还将我们的一些同志绑架到他们那边去。这种公然破坏团结抗日的行为当然不能听之任之，我们同他们进行了针锋相对的说理斗争。兵站站长徐松林同志也三番五次同他们进行毫不妥协的交涉，他们理屈词穷，不得已放回了我们的同志。

1939年七八月间，边区战争形势紧张，整个医院需要转移。除重伤员有担架抬送外，其他伤员均由医护人员带领徒步过沁河向安全地带转移。沁河水流湍急，水深没胸，没有渡船，没有桥梁。我们是手挽手、臂搭臂排成一条长龙，互相搀扶、互相支持才渡过沁河的。按季节说，正是盛夏，可是我们渡河上岸后，都感到山谷里寒气逼人，让人战栗不已，冷风掠过，牙齿碰得“咯咯”作响。大家都身着湿衣行走，脚下是山谷、沙滩和溪流，两岸高峰入云，峭壁悬崖，杂树丛生，蔓草萦绕。走了整整一天，蹚了六次河，磨破了两双马兰草草鞋（山里一种可编草鞋的野生草），仍然没有走出曲折回旋、山盘水绕的峡谷。四望凄清，旷无人烟，野鸟于林间低鸣，山花则到处漫开。寒冷、饥饿、疲倦一齐向我们袭来，我们咬紧牙关，总算挺过了这难忘的一昼夜，终于到了目的地。不管怎样，这里地形险峻，远离城市，日本鬼子是不敢轻易到这里来了。

但是，我们的驻地仍然在敌人的后方，由于封锁，医药、器材、武器、弹药都十分缺乏，粮食更是宝中之宝，在敌人扫荡的时候，吃不饱饭或几天吃不上饭是常有的事。有时，树叶和野菜也是救命的东西。那时，我们每人每天只有 4 两小米（十六两秤，折合现在二两五钱），尽管不够吃，我们还要从中设法节省一点，以救济当地灾民。在抗日根据地，我们不能眼看着我们的人民处于生死边缘而不顾啊！

1941 年，组织上送我到八路军总后勤部所属的华北卫生学校学习深造。我被分配到三连，连长王远明，同班女同学有李少峰、杨彪、赵伟等。虽然叫卫生学校，实际上并没有固定的校址，没有固定的教室，上课都在野地山坡上。学校的伙食常年吃的是小米饭。有一天，部队突然从敌占区弄来些白面，只够全连吃一顿饺子。这天夜里，我们三连的同学都高兴得没有睡觉，大家以班为单位和面领馅、包饺子，然后轮流到伙房煮。当轮到我们班煮饺子时，天已拂晓，大家正准备饱餐一顿美食的时候，连长忽然接到上级命令：日寇出动扫荡，学校必须即刻转移。包好的饺子未能吃到嘴里，全班人惋惜不已。队伍出发了，每人除背自己的行李和两颗手榴弹外，还规定要每人扛一袋小米——男同志扛 40 斤，女同志扛 30 斤。这一次因为米少，两个人轮流背一袋。队伍刚拉出村，上到山半腰，敌人已经进村了，在后面追赶我们。我们一面拼命往山上爬，一面由拿枪的男同志迅速占领有利地形，在山头上抗击敌人，掩护我们向山后转移。我上到山顶，把米袋交给赵伟，由她接着背。没想到这座山的背后，全是一人多高的白草，弥弥漫漫，铺满山坡，没有道路，也看不见山石。情况既这般紧急，我们大家都坐在草坡上往山脚下滑行。白草光滑异常，坐上之后即无法控制，结果衣服被扯破了，双腿也在滑行中碰破了皮，流出鲜红的血。敌人追赶不上，就用大炮向山后轰。这时有一个同学踉跄着丢掉米袋去追赶队伍，我看在眼里，不舍得白白丢掉那一袋粮食，就掉转头去抢回，恰在这时，一颗炮弹在我身边爆炸，眼前顿感一片漆黑，看不见一切、听不见一切，我头部受了伤，昏了过去。不知过了多久，眼睛朦胧地觉得地面已是黑黄颜色，这时我才慢慢苏醒过来。我看了看周围，除了野草，没有一点声息，我意识到这是我负伤掉队了。我爬起来，背起背包和粮袋，辨认了一下方向，挣扎着去追赶队伍，走了多时终于找到了队伍。当同志们看到我背着沾有血迹的米袋回来，无不欣喜若狂，欢呼着："孙坚还活着！""孙坚回来了！""孙坚真是好样的！"

不久，接到校部命令，要我们三连立即由左权县向和顺县转移。我们走了两天一夜，才到达这个山区县，住了八九天，休整队伍。可是我们断了粮，每个人的肚子都在咕噜咕噜地叫，头晕眼花，瘫软无力。连长说："同学们！我们不能等着饿死呀！咱们只有向大青山挺进了，到山上看看有什么野生植物可吃的拿来充饥。"就这样，全连同志支撑着难以行动的身体上山挖野菜、采树叶，以这些东西填充辘辘饥肠。煮熟后的树叶吃起来很苦，相当难吃，但为了填肚子，只好强忍着吃下。三天之后，体力稍有恢复，我们就向远方的高山奔去，希望能找到比树叶更好吃的东西。我们爬上山峰一看，哈！山背后长着大片大片的野黄花菜（又名金针菜）和野蒜苗，真是天无绝人之路！大家如获珍宝，互相庆幸。从此，我们可以有计划地进行学习和生活了，半天上课，半天在山上采集吃的东西，我们就以这样的生活方式完成了卫校的课程，度过了日寇的大扫荡。

1940 年 2 月，晋豫边游击队（即唐支队）奉命和八路军一一五师六三八团合并组建为新编第一旅，隶一二九师建制，唐支队从此不再是游击队，变成了野战军，我们也成了八路军卫生战士。

一天，卫生处处长欧阳义同志召集医护人员讲话，通知全处当日下午 4 点钟紧急集合出发，当夜通过敌人的封锁线到新的地区执行新的任务。他要求大家认真做好准备，行军时要动作迅速，前后紧跟，不能掉队。散队后，大家纷纷做行军准备。吃了饭，紧接着就整队出发了。我们爬上一座高山之后，太阳已经落山，暮霭苍茫，天色逐渐昏暗起来。这时候炮兵连的骆驼挤到我们队伍中间，把我们班和前边大队隔开了，四望宵冥，黑得伸手不见五指，我们已离封锁线不远了，就和前面的大队联络，信号是后面队伍向前面队伍拍手三下，听见前面队伍回拍信号，就继续往前走，如果没有回声，就是后面同志掉队了。我们带队的同志拍了三下手，前边没有任何回声，我们知道不妙，不敢再往前走了，就掉转头顺来路往回走，在崎岖的道路上摸索着返回来时经过的森林里宿营。同志们各找地方休息。我呢，也顺手摸到一棵树，两腿骑在树的根部，背靠石山，不大工夫就进入梦乡。醒来时太阳已从东方升起，往下一看真是吓死人了，原来昨夜我竟睡在悬崖边，两腿搭在一眼望不到底的峭壁，如果睡觉不老实，一骨碌下去就没命了！

我们在山上整整待了两天两夜，没有水喝、没有饭吃（这山上缺水，群众都是靠自己地窖里存的雨水和雪水生活），人人饥肠辘辘，眼前发黑，又不敢出林走动。在这无奈的情况下，我们的医生说："估计敌人不会再来搜山了，你们女同志下山去，到村里向群众讨点东西来吃吧！"说老实话，我们几个女同志实在懒得响应，但这位医生又二次催促了，我们 7 个人才支撑着懒散的身体，走几步歇一歇，费了好大力气才下了山。来到一家农民的门口，恰巧有一位老大娘站在门口，抬头看见我们艰难的步履，便主动向我们迎来。我们便把所遭遇的情况告诉她老人家，老人随即到厨房里端出几碗小米汤来，要我们喝下。我们也顾不得品滋味，狼吞虎咽地把一大碗米汤装进肚里了。我们又向这位大娘说明还有几位同志几天没有吃饭了。大娘听了叹息着，重又进屋子里给我们拿出一升小米，两升糠炒面，还借给我们锅和碗。我们太高兴了！把米和面拿到山上，另找一家人家要了水。同志们有的捡柴，有的烧锅，大家一起煮饭（抓两把米放到锅里煮熟，用汤和着糠炒面吃）。这一升小米两升炒面维持了我们的生命。两天以后，精神都大有好转。又过了几天，首长派人来接我们归队，才结束了这令人难忘的掉队生活。

1942 年，是日本帝国主义进攻、扫荡最频繁、最残酷的一年。这一年 5 月，敌人的大扫荡开始了，天上飞机，地上大炮，来势汹汹，不可一世。为了保护伤病员的生命安全，我们医院不得不将伤病员成批转移并分散安置在深山野林里，三五名医护人员带领一批伤病员。由于山洞有限，病员较多，只有先让重病号、重伤员住进洞去，其他病员，只要下肢没有受伤，能够行动，一律分散住在树林里。晴天还好，遇到下雨，大家只好跑到崖下躲避。洞与洞之间，往往有数里之遥。巡视病员都是在夜间进行，为防敌人发现，不能点亮照明，我们肩挎药包，手提水罐、饭篮，摸黑在悬崖峭壁或曲径狭谷间攀行。进入山洞，先让伤病员喝水、吃饭，到换药时才点燃麻秆照亮（当地群众没有油灯，全靠点燃麻秆照亮）。这一段日子，虽然十分艰难，但在当地群众的保护下，终于安全度过了敌人的大扫荡，我们没有因为自己的过失损失过一名伤病员，胜利地完成了党交给的光荣任务，告别了大山，返回了根据地。

两年以后，日本帝国主义在全世界反法西斯力量的打击之下，不得不放下屠刀，缴械投降。中国人民经过艰苦斗争，终于胜利了！我们一二九师新编第一旅在党中央的领导下，随着国内形势的发展，也进入了一个新的历史时期。

选自1988年《漯河文史资料》第二辑

回忆在抗日挺进军第十五团的一段生活

周声远[①]

抗日战争期间，中共领导下的鄂豫皖军区，于1944年底，挺进豫中，建立了豫中军分区抗日根据地。1942年从陕北派到敌后发动群众的王方明同志，在舞阳南山区开展工作，率领地方武装起义后，在军分区领导下逐步扩大，建立了人民抗日挺进军第十五团。1945年6月，我从分区政治部文工团被派到该团，分配在马朝阳营里去教育战士。

当时部队经常在西平、遂平、舞阳三县边沿山区活动，辗转在沟岭山村之间，三五天一转移地点。全团战士和干部都是附近邻县农村里的青壮年男子。炎夏天气，每人只一条被单，一身便服，行动轻松利索。只是建军不久，人员少，加上都穿着便服，式样、颜色不一律，显得仪容不太严整，外观与精神不一致。

从前，我与部队接触得很少，没有做过连队的工作，心里没有底。依据分区政委栗在山谈的精神，针对营里战士的特点，我在心里拟定了个工作计划：方针当然是以马克思主义革命思想培养无产阶级革命战士；任务是教育出一批立场坚定旗帜鲜明的人民抗日武装；目标定为继承“艰苦奋斗英勇牺牲”的革命传统与“团结紧张严肃活泼”的工作作风；方法是通过眼前现实启发阶级觉悟，用保家卫国翻身解放来鼓舞抗战斗志。

自从接受任务来到团里，日夜不停地想了许许多多，由于没有实际经验，心里总不踏实，最后心里一横：从思想上政治上以及生活作风上，向着八路军、新四军的水平赶。

① 周声远，舞阳县人，1914年生。曾任营连文化教官，文工团团长，县委、县政府秘书，县文教科（局长），县高中副校长，县各界代表、县人大常委、县政协副主席。

革命歌曲的作用

进入营里开始实施教导工作前，考虑到战士都是农民，文化水平低（大都是文盲），用报告、讲课方式不易收效。我就试拟了一个用教唱歌曲的方式，把思想政治工作渗透到教唱过程的方案。征得马朝阳同志同意后，我拟定计划，排出日程表，着手执行起来。

营部召开干部会，重新安排了军事操、学习和生活制度。规定早上唱歌，锻炼身体；上下午学习军事知识，练射击、投弹、劈刺技术；晚上先学唱歌，然后适当插入夜间教育和野外演习。在教唱歌方面，按歌曲内容及其难易程度，排列了先后次序，编出教学目录，然后开始教唱。先教唱《调军》《送郎》《三大纪律八项注意》等简单易学的歌曲。教法是把全营战士集合在一起，列队坐下，自己唱一遍，以激发战士们学唱歌的兴趣，接着讲述歌词的内容。在讲述中，用产生歌曲的社会背景，事情的情况及参与人的心情和愿望等，说明应该怎样来唱这一首歌。这就是我上的思想政治课。到战士们深懂歌词含义以及具体细节以后，自己再范唱一遍，接着一句一句地教唱。主要的掌握重点是开始必须唱对。唱对，就是高低、快慢、轻重和表情都要正确，难唱的地方要一字一词、一个一个音节教。在教唱过程中，要指点并体现出歌曲的思想情感，要求大家把充沛的情感尽量表现在声音中。这是我对战士的革命意志与战斗勇气所做的鼓动工作。唱得全对以后，再一段一段地教，教唱中插入简短说明和表演，使战士们的认识和情感一步步深化、强化。这时，就自己再示范一遍，让战士静听，轻声跟一遍，齐唱一遍，这样一支歌就学会了。

我用这个方法向全营战士进行了一次又一次的教育引导。在初学会几支歌的时候，着手在每个连、排里培训唱歌指挥员，举行连排间的歌咏比赛，以便巩固学会的歌曲，促使战士们的革命激情与战斗精神经常化。

在教唱歌的过程中，第一阶段以民歌、小调风味的歌为主，学了

《磨刀歌》《绣荷包》《十双鞋子》《难民哭五更》《月亮照高楼》《大刀进行曲》等。第二阶段教唱了较复杂的歌，如《义勇军进行曲》《游击队歌》《游击军》《全国动刀兵》《全民抗战》等。

那时候，平时总有人练习唱歌，每逢集合，各连、排主动唱歌、互相拉歌，全营内除了吃饭、学习、上操时间外，到处一片歌声。

经过约 20 天时间，全营战士学会了 30 多首革命歌曲。通过歌词讲解，对战士进行了有效的思想政治教育，从而坚定了抗战必胜的信心，鼓舞了斗志。战士们原来偏重于杀敌本领的学习，不太重视稍息、立正、队列变化和步伐整齐等动作，从外表看起来，队伍显得不够严肃齐整。学会唱歌以后，大家的生活作风紧张起来了，战士们精神面貌大变，有些“老八路”的样子了。

夜行军

1945 年 6 月中旬的一天下午，团部接到军分区命令，要部队连夜赶赴指定地点，接受战斗任务。通知各连队战士擦好枪支子弹，整好背包衣履，吃过晚饭（那时一日两餐），整队出发了。

仲夏天气，夕阳平射过来，有些闷热，但是精神饱满、勇气十足的战士们，谁也没有注意这些。队伍排成行军纵队，顺着田间小道，在海洋似的青纱帐间，向东南方向曲曲折折地走去。前后的人们被刚出穗的高粱和早玉米所掩遮，不见头尾，显得队伍更长。看起来，战士们虽然没有整齐的服装，而步子跨得坚定，幅度也大，一个个表现出勇敢沉着的姿态，使我联想到 20 多天的教育成果，内心有说不出的欣慰之感。

天渐渐黑暗下来，星星眨着一只只眼睛，在察看我们的行动。在夜色浓重的旷野里，同志们踮起脚、跨开夜行军的步子向前疾行。大家一个紧跟一个，疾步前进，没有一个人说话，要咳嗽的人严严地把嘴和鼻子捂起来，弯下腰不让有咳嗽声，有的人弯下腰捏一些泥土放在嘴里，这是防止咳嗽的。大家完全按照夜间动作教育的要求做了。

走出山区，跨过丘陵地，路比较宽广了，却全是没有走过的生路。

我认识星座，能在回转变化中不迷失方向，一般战士们脑子全转了向，失去了对方向的辨别能力，只有跟着前边的人茫然地走着。进入不明敌情的地区，大家的心情更紧张，谁都跟得很紧，目光透过夜幕紧盯着前面同志的背影，同时扫视周围的一切变化。这时候谁都会意识到自己和革命集体的关系，懂得自己的一响一动都关系着集体的安危，脱离了集体便会无所作为，且失去保障，坠入险境。一个革命战士的集体主义观念这么重，纪律性如此强，正是在这种战斗场合中久经培养、磨炼出来的。这是革命战士和一般群众根本不同之处。

我军进入生疏地区，特别是夜行在敌占区，必须有熟悉道路的人做向导。没有向导，是不可能顺利通过敌情不明的地区，以到达目的地的。这次我们找的向导在队伍最前边，紧紧跟随着尖兵班，指出走哪条路、到了哪里、怎样绕道走。如果向导迷失方向，部队就寸步难行。从这一点也可以认识到联系群众的重要性，更可以理解为什么共产党领导的人民军队能打胜仗。

虽然前面有尖兵侦察情况，像昆虫触须似的探索出了安全可行的路，并且有可靠的向导带领，可是在绕村、避镇的地段，走的并不是正路，而是小道、荒路、田埂，有时还穿行在杂树丛中，走得时快时慢，不少时候得小跑紧追，所以队伍中间，时常有失掉联络、找不到前进路径的情况发生。前面失去联络，就赶快一人传一人地用小声向后传："失掉联系，坐下休息。"前面的人发现后面没跟上，就马上向前传："后面失联系，坐下休息。"等前面传回来说："派人回原路联系。"就坐下，派人由原路折回去，找到后面休息的人，再一同向前去接上队伍。这时候后面的人赶快向前传："继续前进。"起来便是一阵疾行。就这样，走走、坐坐，疾行一阵、慢走一阵，直到下午3点以后，前面才传来"已接近阵地，坐下休息"的话，才算真正休息了一会儿。

第二天在漫谈中，战士们对于这次夜行军感到受教育很大，尤其是新战士们，大家认识到夜行军是战斗动作中的重要一项，也深刻地认识到向导、斥候兵跟部队安全与完成任务的关系，也认识到每个战士的行动和革命集体的关系。

战斗之前

几天来，军分区各部分武装，分头把西平、遂平地区的伪顽反动武装，连打带赶，都赶到了神沟庙寨内。因此分区司令部制定了迅速集中兵力“一鼓歼灭之”的计划，传下急令，连夜调来各部兵力，把敌顽团团围困起来。

人民抗日挺进军第十五团，经过长途行军，按军令规定，黎明到达神沟庙附近，按计划被分配在寨南约一华里的一个村子里，布置了岗哨。这时，敌人处在我军包围之中，已成瓮中之鳖，单等下手捉拿了。

部队在村里安排了休息地方和吃饭问题。可是，敌人在眼前，战士们谁也没有躺下睡觉，除了同群众谈话、了解情况、宣传抗日救亡保家卫国道理之外，多数时间是坐在村北边的树荫下监视着敌人的动静，不停地讨论问题。

我们了解到，寨里有赵子杰、徐耀辰等 8 个顽固头目，约 300 来人，有重机枪 1 挺、轻机枪 12 挺、枪 200 余支。群众却说有 400 多人、300 多条枪。听群众的口气，似乎认为我们打不了寨里这么多带枪支的敌人，大概没有把我们这些杂色便服的人看在眼里。

寨里这些反动杂牌军，也确实猖狂，他们不时地向四外打枪示威，还有不少人在西半部寨墙的残缺处架设鹿寨，积极准备守寨了。

经过和群众大半天的接触，我们知道这些顽固派头目军对老百姓明压暗欺、敲诈勒索，大家恨透了他们，只是认为他们内连蒋介石、外勾日本鬼，人多势众，心里恨嘴里不敢反对，很希望除去他们，也确实盼望我们为民除害，但是对我们又不了解。

群众用对待新奇的眼光，审视着我们的行动，要证实一下传闻中的共产党的队伍是什么样子，是不是真能神出鬼没，真能战胜日军？早上起来，一见满村是我们的军队，有点惊奇，初一接触，见我们也不过是平常的本地人，服装又不整齐，枪支都是些常见的杂枪，有些失望。经过一天的接触，群众发现我们一个个都平易近人，没有架子，一见面就亲热地打招呼，说话十分和气，问寒问暖，比近邻居远亲戚还亲热。战士们到群众家里，对老少称呼不离口，见活就干，用了东西放回原处，吃饭都认真打欠条，连一草一木、一针一线也不乱动，给东西也都不要。群众大为惊讶，老人们说："像这样的军队，住下来不走才好哩。"可是还不了解我们用什么方法打那些人多枪多的反动派。

晚饭后，我们部队集合，在村北空地上进行战斗前的思想鼓动工作，做战斗动员。群众一丛一簇地站在一旁，远远地看稀奇，连墙头上也都露出了人头，但谁也不说话。

部队排成讲话队形，坐下来，听指挥员的战斗动员讲话，布置战斗任务，进行具体分工。接着就唱起歌来，雄壮的歌声，高亢入云。

太阳在歌声与口号声中悄悄隐向西山，大地开始出现苍茫的暮色，一声"进入阵地"令下，部队迅速奔向指定地点，投入了攻击寨子的战斗。

攻克神沟庙

神沟庙寨南门在寨东南角，门楼上面是碉堡式建筑，有射击的枪眼，机枪步枪的子弹可以射到寨外各处。南寨墙蓝砖包砌完整，是全寨较难攻的地段。我军偏把南门和南寨墙定为主攻突破点，而没有把寨墙坍塌、设鹿寨的地方作为主攻点。这样正好在战术上胜敌一着，达到出其不意、攻其不备的目的。

挺进十五团分配在东南寨外，负责掩护进攻和堵截可能逃出来的敌人。我们一营正分配在寨门外。营长、副营长和我各带领一个连逼近寨门，以散乱的坟头作掩护，埋伏了下来。

分区主力部队担任主攻任务。他们把力量布置得细致，各人任务明确具体，如谁抬云梯到哪个地方，靠上云梯后谁是第一、第二个攀登，拿什么武器，登上寨后注意什么，谁负责在下面扫除手榴弹，谁掩护攻寨，谁的枪负责哪几个垛口，特等射手各封锁哪个枪眼等都做了安排。特别是指挥员都亲自到最前线指挥战斗，既保证了按计划有秩序地进行战斗，又稳定了战士们的军心。

战斗一开始，我军的强大火力顿时压倒了敌人，他们连枪眼也不敢靠近，只是惊慌失措地胡乱打枪。云梯逼近寨根，敌人往外扔手榴弹，手榴弹刚一落地就被负责扫除手榴弹的人随手拾起，迅速向寨上反扔过去，在寨上开了花。有的手榴弹在寨内上空爆炸，威力特别大，吓得敌人摸不着头脑，张皇失措，不知如何是好。

正在这时，忽然一个榴弹从高空落下，碎片正打在机枪射手的手上，嵌入骨缝里。黄林司令员马上从容地接过机枪，把背带往脖子上一套，也不瞄准，托住枪就射击起来，子弹正好扫射到寨墙的垛口处。在一阵密集的枪声中，云梯上的人已攀上顶端，伏下来准备上寨墙。机枪步枪陡然一齐停发，云梯上第一个人跃起身来，举手向寨上扫了一梭子，打倒了寨上的守敌，即时上去几个战士，击毙附近敌人，抢占了寨门楼。这时候，一个白色的信号弹从寨门楼上升起，欢快地飞向高空，向我们宣告：寨子被我们攻破了！从开始进入阵地到信号弹升起，只用了 10 分钟时间。

战斗结束

突破主攻点，不过是胜利的起点，战斗胜利的程度甚至结果如何，还是未知数。因为关键在于如何全线突破，是否真能全歼敌人，真正的死活拼杀还在以后哩！

果然，寨里的枪声越响面积越大，估计是进入巷战和肉搏了。

我们负责阻击的部队，早作了估计，敌人的外援是没有的，日军不会来，伪顽势力这地区只有这一股了。因此，我们的任务就只有防止寨内的敌人窜逃一项了。我们便集中注意力，监视着寨上的动静。我们估计，敌人如果逃走，必然会从南面的砖墙冲出。果然，南寨墙的垛口上突然发出一派火光，同时枪声、炮声一齐发出，敌人真的要逃窜了！

“注意左前方！前进！”我一声大吼，带着战士们向左前方一个箭步，伏在一片坟头的后面，注视着寨边，立刻发现有几个黑影，其中一个穿白衣服的看得较清，从寨壕边向着我们狂奔过来，同时还发射着机枪。

“投降！缴枪不杀！你们被包围了！”我一阵大喊，敌人转身就向西跑。我见他一跑，命令一声“打”，我们就瞄准他们打起来，西边的阻击战士也发出了密集的枪声，顽敌随着枪声销声匿迹，战斗很快结束了。

我们营进入寨内，在居民的帮助下搜索出了躲藏起来的人和枪支，还从大坑底下扒出了敌人埋下的一挺重机枪。天亮以后，总结战果，伪顽军除几名顽固头子逃跑以外，其余全部被俘。

战斗中我们也有伤亡：南墙云梯下负责扫除手榴弹的一位副班长，因为抓起扔下的手榴弹后，反掷过去稍微迟了一些，手榴弹在手里开花，被炸牺牲；我们营里的李丙义同志，在敌人冲出的时候，因为动作慢了一点儿，被敌人的机枪击中头部牺牲了；另有一位机枪射手，手上受了轻伤。

俘虏的敌人由分区带走，愿留下的留下、愿回家的放回家。我们买了一口棺材，为李丙义同志入了殓，举行了简单的追悼仪式。我心里一直记着李丙义同志，记得他那短小结实的身体，瘿脖子上面那一张黑壮而朴实的诚恳面相、柔和可亲的表情和憨厚的性格，他是一位在战争洗礼中锻炼出来的青年抗日军人。

军民话别

送走李丙义烈士的棺材，我们回到原住村子吃早饭。村里群众看见我们雄赳赳地回来，纷纷跑出来迎接，问长问短，连声赞叹我军打得漂亮，出乎意料的神速，为大家除了大害。

在军民畅谈胜利的欢快气氛中，一位老农民凑到我跟前，和我谈起话来：

“您敬的啥神哪？”

“俺没有敬神，俺不信神。”

“你没说真话。”

“是真话，对亲人不说假话。”

“俺不信！”

“为啥不信？”

“要是没有神，您会一眨眼工夫消灭几百个坏蛋？不用哄俺啦！您唱唱，举着拳头喊喊，这不是跟‘硬肚兵’一样，喝符运气哩么？不要哄俺啦。”

“咱是共产党领导的穷百姓队伍，共产党信真理，不信神。现在只知道打日本、打汉奸、打欺负咱老百姓的坏家伙，不打他们，咱就过不成安生日子……”

经过一番谈话，村里的人闹哄哄地议论开了：“共产党领导的真是神兵！”“咱中国有了这支队伍，日本鬼子横行不久了！”

早饭后部队准备开拔，战士们在停留过的地方收拾东西、打扫卫生、归还借用的家具，司务工作人员一户户给群众都打了吃饭的欠条，临离开时还一一向住户告别，所以全村的人都从家里走出来，为部队送别。

全营战士在村后排好队，马营长简单地讲了几句话，我领大家唱了《三大纪律八项注意》《调军》《全国动刀兵》三首歌曲。与群众告别之后，一声向左转、齐步走，歌声步伐声一齐发出，渐渐走出村树林，走向西面山岭地区，准备投入新的战斗。

选自 1995 年《漯河文史资料》第四辑

挺进河南（节选）

黄　林[1]

1944年4月，日本帝国主义为了打通平汉线，进军大西南，发动了河南战役。国民党几十万军队在37天内丢掉了38座县城。为解救日寇铁蹄下的河南人民，收复河南的大好河山，并抓住有利时机发动敌后抗日游击战争，壮大抗日武装力量，中共中央从5月至7月，三次发出关于发展河南敌后武装斗争的指示。根据党中央指示精神，新四军五师和豫鄂边区党委决定出兵北上，挺进河南。

8月，大寺山战斗刚刚结束，部队尚未进行休整，我接到师长李先念的电话，要我立即到师部接受新的任务。

我匆匆赶到师部，李师长告诉我说，河南已经沦陷，开展河南敌后抗日游击战争是非常必要的。他说，师部已决定派我带部分部队向河南敌后发展。同时告诉我，大别山的形势还很紧张，抽不出较多的部队去。他还勉励我坚决执行党的方针政策，深入河南敌后，建立抗日游击根据地，打通与八路军及新四军四师的联系路线，改善五师的战略处境，并为解放中原而斗争。

8月下旬，我们出发了。27日到达淮河南岸的淮南县委所在地栗山

① 黄林同志当时任新四军五师十三旅旅长。1944年河南战役爆发，国民党军一触即溃，37天连失38城。在此情况下，新四军五师李先念师长根据中共中央发出的发展河南敌后抗日根据地的指示，于同年8月派黄林同志带领新四军五师游击兵团1000余人开赴河南开展敌后斗争。黄林同志到河南后，坚持党的政策，一方面团结一切可以团结的力量，壮大自己，另一方面沉重打击了日伪的嚣张气焰和顽固势力，迅速开辟了河南的敌后战场。在短短的一年时间里，开辟了纵横200余里的抗日根据地，建立起了地方抗日民主政权及地方武装。他率领的挺进兵团也由千余人壮大到1万多人，并同八路军陈先瑞支队实现会师，为实现八路军新四军绾毂中原的战略意图作出了贡献。

头。29日，我们消灭了投降日寇且做尽坏事、人民痛恨的保安团，打开了局面，军威大振。我军迅速控制了正阳、汝南、确山直到息县的大片地区，并团结了几股地方武装，很快打开了平汉铁路以东的局面。路东局面打开后，我们决定巩固路东，开辟路西，控制铁路两侧，向北发展。

11月27日，我们决定消灭“竹沟惨案”的祸首之一、民愤极大的张明太匪军，经一天激战消灭了他们，并打开了路西的局面，此时游击兵团已由开始的千余人发展到5000余人。不久，我们接到师部指示：要我们不要急于打仗，应尽快与叶县、舞阳、鲁山一带的地下党取得联系，并与北面兄弟部队取得联系。

鲁山、叶县、舞阳一带地处豫中，这里的人民有光荣的革命斗争传统，群众基础很好。抗战进入相持阶段后，由于残酷的斗争环境，这一带的党组织与上级失去了联系，但仍坚持领导人民进行斗争，掌握并发展了一部分武装，如王文钦就掌握有200多人枪。特别是叶县的陈继尧，掌握有2000多人的武装。日本人曾多次派特务抓他，都未得逞。为保存这支武装，陈继尧曾多次派人到信阳找我党联系，后来见到我信阳中心县委书记段远钟同志，段将情况报告师部，师部立即指示我们到豫中与地方党联系。

接到师部指示后，我们进行研究，决定把后方机关和挺进一团（缺九连）留在孤山冲地区，由周庆鸣同志在此负责。我带挺进一团九连、挺进二团、四团和通信排向豫中挺进。挺进三团回路东汝南、正阳、确山和上蔡一带活动，协助地方党开展工作。

当时，驻马店到泌阳以北，驻有很多部队。国民党不让我们往北发展，调动五十五军一七三师、张轸所属的豫南挺进军及其他地方武装，对我兵团发动围攻，并把南阳别廷芳的反共救国军第十七纵队调到嵖岈山，阻挡我军北进。还在泌阳象河关一带和嵖岈山北部，分别驻三个独立旅。在西平、遂平交界处设了一个“援西动员司令部”，负责统一指挥十七纵队及周围部队，仅嵖岈山一带就有二三万人。

为了避免意外，减少摩擦，我们化装前进，一路顺利到了舞阳的庙街附近，通过李华找到贾增重，想了解一下地方情况。贾增重和贾文轩原来都是我地下党员，在舞阳有一支武装。我第一次找贾文轩谈，他没给我们交底。后来，我们转移到嵖岈山西部卸甲店附近的经山寺。几天后，贾文轩又来见我，带 20 多人，每人一长一短两支枪，并骑八九匹马，不像汇报情况。我们对此打了问号，后来才查明二贾是叛徒。

不久部队来到鲁山和叶县交界的罗冲，见到王文钦。王是个大学生，受党的委托回家乡拉武装，却长时间和组织失去联系。这次他带了一个中队，谈了情况。第二天陈继尧同志也率领一部分武装从叶县到了我们那里，我们把王文钦、陈继尧、王芳明[①]三股武装合编成立了叶舞支队，共 1900 多人。这支武装在开辟豫中抗日根据地的斗争中，作出了重要贡献。

我们挺进豫中后，形势一直很紧张。叶县、舞阳一带，日伪势力较强，而且土杂武装甚多，我们孤军深入，随时都有发生战争的可能。

记得有一次，我带领挺进二团和四团从鲁山、宝丰一带返回嵖岈山，路过卸甲店和杨集之间一个叫泡桐树岗的地方，天色已晚，部队人困马乏，急需休息。我们侦察了周围情况，发现南面山上已被伪军占领，我们只好在公路边上的村子里露营。

第二天天刚蒙蒙亮，哨兵就跑来报告：公路上和北面发现皇协军。战士们被叫醒之后，就近选择有利地形，很快做好了战斗准备。

等天明后，我们看到七八千伪军夹杂着几百鬼子兵从四面包抄而来，估计是敌人已发现了我们的行动路线。从叶县方向过来的鬼子两个步兵中队，约 300 人，他们平端着枪，排着相当整齐的队形往前冲，但攻得并不积极，意思是想让伪军打头阵。而伪军队伍混乱不堪，畏缩不前。我们抓住敌人的畏惧心理，决定先来对付这骄横一时的日本鬼子。

“打！”当敌人接近我们的射击圈时，机枪、步枪一起开火，几十个鬼子兵应声倒下，大部鬼子后退几十米卧倒在地胡乱地放起枪来。

战斗打响后，东边卸甲店方向的敌人赶来增援，被我们的警卫排用

① 或王方鸣。见本卷《新四军五师部队在舞阳的战斗过程》（作者：刘传银、胡德明）。

几挺轻机枪堵了回去。战斗整整进行了一天，敌人组织的几次冲锋都被我们打退了，仅叶县来的这股鬼子就死伤100多人。傍晚，敌人的枪炮声越来越稀疏，看样子是想撤退。我要警卫连派一个排从右边穿插上去抓几个“舌头”，以便摸清敌情。

一会儿工夫，他们竟像赶羊似的捉来了几百人，经过查问，知道这是一些地方武装，里面夹杂着十几个伪军团长、大队长、维持会长以上的官吏。为了尽快去掉这个包袱，我让葛天民和李建安二人分别召集被俘的军官和士兵训话，揭露他们勾结日寇与人民为敌的罪恶，警告他们不许与人民抗日武装为敌，并限令一天之内送来10万发子弹和5000颗手榴弹以赔偿我们的战争消耗和物资给养。经教育后，把他们全部释放。

第二天一大早，大批农民，挑着几百担鸡、蛋、酒、肉，跟着他们来到我们驻地。我想，这些东西肯定是他们向乡亲们强迫摊派的，我们怎么能收？我严厉地训斥他们一顿，命令他们原物挑回，如数退还给群众。中午时分，他们送来了八万多发子弹和少数手榴弹。为首的一个当官的哭丧着脸说，他们连子弹袋都掏空了。这次意外的收获，给部队带来了欢乐，战士们笑逐颜开，士气更加高涨。

泡桐树岗战斗结束的第二天，舞阳县的效信趁派贾增重来到我们驻地，执意要见我。他原有地方武装一万余人，实力最强，日本人扫荡时被打垮了，剩下千余人。

为了掌握贾增重的真实情况，搞清效信趁葫芦里究竟卖的什么药，我同贾见了面。这个人奇怪得很，一见面不汇报情况，而是花言巧语，连吹带捧，这显然是放氢气球。次日上午，他又到我们驻地来，不找我，也不找机要秘书葛天民，而是直接去找他们的同乡李华。临走时见到我，装出一副很担心的样子，一再劝我把部队开到18里外的经山寺。我听出他话里有话，更增加了心中的疑虑，上次我们路过此地，应他们邀请派燔友謌同志前去“谈判”，酒未过三巡就谈崩了！原来他们竟想收编我们（编者按：当时新四军五师游击兵团为便于开展活动，曾谎称国民党军，引起了双方的误会，故而效信趁欲收编他们，效信趁曾是中共地下党员)。现在感到我们不好对付，想稳住我们，等待援兵。于是，我们立即召集营、连干部开会，分析面临的情况，要求大家做好一切准备，吃过晚饭全部转移。

为防止中他们的埋伏之计，黄昏时我们就派林国平带两个连为前卫，要求他们如遇到队伍阻拦，不用答话，猛冲过去。在经山寺北边有一条河，河水早已干涸，滩里尽是光溜溜的鹅卵石，十分难走。果然不出所料，当我们的前卫连刚走进河滩，就听到对岸村口高喊："哪一部分的？"连扣扳机的声音都听得很清楚。前卫连的战士们根本不理他们，端着刺刀迅速向村口猛冲过去，对方被这突如其来的冲锋吓住了，"哗"的一声，像退潮一样掉头便跑。第二天早晨，在村边的路上，还捡到70多条枪。听乡亲们说，这股队伍是昨天傍晚开来的，约有两个营，还有几个骑马的在村子周围转了一圈就走了，看来这是有目的的埋伏。

为防万一，我们重新布置了部队驻防，林国平带领一个营驻在经山寺，我和三十八团一个连驻在寺西边的一个小村里，村子西南有一座小土山，居高临下，位置十分重要，我们派了一个排在山头上警戒。

次日拂晓，从效信趁部队开来了一个中队的武装，来到小土山上，要求替我们放哨，这明明是要强占我们的阵地，战士们当仁不让，把他们赶了下去。这一系列的迹象使我们逐渐认清了效信趁的真面目。

第三天凌晨，在小山头上我们收到一封匿名信。信是用毛笔写的蝇头小楷，信中自我介绍说：他是一个失掉组织关系多年的党员，虽现在伪军中混事，但一直没有变节，没有忘记党。要我们相信他。从信的措辞来看，情真意切，不像是欺骗。从信中我们得知：昨晚伪警备司令部里开了一晚会议，主要是研究怎样对付我们，因此要我们做好充分准备。为了弄清这封信的真伪，以防万一，我们抓紧修筑了工事。

又是一个夜晚过去，当太阳出来的时候，果然发现四周村子里隐隐约约有许多伪军和日寇。敌人把我们包围了，我们仅有四个连的兵力，硬拼是不行的，我一直在琢磨着脱身之计。一直到太阳偏西，哨兵跑来报告说发现周围的敌伪军开始集合，估计这是行动前的动员，看来敌人要向我们进攻。

情况紧急，我们把四个连的干部召集在一起，作了突围的具体部署。天一黑下来，我们就全体集合，由两个农民带路，悄悄地沿着卸甲店公路向东前进。我们绕过卸甲店，一口气走出十几里。当走到卸甲店东南约有 18 华里的地方，已是午夜时分。我命令部队停止前进，就地宿营，要看看敌人究竟搞什么名堂。

东方刚刚泛起鱼肚白色，大地还在朦胧之中，就听到经山寺附近枪声大作，炮声轰鸣，敌人扑了个空，我们的战士个个开怀大笑。

听着这枪声、炮声，我又想起了那封匿名信，这是一份多重要的军事情报啊！一个多年失去组织关系的党员，虽身在敌营，却始终想着党，想着我们的军队，这是个多么好的同志啊！

我军顺利挺进豫中，使敌伪大为震惊，他们相互勾结，对我军实行夹击。在此形势下，我们部队转移至确泌桐山区进行短期休整。1944 年冬，根据边区党委和师部的指示，新四军五师副政委任质斌同志带领三十九团一营和一批干部来到孤山冲，同时成立了中共河南工委，他任书记兼挺进兵团政委。任政委在孤山冲召开了营以上的干部会，检查了我们的工作，称赞我们执行党的政策坚决，工作开展顺利，并讨论确定了根据地的建设和发展方针，决定以孤山冲为基地，乘胜向豫中发展。接着我们又分别召开了统战、政权等一系列工作会议，布置了建立“三三制”政权、征粮、征税、扩军、优抗等工作。同时，派出一部分武装到铁路东的上蔡等地活动，策应水东八团西进；另以一部武装北上，迎接八路军三五九旅南下支队。

此时，我们已经在路东、路西建立了汝正确、确泌桐等几个县政权，成立了路东和路西两个军事指挥部和路东中心县委。路东由肖章、张子明负责，路西由周庆鸣、杨玉璞负责。豫中一大片还没有搭架子，地方工作急待开展。

1945 年初，豫鄂边区党委为加强河南工作，又给我们增派了一批干部，我们决定以嵖岈山为中心，积极开辟豫中抗日根据地。伪皇协军独立游击支队史聘侯部，盘踞在嵖岈山西北的母猪峡，是我们发展豫中的障碍。

史聘侯原是舞阳县东北一个大地主的儿子，依仗十几条护家枪支拉杆为匪，采取拉逼兼施的手段，使队伍不断扩大。他看中了母猪峡一带的有利地形，把附近七个村子的老百姓统统赶跑，把自己的家产连同卷烟厂都搬到那里，使母猪峡成为史聘侯的独立王国。日寇打通平汉线后，史聘侯当了汉奸，被封为河南皇协军独立游击大队队长。同时，还挂着国民党某游击支队的牌子，他虽只有八九百人的武装，却声称1400人。他同时接受日、蒋两方面的给养，骄横无忌，为非作歹，百姓恨之入骨，暗地里骂他“石猴子”。我们要在豫中立足，必须首先搬掉这块绊脚石。

“石猴子”的老巢设在母猪峡北面的一座山上，地势险要，易守难攻。石匪在山上经常留守一个中队的伪军，构筑了很强的工事。要消灭这股匪徒，就必须想办法占领山头，切断他们的退路。

摸清情况之后，我们研究了具体的作战方案。参加战斗的有三十九团一营、挺进四团一部和我带的警卫连。三十九团战斗力很强，任务是从山的西南方向悄悄摸上去，消灭守敌，占领山头；四团一部从正面进攻，主力埋伏在山北面土岗下作策应。

1945年2月13日，我们向母猪峡发起了攻击。时值严冬，天寒地冻，从西南面上山，本来就没有路，再加上大雪封山，光滑难走，一不小心就有滑进山沟的危险。我三十九团一营的战士们将预先准备好的铁耙子绑在脚上，一个接一个地十分艰难地向上攀登……

我们的进攻号角一吹响，伪军抵抗了一阵，就放弃了第一道防线，一窝蜂似的往山上撤。我在望远镜里看得清清楚楚，眼看他们就要爬到山顶，还不见我们一营的战士。

“让他们钻进山里可就难办啦！”我正在暗自着急。

突然间，刚刚接近山头的伪军，连滚带爬地退了下来，只见一营的战士们，个个端着刺刀，威风凛凛地站在山头上，愤怒的火舌把伪军压了下来。史聘侯气急败坏地挥舞着手枪，企图将混乱的队伍集中起来。他一面慌乱地往山上放枪，一面又指挥队伍急忙朝北边的小土岗撤退。

他哪里知道，土岗那边，我们早已布置好埋伏。他们刚接近土岗，突然响起了嘹亮的冲锋号声，我们的战士像神兵天将，勇猛地冲下山岗。

“缴枪不杀！”喊杀声震耳欲聋。伪军还没弄明白是怎么回事，大都乖乖地举起了双手，只有史聘侯带着几十名亲信护兵向东抱头鼠窜，我们早已等候在那里的警卫连战士把他们全部活捉。打开史聘侯的仓库，我们连夜搬运和疏散战利品，仅武器弹药就整整运了两天两夜。这是日寇精心豢养的一条走狗，我们消灭史聘侯还不到三天，日寇便集中了驻马店、漯河、舞阳、西平等地鬼子和伪军向嵖岈山一带猛扑过来。我军英勇地反击敌伪军，为了争夺一个山头，我三十九团一个排的战士一连击退了敌人一个中队的数次进攻，终于迫使敌人丢下 100 多具尸体败退下去。下午 4 点多钟，敌人开始撤退。按照一般常规，日寇打仗不到黄昏是不轻易撤退的，今天必有因由。不久，敌人集中到嵖岈山西北尹集村南的打谷场上。一阵大火冲天而起，原来他们是在烧尸。后来通过被俘伪军之口，我才得知是日寇的一名联队长（相当于团长）在这次战斗中被我们击毙。烧尸完毕，敌人并没有退走。我们当天晚上迅速转移到象河关东南一带。次日早晨，几架敌机从我们头顶一掠而过，在嵖岈山一带低空盘旋，寻找目标。接着，在大炮的掩护下，敌人从南北两面夹击过来。我嵖岈山游击队陷入敌人的包围，当发现北面过来的敌人时，在队长周子玉的带领下，他们机智地钻进山洞。从南面开过来的敌人将北边的敌人误认为是我们的部队，慌忙向北开炮自相残杀，炸得一塌糊涂。日寇发现上当，恼羞成怒，强迫上千名老百姓，把我们没有来得及搬运的绸缎、布匹、纸烟等大批物品都抢走了。

我们挺进河南后，主要打了三个大仗：胡冲店、爬头寨和母猪峡。这三次战斗的胜利，沉重打击了日伪军，初步打开了豫中抗日斗争的新局面。

大约到了 1945 年 2 月底，韩东山同志来了。按照五师党委的指示，韩东山接任游击兵团政委，我任司令员，周庆鸣任参谋长，冷新华任政治部主任。不久，根据边区和五师党委的部署，在孤山冲成立了四地委、四专署和军分区。夏忠武任地委书记、娄光琦任专员、韩东山任分区司令员。军分区成立后，韩东山、周庆鸣他们驻扎在孤冲山，我带领部队一直在嵖岈山一带活动。为了充分开展地方武装斗争，我们又成立了豫中指挥部，由黄德奎任指挥长，冷新华兼政委，同时成立了嵖岈山中心县委。

3月，为加强开辟河南的军事力量，五师党委又特派周志坚同志率十三旅一部分兵力开到嵖岈山一带。我们会合之后，兵强马壮，部队情绪高涨，决定拔掉尹集、合水等处的日伪据点。

尹集是日伪设在遂（平）西（平）舞（阳）交界处的一个重要据点，盘踞在这里的是伪和平建国军第一师第一旅。师长关振亚是舞阳县北舞渡的大地主，原是国民党的一个军长，后投靠日寇，当了伪军师长。他独霸一方，民愤很大。

3月26日早晨，我们兵分东西两路，向尹集突然展开攻势。我和周志坚同志事先进行了分工，他指挥三十八团打东边，我带领三十九团二营和挺进三团打西边，实行两面夹击。在我强大火力的攻击下，天将中午时分，伪军的一个团被彻底打垮了，800多人当了俘虏。伪军残部撤出尹集，向北逃窜，我们拿下了尹集这个据点。在这次战斗中，我军打得英勇顽强，周志坚同志身负重伤。打下尹集后，我挺进二团挥师东进，于4月13日又一举夺取了合水镇战斗的胜利。合水镇位于西平和舞阳交界处，水陆交通十分便利，寨墙高筑，壕沟深围，素有“铁打的合水”之称。伪军的四县（西遂舞郾）联防司令部就设在这里。我们用了两个连的兵力，同时从南门和西门进攻，不到两小时，就拿下了合水，活捉了伪二师师长张国威和四县联防司令吴春亭以下官兵300多人，击毙了敌遂、西、舞三县指挥官松木以下日伪军数十名。

母猪峡、尹集和合水镇等日伪主要据点相继被拔掉以后，进一步巩固了嵖岈山一带的抗日根据地，我军的政治影响亦随之扩大，一些地方武装纷纷向我靠拢。西平保安团团长莫茂斋，主动将1000多人的武装交给我们改编。我们采取民主方式，对这支武装进行了整顿，莫茂斋后来当上了西平抗日民主政府的县长，为我们做了不少工作。

1945年4月，栗在山同志受边区党委的派遣来到豫中，建立了中共豫中工委，栗在山任书记。当时为了在嵖岈山一带坚持抗日斗争，且便于指挥和领导，我们以挺进二、四两团为基础组成了豫中游击兵团，我任司令员，栗在山兼政委。

栗政委来后，我们一面进行武装斗争，一面加强了地方政权建设和群众工作，广泛进行抗日宣传，积极发动群众，先后建立了西平、遂平等县政权，还组织了一些农民协会、妇女抗联会等抗日群众组织。这些群众组织，在当时发挥了很大作用。

记得1945年7月，五师参谋长刘少卿同志到延安汇报工作，根据师部指示，由我带领挺进二团护送刘参谋长到王树声部，同时也是迎接该部南下，准备与八路军南下支队会师。

时值盛夏，暑气蒸人，田野里玉米、高粱已经一人多高。这天然的青纱帐，给我们行军带来了便利条件。在地方党组织和群众的帮助下，我们沿途相机歼灭了在叶县西南一带作恶多年的常万年伪军一个大队及其他反动武装。

1945年7月底，根据党中央指示，河南军区派陈先瑞同志率领先遣支队南下嵖岈山，和我豫中游击兵团胜利会师。两支部队合并后成立豫中军分区，同时成立了中共豫中地委和行署，栗在山任地委书记兼军分区政委，欧阳景荣任专员，陈先瑞任司令员，我任副司令员。

挺进河南仅仅一年时间，我们开辟了东起汝南、上蔡，西至桐柏、方城，南抵信阳，北达漯河，纵横200余里的抗日根据地。先后建立了汝正确①、汝上遂②、确汝桐③、信确④、遂平、西平等县的抗日民主政权，同时发展了几十支大小不等的地方武装。我们挺进兵团的力量也由原来的1000多人发展到1万多人，对赢得抗日战争的胜利作出了贡献。

回忆开辟河南的经过，我们感到：之所以能在河南站得住脚，并能很快打开局面，除了指战员浴血奋战外，主要靠党的领导和群众的支

① 指汝南、正阳、确山。
② 指汝南、上蔡、遂平。
③ 应为“确泌桐”，指确山、泌阳、桐柏。
④ 指信阳、确山。

持。没有这两条是根本不行的。

党中央根据河南战局的变化，及时作出了发展河南的战略决策。我们挺进河南后，豫鄂边区党委和五师党委不断地对我们的工作作出指示，并派领导同志亲临检查工作，才使我们的开辟工作得以顺利进行。

河南人民富有光荣的斗争传统，说话算数，敢打敢拼，这一点给我留下了很深的印象。记得 1944 年秋，我们在舞阳卸甲店一带陷入敌伪军重围的时候，两位农民主动给我军带路，才跳出敌人的包围圈。在战争环境中，没有群众的主动配合和支持，我们就寸步难行。如果说党的领导是我们胜利的根本保证，那么，人民群众的大力支持，则是我们胜利的必要条件。

我们还认真地执行了党中央关于建立广泛的抗日民主统一战线的政策，紧紧依靠地方党组织和人民群众，团结尽可能团结的力量，分化瓦解敌人，坚决孤立和打击日伪反动势力。我们和一些地方绅士如余旭轩、许尚珍、乔玉林等，建立了统战关系，教育和收编了十几股地方武装。被我们活捉的伪二师师长张国威，经教育释放后，主动到新四军军部要求工作，曾受到陈毅军长的电报嘉奖，并要我们把对伪二师的统战工作经验很好地总结、报告军部。长期的革命斗争实践使我体会到：统一战线，的确是我们夺取革命胜利不可缺少的重要法宝之一。

1945 年 8 月，日寇宣布无条件投降，但斗争并没有结束。10 月，根据党中央部署，李先念、王震、王树声等同志分别率领新四军五师、三五九旅南下支队和河南军区部队在桐柏胜利会师。为应付复杂局势的变化，三大主力组成中原军区，六万余人汇成了一股浩浩荡荡的钢铁洪流。我们征尘未洗，又立即投入了解放战争的伟大行列。

（本文转载自《河南党史资料》1986 年 1 月，选用时进行了摘录整理）

选自 1995 年《漯河文史资料》第六辑

郾漯抗日保卫战简述

孟新安[①]

公元1944年5月5日是郾城漯河沦陷的日子，是郾漯人民沦为亡国奴的黑色日子。对于这一天，郾漯人民世世代代、子子孙孙，永志不忘。70年后的今天，笔者怀着无比沉重的心情，追忆郾漯沦陷的前前后后，重温这段屈辱的历史，回首这一不平凡的岁月，旨在总结沦为亡国奴的惨痛教训，以警示后人绝不让这一历史悲剧重演。

大造声势，唤起民众

1937年卢沟桥事变后，郾漯地区和全国一样，迅速掀起了抗日救亡热潮。在党的抗日民族统一战线的召唤下，各种抗日救亡团体如雨后春笋般遍布郾城大地，各个群众团体犹如团团烈火，越烧越旺，更似一把把匕首直插敌人胸膛。

活跃在郾城县东部砖桥一带的抗敌动员委员会（简称动委会），在群众抗日热潮日益高涨下应运而生。动委会主任王世杰，成员有张吉甫、李子干、孙占远、张学六等7人，均为中共党员。动委会自1938年成立后，工作紧锣密鼓：一是积极争取开明地主士绅如张彧如、王黄石、胡振甫等人为抗战出力；二是适时创办各种训练班，为抗日救亡输送了一批青年干部；三是争取改造散兵游勇，把他们编成了3个中队，壮大了抗日武装；四是大张旗鼓地宣传抗日，利用戏剧、歌曲、读报等形式宣传、教育、组织群众投入抗日救亡；五是动员妇女赶做军鞋，殷

① 孟新安，河南郾城人，1943年生，1962年毕业于漯河师范学校。曾在郾城县志办工作，郾城县政协常委。

实富户出钱出力，支援抗战。新四军首长彭雪枫、张震、张爱萍同志从确山率领 300 名青年组成的东进游击队，途经砖桥时，召开军民大会，彭在大会上发表了抗日救亡演说，并赞扬动委会的工作做得好。

郾城县西南乡则创办了“战时服务团”。问十镇冠英小学在中共地方组织的领导下，以进步教师、学生为主组成了 50 人的“战时服务团”（简称服务团），团长是冠英小学教师张鸿杨，副团长是往届毕业生周云章。服务团的重要任务是唤起民众，抗日救亡，他们的口号是“国家兴亡，匹夫有责，有钱出钱，有力出力，誓死不当亡国奴”。宣传的主要形式有街头演讲，教唱救亡歌曲，演出话剧。活动时间大部分利用课余或节假日，到村头场边宣传。同时，向一些富户募捐，把募捐的钱除少部分交给国民党政府（以求得政府支持，便于合法活动）外，大部分上缴地方党组织作活动经费。

位于平汉线的郾城车站（今漯河车站）铁路工人也不甘示弱，他们根据上级指示，组成了郾城车站铁路工人破坏队，工人王既清任队长，尹仲生任副队长兼党小组长。破坏队成立后，立即北上抗日。他们一行 44 人，往郑州、转汜水、北渡黄河，同武陟、修武的铁路工人破坏队并肩作战，积极开展工作，后王率队返郾。

还有郾城抗日巡回宣传队和河状抗日宣传队，都是卢沟桥事变后，受党组织委派，由汴返乡和东北流亡学生分别组成的两个文艺团体。活动广泛，影响面大，深受群众欢迎，充分发挥了革命文艺宣传群众、教育群众、鼓舞群众，打击敌人、消灭敌人的战斗作用。

奋起抗战，前赴后继

1944 年 5 月，侵华日军二十七师团及步兵三十七团二二七联队，由师团长竹下义（中将）指挥进犯中原。是年 5 月 1 日，许昌沦陷，郾城告急。当时驻郾城的国民党第一战区第十五集团军八十九军新编第一师、步兵第二军第三师（以下简称国军），为了抗击日军的进犯，在漯河沙河北岸由东向西筑起一条抗日防线。即从后周、张胡魏、李盘庄、小高庄、石槽赵、刘窑、白庙到五里岗等村，挖一条战壕和掩护工事。在沙河南岸，沿大堤修一道由东向西的战略天险（指沙河）工事。

5月2日，日军进犯到离漯河不足30华里的乾勒桥村，在那里受到国军骑兵师第八团、第九团的顽强抵抗。经一天激战，毙敌百余人，国军也有伤亡。5月3日，日军进到漯河北郊，国军利用早已修好的工事组织抗击，经一昼夜激战，日军有重大伤亡，国军伤亡连以下官兵43人，使日军始终未能前进一步。在正面对郾城进行强攻的同时，日军又分别东从黑龙潭、西从十五里店渡过沙河绕行完成对郾城、漯河的大包围。5月4日，新一师三团副团长周希仁在阴阳赵阻敌时阵亡。5日，日军突破五里庙、万庄、干河陈阵地，国军突围，郾城、漯河沦陷。

从1944年5月5日郾漯沦陷，到1945年8月15日日本天皇通过电台宣布无条件投降，在这400多个日日夜夜里，郾漯人民倒悬水火、生灵涂炭，日军对郾漯人民犯下的滔天罪行罄竹难书，且不说1938年，日机轰炸茭白坑，炸死200多名无辜百姓的悲剧；也不说1941年农历正月初二日机再次“光顾”漯河，致使500多人成了日军炮火下的冤魂，单就郾漯沦陷后的短短几天内，接连发生的血洗沟张村等多起血案已令人发指。

据漯河附近10余村的不完全统计，毙命于日军屠刀下的鲜活生命就达300多名。其中，沟张村101人，闫庄27人（10人被活埋），干河陈21人，李盘庄16人，黄岗19人，娄庄11人，白庙47人，前后周24人，石槽赵18人，孙庄12人，大高庄12人；烧毁房屋1370多间，其中老应村1300多间，孙庄70多间，大高庄17间；还烧毁麦秧2400亩，强奸妇女多人。

值得指出的是，上述情况仅是对10余村的不完全统计。而当时，郾城、漯河拥有自然村近千个，到底有多少黎民百姓亡命于敌人的枪炮刺刀之下？有多少良家妇女遭强暴后而悬梁自尽？有多少妻子痛失丈夫、父母痛失儿子？有多少人房屋被烧毁而流离失所、无家可归？这些数字要比10余村统计的高出几十倍甚至几百倍。比如奸淫妇女一项，据调查，郾城县被日军侵犯的村庄共576个，就有1366名妇女被强暴，其中156位老人为救女儿，当场被日军用刺刀扎死、扎伤，同10余村被强暴妇女的数量相比，要高出450多倍。

一组组数据，一笔笔血债，一幕幕悲剧，一桩桩深仇大恨！这是日军欠下郾漯人民的血债，是郾漯人民对日军的深仇大恨。笔笔血债，桩桩深仇大恨，郾漯人民祖祖辈辈永远不会忘记。

为了牢记深仇大恨，激励世人卧薪尝胆，特收录几组日军残酷杀害郾漯人民的真实镜头：

镜头一：1944年麦梢黄时，在马坡[①]打麦场上，四个日军以残忍的“打夯游戏”，把从外村抓来的一名壮年男子活活摔死后，开膛破肚，掏肝挖肺，取出内脏。然后，用刺刀把死者大腿、屁股上的肌肉，一块一块割下来，放进沸腾的水锅里蒸煮，这群野兽不等煮熟，即开始大摆“人肉宴”，狼吞虎咽起来。这一镜头的目击者，是90岁高龄，至今健在的马坡村老人李学兵。

镜头二：漯河公园退休职工吴长顺，见证了1938年茭白坑惨案现场。现场血迹斑斑，染红野草、树木。血淋淋的人头像土坷垃一样零乱地在地上骨碌着，连附近树上也挂着血肉模糊的人头，不时向下滴血。其中一颗吴长顺认得，是南菜园居民于满堂之父，面目已不易辨认，但看其后脑勺上的长辫子还能认出是于的父亲；还有一些五脏六腑、断手残足和七零八落的衣服残片，被崩得到处都是。一位年轻妇女腹部被炸破，胎儿在外裸露着，让人不忍目睹。

镜头三：日军连年幼无知的孩子也不放过。残忍地割下了漯河大新街居民张敬坤之子（12岁）和老街居民李河毛之子（13岁）的头颅，一颗挂在大新街的一棵大柳树上，一颗则用鸟笼装着高悬在和平街的电线杆上，均“斩首示众”数日。日军惨无人道、灭绝人性，已达到了疯狂的程度。

镜头四：1944年5月5日，日军侵占县城东五里的沟张村后，像疯了一样，见人就杀。村民赵合在牲口槽边站立，鬼子一枪就把他打死。

① 郾城县孟店镇马坡村。

赵合的侄子赵岗脸部被日军用刺刀扎得牙齿骨裸露在外，孩子哭叫着说："痛呀，再给我一枪吧，别叫我活受罪了！"他婶母上前说情，日军举枪把赵岗连他婶母一起枪杀。

镜头五：汤恩伯部在撤离沟张村[①]前，把从董庄抓来的两个小夫王五卷和王季环关在一间民房里，日军发现后，用刺刀把二王挑死。当扎王五卷时，刺刀在他的头颅内拔不出来，就用一只脚踩住头，双手使劲，才将刺刀拔出。

镜头六：裴城城高村有45位农民被日本鬼子集中在村头，用机枪扫射，血流成河，惨不忍睹。

一向富于抗争精神的郾漯人民，机智勇敢，钢筋铁骨，从不屈服于敌人的淫威，从不惧怕敌人的长枪短炮，40多万郾漯人民在中共地方组织的领导下，万众一心，同仇敌忾。工人、农民、商人、学生等社会各界群众闻风而动，他们响亮地提出"国家兴亡，匹夫有责"的战斗口号，为抗日救亡有钱出钱，有力出力。中共党员蔡永令，在其家乡大刘镇拉起了抗日武装游击队，主要兵员是大刘、空冢郭一带的农民。游击队养兵于民，用兵于民，夜集明散，机动灵活，打了很多漂亮仗，群众一提到当年游击队打"老日"的事，便滔滔不绝，如数家珍。

1944年9月，游击队员佯装"归顺"，智取日伪豫南总部直属支队司令部（驻牛庄寨）官兵200余人，其中汉奸支队司令崔发子，被当场击毙，群众戏称为"虎口拔牙"。

1944年10月，游击队在皇寓村巧歼漯河万祥公馆的日伪特务6人。

1944年10月，游击队设伏截获日军盐车24辆，食盐48000余斤，击毙日军6人。

1945年1月，7名游击队员兵分两路，堵截包抄，活捉日伪师长张星耀。

1945年7月，皇协军十七师师长洪福堂一行30多人，从舞阳开会返漯途中，游击队埋伏兵力，将其一网打尽，洪被击毙，缴获战马4匹

① 位于沙河北岸，原属郾城县孟庙镇，现已纳入郾城区海河路社区。

和手枪等武器多件。

1945 年 8 月，游击队乘其不备，夜炸九孔桥，有效阻止了日军南下。

郾漯沦陷的一年多时间里，蔡永令领导的游击队对日作战 30 多次，日伪军屡遭重创，他们一提到蔡永令，便闻“蔡”丧胆。

郾城车站铁路工人破坏队也是一支让日军感到十分难对付的强手。队长王既清重操铁路破坏队旧业，他和张家范重新组织队伍，发展地下党员 50 人，搞到手枪 18 支和一些土制武器。破坏队多在晚上行动，将郾城（漯河）车站以北的铁路扒得七零八落，使日军列车无法南下。他们还和蔡永令的抗日游戏队紧密配合，先后炸毁铁路桥 2 座，火车头 2 台，汽车 8 辆；击毙绥靖军特务团长廉清山、日本特务组织西山公馆的特务团长等人，消灭一个迫击连，击毙日伪军护路队员 3 人，运输队员 24 人，还缴获了一批武器弹药。

如果把战功赫赫的蔡永令抗日游击队和铁路破坏队视为郾漯抗日救亡的生力军而彪炳史册，那么，很多名不见经传的“散兵游勇”，则理应青史留名。手持斧头致使日军脑浆崩裂的郾城城关学生支天雷，以棍棒榔头“礼”送鬼子去西天的老应村民应占元及其儿子应得钦、应得易和众多乡亲等，都是人们心目中默默无闻的“小人物”、大英雄。

尤其老应村村民应马丑，为了不供出日军尸体的下落，保护那些打死日军而被追查的乡亲们，他面对生与死的抉择，毅然守口如瓶。日军为找到尸体，抓住正在浇地的马丑，用枪再三威逼，他只吐出三个字“不知道”。日军恼羞成怒，把他推进深水井里，用枪口对着泡在水中的马丑吼道：“不说就枪毙你。”马丑回答得更干脆：“要枪毙就开枪吧！”请听，请看，这就是郾漯人的气魄，郾漯人的风骨——宁肯站着死，不愿跪着生。为了保护乡亲，他宁死不屈，视死如归，不愧为中华民族的优秀儿女，是中华民族的骄傲和自豪。

欢天喜地，庆祝胜利

1945 年 8 月 15 日，日军宣布无条件投降。中国人民历尽艰辛，浴血奋战 14 年，终于取得了反法西斯民族战争的最后胜利。光复后的郾漯人民，欢天喜地，奔走相告这一振奋人心的好消息，男女老少纷纷涌向街头，欢呼雀跃，整个郾漯大地充满了像过年一样的喜庆气氛。

郾城境内的漯河镇是全国 15 个受降点之一，受降会场设在寨内山西会馆。9 月 20 日，晨曦初透，启明未隐，漯河寨内，五步一岗，十步一哨，戒备森严。上午 8 点左右，一辆辆吉普车、大卡车，从东向西，满载全副武装的军人疾驰山西会馆。会场主厅布置得颇为气派，四周全用整匹绸缎围挂，地板先以苇席铺垫，然后其上覆盖毛毯，中间排列长桌，置受降长官席，美国顾问席，其场面庄重肃穆。10 点左右，第五战区司令长官刘峙、第二十二集团军司令孙震和美国顾问等出席受降仪式。日军第十二军团司令官鹰森孝中将，身着武服，步履沉重，垂头丧气地步入会场，虔诚地向中美官员行鞠躬礼。刘峙代表中国和美国顾问讲话。大意是，8 年抗战已经结束，日本侵略军应全部无条件放下武器，服从命令，集结指定地点，听候统一处置。鹰森孝代表一一五师团、十四独立骑兵团、九十二混成旅团、十三独立骑兵团、第四独立骑兵团及其他配属单位官兵 31560 人，在投降书上签字，接着，刘峙和美国顾问代表相继签字，接受投降。随后，鹰森孝后退三步，摘下军帽，面对中国军队和民众大幅度地低头认罪，连续 9 鞠躬，并把他随身携带的武士军刀，双手举过头顶，交给中国主受降官刘峙。

为纪念侵华日军在漯河投降这一重大历史事件，1946 年，漯河商民自发捐款，在火车站北侧创建受降亭，供人们瞻仰。亭为六角形，高约 6 米，周围置以石狮，亭中为正方形石碑，其正面为碑亭的名字“受降亭”三个遒劲有力的大字；背面碑文为《攘夷颂》，两侧则是《刘司令长官郾城受降记》全文。是年 12 月 5 日，刘峙由郑州专程来漯河主持受降亭剪彩仪式。可惜，1947 年漯河解放时毁于战火。

受降路是日军侵略中国招致惨败的又一历史见证。受降路东段，原为竹木街即今公安街至交通路，西段是交通路至五一路，原均为土路。1946 年侵漯日军缴械后，在其等待遣回国期间，当局令其将该路拓宽取直。放下武器的日军，搬运火车站附近被炸瓦房的碎砖烂瓦铺底，筑成宽 8 米、长约 700 米的笔直大道，遂命名为“受降路”。

60 多年过去了，郾漯人民在中共地方组织的带领下，英勇抗击日本侵略军的光辉历史，作为整个民族解放战争的一部分，载入史册并流传下来，成为郾漯人民异常珍贵的精神财富。今天，在建设社会主义现代化的伟大征程中，我们必须牢记当年日军在境内烧杀奸淫的累累血债和滔天罪行，必须牢记老一辈为反抗侵略、抵御外敌而英勇斗争的历史，必须有自强不息、不忘国耻的忧患意识。我们一定要警钟长鸣，奋发图强，尽早实现中华民族伟大复兴的中国梦，把我们的国家建设得更繁荣、更昌盛、更富强，绝不让 60 多年前的历史悲剧在中国重演。

选自 2014 年《漯河文史资料》第二十一辑

漯河抗日保卫战简述

邢富功

1944 年 5 月，侵华日军二十七师团及步兵三十七团第 227 联队，由师团长竹下义晴（中将）指挥进犯中原。是年 5 月 1 日许昌沦陷，漯河告急。当时驻防漯河的是国民党第一战区第十五集团军八十九军（原系汤恩伯的十三军整编，民间仍称十三军）新编第一师、步兵第二军第三师（以下简称国军）。国军为了抗击日军的进犯，在漯河沙河北岸由东向西筑起一条抗日防线，即从后周、张胡魏、李盘庄、小高庄、石槽赵、刘窑、白庙到五里岗等村，挖一条战壕沟和掩护工事。在沙河南岸，沿沙河大堤修一道由东向西的战略天险（指沙河）工事。

5 月 2 日，日军进犯到离漯河不足 30 华里的乾勒桥村，在那里受到国军骑三师第八团、第九团的顽强抵抗。经过一天的激战，毙敌 100 多人，国军也有伤亡，后因日军大量增援南攻，国军一面抗击，一面向南撤退。5 月 3 日，日军进犯到漯河北郊，国军利用早已修好的工事组织抗击，经过一昼夜的激战，日军有重大伤亡。国军伤亡连以下官兵 43 人，迫使日军始终未能前进一步。在正面对漯河进行强攻的同时，日军又分兵东从黑龙潭、西从十五里店渡过沙河绕行完成对漯河镇、郾城县城的大包围。

沙河北岸抗击日军的国军官兵坚守阵地、横眉对敌，当得知郾城 5 日下午 1 时失守，沙河南岸绕行进犯的日军占领了夹河里和紧围漯河镇的干河陈、阎庄、大荆庄、曹店、娄庄、龙塘、冯庄、翟庄、万庄等村庄。沙河北岸的国军阵地已溃，急速从前周村的东南角（即河湾母猪圈[①]处）渡河南撤，先头的一部分渡过河之后，向召陵、邓襄方向转移，但大部分国军官兵集结在前周村的东南河湾处欲渡河，有的渡至河中，有的刚到水边，大多数还在沙河北岸的河滩上。沙河南岸的日军发现此情后，调兵阻击，在“母猪圈”南岸组织重火力封锁，形成对国军的南北夹击之势，留在沙河北岸的国军官兵未能一人逃生。战斗结束后，据冯庄的万明说“看到沙河北岸的河滩上国军官兵的尸体成片，又惊又怕，没心计数”，后来称之为“母猪圈大血案”。国军在前周村打掩护的37人被俘后，被日军在麦地里用机枪扫射而死。此一天，固守在沙河南岸的国军已被包围，八十九军军长顾锡九命一师三团中校副团长周希仁，亲率加强营、工兵营和军部特务营，想集中火力破其一翼突围，但为时已晚。日军的大包围正在紧缩，周希仁阵前战死，剩余官兵受挫退回。傍晚，顾军长指挥部队从镇区向东南方向突围，国军的大部分兵力集结到黄岗、金盆赵村附近，想从黄岗村向白坡方向突围，被日军筑成的布袋型火力网所阻，冲杀战斗十分激烈，实难杀出重围。黄岗村的村民黄四季说：“那次突围先去有一连人，只回来了几个伤兵。接着又连续进行两次突围，听说有位团长身穿白褂子、手持大刀，指挥冲杀突围，终于杀出了一条血路，保证了大部队的南撤。在突围中，双方的战斗更加激烈。留黄岗村担负打掩护的国军官兵一面安排老百姓快藏好，一面与日军展开了街巷战，日军用机枪封锁了几条大街的路口，发现国军官兵就狂射。打掩护的国军为了拖住日军的兵力，一直坚持到最后。战斗枪声停了，日军进村四处搜查，黄岗满街是国军官兵的尸体。从黄岗村以南至娄庄不足一华里的田野间，遍地满沟（战壕沟）是国军官兵的尸体，伤亡惨重。”又据黄起运、程凡（均80岁以上老人）说：“战死的国民党军人至少也有两三千人。日本鬼子虽有伤亡，但没有看到具体的伤亡情况。”

日军侵占漯河，不仅枪杀了数以千计的军人，也残酷地杀害老百姓。据不完全统计，被日军杀害的无辜良民，如李振荣、李治、黄金

① 沙河流经漯河后的一处险工地段，历代多决溢成灾，民间俗称“母猪圈”见《生态今昔》卷。

秀、黄聚才等209人。其中：日军杀害阎庄村的村民17人，活埋10人，计27人，放火烧房屋100多间；日军杀害干河陈村的村民21人，陈麦贵的父亲因年迈耳聋，被日军用刺刀捅死；日军杀害李盘庄的村民16人，强奸妇女2人；日军杀害黄岗村的村民19人；杀害娄庄村民11人；杀害白庙村民47人；杀害前后周村民24人；杀害石槽赵村民18人；杀害孙庄村民12人，烧房70余间；杀害大高庄村民12人，烧房17间；大新街居民张敬坤之子，年仅12岁，被日军割了头，挂在大新街的一棵柳树上数日；老街居民李河毛之子，年仅13岁被日军割了头，装在鸟笼里挂在和平街的电线杆上数日。

日军进镇区后，在各街对男性青、壮年人，都要摸下手掌，只要手上没有老茧，都视为国军的军政文职人员处死，凡右食指有老茧者，即被当成军人处死。

漯河沦陷后，日军第十二军团第七独立混成旅团驻守，旅团长多贺指四郎（少将）。军团司令部移驻漯河疗养院（俗称美国医院），主要是担负平汉铁路临颍以南的警备扫荡任务。随后又成立以木内德五郎为长官的军政部，即豫南最高军政统治机关，在此还收买网罗汉奸组织皇协军十六师，师长张星耀，十七师，师长洪福堂。在镇区建立日本维持会，设立“万祥公馆”“山西会馆”等特务情报组织。

日军为了西进，从漯河至南阳、老河口沿江攻打，欲攻进四川，在漯河寨内建一个军需战备仓库。库址张公路（今民主路）路北，制革制鞋总厂以西，牛王庙街（今民生街）以东，棉织厂以南，强迁300多户居民，建成近万平方米的综合军需库，并配一个汽车队专为储存和转运枪支弹药、粮草食品、服装用具以及药品等重要物资。

日军侵占漯河仅一年零一百天（1944年5月5日至1945年8月15日），但给漯河人民造成的灾难历史上少见。当时，漯河镇区3平方公里，竟驻守近万名日军官兵。他们在大街上横行霸道，欺压群众，若稍有冒犯，轻者惨遭打骂，重者关押杀头。日军官兵在光天化日之下，调戏耍弄年轻妇女，所以许多年轻妇女脸上抹灰、穿老色衣服、假盘头、装扮成老太婆，以免日军调戏。

日军在漯河利用他们扶植起来的皇协军、维持会对良民百姓派粮、派款、派草料，派居民的小夫（日军叫苦力）给他们挖战壕、修地洞（隐藏大炮、火车头的地方），真是敲骨吸髓，刮民脂民膏。

漯河驻扎着日军在豫南的军事首脑机关，所以，国军也作为重点三天两头派飞机轰炸漯河，有时天天来轰炸，使城镇受到极严重的破坏，仅有的弱小工业、商业和手工业，绝大多数停业关门，民不聊生，许多人家背井离乡，逃荒要饭，有的弃家投亲或回乡种田，有钱人南逃远走或西逃求安。一时间，漯河成了一座“空城”“死城”“血泪城”。

本人除目睹部分事件外，还用较长时间深入 9 个村庄访问有关知情人，并参考了源汇区军事志及市区政协的文史资料。

选自 1995 年《漯河文史资料》第六辑

新四军五师部队在舞阳的战斗过程

刘传银　胡德周

1944年11月至1945年秋，新四军五师河南挺进兵团以嵖岈山为中心，开辟了豫中抗日根据地。舞阳南部地区的开辟工作是整个豫中根据地的重要组成部分，也是豫中根据地的主要战场。兵团先后在这里与日伪顽作战达八次之多，歼灭敌人3000余名，争取收编了1000多人的地方武装力量，打通了与豫西八路军及冀鲁豫军区部队的联系，胜利会师于豫中地区。舞阳南部地区则是各部队会师的必经之地，它在河南抗日战争史上的历史地位和作用应得到充分肯定。本文试图就挺进兵团在舞阳活动的全过程加以叙述，并对一些史实予以澄清。

一

1944年4月18日，日本侵略军发动河南战役。驻守河南的国民党军蒋鼎文、汤恩伯部几十万大军一触即溃，致使豫西、豫中38座城池，4万多平方公里的土地在短短37天内沦入敌手。为此，党中央和毛泽东主席从战役爆发的第五天，就先后向华中局、北方局、八路军及冀鲁豫分局、新四军各部发出向河南发展、开辟根据地的指示，从1944年夏秋开始，各部队依其所受任务，挺进豫西、豫南、豫中开辟抗日根据地，扩大豫东，恢复豫皖苏根据地。

为贯彻中央和华中局的指示，新四军五师抽调1000余人组成豫南游击兵团，在黄林指挥下沿平汉铁路两侧北上，经过和其他北上部队的多次会合，突破敌伪的包围封锁，于11月中旬插到豫中嵖岈山地区。其间，中共鄂豫边区党委和五师为加强河南的工作，决定将豫南游击兵团改为河南挺进兵团，豫南工委改为河南工委，黄林任司令员，任质斌任工委书记兼兵团政委。

嵖岈山横跨确山、遂平、西平、泌阳、舞阳、方城等县，南连桐柏山，西接伏牛山，东临平汉路，位置十分重要。当时这一地区敌伪据点众多，顽固武装势力随处可见。尤其是挺进兵团向西北发展，与豫西八路军取得联系的必经地舞阳地区，更是虎狼当道，生灵涂炭。

1944 年 6 月 9 日，日军侵占舞阳后，舞阳政局一片混乱，出现了各自为政，有枪就是王的状况，地主、恶霸势力各霸一方，争权夺势。舞阳北部地区是关震亚、尚振华的皇协军绥靖一师，有人枪 9000 余，控制着东至郾城大新店，西至叶县坟台，北到襄城纣城，南至县城的大片地区；舞阳县城东至吴城，南到安寨、武功、朱兰店，西至卸甲店南北长 30 余里为日军及维持会所控；苗献廷、刘廉甫控制的豫西绥靖司令部也驻扎在县城，国民党舞阳县政府及保安团国民兵团武装 1000 余人枪把持着东到遂平，西至方城，南至泌阳的整个舞阳南部地区。同在这里的，还有史聘侯、杨梦甫、李耀芳 3 个县政府的直属独立大队，有人枪 1500 余，直接与共产党新四军对抗。

另外，张茨山、效信趁率领的方宝动员区第二挺进纵队 800 余人，同时活动于舞阳南部地区。整个舞阳县境内除有日军 200 多人外，其他各种地方武装共计 8000 多（绥靖一师一部 4000 余人驻扎于襄城），日伪顽相互勾结，残酷欺压百姓。

二

新四军河南挺进兵团进入嵖岈山地区后，首先向舞阳南部地区发展。1944 年 12 月，黄林率四个连近 500 人的兵力，谎称国民党军队，试探性地进入舞阳南部地区。部队到达庙街、梁八台一带的赵案庄、岗坡李村，派兵团政治协理员、舞阳籍人李华回当地，通过贾增重等与驻在这一带的方宝动员区第二挺进纵队效信趁支队联络，准备将兵团部移驻卸甲店西南的老荆山附近。此间纵队武装已驻老荆山及附近有利地形，黄林又派潘友国、李华与效信趁、贾文轩接洽后，率部进入叶县、鲁山地区。返回后，暂驻于老荆山北坡的马岗村。不料，第二天天刚亮突遇叶县、舞阳日军200余人、伪军100余人的三面围攻，经一天激战，敌人被击退，并于当天晚上俘卸甲店一带日伪武装及绥靖一师补充团团长以下官兵300余人，获得大批弹药武器，拒绝了卸甲店国民党政权维持分会长送来的猪、鸡、蛋、面粉等所谓慰问品。

1945年1月中旬，由王震、王首道率领的八路军一二〇师南下支队经舞阳、泌阳顺利达到确山县谷山冲[①]。当南下支队于13日到达舞阳南部尚店、象河关、尹集一带时，兵团派部前往接应，取得联系。

挺进兵团由嵖岈山向西发展的第一个障碍，是盘踞在舞阳南部母猪峡山谷中的武装顽固势力史聘侯独立大队。经过详细的侦察了解，1945年2月7日，挺进兵团二团、四团各部在黄林率领下兵分三路，出其不意包剿史聘侯，一举歼灭了这股600余人的反动武装，俘史聘侯以下官兵300余人。

2月9日早晨，正值挺进兵团休整时，突遇驻尹集寨据点日军200余人的“扫荡”，兵团边撤边组织反攻，打得敌人溃不成军，日军逃回尹集后烧掉了被打死的一名军官。11日，1000多名日军自东南和北面向唐寺沟扑来，挺进兵团早已撤离，日军搜了一天一无所获。

2月24日，挺进兵团通过叶县、舞阳的地下党员杨金印、贾一道等侦察，围歼了流亡在李楼寨的国民党舞阳县政府，歼灭了散驻这一带5个村庄的包括其保安团、国民兵团及别动军共计500余人。

3月中旬，日军因抽调兵力增援宛西战役，调北舞渡关震亚绥靖一师孙鑑泉、朱文轩两个团，代其进驻尹集地区，对抗新四军。3月26日，挺进兵团在周志坚带领的三十八团一营、二营配合下，向尹集皇协军发起攻击，经一天一夜激战，将其击溃并全部歼灭，生俘官兵800余，缴获枪支900余支，副师长兼第一旅旅长尚振华率残部逃回北舞渡。

其间，挺进兵团政治部指示由延安农村工作委员会派回舞阳的中共

① 应为孤山冲。

党员王方鸣[1]抓紧在武功、曹集地区开展伪军贾光远部策反工作。并由随陈先瑞三支队回到河南的支队组织部长王泽民通过王树文、李承文与王方鸣取得联系，协助开展这一工作。

挺进兵团的战斗活动，初步打开了这一地区的局面，打出了新四军的声威，遏制了日伪在这里的活动，为进一步向西发展奠定了基础。

三

同在这一地区与日军作战的方宝动员区第二挺进纵队，1945 年 1 月上旬在与日军的一次围击战中遭受到挫折，司令部被迫解散，大部人员变为皇协军。只有原纵队支队长效信趁率 300 余人坚持与敌作战，但屡遭敌人追击，处境十分困难。挺进兵团认真贯彻团结、争取友军的政策开展统战工作，兵团首长及时派协理员李华回到家乡与支队接洽，使其哥哥李振华到贾文轩大队担任副大队长，并在赵案庄李华家里建立了与豫西八路军联系的联络站，挺进兵团科长胡昆及王泽民常驻宿这里。王泽民为开展策反工作，化名李清峰，通过叶县董锡之、舞阳贾增重从中周旋，进入效信趁支队三大队，从而使这支地方抗日武装在共产党的协助下，有计划有目的地活动于这一地区。

同年 3 月，这支抗日武装的活动日趋困难。胡昆通过李振华与效信趁联络，进一步向他阐明接受共产党领导共同抗日的重大意义，得到效信趁同意。4 月 5 日，效信趁与胡昆、李振华率部到达嵖岈山挺进兵团驻地。经过月余整训后，被改编为叶舞支队，效信趁为支队长，王泽民为政委，李华为政治部主任。

同月，王方鸣及时与兵团部队配合，经两次策动，使贾光远部 400 多人投归新四军，被编为豫中九团。

5 月间，挺进兵团派李华、王泽民、邓复初等几经动员，使已成为皇协军十六师营长的原挺进纵队中队长王国贤率其部 120 余人投归新四军，被编入挺进兵团二团。

---

① 或王芳明。见本卷《挺进河南（节选）》（作者：黄林）。

叶舞支队成立后，由挺进兵团二团抽调3个连，以邵敏为指挥长，王泽民任政委共同组成叶、舞、方指挥部。接着于5月14日，叶舞支队在邵敏、效信趁、王泽民率领下拔掉了日伪大韩庄据点，摧毁碉堡5座，俘日军翻译官赵龙甫和他小老婆及以下几十人，缴获枪支64支。战斗结束后，挺进二团三个连回原建制，叶舞支队单独行动。

大韩庄战斗结束后，根据黄林指示，在舞阳庙街由王泽民负责成立了叶舞行政办事处，为部队征集布匹、粮食。到9月间，办事处共征集土布4000多斤、鞋子2000多双。

6月间，挺进到豫中的河南挺进兵团一部同豫中各县武装扩编为豫中游击兵团，同时成立豫中工委，黄林任游击兵团司令员，栗在山任工委书记兼兵团政委。

6月26日，叶舞支队随挺二团一部北上禹县，护送五师参谋长刘少卿到豫西河南省军区，途经叶县草场街一带，同陈继尧部会合，黄林、刘少卿决定把陈继尧、沈祥甫、武定一及王赞臣部合并到叶舞支队，陈继尧部改编为独立团仍留在原地活动，沈祥甫、武定一部编为一个大队，随叶舞支队北上。抵达禹县神垕镇，与八路军河南军区部队会合，并协助八路军打退了日军对神垕镇的“扫荡”之后，黄林率挺二团返回豫中地区，叶舞支队被编入河南军区陈先瑞三支队。这标志着新四军五师打通了与豫西八路军和冀鲁豫八路军的联系。

7月间，叶舞支队按省军区指示到登封杏山坡进行整编整顿，调整连以上干部。原支队长效信趁、营长董仲衡及张联芳调离支队（效信趁在省军区政治部受训，后留政治部工作，1946年中原突围时牺牲），王泽民为支队政委、吴振挺任副支队长（稍后升任支队长）。

7月初，根据豫中工委指示，由工委宣传部部长苗宝泰带领李华、胡赞扬等组成的农村工作队，回到舞阳武功地区，在鸡山北坡的刘川沟村成立了中共舞阳县委、舞阳县抗日民主政府，苗宝泰为县委书记兼抗日民主政府县长。王方鸣为副县长，李华为组织部部长。随后建立了詹山、大同两个民主乡政权，开展发动群众、支援前线、建立地方武装、建立税收秩序及倒地运动等工作。舞阳县抗日民主县政府的建立是挺进兵团开辟豫中根据地胜利的又一重要标志。

1945年8月13日，按照上级命令，叶舞支队随同陈先瑞支队离开登封、禹县，返回豫中地区。部队进至叶县水城、草场一带，同陈继尧独立团会师，陈先瑞命叶舞支队与独立团继续留在叶县、舞阳地区，开展游击战，接应八路军进入豫中。

陈先瑞率三支队于8月中旬到达嵖岈山与豫中游击兵团会师后，成立中共豫中地委、豫中专署和豫中军分区，栗在山任地委书记兼军分区政委，欧阳景荣任专员，陈先瑞任军分区司令员，黄林任副司令员。

8月14日，豫中游击兵团挺二团、挺四团各一部，围歼盘踞在舞阳南部寺山寨的地霸顽固势力杨梦甫部，击溃其5个中队500余人，杨梦甫被当场击毙，彻底铲除了这股反动武装对新四军的骚扰。

日军投降后，根据栗在山指示，李振华同王书文、贾增重等及时作伪皇协军团长贾文轩的工作，让其归顺新四军。9月初的一天晚上，挺二团在政委邵敏带领下到梁八台杨庄接应，贾文轩部100余人前往嵖岈山，被编入挺进二团。

9月初，叶舞支队接到命令向嵖岈山地区与主力部队会合，被编为豫中军分区第七团，张海波为团长。王方鸣带去的贾光远部改为十五团。9月18日，在黄林带领下，七团和十五团进击泌阳、舞阳交界的象河关国民党王贯斗部，19日凌晨攻克，王贯斗率部弃逃。

战斗结束后，受兵团指示，王泽民、吴振挺在舞阳尚店成立叶（县）、舞（阳）、方（城）指挥部，王泽民任指挥部政委兼舞阳县委书记，吴振挺任指挥长兼舞阳县长。

9月上旬，王国贤受黄林指示到舞阳县城与日军洽谈，准备接收县城，日军不予同意，后国民党一〇四师杨显明部进驻县城。

冀鲁豫军区水西八团在王定烈、李士才率领下经扶沟、许昌、叶县于10月13日进入舞阳的卸甲店、接官厅地区，14日到达嵖岈山槐树店同五师部队会合。

同时由王树声、戴季英率刘昌义、张才干、皮定均三支主力由登封、临汝、宝丰、叶县等地南下豫中，经舞阳南部于10月15日、16日、

17 日分别到达嵖岈山与新四军会师，李先念亲自到嵖岈山迎接，并准备向桐柏地区集中。

10 月间，国民党以四个整编师兵力向豫中大举进犯，11 月初，中原军区决定豫中七、八、九三个团合并改编为独立第三旅，由陈先瑞率领，挺进二团由黄林率领向桐柏地区转移。王泽民与吴振挺带一个连坚持在豫中开展游击战，月余后转移到桐柏地区。

新四军五师豫中游击兵团在豫中近一年的战斗，消灭了横行在这里的国民党伪顽势力，打击了日军的嚣张气焰，使整个舞阳南部地区成为联系八路军与新四军五师部队会师的可靠基地。这一地区的开辟，为抗日战争胜利后我人民解放军挺进豫西、挺进中原进行反内战斗争，创造了有利的条件。

选自 1995 年《漯河文史资料》第六辑

叶舞支队的组建与战斗

应时雨[①]　范振江[②]

叶舞支队是中国共产党领导的，由舞阳、叶县两县的游击队组成的一支地方抗日武装。它从1944年4月组织抗日政治工作队起到1945年10月编入豫中分区七团的1年零7个月的时间里，先后经历了由分散宣传抗日到组建“方宝动员区抗日游击纵队”（简称游击纵队）、“效信趁支队”（简称效支队）、“叶舞支队”四个阶段，对日作战20余次。在那艰苦卓绝的抗日斗争中，它打不散、压不垮，是活跃在舞阳、叶县、方城、泌阳边区，经常同日军及国民党顽固派展开英勇斗争，打击敌人、保卫国土、保护人民的重要武装力量，为抗日战争作出了卓越贡献，在抗日战争史上谱写了光辉篇章。

叶舞支队建立之前的历史背景

1944年4月，日本侵略军发动了“河南战役”，进犯中原，驻河南的40万国民党军队一触即溃，损兵20余万。在敌机轰炸与进犯下，驻叶县的国民党三十一集团军汤恩伯总部，惊慌失措，溃不成军，弃城而逃，致使日军连续进犯，在短短的1个多月的时间里就侵占了包括舞阳、叶县在内的豫中、豫西38座城镇。他们所到之处，杀人放火，强奸妇女，掠夺财产，无恶不作，人民群众生活在日寇铁蹄之下，陷入水深火热之中。

① 应时雨，河南郾城人，曾任中共漯河市委党史资料征集编纂委员会副主任、市委党史办公室主任，漯河市政协委员。

② 范振江，舞阳县人，中共舞阳县委党史办公室主编。

叶县是汤恩伯总部所在地。在汤盘踞期间，叶、舞两县人民深受其害。日军侵占舞阳、叶县之后，广大人民群众又沦入日军的铁蹄之下，处于朝不保夕的境地。在这国难当头、民族存亡的危难之时，原来横征暴敛、欺压人民，作威作福、不可一世的国民党舞阳县长刘馨吾，叶县国民党的核心人物崔冠卿等，闻风丧胆、仓皇出逃，躲进南部山区苟延残喘，继续祸害群众；一些丧失民族气节、屈膝拜倒在日本侵略者脚下的民族败类——舞阳的杨凌阁、周成文、关振亚，叶县的赵明堂、胡坤锋等人，不仅不抗日，反而认贼作父、为虎作伥，当了可耻的汉奸。他们组织“维持会”、皇协军、特务谍报队等反动组织，帮助日军欺压人民，使广大群众更加深受其害。因此，群众强烈要求组织起来，武装抗日，保卫国土，保卫家乡，保护自己的生命财产。这就为建立抗日游击队和叶舞支队奠定了良好的思想基础。

叶舞支队的组建经过及其归宿

舞、叶两县地处豫中边区，既有平地，又有山脉，是河南建党比较早的县，具有光荣的革命传统。早在日军进犯中原之前，这里的进步青年就在党的领导下，组织起了抗日地方武装，积极宣传发动群众抗日。当日军的铁蹄踏入豫中领土后，他们以国为怀，奋勇当先，举起了武装抗日的旗帜，打响了对日作战的枪声。

在舞阳首先举起抗日旗帜的是效信趁。效信趁，原名效展，舞阳县魏庄人，他于1935年在北京大学上学时，积极参加“一二·九”运动，1936年秋北大毕业后回到家乡，继续从事爱国活动，特别是卢沟桥事变后，他积极参加抗日救亡运动，表现了爱国青年的革命热情。1939年6月，经舞阳县委书记胡田希介绍，他加入了党的组织（直接与胡田希联系，称特别关系党员），并受党的指派，长期打入国民党政权系统，以北舞渡区区长、县中校长等合法身份，积极从事党的地下工作。他曾掩护过省委委员、豫南地委书记张旺午；送出过国民党逮捕共产党员的名单；保护过共产党员胡赞虞（现名张平）脱离险境，使许多同志免遭屠戮。1941年春，形势恶化，党组织奉命撤离河南时，他根据党的指示，按照“隐蔽精干，长期埋伏，积蓄力量，以待时机”的方针，继续在国民党政权系统任职，暗中进行党的活动。日军发动河南战役前夕，他在舞阳城乡发动进步青年学生，组织起一支四五十人的抗日政治工作队，深入农村，通过召开群众会、书写标语、出版墙报等多种形式，广泛开展抗日宣传活动。他在群众大会上，大讲全民抗战的重大意义，动员群众积极行动起来，建立组织，武装自卫。他慷慨激昂地号召群众说：“日本帝国主义发动的侵华战争是一场亡我国家、灭我民族的侵略战争。现在，国势之危，形如累卵，每一个有血性的中国人都要团结起来，武装起来，进行正义斗争，不屈不挠地反对日本帝国主义，决不能坐以待毙。为拯救民族危亡，保卫家乡父老，宁肯站着死，不能跪着生。”他的讲演表达了大家的心愿，极大地激发了群众的抗日热情。

1944年4月，日军渡过新黄河，继续西犯。效信趁联合进步士绅张茨山，收集地方上的分散枪支，通过国民党三十一集团军总部的关系，以国民党“方宝动员区抗日游击纵队”的名义，组成了一支抗日武装，纵队司令员张茨山、洪彪（原国民党军官）带领国民党部队30多名溃散人员并入纵队后任副司令员。司令部下属一个直属特务大队（下属五个中队：一中队长张光耀，二中队长张卓如，三中队长殷玉如，四中队长周承文，五中队长王国贤），大队长张海平；一个支队（下属三个大队：一大队长贾文轩，二大队长阎升堂，三大队长李彦宗。另有一个警卫连，连长效成甫），支队长效信趁，副支队长阎贯斗。在支队工作的有共产党员董仲衡（支队秘书兼政工队长）、董汝敏、贾一道等。游击纵队最盛时期拥有800多人，600多支枪。他们充分发挥共产党员的模范骨干作用，联合梁八台原党支部负责人王书文、李振华、贾增重等人，以西南一带山区为中心，高举“不当亡国奴，不当汉奸，抗日自卫”的旗帜，积极进行战前训练，为武装抗日做好充分准备。5月10日，日军侵占舞阳后，他们立即转入武装抗日斗争。

在舞阳首先举起武装抗日的旗帜之后，叶县的共产党员和进步青年也陆续组成了抗日武装力量。叶县原是汤恩伯总部所在地，在这里，他们大肆逮捕共产党员和进步青年，制造了许多大惨案。叶县沦陷前夕，原被汤恩伯总部关押在任店镇关帝庙“青训班”的叶县共产党员陈继尧、段语禅、武定一、沈祥甫、张联芳等，乘汤恩伯总部溃退、县政府逃亡、地方陷于混乱之机脱狱出监，继续从事党的活动。他们分别到县城南部的澧河流域卸甲店、武楼、沈湾、段庄等地，发动群众，收集地方上的枪支，组织起 6 支抗日游击队，共同开展抗日斗争。

舞、叶两县的抗日武装建立不久，立即引起了新四军五师的重视。随后，师党委即派段永干从湖北大悟山潜回叶县家乡，秘密同段语禅、张联芳取得联系。后经段庄、樊庄党员讨论，决定派张联芳随段永干亲赴大悟山向五师党委汇报抗日游击队的组建经过和人枪配备、战斗力等情况，反映队员和群众强烈要求抗日的决心。张联芳根据师党委的指示，立即返回叶县传达了师党委关于联合各地同志，共同开展抗日的三条指示，并与段语禅、段永新研究决定，由段语禅、段永新负责同县内外的同志进行联系，组织联合抗日；张联芳、彭士彦（均系党员）、杨金印带领一部分人员到南山发动群众，继续组织游击队，扩大抗日武装力量。

9 月，经叶县董锡芝、舞阳贾增重从中斡旋，张联芳带领游击队近百人到舞阳与效信趁领导的支队合并，被编为第三大队（原三大队缩编），张联芳任大队长。这不仅加强了联合，扩大了武装力量，为组建叶舞支队奠定了基础，还通过张联芳进一步沟通了与新四军五师的联系，明确了斗争任务和方向，增强了战斗力。

11 月，新四军五师任命黄林为司令员，率河南游击挺进兵团挺进豫中嵖岈山区，遂和豫中各地抗日武装取得联系，并派兵团协理员李华的哥哥李振华（原舞阳梁八台共产党员）到效信趁领导的支队任第一大队副大队长。支队官兵按照游击兵团的指示，坚持在梁八台西南舞（阳）、叶（县）、方（城）3 县交界处的老翟山东麓，以刘沟一带山区为中心，积极进行游击活动。他们名义上受驻方城的国民党六十八军和国民党舞阳县政府、县保安团的控制，直接与日伪在舞阳县城、朱兰店、卸甲店，叶县的新店、常派庄的据点相对峙，牵制敌人，打击敌人，成了一支在党直接领导下的重要武装力量。

新四军五师河南挺进兵团挺进豫中后，抗日游击纵队积极配合游击兵团作战，利用游击战术，打了不少漂亮仗。但两军作战，必有胜负。在1945年1月10日的一次反“扫荡”战斗中，因敌众我寡，战斗失利，在日军“扫荡”前已去镇平开会的纵队司令员张茨山闻讯部队受挫，失去了必胜信心，去而不返；副司令员洪彪被日军的围剿吓破了胆，带领10余人又投靠国民党六十八军；支队二大队长阎升堂、特务大队的中队长殷玉如等当了皇协军；有的失散人员分散他处，几天之内竟使这支拥有800多人的游击纵队溃散500人之多，剩下的只有效信趁率领突围出来的第一、第三大队，且枪弹缺乏，战斗力遭到严重破坏。

在面临山穷水尽的情况下，一向具有民族气节、决心抗战到底的效信趁毅然率突围部队返回老翟山下，他一面掩埋为国牺牲的战士尸体，做好安抚家属的工作；一面继续发动群众，召集溃散人员，重新组织起一支400多人的武装游击队，番号改为“效信趁支队”，效任支队长，坚持抗日斗争。敌人围攻其部队，抄其家产，但并不能动摇他抗日的决心。一次，汉奸地主徐向荣向日军报告说：“效坦斋通共产党，他的儿子效信趁组织游击队与皇军对抗。”日军得此情报后，立即派兵，由汉奸指引，抄了效信趁的家，逮捕了效的大伯父、父亲和亲戚张树森3人。日军把他们拴在马尾上，拉到县城，严刑拷打，逼迫效信趁放弃抗日，投靠日军。效坦斋是知识界的名人，具有民族气节誓死不屈。他们见拷打无效，就将其3人投入木笼，继续酷审，后除张树森取保释放外，其大伯被残害得双目失明，父亲被杀于县城西门外。效信趁没有被日军的屠刀所吓倒，而是更加看清了他们的狰狞面目，他在同新四军五师联络人员谈话时说：“我是炎黄子孙，北大毕业，不能丧失民族气节，认贼作父；我同大家一样，有亡国之辱、杀父之仇，同日军不共戴天。我除了坚持武装斗争、打败侵略者之外，别无出路。”

3月初，王泽民随王（树声）、戴（季英）部队的先遣队——韩钧支队由延安回到豫西，随即被河南省军区首长派回叶县家乡做策反工作。当时，因形势吃紧，王泽民处境困难，没有立足点，无法开展工作。后经董锡芝介绍，王泽民来到效支队，被安置在第三大队张联芳部协助支队做政治工作，并参与支队领导。

4月初，效支队转移至梁八台东南赵案庄活动。在李振华家里（此时李奉命在家搞联络站），效信趁同新四军五师胡坤科长取得联系，表明了归从新四军、抗战到底的决心。4月3日，效信趁按照胡坤的安排，除一大队由大队长贾文轩带领几十个人单独活动外，其余300多人临时编为两个大队，从山头梁村出发，经晁张、曹集等地，于4月5日到达遂平西北黄林游击兵团驻地李兴楼一带，接受整编。挺二团团长林国平、政治部主任冷新华亲自接待了效信趁，并召开欢迎大会，慰问全体战士。不久，效支队正式改编为“豫中游击兵团叶舞支队”，效信趁任支队长，王泽民任政治委员，李华（游击兵团干部）任政治部主任，董仲衡任营长，刘景川任副营长，彭士彦任警卫连连长，贾一道、石东彦、丰明义等分别任连长。

6月26日，叶舞支队随挺二团北上禹县，与八路军陈先瑞部会合，被编入陈部第三支队。7月，支队进行整编，调整了连以上干部职务：王泽民任支队政委，效信趁调河南军区政治部受训（后留政治部工作。1946年6月中原突围时，效信趁随省军区部队突出重围，转战于保康地区。9月，在这个地区的一次作战中，部队又遭重围，全军覆没，效与省军区政治部主任吕振球一起壮烈牺牲），吴振挺（部队委派）任副支队长，不久升任支队长，淳润堂任政治部主任，张清胜任营长，伍品全任教导员。

10月，抗日战争胜利后，豫中军分区命令叶舞支队与叶县独立团合并，编为“豫中军分区第七团”，张海波任团长，陈继尧任副团长。11月，中原军区决定将豫中七、八、九团编为独三旅，并撤离豫中，向南转移；原叶舞支队政委王泽民、支队长吴振挺带领一部分干部和武装坚持在叶、舞两县领导群众进行斗争。不久，因形势恶化，王、吴带领部队转移桐柏山区，参加解放战争。

叶舞支队的战斗与战术

舞、叶两县人民组织起来的抗日游击队，从组建时起就遵照党的方针积极进行抗日。他们采取集中与分散相结合的战术，袭击敌人据点，伏击分散之敌，劫其车辆，毁其弹药物资，充分发挥了战斗作用。

1944 年 5 月，日军侵占了舞阳县城，并在城南栗林铺、朱兰店先后建立了据点，在鸦鸽楼山头设立班哨。他们经常抢劫烧杀，无恶不作，群众对其恨之入骨。刚刚建立不久的游击队经过侦察，派出精悍队员趁天黑人静之机，攀山越岭，悄悄摸进山头，袭击了鸦鸽楼哨所，打死日军 3 人，孤立了朱兰店据点的敌人，取得了首战的胜利。

同年 11 月，黄林率游击挺进兵团挺进豫中后，游击队的抗日热情更加高涨。他们积极配合黄林部队，寻找战机，杀伤敌人，发展和武装自己。11 月的一天夜里，盘踞在舞阳县城的 100 多名日军悄悄向游击队驻地——庙街西南的曹庄袭来，妄图把游击队消灭在睡梦之中。曹庄是个边远的村子，靠近山区，中间有一条小河，河北是开阔地，河南为刘金岗山余脉，丘陵起伏，易进易退，是个打游击的好地方。效信趁接到侦察人员和当地群众送来的情报后，立即决定在河南丘陵地区伏击敌人。他命令一大队埋伏河南山地，担任伏击任务；二大队迂回到敌人两侧，包剿截击；三大队阻击朱兰店据点增援之敌；另派少量人员在庙街西南去曹集的大路上迂回放哨，以迷惑敌人，诱其进入伏击圈。敌人发现游击队少量人员在路上游动，就以为得逞，绕道庙街南端，顺河西进，从游击队哨位左侧向曹庄包剿。当敌人刚刚进入伏击阵地时，立即打响了战斗。经过激战，歼敌 9 人（其中尉级军官 1 人），其余伤的伤逃的逃，向东溃退。

这次战斗后，双方又多次接触，敌人吃了不少苦头，深知游击队战术多变，战斗力强。于是，他们立即调整部署，在城南将军墓山、铁山修筑碉堡群，图谋对抗；又在乡村大搞伪政权，加紧清剿，妄图吃掉游击队，孤立游击兵团。1945 年 1 月 10 日，他们又调集舞阳县城、朱兰店、叶县常派庄、新店的500多名日军，倾巢而出，兵分三路，对游击队进行大扫荡。第一路迂回到山南柏庄寨，从游击队背后包抄；第二路从营街东端向西，沿巫华岗进袭；第三路由梁八台进剿，把游击队围困在老翟山下。在背腹受敌、活动范围纵横不足7华里的严重情况下，支队长效信趁当机立断，决定亲自带领一、三大队翻山向方城一带突围，特务大队和二大队断后。这时，西边和南边之敌已兵临山下，处境非常危险。午夜时分，效信趁率领两队人员边打、边撤，经鬼门关、大林坡，翻山越岭，突出包围圈，脱离了险境；而司令部和特务大队的五个中队以及支队的第二大队全部人马则被围困在老翟山下，与敌人展开了激烈的战斗。抢先占领四头脑山头的特务大队第五中队，在梁贺民的指挥下，全体队员发扬英勇杀敌、不怕牺牲的革命精神，坚持战斗了一整天，打退日军4次冲锋，毙敌10余人，其他各队队员也都利用有利地形，坚守阵地，与敌人展开搏斗。战斗到天黑时，终因敌众我寡，弹药不足，战斗失利，支队秘书、共产党员董仲衡在与敌人搏斗中受伤，队员董汝敏（女）等6人壮烈牺牲；特务大队阵亡50余人，效信趁9岁的女儿效英丽被日军扎了一刀，至今伤痕犹在。

这次战斗使队员经受了一次严峻的考验，他们没有被敌人的刀枪所吓倒，而是重整旗鼓，继续投入了武装斗争。1945年2月7日，黄林率领游击挺进兵团部分部队歼灭了盘踞舞阳尹集摩轴峡（俗称母猪峡）地区的顽固派史聘侯部300多人之后，效支队接到黄林的通知，要他们侦察驻在舞阳南部李楼村的刘馨吾流亡县政府、县国民兵团、县保安团和国民党“别动军”的军事活动情况。支队按照黄林的部署，立即派贾一道、杨金印等装扮成当地群众，深入敌穴，分别进行侦察活动。2月23日，黄林根据贾、杨提供的情报和三大队长张联芳弄到敌人的口令，亲自率领5个连的兵力，由贾一道做向导，直奔敌军驻地，袭击了李楼及其周围的敌人，一举消灭了国民兵团，其中毙敌队长以下10余人，俘敌50余人，国民党县政府、保安团、“别动军”溃散逃跑，县长刘馨吾鼠窜方城小史店。

李楼战斗结束后，支队由王店转移至瓦房沟、陡沟、蛮子营、老金山一带活动。这时，由于日军扫荡，部队损失严重，士气没有完全恢复；加之国民党顽固派“别动军”和日伪的夹击，支队疲于转移，处境十分困难。但是，在人民群众的支持和掩护下，他们在敌伪的夹缝中，白天隐蔽，晚上活动，碰到敌伪能打则打，不能打就转移，一直坚持了两个多月，从而使支队逐渐得到恢复和发展。

效支队正式改为“豫中游击兵团叶舞支队”后，队员士气大振，部队面貌焕然一新，在战斗中充分显示出了强大的战斗力，其中，大韩庄之役就是一例。

大韩庄位于舞阳西南老金山东侧，是进出西南山的门户，村周围围墙高筑，地理位置十分重要。自1月大扫荡之后，日伪就在这里设立了据点，修筑碉堡6个，驻军把守，妄图把游击队堵死在老金山以南。4月，日军向襄樊进犯，将这些据点交给伪军阎升堂把守。豫中游击兵团为迅速开辟叶（县）、舞（阳）、方（城）地区，决定成立叶、舞、方指挥部，由挺二团政委邵敏任指挥长，叶舞支队政委接任务后，立即指派王义久深入据点，三次侦察敌情。王义久通过家庭关系，对其族兄、伪营长王凤祥进行策反，说明利害关系，晓以大义，要他在民族存亡的紧要关头，站在人民一边，不要负隅顽抗，自取灭亡。5月14日，邵敏、王泽民、效信趁根据王义久提供的情报，率领支队和挺二团一个连的兵力向大韩庄发动进攻。午夜，部队到达赵案庄。在人民群众的大力支持下，他们一边架设登墙的梯子，一边进行战斗部署，指挥部设在村东小桥头；挺二团的连队攻西南角敌军碉堡；支队从村东进攻，由贾一道连担任主力，彭士彦警卫连为第二梯队；其他连队负责打援，防止敌人从庙街、卸甲店方向增援。拂晓前，当挺二团的连队发起进攻时，支队政治部主任李华身先士卒，即率部分队员从东边登上架梯，迅速攻入寨内。他们如同天兵天将，以迅雷不及掩耳之势，很快就将碉堡外的敌人堵死在屋子里，使他们没来得及穿衣服就缴了枪，当了俘虏。挺二团连队和支队互相配合，奋勇作战，至天亮时分，敌人的6个碉堡已被攻克5个，共毙敌伪军王三麻子等6人，俘敌70余人，缴枪64支，取得了拔掉据点的重大胜利。

当天下午，支队撤离战场，来到支锅山下的张湾、白脸狼、刘沟村休息待命。3 时，日军又带着山炮，向支队发动进攻，妄图报复，决一死战。支队不怕疲劳，连续作战，立即抢占了支锅山头。他们凭借有利地势，居高临下，同日军展开战斗，连续打退敌人多次反扑，打死打伤敌人数十人，又一次取得了胜利。

这次战斗结束后，支队又转战于嵖岈山区，配合挺进游击兵团先后参加神庙沟（此役共俘遂平顽军徐耀岭部 300 余人）、姚孟、瓦店营、象河关、武功等战斗，多次受到军分区的嘉奖。

叶舞支队在政权建设上的作用

叶舞支队既是抗日战线上的英雄，又是地方政权建设上的积极宣传者和组织者，充分发挥了武装争夺政权、建设政权的作用。1945 年 8 月中旬，当日军投降的消息传到支队后，他们在由杏山坡返回嵖岈山根据地，途经叶县南草场街时，协助地方组建了叶县民主政府，刘雪棠任县长，沈祥甫任副县长；帮助民主政府组织起约 1200 人的叶县独立团，陈继尧任团长，武定一任副团长，冯景宇任参谋长；收编了皇协军王赞臣部一个营，充实了支队力量。9 月，他们奉命在舞阳南部尚店成立了“舞（阳）、叶（县）、方（城）、泌（阳）联合指挥部”；改建了舞阳县民主政府，吴振挺任总指挥兼舞阳县县长，王泽民任指挥部政委兼舞阳县委书记，董锡芝任副县长，这在发展壮大地方武装、巩固地方政权、稳定局势等方面都起了重大作用。

叶舞支队的地位与战斗经验

叶舞支队建立前后，在形势极端复杂、环境异常恶化的情况下，坚持战斗，抗击日军，打击伪顽，保卫家乡，建立了不朽的战功，谱写了许多光辉的篇章，在地方抗日战争史上占有重要的地位。认真研究它的组建过程和抗日战争历史，总结其历史经验，不论对军队建设和四化建设都具有重要的现实意义和深远的历史意义。

一、这支游击队是以共产党员为骨干组建起来的地方武装，有坚强的领导核心。在残酷的抗日斗争中，尽管不断受到敌人围剿，遭受到严重挫折，经历了建立、破坏、再建立的历程，直至发展壮大，靠的是共产党员的先锋模范作用。在组建地方武装时，带头发动群众，收集地方分散枪支的是共产党员；在战斗最激烈时，带领党员树立了良好榜样。其中表现最为突出的是效信趁。敌人将其亲属 3 人逮捕，投入木笼，致其大伯双目失明，父亲被杀，但他强忍悲痛，坚持抗日不动摇，正如他自己所说："我是炎黄子孙，宁肯站着死，绝不跪着生。"像他这样坚强不屈的共产党员，何止一人？

二、参加这支游击队的队员多数是具有进步思想的贫苦青年，富有坚强的革命精神和强大的战斗力。他们的共同革命目标就是抗日到底，保卫国土，保卫家乡，而不是为了个人的私利，所以，他们严格要求自己，团结一致，英勇奋斗，始终保持着旺盛的革命精神和斗争士气；他们为了革命，发扬一往无前的斗争精神，前仆后继，不怕牺牲，表现了坚强的革命意志和爱国热情。

三、自觉接受党的领导，走联合抗日之路。舞、叶游击队建立初期，他们以各自的所在县为活动单位，互不联系，力量甚为单薄。河南游击挺进兵团进入豫中后，他们多次派人寻找部队中党的组织，同新四军五师党委取得联系，争取党的领导，把自己的思想和军事行动置于党组织的领导之下。他们按照师党委关于"赶快把同志们联络起来，组织各式各样的游击队，联合抗日"的指示精神，两县游击队及时联系，走向联合抗日之路，很快形成了一支强大的抗日武装力量。他们在思想上同师党委保持一致，执行党的决议；军事上服从命令，一切行动听指挥；作风上严格执行党的纪律，团结奋斗，把支队建设成为在党的直接领导下的人民军事武装。他们的经验证明，党是一切工作取得胜利的力量源泉，是发展壮大自己，战胜敌人的重要保证；脱离党的领导，势必失去核心，迷失前进的政治方向，丧失战斗力，遭受失败。

四、依靠和团结群众，扎根于群众之中。这支游击队的队员绝大多数出身于贫苦农民的家庭，同群众有着深厚的阶级感情。在那艰苦卓绝的斗争中，他们自觉执行党的纪律，维护群众利益，因而得到了广大人民群众的爱戴和支持，建立起了坚实的群众基础。当战斗失利，革命受到挫折时，很多群众冒着生命危险，积极掩护队员，主动为他们送菜送饭，保护他们的生命安全，从而使其化险为夷，迅速发展壮大。

叶舞支队的斗争经验证明，只要坚持党的领导，执行党的决议，相信群众，依靠群众，团结一致，艰苦奋斗，勇往直前，不怕牺牲，就能战无不胜，攻无不克。它们的战斗历史光辉灿烂；它们的斗争艺术熠熠生辉；它们以国为怀，为党献身的革命精神将永远鼓舞人们奋勇前进！

选自1995年《漯河文史资料》第六辑

寺山战斗

胡德周　张遂义[①]　王红霞[②]

顽固势力史聘侯部被歼灭以及李楼战斗后，被击溃的国民党舞阳县刘馨吾政府，仍不甘心自己的失败，继续流窜于舞阳南部边沿地带，同县城的维持会及绥靖一师暗中勾结。但新四军尹集一战击垮了尚振华，于是刘馨吾就把对抗新四军的希望寄托到盘踞寺山寨的恶霸地主杨梦甫身上。

杨梦甫原是舞阳南部有名的恶霸地主，世居杨庄村，长期霸据在马鞍山南麓的寺山寨（又名木笼寨），是舞阳县两大封建派系悦来派的主要人物，当过当地的区长。

早在1926年前，舞阳尚店的卢宏宇从吴佩孚部退伍回籍后，通过杨梦甫的介绍认识了地霸孙孟山，卢宏宇依靠这一关系在政治圈子中不断上升，并与杨梦甫结成亲家。到1944年秋卢宏宇当上了国民党舞阳县保安团团长，杨梦甫由县政府直属大队队长转而变成保安团内的第二大队长，并由原来杨见龙、陈嘉运2个中队扩大为5个中队，控制500多人枪。卢、杨以其武装势力在舞阳南部的尚店、王店、寺山等地区横行霸道、欺压群众，随意派粮要地；其士兵更是野蛮成性，无法无纪，拦路抢劫、奸淫掳掠不乏其事，地方百姓受害殊深。另外，他们还依仗国民党县政府及别动军撑腰，气焰十分嚣张。

杨梦甫的5个中队除杨见龙中队百余人驻寺山寨外，其余的刘法勋、夏中林、陈嘉运、胡金朗4个中队分别驻在寺山寨外围的吴庄、龙

---

① 张遂义，舞阳县人，舞阳县史志档案办公室副主任。

② 王红霞，女，舞阳县人，舞阳县史志档案办公室党史股编辑。

泉一带。每当新四军自尹集向西路过寺山寨时，都要遭到杨梦甫武装的骚扰和袭击，当地群众也由于他们的横行曾通过多种渠道向新四军河南挺进兵团报告，请求为民除害。

1945 年 8 月 14 日，挺进兵团由尹集土门方向出发，中午到达寺山寨周围的岗李、范庄、叶楼、水田、草站、晁庄、苏庄、胡庄、马庄一带驻扎。驻守吴庄的陈嘉运一看新四军来了，虚发几枪就向西逃跑了。杨梦甫也得到了报告说新四军已包围了山寨，却训斥手下不要慌乱，看看动静再说。不多时，苏庄的群众把新四军写的劝降信交给杨梦甫，杨梦甫看后满不在乎地说:“他妈的，还想较量较量哩！”

此刻，新四军已做好了攻寨的准备。挺进四团在团长万德坤、政委余司贵带领下，从南面攻打寺山寨，挺进二团在团长林国平、政委邵敏率领下由寨北攻打，四团二连一部占据寺山西面的彭家山顶。天将黑时，杨梦甫首先下达了向新四军开火的命令，从寨内猛烈向外射击；新四军由苏庄向山寨内连发数枚迫击炮弹，当即炸死杨梦甫一名当差的。随后又由苏庄群众再给杨梦甫送来劝降信，杨梦甫这时吓得魂不附体，他把杨见龙及卫兵穆从发从地堡内赶出来，自己和母亲及儿子钻了进去，拒不投降，一面命令部下拼死抵抗，一面跪地磕头许愿，让老天爷保佑他到天明，许给两台大戏和全猪全羊。

月牙缓缓升起。挺进二团一营三连在营长王国贤、连长梁贺敏带领下从寨北展开了猛烈进攻。战斗十分激烈，新四军战士有六七名受伤，挺进四团三连、四连架起云梯，在杨梦甫部投诚过来的特务队长王圪垃引导下，从寨南攻入了寨内，并燃起了火把，西侧彭家山顶一个连也同时压了下来，寨内的敌人乱作一团，四处逃窜。三连七班战士陈玉先、张永钦翻墙进入寨内，正巧遇到刚从地堡内钻出的杨梦甫，二人上前将其生擒，押往连队。

北坡的二团部队也已进入寨内，敌人试图从北坡突围逃跑，被坚守这里的二团一连、二连全部俘获。此时天色已亮，战斗胜利结束，杨梦甫被押解到北门外，当场执行枪决，部队到苏庄由兵团司令黄林主持召开了总结大会。

此次战斗，新四军挺进四团三连、二团三连三排共牺牲战士 3 名，伤 20 余名。敌人被打死 3 人，俘虏数十名，缴获大批物资及弹药。

选自 1995 年《漯河文史资料》第六辑

李楼战斗

胡德周　张遂义　王红霞

1945 年 2 月，新四军五师河南挺进兵团在舞阳县南部山区李楼寨痛歼了国民党舞阳县流亡政府及其反动武装 500 余人。

1944 年 6 月舞阳县城沦陷后，舞阳人民一度处于日寇铁蹄的蹂躏之下。当时统治舞阳的国民党顽固势力、地方官僚人员各奔其命。杨明阁、周承文、胡灿宇之辈，认贼作父，成为日本侵略者的走狗，以县长禹升联为首的县政府成了一摊烂泥，人员不知去向，完全成了丧家之犬。

这年秋天，土匪恶霸头子关震亚、尚振华及其武装投靠日本人，变成皇协军以后，原来潜逃到北舞渡的国民党舞阳县党部书记陈星樵和三青团总干事长刘馨吾、书记焦景青等反动分子，为发展自己的武装势力，打出了不当汉奸的旗子，宣布成立了党团联合办事处，纠合残余人员及散匪武装跑到舞阳南部深山地区。于 11 月初在尹集南长岭头自行组织成立国民党舞阳县政府，刘馨吾、陈星樵又特意跑到赤眉镇国民党省政府，贿取指令，随后刘馨吾当上了舞阳县长。从此，这个流亡县政府活动于舞阳、方城、泌阳三县交界处的深山丘陵之中，扩充势力，统治人民。在舞阳的王店、寺山、尚店、李楼地区联合当地封建地主，建立乡村政权、委派乡镇长，纠合寺山寨恶霸杨梦甫和母猪峡的地主恶霸史聘侯、保安团长卢宏宇及孟宪升的国民兵团，利用他们手中的武装组成反共顽固势力，还专门成立了指挥部，胡灿宇任指挥官，统一武力，并与县城的维持会，北舞渡的关震亚、尚振华暗中勾结，达到南北呼应，实际就是一个敌、伪、顽统一结合的反动政府。

刘馨吾为了牢固控制这一地区，阻挠新四军挺进兵团西进，极力抢占有利地形，进行严密的军事布防。自1944年底到尚店李楼寨后，即强迫群众加固寨墙，修筑工事，妄图长期负隅顽抗。

李楼地处舞阳、方城、泌阳交界处，村周围有土寨墙，仅东西两面有寨门，南面的一单人小门。除南面有一开阔河床，其余三面被丘陵山岗环抱，大有易守难攻之势。刘馨吾不仅在寨墙四角和东西寨门两侧修筑了炮楼及暗堡，还在李楼外围从南到北、由东至西分别在5个村庄驻扎武装力量。分布为：李楼南一华里下安村驻有中队长杨灿宇带领的保安团一个中队；东北约二华里连岗村周良才带国民兵团一个大队驻守；西北角的塔后村姚春生带一个班把守着县政府的粮库，专门设一部电台；北七华里的大黄庄李培录的一个大队驻防；西北方王店街有崔青之中队专作外哨；李楼寨内有县自卫大队的一个班，加上县政府的一些人共几十人。另外，有刘馨吾花钱从泌阳象河关请来的别动军一个中队30余人，由中队长刘从带领保护刘馨吾。

刘馨吾及其武装在李楼一带不但控制、欺压穷苦百姓，还妄图从根本上奴化这一地区，他们不顾早已经受不住战乱、匪患之苦人民的死活，仍然逼迫群众供粮交柴，敲诈勒索，群众苦不堪言。他们又组织所谓“安慰组”到处哄骗群众，叫喊道：“这里的人没有投降日本，没有当汉奸，这里是一片净土，无论如何要竭力供给政府。”说：“刘县长已答应，将来日本人打走了，保证一年不出款。”为了安定民心，县政府指定人员到学校讲述“三民主义”，为国民党歌功颂德，宣传共产主义不适应于中国，等等。召集当地保甲人员举办训练班，灌输反动思想，要求他们同心协力共同防止新四军从尹集地区向西推进。

国民党流亡政府的种种活动，对新四军开辟豫中抗日根据地、打通同豫西八路军的联系造成了很大的障碍。为了尽快歼灭这一地方封建地主阶级的代表势力，打掉他们的精神支柱，挺进兵团在司令员黄林带领下，积极利用当地地下党员，通过效信趁率领的抗日游击支队与刘馨吾县政府的从属关系，先后派支队里的地下中共党员贾一道、杨金印等两次到李楼寨内及周围村庄侦察敌方的军事部署和道路情况。在敌人还没觉察之时，其全部兵力布防、人员枪支等都被新四军掌握，连夜间口令也被搞到。

1945 年 2 月 23 日，挺进兵团 5 个正规连，从嵖岈山出发由尹集南部深山冒雪赶到李楼附近，夜 11 时左右，兵分两路包剿李楼寨。战斗先从连岗村打响，据守在这里的国民兵团周良才部迅即被击溃。随后新四军前往李楼封锁了东门和南小门，同时，新四军一路攻占塔后村，夺得粮库，转而包围了西门。驻守在下安村的杨灿宇部闻风逃窜。大黄庄李培录中队、王店街崔青芝部伙同连岗溃散之敌逃往方城境内。

外围之敌被歼，新四军集中力量进攻李楼寨。刘馨吾等依仗别动军中队武器优势拼命抵抗，并以此为掩护几次企图从南小门冲出，警卫华昌钻出后被新四军捉住；刘馨吾缩回寨内，仍不死心，再度利用别动军打头向外冲杀，别动军中队长被打死。新四军一名排长只身一人趁机冲入寨内，借助一间破房同敌人战斗，几次把敌人掷进屋的手榴弹重新投向敌人，后终因寡不敌众壮烈牺牲。李楼寨外响彻着夺寨的号角，刘馨吾知道寨内已成了孤军，便进炮楼，急忙命令县政府特务长拿钱找到本村甲长张发有，借他熟悉地形带上自己亲笔信去象河关何庄向别动军求援。张发有趁天黑战乱从北寨墙未完工的堡垒下偷越出去，直奔象河关。敌人接到求援信后，中队长鼓某带领 40 余人向李楼扑来，在下安村附近小林庄分三路进攻新四军，双方很快进入激烈战斗。此刻天色渐亮，寨内敌人得知援兵已到，加紧向外突击，为减少伤亡，新四军边打边撤。由于战斗异常激烈，混战中，17 名新四军战士不幸牺牲，部队退至竹园村迅速组织反冲锋，追歼逃往方城的敌人，有数名别动军被打死打伤。刘馨吾等趁战乱仓皇逃往方城境内，途中被打死 3 人。24 日上午，新四军打扫李楼战场，收缴战利品，从此，拔掉了新四军开辟豫中根据地的一个主要障碍。

选自 1995 年《漯河文史资料》第六辑

抗日战争时期舞阳县武装抗日斗争

刘传银　胡德周　韦春宇[①]

抗日战争时期，在日本帝国主义入侵、中华民族危亡的时刻，中原人民为了保家自卫，捡起国民党军队溃逃时丢弃的枪支弹药，和侵略者作殊死斗争，各种各样的游击队风起云涌。虽然这些游击队成分复杂，良莠不齐，但大多数经过改造，变成了坚强的抗日武装。当新四军深入河南敌后时，许多游击队主动要求归属新四军领导。1944 年春成立的方宝动员区[②]第二挺进纵队便是上述情况在舞阳地区的真实写照。

1944 年初，日军大本营为挽救其失败的命运，决定在国民党正面战场发动一场旨在打通纵贯中国大陆南北、接连印度支那的大规模的豫湘桂战役，以摧毁中美空军基地。河南战役是豫湘桂战役的重要组成部分。4 月 18 日，日军以 97000 余人的兵力，在华北方面军总司令冈村宁次指挥下，进攻河南大地，河南战役爆发。当时驻守河南的国民党汤恩伯、蒋鼎文部四十万大军在日寇进攻下，一触即溃，37 天弃城 38 座，致使中原人民遭受日寇的蹂躏，生灵涂炭。

当时的舞阳人民也面临着同样的境况。1941 年，由于地下党组织大撤退和国民党顽固派实施的大逮捕，在县的中共党员和上级组织以及彼此之间几乎完全失掉联系，出现了支离破碎的状况，一时难以形成反抗侵略者的组织力量，地方上部分有志之士则均感形势紧迫，便多方活动，组织武装，保卫家园。

当时在叶县任店国民党汤恩伯部青训团担任教育长的张茨山及担任教育主任的效信趁，在汤恩伯总部逃往伏牛山区前夕，回到家乡舞阳，

① 韦春宇，舞钢市人，曾任舞钢市王楼小学教师。

② 指河南省方城县、宝丰县一带。

怀着真挚的爱国热忱，筹划组织武装进行抗日。四五月间，张茨山同梁八台王道行村进步人士王子林等在筹划过程中，国民党汤恩伯部一个叫洪彪的军官，带领30多人到舞阳南部的营街找到张茨山要共同组织武装。经过汤恩伯三十一集团军军部的批准，张茨山等以方宝动员区第二挺进纵队为名组建武装。原国民党党部的王仁炳也到舞阳与张茨山、效信趁、洪彪一起召集人员，筹集枪支。最先由效信趁、王仁炳、董仲衡等组织起几十名青年学生组成政工队，在梁八台、保和等地开展抗日宣传，刷贴标语，宣传“国家兴亡，匹夫有责，抗日救国”等。人员也逐渐增多，一个多月时间扩大到二三百人，枪由原来的几十支增加到百余支。

到6月初，国民党舞阳县政府迫于日军的到来，四处躲藏，县长禹升联带着保安团、警察局部分人员由城南大路张跑到辛集，便通知效信趁等带人到辛集，6月9日县城沦陷后，禹升联等又跑到武功的曹集，还感到不安全，又跑到西平出山寨。张茨山、效信趁、王仁炳等带领人员离开曹集到西部的柏庄寨以及巫左瑶、仙人桥、曹庄一带。7月初，宣布方宝动员区第二挺进纵队司令部成立，张茨山为纵队司令，洪彪为副司令，副官马乐亭，参谋王仁炳，军需张俊彦、韦支飞。司令部下辖第一支队，效信趁为支队长；直属特务大队，张光华为队长；还有一个特务中队。

司令部宣布成立后，效信趁、王仁炳等率部驻在白脸狼，从事支队的组建工作。阎贯斗任副支队长，王义久、马司功为副官，董仲衡为秘书兼政工队长。支队下辖两个大队和一个直属中队；一大队长贾文轩，二大队长阎升堂，直属中队长效成甫，副队长石东彦。贾文轩大队有三个中队，一中队长张从龙，副队长李彦宗；二中队长张广灼，副队长陈笼头；三中队长宋国臣。阎升堂大队的大队副张金群，中队长王凤祥。整个支队组建工作7月间完成。

张茨山、洪彪等在司令部成立后率部驻到城仿染庄。特务大队的组建工作到8月底完成。9月，张茨山的弟弟张广华从家里到山区任特务大队长，副队长王寿臣、张广耀。下辖6个中队：一中队长张卓如，副队长张子超；二中队长殷壁；三中队长阎法林；四中队长邢富年；五中队长王国贤，副队长梁贺敏；六中队连继增为副队长。

司令部及特务大队共有四五百人，效信趁支队共有300多人，全纵队共800多人，有枪600余支。

8月间，原国民党新一师中尉副官邓复初，经师参谋长黄卫明给张茨山、洪彪写信推荐，到纵队司令部任副官。

9月间，被日军委以武装团长的李宏祥率领200余人投靠张茨山，被编为直属独立大队，李宏祥为大队长，邢春吉、丰明义等为中队长。

在第二挺进纵队组建的同时，叶县境内澧河流域的卸甲店的陈继尧、卧楼的吴定一、沈湾的沈祥甫、段庄的段吾禅、樊庄的张联芳等都在组织武装，准备打游击，但没有统一的领导。同年夏季，新四军五师从湖北大悟山派叶县籍的段永干回到叶县，同张联芳取得联系后，带张回五师汇报地方情况，五师指示张联芳负责在淮南至豫中一段路上设法建立几个通信联络站，并尽快把同志们联络起来，组织游击队，准备迎接五师部队北上。张联芳回到叶县后即在叶县南部山区组织游击队，当得知张茨山、效信趁等正在舞阳西南部山区组织武装，便通过叶县的董锡芝、舞阳的贾增重从中周旋，张联芳带队到第二挺进纵队，由效信趁支队给张联芳一个第三大队的名义，在叶县、舞阳交界的山区地带活动，并由效支队帮助他们扩充人枪。9月间，张联芳带领近70人到舞阳正式加入效支队，张联芳为大队长，彭彦士为中队长，军需杨金印。

方宝动员区第二挺进纵队人员组成是极为复杂的，中间大部是国民党旧军队出身的士兵及部分军官，以及地方上的乡保甲人员，甚至有土匪等，还有的是早已自己拉起武装的国民党县政府地方团队等势力。当然也有部分长期失掉组织关系的原中共地下党员，他们主动走上武装抗日道路，如董仲衡、董汝敏、贾一道等，张茨山、效信趁也曾于1939年加入过中国共产党，曾是当时的特别关系党员。

由于纵队自身成分及地域条件等原因，故而表现出居住分散、各据一方的态势。其中王国贤中队驻梁八台及附近村庄，张广华、张广耀部主要在营街一带，贾文轩部在山胡庄地区，阎升堂在庙街、曹庄地区，司令部在刘沟地区，效信趁支队在周湾一带。由于集中领导性较差，加之其本身的复杂性，曾不时发生强迫群众交粮交物以及公开抢劫财物的现象。

但纵队自组建起来后，很快便投入了与日军的战斗，成为当时舞阳县唯一直接与日本侵略者进行武装斗争的一支抗日力量。

1944 年 6 月，日军占领舞阳后不久，就在垭口山的鹁鸽楼山头设立班哨。7 月初，效信趁支队阎升堂大队在王义久、阎升堂、阎银章率领下奇袭鹁鸽楼，当即打死日军 3 名，追击日军数华里，从此日军再不敢在这里设立班哨。一天夜里，王义久、殷得山率领一个中队，割断自卸甲店西高庄至叶县胡张约七八里长的日军电话线，割下电线有 160 多斤，破坏了日军的通信联络线路。

在积极开展与日军战斗的时候，纵队第一支队长效信趁在周湾得知父亲效坦斋被日军杀害于县城，他悲痛万分，立即召开中队长以上会议，布置严防日军的“扫荡”。在官兵的一致要求下，效信趁带领武装到保和洼徐村抓住了向日军宪兵司令部告发效坦斋的汉奸徐向荣，带到周湾处死。与徐向荣勾结并书写告发材料的另一汉奸宋振宇，于次年 4 月间由效成甫率人到叶县辛堂村将其击毙。

9 月中旬，日军几十人突然进犯梁八台王国贤中队，企图一举消灭。之前王国贤已把两个分队分散到赵案庄及段庄，王国贤带领一个分队在寨内加强岗哨。19 日早晨，日军进入梁八台，十分疯狂，到处乱抓乱搜乱开枪，当时正赶上集市，很多群众都在街面上。为避免伤害群众，王国贤组织分队向西撤出梁八台，由他和李贯一负责在后面掩护，日军发现后紧紧追赶，王国贤连续翻越十几道土院墙，躲至一群众家床底下，日军搜到屋内，刺刀乱戳，王国贤颈部被刺中一刀。紧急间，群众拿着鸡子要给日军，王国贤乘机逃出，日军连开数枪未能打中。李贯一则被日军抓住杀害。日寇仍恼羞成怒，在八台街抓了十几名青年，带到县城，说他们是游击队，关押数日后才放回。

10 月，日军 100 多人带着迫击炮、机枪到庙街一带“扫荡”。当时纵队司令部驻刘沟，贾文轩大队驻曹庄。日军刚到庙街东南面，首先受到贾文轩大队的猛烈阻击，有4名日军被打死，纵队主力同时在山角展开阻击战，与贾文轩大队一齐向日军开火，二大队阎升堂部迂回到两侧攻击。日军先是扎下架势连续开炮还击，但因纵队占据有利地形，步步为营，向日军压来，敌人见势不妙，慌了阵脚，收起枪炮向北逃窜；纵队官兵杀声震天，并和前来参战的群众一起追击敌人数华里，打得敌人狼狈不堪，又有四五名日军被打死。由于贾文轩脚部受伤，纵队停止追击，撤回原地，随后司令部通知各部向山胡庄、刘沟、城坊染庄一带集中。

11月下旬，梁架敏通过梁秀兆介绍到王国贤中队担任副队长。12月，李振华到贾文轩大队担任副大队长。

其间，关震亚、尚振华绥靖一师的董茂亭团仍驻扎在梁八台一带，其官兵纪律败坏，四处骚扰，抓鸡摸狗，危害百姓。一支队长效信趁及董仲衡、李振华和王国贤共同商议，决定攻打董团，把他们赶出梁八台地区。随后由纵队副司令洪彪指挥在泥沟陈对董团发起进攻，接着又在山头梁战斗一次，第三天董团即撤往北舞渡地区，原董团营长贾茂德此时带领20多人枪作为皇协军补充团驻在卸甲店。

10月的那次战斗使日军遭到了打击，鬼子十分恼火。便于1945年元月初纠集县城及朱兰店和叶县杨庄、新店等地的日军共500多人，分三路向纵队包剿。其中叶县的日军自新店向东南围剿，舞阳的日军自营街向西“扫荡”。纵队得到日军要进剿的消息后，及时召开会议研究抗敌之策，会上分析了情况，认为纵队武器装备不好，闲员多，又缺乏正规训练，恐不能胜敌，但地盘不能丢，还是要打，决定一部分人先转移到西南部陡沟一带，留一部主力借助地形与敌人作战，并制订了作战计划。10日，日军突然包剿过来，来势凶猛，纵队官兵始料不及，加之原先纵队不曾料想叶县的日军会自西面而来，周围主要山头一时全被日军占领。半夜时分，纵队决定分散突围，边战边撤，司令部和特务大队从陡沟一带经鬼门关、大林坡翻山突围，准备到西王店一带，不料迎面遇到日军的拦截，司令部命令特务大队抢占四头脑山头，梁贺敏接到命令后带领五中队30多人占领了四头脑，李德聚一个分队同时占领了西侧一个山头。一直坚守到天亮，日军从南坡连续发起三次突击，均被他们打了下去，打死日军十数名。下午，日军又一次冲击被打退。傍晚，梁贺敏接到司令部命令，率部自东坡撤退，经人头山到连岗，此刻贾文轩一大队已先从东莹村西南翻山撤到西坡。司令部及张广华特务大队主力从陡沟向西撤走，还有部分人员自北面向西撤走，王国贤率部分人员向北撤至梁八台。

效信趁及董仲衡率领支队部人员在周湾、石庙与日军作战。冲破日军重重围截，向老翟沟突围，董仲衡妻子董汝敏在石庙英勇牺牲，董仲衡受伤，效信趁9岁的女儿效英丽被日军扎了一刀，至今伤痕犹在。11日下午，支队人员由老翟沟西沟的黑龙台转移到稻草沟，人员集中到200余。几天后，王仁炳率部分人员转移到方城杨楼，后到周湾与效信趁会合，随后转移到瓦房沟，春节后，又转移至王店。

这次战斗，第二挺进纵队直接参战500多人，贾文轩大队张广灼中队牺牲17人，效支队队部牺牲6人，四头脑激战中牺牲20多人。其间，纵队司令张茨山在邓复初等十几人护送下去镇平开会，后邓复初回到王店与洪彪等会合。

在纵队向西突围时，二大队长阎升堂率部脱离支队，投降了日军，被52部队委以保家自卫团团长，王凤祥为营长。

不久，纵队司令部宣布解散，特务大队长张广华又组织一个指挥部，试图招揽人枪，未果，张广华带领自己的七八十人到王店一带找到刘馨吾联系，以求接济，遭到排斥，不得不被迫解散。

1945年2月间，原跟随日寇翻译官潘庆扬到舞阳的东北人李秀实以皇协军十六师师长的名义带团长梁富华到梁八台、营街及叶县一带召集人枪。贾茂德、贾文轩、李宏祥先后投靠了李秀实，分别当上了十六师的团长，梁富华升为旅长，并率部驻到保和寨、大张庄、朱耀环等村，李宏祥驻尚店一带。王国贤也成了十六师第三营长，连继增任副营长，仍驻梁八台一带。效成甫成为十六师叶县王慕堂旅的独立营营长。张广耀唯恐李宏祥把他的人枪收编过去，也投靠李秀实当上了补充团的团长，未久，感到自己不是正规团，心中不悦。正在他想办法脱离十六师时，张晋尧自武功到营街一带要组建皇协军十七师，张广耀遂投向张晋尧，当上十七师四十九团的团长，董质甫任副团长，殷壁、贾有才、李玉如、焦其彬跟着当上了营长，洪汝林、张晋尧为十七师正副师长。

方宝动员区第二挺进纵队解散以后，除大部转变为皇协军以及自动回家者，只有原第一支队支队长效信趁及王仁炳、董仲衡等带领近300人，在处境十分困难的情况下坚持与日军作战。在周湾调整以后，在王店一带及胡叶棚、杨庄、赵庄、缠庄等地驻扎，准备继续打击日军。1945年2月23日李楼战斗结束后，刘馨吾发觉效信趁部暗通新四军，便中断了对支队的经济财物供给，后支队向山北瓦房沟转移，效信趁本人暂住王店。3月中旬支队又转移到大刘沟、陡沟一带驻扎。嗣后，效信趁等多方与新四军联系，在新四军的帮助下，部队由方宝动员区第二挺进纵队一支队改编组建成叶舞支队，成为党领导下的抗日武装，继续进行武装抗日活动。

选自1995年《漯河文史资料》第六辑

尹集战斗

刘志甲[①]

1943年秋至1944年春，第二次世界大战中的日本侵略军在太平洋战场连连失利。我国各族人民抗日情绪日益高涨，日本侵略者为了挽救其注定失败的命运，于1944年4月，大举进犯中原。5月，舞阳县境沦陷，广大人民一度处于日寇的铁蹄蹂躏之下。

日寇为了巩固其侵略阵地，除驻守舞阳县城外，还在舞阳南部、西南部的栗林铺、朱兰店、大韩庄等地设立据点，企图阻止我新四军的进攻和向敌后发展。

为了打通我党我军向豫中、豫西发展的通道，1945年2月7日，我新四军五师河南挺进兵团，一举歼灭盘踞在尹集南部黄湾——母猪峡一带山区的国民党地方顽军史聘侯大队；2月9日，又把尹集进山偷袭我新四军的日寇大队打了个人仰马翻，日寇大队长也在此上了西天；2月23日，袭击了住尚店西南李楼村的国民党舞阳县流亡政府。这就给驻守在据点和县城的日军以严厉的打击和威胁。日寇为了保存自己的侵略力量，让中国人打中国人，遂将其驻尹集的日军小队缩回到朱兰店据点。旋即调遣驻北舞渡一带的绥靖军（伪军）暂编第一师第一旅一、三两个团，由副师长尚振华带领其1200多名伪军，驻防在尹集及四周十多个村庄，他们修工事、挖战壕，妄图扼守住这个山口要塞，以阻止我新四军向西挺进。

伪军在这里的布防是：一旅团部分别设在尹集寨内史聘侯、史贵亭、史老四院内，寨内还驻有张文英特务营以保卫旅团机关。旅长尚振华和

① 刘志甲，舞阳县人，生于1932年。曾任县法院审判员、检察院检察员，县委党史办公室秘书等。

团长朱文轩、孙鑑泉坐镇指挥；寨南赵庄、小王庄驻一个营，营部驻赵庄，营长张简斋；寨西边的大刘庄、阎庄、宋庄、孤山寨驻一个营，营部驻大刘庄，营长范少希；寨东和北侧的连庄、徐庄、谢楼，驻一个营，营部驻连庄，营长陈春亭；许沟、梁庄、军王、蔡庄驻一个营，营部驻许沟，营长李干卿。

这些伪军驻扎尹集之后，忠实执行日寇的绥靖政策，背叛祖国，出卖人民，认贼作父，助桀为虐，帮助日本侵略者镇压抗日军民。尹集一带广大人民深受其害，好的房屋被他们强占居住，新褥新被他们强行收去铺盖。他们经常强迫群众给做好吃的，大小是个官，还得买点酒肉招待招待，否则，他们就找岔子，叫你过不去。农民的猪、羊、鸡、鸭由他们任意宰吃，就连群众正月十五上坟供奉祖先的供品——猪肉、馒头……也被他们抢去吃掉。他们是军匪不分，明军暗匪，白天找群众逼吃要喝，夜间四处活动，抢粮、抢物，仅连庄伪军抢的衣物、粮食等就放了满满两间房子。若抓到外来买卖之人，除将财物抢掠一空外，还要以种种罪名横加残害，杀人越货。一天，住连庄伪军抓到6名做小生意的外乡人，第二天晚上就以新四军密探之罪名押到岭东高庄前边杀害了。

广大人民群众被这些伪军危害得苦不堪言，忍无可忍。为了自由、为了生存，农民陈松林等主动向新四军五师黄林挺进兵团诉说了伪军在尹集一带为非作歹、危害人民等情况，要求兵团首长迅速消灭这些危害人民、狐假虎威的伪军，拯救人民于水火。

新四军五师黄林兵团和周志坚十三旅，根据群众提供的情况，立即派侦察员赴尹集进行周密详细的侦察，准确掌握了伪军的武器装备、兵力部署和地形地貌等情况。鉴于伪军兵力分散、指挥不便、战斗力弱、离日寇据点较远、孤立无援且又失信于民等情况，研究决定，采取以优势兵力分进合击、分割包围，乘其不备发动突然攻击，各个击破的战术。3月25日，黄林司令员率新四团、三九团，周志坚旅长率三八团，由遂平县境出发，日夜兼程，翻山越岭，轻装疾行，于次日凌晨3时许到达尹集外围。黄司令员率部从尹集南部的陈场迂回到尹集寨南的赵庄、小王庄和寨西侧的宋庄、阎庄、大刘庄、孤山寨等村。周旅长率部从东南方向迂回到尹集东侧和北侧的连庄、徐庄、谢楼、蔡庄、梁庄、军王等村，他们到达目的地之后，除对尹集寨内严密封锁，不使一个伪军出寨逃窜外，对周围10多个村庄的伪军也立即包了“饺子”，准备全部“吃掉”，而后集中兵力攻打尹集。

夜幕笼罩大地，万籁俱寂，村庄还在沉睡，人们还在梦乡。5点多钟，三颗信号弹划破夜空腾空而起，揭开了黎明前的黑幕。霎时，枪炮声、喊杀声响成一片，震耳欲聋。这伙伪军实为不堪一击的乌合之众，他们听见枪声就吓得筛起糠来，个个东藏西躲，人人疲于逃命，连庄的百余名伪军，听见枪响，好像崩了圈的羊群，没命地往西北河跑，企图侥幸钻进尹集寨里，以保他们的性命。当他们刚跑到西北河坡，就被我军早已张开的大“网”一下子兜住了，真可谓天网恢恢，疏而不漏。蔡庄伪军一个连，被我军两面夹击，挤到村后的小虎山上。开始他们还想破釜沉舟，背水一战，我军即派当地老乡吴书祥送上一封信，令他们马上投降，可予宽大处理，不然的话，就用大炮“欢迎”他们下山。一封信迫使伪军选择了打白旗的出路。驻大刘庄伪军营长范少希，枪炮声把他吓得扔掉武器钻进柴草堆里，被我军战士拽了出来。刘新瑞家住的一个伪军马夫，想冒充群众下地干活，趁机溜之大吉，当场被我军侦察员认出，厉声喝道：“你别装蒜啦，前天我在南河摸鱼，你在河坡放马，你忘了吗？”说得这个马夫瞠目结舌，无言回答，只好乖乖地走进俘虏群里。还有一个伪军士兵逃跑时慌不择路，失足摔死在小孤山下。

战斗持续到7点多钟，天亮了，尹集东、西、北三面的枪声停了，这里的伪军全部缴械投降了。各种武器被收缴，一群群俘虏在集中。这些俘虏个个耷拉着脑袋，像泄了气的皮球，瘫坐在东岭和西岭的黄土地上。这时，只有寨南赵庄、小王庄的伪军凭借其易守难攻的有利地形，继续负隅顽抗，激战直到中午，小王庄之敌被歼。下午赵庄这股狡猾的敌人，眼看继续战斗下去对其不利，便在寨内敌人的掩护下，顺壕沟逃窜尹集寨内。我军暂时休息待命，等到夜幕降临，准备由寨西北角发起强攻，登寨云梯已准备好，指战员整装待命，先打了几发炮弹，原想趁敌人慌乱之机，突然攻入寨内，打他个措手不及，不料炮弹燃着了农民朱黑家的房子，一片火光，群众呼喊救火，我军为保护人民的生命财产，只好停止攻寨战斗。

此次战斗，共消灭伪军一个整团和另一个团的一个营，毙敌21名，伤15名，俘敌官兵800余名，缴获长短枪700余支，机枪18挺，其他武器及军用品一部。激战中我军17名指战员不幸牺牲，周志坚旅长指挥战斗中被流弹击中胸部，负了重伤。为防敌伪军增援，不宜恋战，我军立即转移。

伪军残部，犹如惊弓之鸟，龟缩在尹集寨内，一动也不敢动，对我军的主动转移，竟毫无觉察，还以为我军是对其围而不打呢。他们提心吊胆地熬过了难熬的一夜，次日早晨，尚振华命部下小心翼翼地用绳子从北寨门上系下两个侦探，不久返回报告：新四军早已全部转移。尚振华闻报如释重负，遂低声命令残部火速撤退。命令传出，伪军内像炸了窝，没王蜂似的涌出尹集寨，弃甲曳兵，落荒而逃。

这里还要追述一下与绥靖军此次被歼有关联的两件事，一是尚振华并没有从根本上认识此次惨败的原因，反而怀疑所部特务营长张文英（据说是从国民党军队下来的外地人）是共产党派来的特工人员，向新四军提供了军事情报，不久尚便派人将张文英及所带两名警卫员活埋于北舞渡东南五里桥边。二是第二团团长董茂亭不听调遣，未跟尚振华去当日本侵略者的替死鬼，使尚不能容忍，于是年8月用计将董茂亭枪毙于北舞渡中山街南头，同时还打死董的一名警卫员。

本文参考资料：

1. 黄林《挺进豫中的回忆》。

2. 周志坚《回忆尹集战斗》。

3. 陈玉先、杨弼卿、柴春荣《回忆绥靖军第一旅在尹集被歼情况》。

4. 罗海、陈松林、张黑、李苟嗪、梁朝、蔡大娃、蔡殿坤、司书旺、冀书德、崔娃等《回忆尹集战斗》。

选自1990年《漯河文史资料》第四辑

在舞、西抗日斗争中的一段回忆

王仿禹[①]

我于1938年参加中国共产党。1940年组织撤离舞阳后，隐蔽在家。1944年冬，黄林、冷新华、孙石、栗在山等奉命率新四军第五师河南挺进兵团，来河南嵖岈山开辟豫中抗中根据地。我见献身报国的时机已到，就主动投入抗战活动。现将我在这一时期的亲身经历和了解的一些情况简述如下。因时隔多年，记忆难免有误，错讹之处请修正补充，以存史实。

一、舞、西两县当时的基本形势

1944年5月，西平县沦陷，全县14个乡镇，在一两个月内，除西部靠近舞阳山区的出山镇和合水镇的3个保外，都先后被日、伪联军占据。

出山镇（俗称凹张，又称出山寨），是西平共产党组织的诞生地。合水镇曾经是中共组织重点活动的区域之一。两镇群众觉悟较高，爱国人士较多，且地形复杂、交通不便，日伪军暂时还不敢侵占。原县长李佩清（舞阳县人）不敢和日伪军接触，带领县团队武装逃到出山镇所属的酒店[②]。由于同出山镇的豪绅和地方武装发生矛盾，李佩清很快逃跑了。

后来，国民党县党部常务委员高子盘担任了县长，仍住酒店。原出

① 王仿禹，河南省西平县罗庙乡人，生于（约）1920年。新中国成立后曾任舞阳县小学教师，县体委干部。

② 村名庄，位于西平县西部山区。

山镇镇长莫茂斋拥有八个大队的地方武装，当时号称莫司令；合水镇的三个保则由王尧民的一个队所控制，这就形成了酒店、合水、出山“三家鼎立”的形势。

二、新四军的到来

1944 年冬，新四军进入豫中。首次路经出山、酒店一带时，因军纪严明、秋毫无犯，高子盘等判断不是国军，必是共军无疑，就下令其团队经常给予种种刁难与骚扰。

新四军以抗日大局为重，屡与高联系交涉，劝其停止摩擦，携手抗日同挽危局，均被高拒绝，且其反共声势愈演愈烈。无奈，新四军只好对他们进行反击。记得新四军打酒店时，在《告同胞书》中有这样的话：“……我们借道贵县，遭到贵县武装团队的阻击……我们以抗战大局为重，一而再再而三地克制……所以不得不出师问罪。”

1944 年 12 月间，在一个下雪天，新四军一举将高子盘部消灭在酒店。高存心东山再起，又纠集残部，潜匿在一个小山村里。

这时，新四军已着手逐个消灭附近的日、伪、顽地方势力，高子盘为了暂时苟安，心生一计，就出面约见了几个人，以春节“慰问新四军”的名义，一面向新四军讨好，一面察看虚实。约见的人员有我（代表合水镇）和罗亚甫（原国民党县党部委员，代表国民党县党部）、关文汇（原小学校长，是地下党掩护者，代表出山镇）为首组成慰问团。慰问团临出发前，高子盘面授他对共产党、新四军所抱的态度是“不沾不脱”四个字，意思是不沾染，也不脱离。我们三人带着慰问人员和所备猪、羊、菜等慰问品，向着山里走去。刚走到西平舞阳交界的庙岗坡时，罗亚甫忽然说，他的脚上打了泡不能走了，坚持要转回。我心里明白，他是因为身份不对，心中胆怯，就由他去了。

我们两人带领慰问团进山，深山里有个合庄（在舞阳尹集东沟），政治部就在该村，走着问着，我们找到了军分区政治部。政治部冷新华主任把我们两人让进屋里，他态度和蔼，平易近人，既亲热又家常，使我这四年没过过组织生活的党员，如同见到久别的慈母。我们介绍了自己的身份，说明地方上的情况和来政治部表面上是慰问，实际是接头的双重意义。冷主任听了，感到非常满意。高子盘等人的虚意讨好，却给我们造成了和党接头的好机会。

三、西平县最早的两个抗日民主乡政府

在豫中军分区政治部，冷主任听取了我们对西平县情况的详细报告。他讲了当时抗日战争的形势，着重说明了豫中地区日、伪、顽的实力和我们实力的对比情况，指出日军已转为劣势，抗战胜利在望，给我们极大的鼓舞。接着，他又谈了目前的任务，主要是宣传、组织，扩大抗日武装，建立革命政权，巩固并扩大抗日根据地。最后，又讲了政策和策略以及革命纪律问题，谈话约三个小时。下午，我们临走时，冷主任又送给我们一些报纸、杂志和抗战宣传的小册子。

1945年春节前，军分区司令部联系地方抗日力量，把盘踞在附近的日伪军和国民党土顽据点一一拔掉，紧接着就开始建立抗日民主革命政权。西平县首先建立民主乡政府的，就是出山和合水两个镇。出山镇镇长是关文汇，合水镇镇长由我担任。两个乡政府，在政治部冷新华主任和豫中分区专员孙石的直接领导下，投入了开辟豫中抗日根据地的工作。

新建立的乡政府，除了宣传发动群众，完成征、借粮任务外，把主要精力集中在充实、扩大武装力量，以对付日、伪、顽的军事工作上。合水乡抗日武装，逐步发展有百余人，出山镇也迅速组织起来了抗日大队，从而组成了西平人民抗日救国的第一批军事力量。

四、芦庙识敌胆

1945年元月，地方伪、顽武装被我军逐个消灭后，豫中军分区抗日根据地已初步建立，引起了日本侵略军的惶恐不安，一再扬言出兵

扫荡。

4月12日晚，日伪军果然由西平出发，向我根据地进犯。这时，合水镇武装住在芦庙村，得到这一消息后，我一面派人去监视敌人，一面通知各中队做好战斗准备，并通知寨内群众做安全转移。

敌人走到离芦庙村二里远的半截楼村，就停下来，打了一阵炮，然后才搜索着小心翼翼地前进，于晚上10点钟后才进入芦庙村。敌人进入芦庙，一见寨内空无一人，一无所得，迅速布置岗哨，严加戒备，没有等到天亮，就又窜回了西平县城。

这次我们虽没有和敌人接触，却使我们提高了抗日斗争的警惕性，增强了敌情观念，从此做好了随时随地投入战斗的准备。同时，大家也清楚地认识到了敌人外强中干的虚弱本质。

五、任三楼战斗

日本侵略军把豫中抗日根据地视为插入他们腹心的一把匕首，下决心要把它拔掉，就纠合了西平和舞阳县吴城两个据点的日本侵略军同时出动，一齐向豫中军分区西平抗日根据地扑过来。

4月20日，我们得到西平日本侵略军出动的情报，及时到司令部作了汇报。司令部命令我们加强戒备，严密监视敌人的行动，随时报告，并说，随后派部队前往支援。

当时，司令部只有一个特务连，并肩负着其他的紧迫任务。因此，指导员只带走40余人，仪封镇工作组一个班闻讯后也前来支援。这样，连同我们镇的武装，已经有200多人。同时也了解到从西平出动的日本侵略军只有50来人，但在武器装备上优于我方，并随带弹药车一辆更显出了他们的优势。这就使我们感到，严峻的战斗就要出现在眼前。

下午3时，正在和指导员研究附近的地形，忽然，监视敌人的哨兵跑回来报告，敌人已经从芦庙出发，正向我方运动。经同连队领导同志研究，迅速作出战斗决定，并布置镇武装部队驰赴任三楼迎战，指导员也带领队伍和我们一同出发。

任三楼村位于西平西70余里，村南二三里处有两条山间小河。当我走到河南岸时，镇武装已经到了河北岸。这时，敌人已经从柳行村向田口村方向前进。隔河相望，两军相隔只有二里远近。

镇武装突然向敌人侧面发动猛烈攻击。敌人随即钻入田口村东头的交通沟里，一面用机枪扫射，向镇武装发动反击；一面用火力压住军分区武力，使其不能过河，并仗着火力优势，冲过小河南岸，向镇武装攻击。镇武装在敌人强大火力反击下，向东南方向边打边撤，退了二里多路。

这时，分区武装也撤到楼房南地，占据了有利地形与敌人相持。敌人怀疑我镇武装的退却是缓兵之计，不敢追赶，收拢了队伍，战斗进入暂时的沉寂。

经连领导研究，重新作了战斗部署。先派人到住在四里远处的出山镇武装杨子献大队那里去求援，商定只请他们把军号集中在部队前头，吹起冲锋号立即向任三楼前进，以壮声势，又通知我各中队稳住阵脚，听见两边号声，立即向任三楼进攻。

杨子献部尚未到达任三楼，提前吹起冲锋号，一时号声大作。镇武装听见号声，军威大振，配合分区武装一齐猛力反攻。敌人觉得腹背受敌，拼命向任三楼退去。过河时又受到我军痛击，狼狈不堪，杨子献部攻进任三楼村，见街上停着一辆日本侵略军的子弹车，拉起来就走。分区部队追击日本侵略军到任三楼村内，进行了几十分钟巷战。由于天色已暗下来，暂时结束了战斗。

这时，分区部队忽然接到司令部的紧急命令，让他们跑步返回司令部去，接受新的任务，任三楼只剩下合水镇的武装。

夜渐深，日本侵略军像惊弓之鸟，龟缩在任三楼村的一个院子里不敢迈出一步。当时如果到次日发动进攻或打伏击，以我们的武器和贫乏的战斗经验孤军作战，不但可能吃亏，而且会使周围的群众受害，倒不如在敌人吃罢败仗之后，摸不透我军真实情况前，来一次使敌人以为有可能全部覆没的进攻。于是就召集各中队干部进行商议，大家根据目前情况作了分析判断，决定在拂晓前，向敌人发动攻击。

我们一方面派人到任三楼侦察，监视敌人的动向；一方面到各中队分头动员。发现子弹不足，就叫各队队员用各种方法寻找子弹，找来的子弹按数重奖，但必须在规定时间之前到达指定地点集合。

各中队人员按时集合后，把人员分作东、中、西三路，我带领中路，大家迅速而隐蔽地接近日军住处。信号忽然发出，顿时各路集中火力，一齐向敌人猛烈射击。敌人忽然被枪声惊醒，恐慌万状，丢盔卸甲，拖着尸体，连滚带爬地只顾逃命，我们赶了一阵才算罢休。

此次战斗，我们击毙日本侵略军6人，缴获了武器弹药一车，还有钢盔、太阳旗、皮鞋、衣物等，挫伤了日军的嚣张气焰。同志们说说笑笑，收拾着各种战利品，表现出胜利后的无比喜悦心情。

我们带着战利品去司令部报告了战况，领导同志很满意，当即决定发给奖金一万元。从此，合水镇抗日大队军心大振，成了一支坚强的人民抗日武装力量。

选自1995年《漯河文史资料》第六辑

袭击驻开封日军原田师团亲历记

李勋甫口述[①]　钟　声[②]　李自堂整理[③]

我祖籍河南临颍，生于1908年。1925年冯玉祥在漯河招兵，我应招从戎。我在冯部度过了20年的军人生涯，历任战士，班、排、连、营、团长、副师长、集团军少将高参等职务。从卢沟桥事变开始，到1945年日寇投降，我参加了抗日战争。1939年，第三集团军袭击驻开封军原田师团，是中原地区向日寇开战最早的一仗，并且是取得较大胜利的一战。我时任第三集团军第十二军二十二师六十五团团长，亲历了这次战斗的始末，现凭记忆概述如下：

一、1939年时期的第三集团军

我所在的第三集团军，原是韩复榘的旧部队，辖二十师、二十二师、二十九师、七十四师、八十一师和一个手枪旅。1938年1月24日，韩复榘在汉口被蒋介石杀害后，该部被编为两个军，即：第十二军，军长孙桐萱，辖二十师、二十二师、八十一师三个师；第五十五军，军长曹福林，辖二十九师、七十四师两个师，原手枪旅改编为独立三十八旅。6月5日，孙桐萱任第三集团军总司令兼第十二军军长。第三集团军只辖第十二军一个军。7月，奉命开往江西抗战，与日军激战数

① 李勋甫，1908年生，临颍县固厢乡人。1925年参加西北军，历任班长、排长、营长、团长、师长、少将高参，1945年退伍返乡。解放后，曾任政协临颍县第二届委员会常委。

② 钟声，临颍县人，生于1967年10月，1987年毕业于中国石油大学。曾任临颍县政协学习文史委员会主任。

③ 李自堂，临颍县人，1956年11月生。1975年参加工作，大专文化，临颍县政协社会法制委副主任。

次，10月下旬离开江西开赴郑州。总部和二十二师到郑州时，二十师、八十一师已接替河防，全军防线左翼从花园口起，经郑州东的圃田集、中牟、扶沟、西华至周口，全长300多华里，和日军隔河相持。在黄泛区东岸，盘踞在开封的日寇系原田师团，其司令部就在河南大学，设有电网，戒备森严，指挥河南、冀南、鲁西南的日伪军。我第三集团军总部驻郑州陇海花园，二十二师师部驻须水，各团分驻石佛、铁炉一带。总部为防敌渡河，除派侦探往开封侦察敌情外，还派一个步兵团到黄泛区以东的尉氏、杞县、太康等地进行游击战。三个师轮流，每三个月调换一次，经过一年多的作战，第三集团军全军将士已经锻炼成一支英勇善战的坚强部队。这是奇袭开封的重要条件。

第三集团军早有党的地下活动并建立了以抗日为宗旨的党的外围组织“志宏坚拔”。在冀鲁豫军区敌工部和新四军第四师①司令员彭雪枫同志的指导下，党的抗日民族统一战线政策更加深入人心，党在第三集团军的外围组织更加坚强壮大，全军将士抗战到底的志气更加高昂，锐不可当。

1938年10月，第三集团军在黄水西岸宿营布防。新四军第四师师长兼淮北军区司令员彭雪枫同志，还有许多老同志、老朋友，都在第三集团军里工作过，如中共地下党员朱晦生是孙桐萱的秘书，党的外围组织“志宏坚拔”负责人王志远是孙的少将高级参谋，我是二十二师六十五团上校团长，王凌霄是二十师五十八团上校团长，张武哲是二十师五十九团副团长，杨仲卿是二十二师军械处处长，高仰源是二十二师军械员，王耀德是二十二师工兵营营长。这时，彭雪枫就派方中铎去郑州联系开展抗日民族统一战线工作。方中铎是北京育德中学学生，和王志远、路庭训、张武哲都是同学，在工作上有许多方便之处。

① 1938年9月下旬，中共河南省委在确山县竹沟组建了370多人的东征游击支队，彭雪枫任司令员兼政委；10月10日杜岗会师队部统一整编为新四军游击支队，鼓雪枫任司令员兼政委；1939年11月2日，改编为新四军第六支队，鼓雪枫任司令员兼政委；1940年6月27日，六支队与黄光诚率领的八路军第五纵队会师，合编为八路军第4纵队；1941年皖南事变后，八路军第4纵队被改编为新四军第四师，彭雪枫任师长兼政委。

方中铎于1938年12月到过郑州，在第三集团军总部见到了王志远、朱晦生和我等人，面交了彭雪枫的亲笔信。信中大意是：他已率部到达豫东，希望在抗日民族统一战线组织的指引下奋力抗战，并设法捐赠枪支、弹药、棉衣、款项，协助游击支队发展敌后抗日武装。方中铎还口头陈述了彭雪枫"慎重机智"搞兵运工作的嘱托。

方中铎走后不久，第三集团军总部召开营长以上军官参加的河防会议。趁会议之机，王志远、朱晦生和我等人召集王凌霄、高宜之等人，研究彭雪枫同志的指示，决定成立"知行学会"代替"志宏坚拔"，并拟定了会章，划分了小组，积极而又慎重地发展第三集团军中思想进步的高级军官，并迅速筹备枪弹、棉衣等物资送到彭雪枫处，以应抗日之急需。经过详细考察，发展了第二十师师长周遵时、总部军需处处长徐化民、军需处科长宋丙昆等人参加了"知行学会"，壮大了这个组织的力量。

"知行学会"的章程是：服从孙桐萱总司令的领导，在抗日中无论遇到任何困难决不投降，按照抗日民族统一战线的方针进行工作，缴纳会费。以驻地编组，每组10人，第三小组组长是我，组员10人。"知行学会"对外由王志远负责，对内由朱晦生领导，遇到重大问题随时设法与彭雪枫同志联系。

"知行学会"的成员有我一团、王凌霄一团，王耀德一营、杨丙离一营，兵力接近一个师的力量，不仅组织壮大了，还新增加了一部分像二十师师长周遵时等这样的高、中级军官，加上1939年有四名抗大毕业的学生到这个部队任职，党的骨干力量更加充实加强。"知行学会"在地下共产党员朱晦生领导下，按照彭雪枫同志的指示精神，认真贯彻执行党的抗日民族统一战线方针，在抗日战争中起到了应有的作用，也是这支部队能够坚持抗日、顽强战斗、奇袭开封日寇的基础条件。

二、侦察敌情知己知彼

1939年我任第三集团军十二军第二十二师六十五团团长，驻防在郑州东的圃田集，地处郑州、开封东西来往之中段，师部驻鄢陵县境。总部为了防止敌人渡河、随时掌握敌人的情况，派出了四名便探，以经商作掩护，打进开封城为坐探，办有良民证，可以自由出入。四名便探都是总部特务营侦察连的战士，也是我当特务营营长时的老部下，对他们很熟悉，我清楚地记得三个人的名字：朱长言、张树德、李国运，还有一个人的名字记不清了。他们四人轮流每天都有一人到郑州向总部报告情报，即第一天早有一人由开封返郑州，途中夜住中牟，第二天到达；另一人由郑州赴开封，途中夜宿中牟，第二天到达。他们每人由开封回郑报告敌情，必经我团休息、就餐。因为我是他们的老上司，所得敌情都向我表述。根据便探侦察的敌情得知，敌人在我国经过两年多拼死战斗伤亡过重，并因战场扩大、战线延伸以及后方交通线经常被我游击队破坏，已成难以应对、外强中干之势了，他们军心涣散、士气消沉、恐惧感很大。总部根据这种情况，经过分析判断，指示情报人员对敌人的兵力和军事布防作详细侦察，住在开封之敌是原田部队，有步、骑、炮、战车等兵种，分驻在开封城内、南关、车站，人数都不多，共1000多人。总部准确地掌握了敌情后，为了鼓舞我军士气，提高抗战必胜信念，即决定派出一个混合师，奇袭开封之敌。

三、两次军事会议

1939年3月22日，第三集团军司令部在郑州陇海花园召开第一次军事会议。会议由总司令孙桐萱主持，参加会议的人员是主力二十师和配属部队营以上军官。会上介绍了敌人的情况，讲了奇袭开封之敌的战略意见，周遵时师长宣布了混合师的组成决定。

混合师主力为二十师，有五十八、五十九、六十三个步兵团，一个炮兵营、一个工兵营、一个骑兵连、一个通信连，配属部队是二十二师的六十五团和炮兵一营、工兵一营、骑兵一连，总部还配属个战车炮营，总兵力共计1.2万余人。

指挥部的组成是：

指挥官：周遵时（二十师师长，“知行学会”成员）

副指挥官：孙政训（二十师副师长）

参谋长：刘琛（二十师参谋长）

奇袭时间定在4月1日拂晓前4点，要求各参战部队做好战前准备，万无一失。

这次参战部队突出的特点是团以上干部不少是党的外围组织“知行学会”成员。他们是师长、指挥官周遵时，二十师五十八团团长王凌霄，五十九团副团长张武哲，二十二师六十五团团长我本人，还有一个工兵营营长王耀德，都是混合师的骨干力量。二十二师六十五团英勇善战，善打恶仗，小有名气，第三集团军每次担负艰巨任务，总把六十五团放在前边。这次奇袭开封之敌不但把六十五团放在险要位置，而且是出击在前、撤退在后。

1939年3月28日，第三集团军司令部在郑州陇海花园召开了第二次军事会议。指挥部宣布了两件事：行动计划和各部队袭击目标。

（一）行动计划。因为我们的部队是在黄泛区，出动的兵力又是一万多人的大部队，渡过黄泛区距开封还有60多里，若当日渡泛，时间太紧张。经研究，定于3月30日夜渡过黄泛区后，即潜伏在离开封40多里的村庄，严密封锁，不能走漏风声；31日夜各部队按照指定地点秘密接近开封，不能被敌人发现。

（二）各部队袭击目标是：二十师五十八团袭击南门和南关，五十九团袭击车站，六十团袭击城东门及城东北角，二十二师六十五团袭击城西面及城西北角，二十师和二十二师的两个炮兵营在火车站西南一个村庄上由师部直接指挥。二十师工兵营和骑兵连负责破坏开封以东陇海铁路有关桥梁和公路，二十二师工兵营和骑兵连负责破坏开封以北汴新（乡）公路的桥梁，在破坏桥梁后酌留一部分骑兵阻挠敌人修复。

这个计划和部署，如敌情无变化，即按照执行；若有变动即另行通知。我所在六十五团承担的任务是较险要和艰巨的，不仅担负着袭击城西关的任务，还肩负着阻击来自新乡、商丘方面敌人的增援部队。

四、突袭

这次战斗，我们采用了出其不意、攻其不备、阻挠增援、孤立敌人、予以沉重打击的战略战术。

3月30日晚，部队由中牟的小潘庄、尉氏的芦馆两个渡口，全部渡过黄泛东岸，各部队按照指定地点宿营，并严密封锁村庄。我六十五团三个营的分布是：一营在城西门以南，二营在城西门北边，三营在城西北角。3月31日，各部队秘密地进入各自袭击目标的附近处。4月1日拂晓前4时，住在城西南5里处的指挥部发出了进攻信号，于是各部队万炮齐鸣，全面进攻。我团一营首战南关西部，将敌岗哨大部分击伤击毙。二连在南关和敌人展开殊死搏斗，双方伤亡均重，刚由排长升任连长三天的一营二连王连长壮烈牺牲，全连伤亡过半。二营六连在4月1日拂晓时占领了龙亭，敌人向龙亭我六连炮击整日不停，六连也死守不放，到天黑时牺牲了一名排长，伤了一名排长，全连战士伤亡40%，待天黑敌人停止炮击后，六连才撤离阵地。

初袭开始时，由于敌人没有准备，仓促应战，一时枪炮声大作，响如滚锅，双方展开了激烈战斗，敌人的各色信号弹或照明弹向空中乱射，大部分岗兵被我击伤击毙。我军趁敌人混乱之际，占领了重要房屋和据点，以防敌人反扑。天刚亮时，有敌机9架在开封上空盘旋侦察，我们利用房屋和敌人进行巷战，和敌人形成犬牙交错的状态，敌机不敢贸然轰炸和扫射。上午10点多时，又有6架敌机向我团阵地俯冲低飞轰炸，我团集中火力猛烈射击，三营击中一架敌机起火，落在开封东北十里处。敌人战车不多，在我团阵地前方只有五六辆，企图和敌机配合，掩护步兵向我阵地进攻，当即被我战车炮击毁一辆，其余几辆再也不敢向我阵地接近，双方战斗一阵缓一阵，直持续到下午2点多钟，敌人援军从新乡、商丘赶来，装甲车、战车、炮兵也陆续到达。5点左右，敌人援军在飞机和炮兵的掩护下向我军阵地进行猛烈反击，我军早已做好了阻击敌人援军的准备，一接触就展开了激烈的战斗，敌人几次反攻，均被我军击退。

五、撤退

4 月 1 日傍晚，根据敌人在夜间不敢行动的机会，指挥部命令利用夜晚，除留一部分作掩护外，大部队向开封西南朱仙镇一带撤退，炮兵和伤员向中牟县撤退。在小潘庄渡河时，掩护部队撤退的任务交给了六十五团，我命令两个连留下作掩护，其余第一步撤到朱仙镇，第二步再撤到江村。我们边打边撤，傍晚时我军占领了太康的长营。长营是个村寨，过去原四十军在这里挖有工事，我们在原工事的基础上进行了加固。

4 月 3 日，我们在长营又与敌人展开了一场激烈的战斗。敌人步兵、骑兵、装甲兵、飞机等各种部队都集中到长营。长营西边是黄河，他们从北边、东边进攻，企图包围我们。我们坚守长营，誓死与敌人决战，让大部队向南——西华方向撤退。仗打得很恶，也很危险。下午 4 点多，三营机枪连死伤过半，连长牺牲，三个排长受伤，由一个事务长代替指挥，与敌人继续战斗。在这紧要关头，我把二营所有机枪集中了起来，组成一个机枪连，绕到敌人左翼进行猛烈侧击，敌人招架不住，很快撤退了。

4 月 4 日，又有 9 架敌机去东夏亭盘旋侦察，用机枪扫射了一阵，我们没有还击，敌机就飞走了。我们住了一天，晚上从东夏亭的西边渡过了新黄河。自此，奇袭开封之敌胜利结束。

战斗结束后，总部于 4 月 10 日在郑州陇海花园召开了庆功会，参战部队和驻郑团以上军官 1000 多人参加。会上，第三集团军总司令孙桐萱讲了话，我和二十师五十九团团长李同西报告了战斗经过。中央国防部奖授银洋 5 万元，每团 1 万元，直属部队 1 万元，战士 5 元，班、排、连、营、团长论级授赏，牺牲官兵的抚恤金派人送给其家属（包括部队筹集资金），团长以上军官各授奖章一枚。袭击开封之敌胜利的消息和战况，全国各大报纸均予以报道。

选自 2007 年《漯河文史资料》第十五辑

关于大石门战斗的考证

夏跃进[①]

1941年，国民党第一一〇师三三〇团在舞阳南山（时指舞阳县南部山区，今属舞钢市）大石门英勇抗击日本侵略军，史称大石门战斗。当时这件事在豫南地区影响很大，曾被称为"'豫南战役'中最为惨烈的一仗"。我是根据编写《舞阳县志》"军事篇"的需要，着手征集抗战时期有关战事方面的资料。一次，在查阅《舞钢文史资料》时，我偶然发现了"1941年国民党第三十一集团军汤恩伯部十三军一一〇师在舞阳境内大石门抗击日军"这件事。一开始，我对此事的真实性将信将疑，因为自己自小在电影、书本中所看到的国民党军队都是军纪混乱、欺压百姓的形象，一遇日军不是望风而逃，就是一触即溃，尤其是汤恩伯部更是臭名昭著。然而，在大石门一战中第一一〇师怎么会有那么多国军将士英勇抵抗，直到战死，这与汤恩伯部队的名声也太不相符，能是真事儿吗？后来，我又查找到了一些知情人的口述材料，内容与文史资料中所陈述的基本一致，这才认为真有此事。不过，我的疑虑仍未完全打消，总感到第一一〇师不同于其他国民党部队，但也无法去证实。也就是在这种情况下，我根据现有的资料整理出了《大石门战斗》一文：

1941年1月下旬，日本侵略军纠集广水、信阳等地的十几万军队，在飞机、大炮、坦克的掩护下，悍然发动了豫南战役，兵分三路，疯狂扑向豫南地区，急寻国民党主力部队作战。由于驻守豫南的蒋介石嫡系部队避敌作战，致使日军在17天时间内扫荡了遂平、西平、舞阳、泌

① 夏跃进，舞阳县人，本科学历。1975年参加工作，1984年开始在舞阳县史志档案局从事地方志工作，2002年选调到市史志档案局工作。

阳、叶县、方城、唐河、汝南、正阳等13个县。在此期间，国民党第三十一集团军十三军一一〇师吴绍周部在舞阳南部大石门一带抗击万余名日军的进攻，即大石门战斗，也称舞南战役。

1月28日（农历初一），国民党第三十一集团军十三军与尾追的日军左翼（也称西线）部队且战且退，由泌阳县象河关退至舞阳境内。29日下午，又退到接官亭、大石门一带。此时，十三军军长张雪中命令一一〇师吴绍周部，依据大石门一带有利地势阻击日军，掩护大队人马向西北方向撤退。

大石门东西两侧分别是火山和刘山，两山对峙，中间是泌阳、方城等地到舞阳县城的主要通道。南边是滚河，河宽坡缓，为一片开阔地，很有利于大石门的防守，一一〇师将指挥部设在附近的鹁鸽楼山北羊角湾村。师长吴绍周命令陈团长带领一个团的兵力，在大石门东西两面的刘庄过山口以及黄山、接官亭、鹁鸽楼山、羊肠山、火山、罗大山等山头上修筑工事，让另外两个团驻守在鹁鸽楼山北的村庄内。晚上，日军第三师团长带领一个联队，先后占据大石门南面滚河岸边的水田、岗李、猪嘴沟、刘先庄、大鱼王等村庄，与一一〇师隔河相持，形成东西10余华里长的战线。次日拂晓，日军从长滩沟（即龙头山东）的岗李、大鱼王村分三路向大石门发动攻击。山上守军居高临下，以密集的火力打退日军的第一次进攻。日军随即又在钢炮的掩护下，再次组织进攻，并派出战斗机、轰炸机在大石门东西一溜山上和附近村庄上空轮番扫射、轰炸。顿时，守军阵地上烟火四起，乱石横飞，爆炸声震耳欲聋。山顶守军无处躲避，伤亡惨重。10时左右，阵地失守，一一〇师开始向北撤退。日军窜过大石门，紧追不放。陈团长率残部退至武功村南时，发现河沟中有许多避难的老百姓，便命令部下就地阻击日军，掩护老百姓们撤退。日军尾随而至，陈团长率部边打边撤，他不幸负伤，但仍然坚持战斗，直到为国捐躯。

在这次战斗中，陈团长与200多名官兵牺牲在战场。战斗结束后，他们被安葬在大石门南边的将军墓山上，并为之树碑以志纪念。大石门战斗消耗了日军大量弹药，牵制了大量的日军，破坏了日军与主力部队作战的计划，为整个豫南战场的抗战作出了贡献。

这篇文章写出来之后，先是发表于《中州今古》(1989年第3期)，后又载入《舞阳县志》。当时，安徽省地方志办公室的一位编辑看到《大石门战斗》一文后，曾发函询问“文中所记述的国民党第一一〇师，是不是后来在解放战争中起义的国民党第一一〇师？如果是该师，师长不应该是吴绍周而是廖运周”这一问题。我接到信函之后，一直没有回函，原因是自己对需要回答的问题根本就不知道是怎么回事。通过这件事，使我感到撰写史料性文章不能如此就资料论资料地进行简单抄袭，一定要对所采用的资料有所研究，尽量搞清楚它的来龙去脉、前因后果、真伪虚实、作用大小等，也就是说，不仅要知其然，还要知其所以然，写出的文章，应当是言之有据、据有出处，这样才称得上是自己的文章，才有资格去发表，才值得让人们一看。不然，自己对自己写的文章内容都一知半解，有疑问自己都说不出所以然来，是真是假分不出，是对是错不明白，一问三不知，这样，有谁会相信你写出文章的准确性？自那时起，我便下决心，无论如何也要对《大石门战斗》一文中感到有疑问的地方进行考证：或鉴别正误，或确认有无，或补充缺漏，或说明原委，力求做到不留疑问，有错必纠，对史实负责，对自己负责。因此，我也就一直比较留意有关豫南战役和国民党第一一〇师方面的事。常言道：功夫不负有心人。一次，我在市档案馆的馆藏书中查找到了一本《刘邓大军风云录》(下)，随手翻了翻，看到其中有《廖运周在淮海前线率部起义》一文，仔细看了看，发现文中的内容好像是专门在回答自己所渴求了解的国民党第一一〇师的问题，这可真是“踏破铁鞋无觅处，得来全不费工夫”。后来，又发现了《舞阳抗战风云》一书中的《接官亭生死逃难》《血染将军墓山》这两篇有关大石门战斗的纪实文章。再后来，又在互联网上查到了有关“豫南战役”词条、概况、照片和陈团长的有关资料，拥有了这些，许许多多自己一直想搞清楚、弄明白的事也就有了答案。要把一切都说清楚，首先还得先从大石门战斗的背景开始说起。

关于大石门战斗的背景，我当时是根据一篇录音资料整理出的：

“1941 年 1 月下旬，日本侵略军纠集广水、信阳等地的十几万军队，在飞机、大炮、坦克的掩护下，悍然发动了‘豫南战役’，兵分三路，疯狂扑向豫南地区，急寻国民党主力部队作战。由于驻守豫南的蒋介石嫡系部队避敌作战，致使日军在 17 天时间内，扫荡了遂平、西平、舞阳、泌阳、叶县、方城、唐河、汝南、正阳等 13 个县。”这么一段话，是否准确，当时找不出其他资料进行佐证。后来，发现互联网上的豫南战役词条内容：枣宜战役之后，华中日军侦悉汤恩伯集团正沿信阳以北遂平至项城一线东进攻击皖南新四军部，认为这是消灭汤部的好时机，随之发动了豫南战役。1941 年 1 月 24 日，日军分左、中、右三路向豫南进犯。和互联网上一篇名为《豫南会战》的文章中所记的“1941 年 1 月，日军第十一军为了打通平汉铁路南段，解除中国军队对信阳日军的威胁，纠集步兵 7 个师、骑兵 1 个旅、战车 3 个团的兵力，在司令官园部和一郎的指挥下，分左、中、右 3 个兵团，分三路，准备向豫南发起进攻。1 月 25 日清晨，日军开始进攻。以第三师团和第四师团一部组成的日军左翼兵团，在师团长丰岛的指挥下，由小林店东西一线分三路向泌阳、高邑、邢店进攻；日空军出动数十架作战飞机配合作战，对中国守军阵地狂轰滥炸。由于中国军队主力转移，正面兵力较少。26 日，日军突破守军阵地，占领泌阳、高邑、邢店、确山一线。27 日，又进至春水、沙河店、驻马店东西一线。此时，中国第三十一集团军司令官汤恩伯急令第十三军向象河关机动，第八十五军向上蔡机动，从两翼攻击日军；中国第二集团军同时也以第六十八军尾击向象河关进攻的日军，第五十五军从唐河调往泌阳。29 日，日军左、右翼兵团分别在接官厅、上蔡附近，遭到中国第十三军、第八十五军的猛烈攻击，伤亡较大。而中路之日军则因中国军队主动后撤，进展较快。30 日，日军中央兵团兵分两路，主力由西平向舞阳迂回，一部由遂平向上蔡攻击，企图协同两翼兵团夹击中国军队。31 日，日军攻占舞阳、上蔡，形成包围圈，但中国军队已先行转移，致使日军扑空”的内容。

由此看来，大石门战斗是在“豫南战役”这一背景下发生的，是其中的一个插曲。然而，纵观整个“豫南战役”，真正对日军进行有效抵抗的战斗并不多，第十三军一一〇师在大石门与日军第三师团打的这一仗是其中之一。那么，第十三军一一〇师为何要在大石门阻击日军第三师团呢？

在大石门战斗中，国民党第十三军及第一一〇师的将士们，面对日寇疯狂的进攻，积极进行抗击，这与国民党军队“保存实力，避敌作战”的作战方针大相径庭，缘何如此呢？当时，舞阳、泌阳、遂平等县属于第五战区第三十一集团军十三军的防区，驻有第八十九师、第一一〇师两个师。豫南会战开始后，气势汹汹的日军右路兵团，很快由信阳到达了豫中地区。此时，汤恩伯发现日军很有可能会西扰豫西，进而攻打驻叶县的第三十一集团军司令部，即令第十三军在泌阳、舞阳县境阻击日军。第十三军军长张雪中很快将第八十九师、第一一〇师分别布防在泌阳县的象河关、舞阳县的尚店（今属舞钢市）等地，阻击日军往北进入舞阳县城。然而，日军在飞机、大炮的掩护下，很快就突破了象河关一带的防线，紧接着又向第一一〇师驻守的尚店进击。在尚店，第一一〇师的一个团无法抵挡日军飞机、大炮的狂轰滥炸，数小时内就丧失了守地。随后，第一一〇师全部北撤到接官厅（原村址在今石漫滩水库中）、大石门、小石门一带布防。这一带地形复杂，可以说是山险坡陡、沟壑纵横，打阻击可以居高临下地进行防守，而过大石门再往北去，就进入了平原地带，已无险可守。由此可见，大石门一带的有利地形，已成为能否阻止日军往北进犯舞阳县城的最后一道防线。当第一一〇师北撤时，第十三军军长张雪中就命令第一一〇师师长吴绍周部迅速抢占有利地势，修筑工事，做好再次阻击日军的准备，掩护大部队转移。吴绍周师长随即对所属部队进行了布防，其中让第三三〇团防守接官厅、大石门一带。从上述情况来看，第十三军及第一一〇师的将士们一直是在积极进行阻击，尽管是敌强我弱，连续失利，仍然不言放弃。他们这样做，是迫于军令？还是将士们出自内心呢？后来，我发现前者的因素是有，而后者的因素则更大一些。为什么这样说呢？这得先了解一下张雪中、吴绍周这两位指挥官的一些情况。

张雪中，江西乐平人，原名张达，字通明，中国国民党陆军军官学校第一期、陆军大学将官班甲级第一期毕业，历任排长、连长、营长、团长、旅长、师长等职。1937 年 8 月日军侵占南口，张雪中时任第十三军参谋长，直接参与了南口防守部署和固守绥东的策划。1938 年 3 月初，台儿庄战役拉开序幕，时任第八十九师师长的张雪中曾率部与日军激战。1938 年 7 月至 10 月，张雪中率部参加武汉会战。1939 年 5 月，在随枣会战中，张雪中率部在随县官王庙、青苔镇、万家店一线同日军浴血搏杀，部队伤亡达 2000 余人。是年秋天，张雪中接替张轸升任第十三军中将军长。1940 年 5 月，参加枣宜会战。1941 年 1 月，参加豫南战役（后来，张雪中升任第三十一集团军中将副总司令、第一战区政治部中将主任等职，1949 年随国民党军队去台湾。1995 年在台北去世）。

吴绍周，又名吴见登，字子斌，贵州天柱县瓮洞镇客寨村人，苗族。1922 年春，吴绍周投笔从戎，被保送到贵州讲武堂第五期深造。1933 年毕业后入伍，历任排长、连长、营长、团长等职。1937 年，七七事变爆发，时任第八十九师参谋长的吴绍周奉命率部保卫南口，一举粉碎日寇板垣师团的进攻，荣获国民党中央委员会四等宝鼎勋章，被委任为第八十九师第二六九旅旅长。1938 年 4 月，升任第一一〇师师长。1939 年，吴绍周率部参加邓县、枣阳、随县战役，随即又参加鄂北高城保卫战。由于战功显赫，吴绍周晋升为少将衔，第一一〇师荣获国民党中央军委会甲种师待遇（包干军费多，装备优良）。1940 年春，吴绍周再度率师进攻高城，一举击溃日军第三师团主力，收复高城。继而又率部进攻长岭岗日军据点，激战五昼夜，夺取长岭岗，以战功炳耀，荣获国民党中央军委会三等云麾勋章。1941 年 1 月，参加豫南战役（后来，吴绍周任第十三军军长、第八十五军军长、整编第八十五师师长、第二兵团副司令兼第八十五师师长、十二兵团中将副司令兼第八十五军军长等职，徐州会战时被俘，1956 年吴绍周被聘为湖南省文史馆馆员，1966 年病逝）。

从两位战斗指挥官的简况可以看出，他们都曾率部与日寇多次交锋，面对强敌不言退缩，浴血沙场奋不顾身。在占有大石门地利的情况下，决不会放弃此次阻击日军的大好机会，况且这次又是第一一〇师与交战不久的老敌手日军第三师团相遇，更是仇敌相见分外眼红，将士们一定不会过多地考虑如何“保存实力，避敌作战”，而是在想如何痛击来犯之敌，报仇雪恨。然而，仗又打得怎么样呢？

关于大石门战斗的经过，我在《大石门战斗》一文中记为：“第一一〇师将指挥部设在附近的鹁鸽楼山北羊角湾村。师长吴绍周命令陈团长带领一个团的兵力，在大石门东西两面的刘庄过山口以及黄山、刘山、接官亭、鹁鸽楼山、羊肠山、火山、罗大山等山头上修筑工事；让另外两个团驻守在鹁鸽楼山北的村庄内。晚上，日军第三师团长带领一个联队，先后占据大石门南面滚河岸边的水田、岗李、猪嘴沟、刘先庄、大鱼王等村庄，与第一一〇师隔河相持，形成东西10余华里长的战线。次日拂晓，日军从长滩沟（即龙头山东）的岗李、大鱼王村分三路向大石门发动攻击。山上守军居高临下，以密集的火力，打退日军的第一次进攻。日军随即又在钢炮的掩护下，再次组织进攻，并派出战斗机、轰炸机在大石门东西一溜山上和附近村庄上空轮番扫射、轰炸。顿时，守军阵地上烟火四起，乱石横飞，爆炸声震耳欲聋。山顶守军无处躲避，伤亡惨重。10时左右，阵地失守，第一一〇师开始向北撤退。日军窜过大石门，紧追不放。陈团长率残部退至武功村南时，发现河沟中有许多避难的老百姓，便命令部下就地阻击日军，掩护老百姓们撤退。日军尾随而至，陈团长率部边打边撤。他不幸负伤，但仍然坚持战斗，一直到为国捐躯。在这次战斗中，陈团长与200多名官兵牺牲在战场。战斗结束后，他们被安葬在大石门南边的将军庙附近，并为之树碑以志纪念。”而《血染将军墓山》一文中，对于上述的战斗经过，记述得更为详细：“30日，是‘豫南会战’中最激烈的一天。天刚亮，日军步兵、骑兵在飞机、大炮和战车掩护下，分三路向接官亭、大石门等地进攻，东路经老盘、冯庄占领大石门东面各个山头；西路从蛮子堰过河，经黄山西过山口占领黄山；中路从山岗过河经接官亭正面攻击大石门。在此之前，第一一〇师师长吴绍周命令第三三〇团陈团长部抢先占领了接官亭等地。日军攻打接官亭时，派出 8 架飞机轮番轰炸接官亭和附近的黄山、刘山等地，阵地很快失守。日军攻入接官亭，见人就杀，仅在一个防空洞内就枪杀了 17 名躲避的村民，多户人家被杀绝。下午，第一一〇师阵地被日军从中间突破，全师向北撤退。师长吴绍周急令第三三〇团陈团长阻击后面追赶的大股日军，陈团长立即带领部下抢占附近的将军墓山。不料，此山已被日军抢先占领，日军随即以密集的炮火压制上山的国军部队。身着蓝色棉咔叽军服的陈团长被日军狙击手发现后，身中数弹身亡，部队很快败下了阵。在将军墓山，陈团长及部下 200 余人阵亡。战斗结束后，附近村民在将军墓山的东北坡挖了几个大坑，将牺牲官兵和附近被日军枪杀的村民埋于此地。后来，以第三十一集团军司令官汤恩伯和第一一〇师师长吴绍周的名义在此地树碑，以志纪念（该碑毁于'文化大革命'期间)。”有了这一佐证，可以说《大石门战斗》一文中所记的战斗经过与当时的战斗情况基本上是相符的，没有什么大的出入。

从整个战斗经过来看，第一一〇师根本就抵挡不住日军的强势进攻，很快败下阵来，怎么会这样呢？看起来是因为日军出动飞机进行狂轰滥炸，一下子使第一一〇师所具有的地利优势丧失殆尽，处于完全被动挨打的境地。实际上并非如此，主要是敌我参战的兵力悬殊，第一一〇师所面对的敌手——日军第三师团，可不是一般的日军作战部队，其战力远远超过了第一一〇师。

先说一下日军第三师团。该师团是日本侵华军队中的王牌部队，被称为“中国抗战时期始终在华作战的唯一的第一等师团”。1937 年 8 月，自日本登陆吴淞、张华浜，编入上海派遣军，9 月攻占宝山，11 月突破苏州河，12 月先遣队攻占南京，参加“南京大屠杀”。1938 年 5 月，徐州会战时攻占蚌埠，编为南路围攻部队。1938 年 9 月底，参加武汉会战。1939 年 5 月，参加随枣会战，9 月参加第一次长沙会战，编为西路部队。1940 年 5 月初，参加枣宜会战，编为右翼部队。1941 年 1 月，参加豫南会战，时任师团长丰岛房太郎（任期为 1940 年 9 月至 1941 年 12 月）

为陆军中将。该师团辖 2 个旅团（每个旅团 2 个步兵联队），工、骑、炮、榴联队各 1 个，共 8 个联队，加上 1 个师团部、2 个旅团部的非战斗人员，总共有 28200 人。豫南会战之后，该师团于 1941 年 9 月至 10 月参加第二次长沙会战，攻占株洲。1941 年 12 月至 1942 年 1 月，参加第三次长沙会战，编为西路部队。1942 年 5 月，参加浙赣会战。1943 年 5 月，参加鄂西会战宜都战斗，11 月参加常德会战。1944 年 5 月至 8 月，参加长衡会战，编为东路部队。1944 年 9 月至 11 月，参加桂柳会战。1945 年 8 月 15 日日本投降时，在镇江缴械投降。第三师团自 1937 年 8 月侵入中国关内参战至战败投降，经历了日本侵华战争的全过程，参加了所有大战。该部兵力强大，穷凶极恶。

再说一下第一一〇师。1939 年春，该师取消原来的 2 个旅 4 个团建制，改为三团制（三二八团、三二九团、三三〇团）。1941 年，参加豫南会战时，仍为三团制，按当时国民党军队的师级编制，人员在 1 万人左右。仅从人员、装备就可以看出，第一一〇师人员不及日军第三师团的一半，武器装备更不能与之相提并论。在当时情况下，仅以第一一〇师一师之力，根本无法抵挡住日军第三师团的猛烈进攻。

尽管如此，第一一〇师将士们仍敢于浴血抗击，尤其是陈团长率领部队在已经失利、孤立无援的情况下，仍与敌厮杀，直到战死沙场，可以说是虽败犹荣。说到这里，人们不禁要问陈团长是何许人也呢?

当初，我在整理《大石门战斗》一文时，还不知道陈团长的名字，因此在文中只能以“陈团长”相称。后来，我在《廖运周在淮海前线率部起义》一文中查到了“第一一〇师下辖第三三〇团，团长陈钦文”的记述，即便如此，仍不能确定陈钦文就一定是在大石门战斗中战死的陈团长。再后来，发现了《血染将军墓山》一文和互联网上的陈钦文简历，这才有了“陈钦文就是大石门战斗中战死的陈团长”的佐证。互联网上的陈钦文简历为:“陈钦文，江西萍乡县人，1908 年出生（一说为 1904 年），毕业于黄埔军校第六期步科，历任排、连、营等职。抗日战争爆发后，于 1939 年任国民党第一一〇师三三〇团上校团长，曾率部参加南口、上饶、信阳、台儿庄等战役。1941 年 1 月，陈钦文在豫南战役中壮烈殉国，年仅33岁。”不过，前两年又有了陈钦文团长后代的消息，为“陈钦文就是大石门战斗中战死的陈团长”这一说法，提供了更为确凿的证据。2011年5月，陈钦文的儿子陈志帮在互联网上看到《鹰城抗战记忆》中的一篇“三三〇团血战大石门”文章之后，专程从江西省新余市赶到舞钢市寻找父亲的殉难地。据陈志帮说，他已经70岁了，是在父亲陈钦文牺牲前的第6天出生的，当时他与母亲（已于1962年去世）被安置在紧邻舞阳的方城县境内。父亲牺牲后，母子俩辗转回到了江西萍乡老家。1984年，父亲被江西省人民政府追认为革命烈士。从此，他寻找父亲遗骨的愿望越来越强烈。由于时隔太久，他只听说父亲是在河南打仗时阵亡的，具体牺牲在何地不得而知，为此，他曾到南阳武侯庙一带打听消息，结果失望而归。这次，他总算是找到了父亲牺牲的地方，更令他欣慰的是，当地人始终没有忘掉他的父亲，知道他父亲事迹的人反而越来越多。

在《廖运周在淮海前线率部起义》一文中，我不仅查阅到了“第一一〇师下辖第三三〇团，团长陈钦文”的记述，同时也发现了第一一〇师从组建到改编的整个历程，这让自己以前“总感到第一一〇师不同于其他国民党部队”的疑虑完全打消了，第一一〇师的确不同于其他国民党部队。

第一一〇师有着一个较为漫长、复杂的发展过程。1930年，冯玉祥为了倒蒋（介石）联合一些反蒋势力，组建起一支武装——独立第二师。1933年，该师加入抗日同盟军。同年11月，在与日军作战时失败，其残部被阎锡山收编，番号改为国民党独立第四十六旅。1938年1月，国民党部队实行改编，独立第四十六旅与东北骑兵旅和国民党豫北游击队合编为第一一〇师，下辖2个旅4个团，归国民党第一战区长官程潜指挥，师长张轸（别名翼三，河南罗山县人。保定军校、日本士官学校毕业，陆军中将，曾任兵团司令、河南省主席。1949年率部起义，曾任中国人民解放军第五十一军军长、湖北军区副司令员等职，1981年7月在郑州病逝）。同年4月，该师参加台儿庄战役，战功显赫，享誉全国。但是伤亡过半，撤到豫南唐河进行整顿补充。驻河南的国民党第三十一集团军司令官汤恩伯借机将该师收编于本部，将师长张轸调到第十三军任军长，任命吴绍周为第一一〇师师长。1942 年 5 月，吴绍周调第八十五军任副军长兼豫西警备司令，廖运周任第一一〇师师长。1948 年 11 月，廖运周率全师官兵成功起义，归入中国人民解放军建制，国民党第一一〇师番号撤销，取而代之的是中国人民解放军第四十二师。

看一下第一一〇师的组建始末，也就不难回答前面所提的“文中所记述的国民党第一一〇师，是不是后来在解放战争中起义的国民党第一一〇师？如果是该师，师长不应该是吴绍周而是廖运周”这一问题了。说到第一一〇师起义，在此不能不说一说为该师成功起义立下汗马功劳的廖运周师长。

廖运周（1903—1996），字冠洲，安徽凤台人。1926 年，他在黄埔军校第 5 期炮科学习时参加北伐战争，1927 年 3 月加入中国共产党。大革命失败后，他参加南昌起义，时任国民革命军第十一军二十五师七十五团参谋。南昌起义失败后，他辗转到了上海，按照党的指示，长期隐蔽在国民党军队做地下工作。1930 年，冯玉祥组建反蒋联军第二方面军独立第二师时，他任该师参谋，并在该师建立起中共地下组织。1933 年，独立第二师溃散后，被改编为独立第四十六旅，该部的中共地下组织与上级失去了联系。1938 年 1 月，独立第四十六旅又被改编为第一一〇师，廖运周任该师第六五六团团长。同年 8 月，廖运周因在对日作战中战绩显著，升任第一一〇师三三〇旅旅长。1939 年秋，廖运周调到第三十一集团军干训班任大队长，1940 年又调回第一一〇师任副师长，1942 年 3 月任第一一〇师师长。1946 年 5 月，第一一〇师的中共地下组织与中共中原局取得联系，按照中原局要求，组建了党委，廖运周任党委书记。1947 年，晋冀鲁豫野战军司令部刘（伯承）、邓（小平）首长给第一一〇师的中共地下组织下达指示：克服急躁情绪，等待有利时机，发挥出最大作用；克服“左”倾冒险主义，继续做好隐蔽工作；积极发展党员，自己培养干部，扩大党的组织。1948 年 7 月，刘、邓首长再次给第一一〇师的中共地下组织下达指示：做好起义的一切准备。同年 11 月，国民党第十二兵团被包围在双堆集地区，廖运周选择“突围”

的最佳时机，率领全师成功起义，并发出《廖运周将军告第十二兵团官兵起义书》和《廖运周将军给毛主席、朱总司令的致敬电》的电文。毛主席、朱总司令给予了复电：对起义表示欢迎、慰问和祝贺。1949 年 1 月，第一一〇师番号撤销，改为中国人民解放军第四十二师，廖运周任师长。新中国成立后，廖运周先后任丽江军分区司令员，解放军高级炮兵学校校长，吉林省体委主任，民革中央常委，民革中央台湾事务办公室副主任、祖国统一工作委员会副主任，民革中央监察委员会副主席，全国政协委员等职。1955 年曾被授予中国人民解放军少将军衔，1996 年 9 月 11 日在北京病逝，把自己的一生无私地献给党的事业。

经过这次对《大石门战斗》一文进行考证，从中发现了国民党第一一〇师的将士们为民族解放如此浴血奋战的深层次原因，那就是第一一〇师是一支长期受中共地下组织影响、掌控的部队。现在看来，当时对大石门战斗的记述，的确存在着不少问题，其中主要是没有认识到这一事件具有讴歌抵御外寇侵略、进行爱国主义教育的重要价值。在日本右翼势力公然否认过去侵略历史的今天，我们很有必要更加完整、系统、准确地对《大石门战斗》重新加以整理，形成新的篇章，奉献给广大读者，让人们永远记住日本侵略者践踏我们家园所犯下的滔天罪行，永远不要忘记那些为捍卫我们中华民族尊严而英勇献身的将士们！

选自 2014 年《漯河文史资料》第二十一辑

河南挺进兵团在舞阳

夏跃进

1944年4月，河南战役爆发，驻防河南的国民党汤恩伯部40万大军一触即溃，37天弃城38座。河南沦陷后，中共中央及时作出了“绾毂中原”的战略决策，命令八路军南下，新四军北上，向河南敌后发展，开展抗日游击战争。根据中共中央指示精神，新四军五师组成一支千余人的新四军河南挺进兵团，在黄林司令员（原新四军五师第十三旅副旅长）带领下北上河南，于同年11月中旬进驻豫中嵖岈山地区，奔赴抗日战场前线。

挺进兵团初到之时，面临的形势极为严峻：周边各县主要城镇、交通要道都设有日伪据点，并且派了重兵把守；驻豫中地区的国民党军队和各县国民党地方武装不让新四军向豫中地区发展，一遇机会就搞“摩擦”；一些地方豪绅势力借抗日之名组建武装，搜刮民财，占山为王，独霸一方。在各种力量对比之下，挺进兵团的优势并不大。为了迅速在豫中地区打开局面，进而站稳脚跟，挺进兵团首先确定了重点向西开辟根据地的战略方针，从打击驻地附近的日伪军和地方反动武装入手，利用收编地方武装壮大队伍，很快就取得了累累战果。仅在一年时间内，根据地扩大到了东至汝南、上蔡，南至驻马店、确山，北至漯河、舞阳，西到泌阳、叶县，纵横百余里的地区，打通了通往豫西八路军抗日根据地的道路，帮助建立了遂平、郾（城）上（蔡）西（华）、西平、舞阳的抗日民主政府，在豫中地区撑起了一片蓝天。

舞阳县在豫中地区的战略位置十分重要，东南部的尹集地区与遂平县嵖岈山地区毗邻，山峦起伏，奇峰林立；南部的尚店地区与方城县为邻，丘陵起伏，地形复杂；西南部的梁八台地区与叶县接壤，山地土岗相间，沟壑纵横。这些地方既是嵖岈山通往豫西八路军抗日根据地的必经之路，又是开展游击战的理想之地。因此，挺进兵团在舞阳南部的活动最为活跃，打击日伪顽军，收编地方武装，帮助建立抗日政权、民主政权，一直到最后撤离。

二

挺进兵团进入嵖岈山区后，在遂平、舞阳、西平等县，不论是沦陷区的日伪武装，还是国统区（国民党地方武装占领地区）的国民党地方武装，都不能容忍新四军的到来，蠢蠢欲动，直接威胁到了部队的安全。当时，舞阳县的南部山区为国统区，中部与北部为沦陷区，国统区与沦陷区的界线多以山、沟为界，犬牙交错。在国统区内，驻有数支国民党地方武装，其中包括驻尹集母猪峡（也称摩轴峡）地区的国民党舞阳县政府直属武装大队史聘侯部、驻李楼的国民党舞阳县长刘馨吾部、驻王店的县保安团卢宏宇部、驻寺山的县政府直属大队杨梦圃部等；在沦陷区内，日军在邻近国统区的朱兰、尹集、大韩庄等地设立了多处据点，并派有大量的日伪军驻守。在挺进兵团进驻嵖岈山地区之前，双方曾经多次交火。挺进兵团到来之后，国统区的几支地方武装均唯刘馨吾马首是瞻，不仅拒绝与挺进兵团联合抗日，还极力阻挠挺进兵团到舞阳活动，沦陷区的日伪武装由此停止了对国统区的“扫荡”。在对付新四军时，他们双方配合得很默契。在这种情况下，挺进兵团决定先从国统区着手，打通向西发展道路。

在打通通往豫西八路军抗日根据地的道路上，驻尹集母猪峡的史聘侯部首当其冲。史聘侯部原来驻守尹集，拥有700余人，枪700余支，还有重机枪、迫击炮等武器。舞阳沦陷后，史聘侯部曾与日军数次小规模交火，后来就全部撤往南部的母猪峡地区，使日军兵不血刃地占据了尹集。挺进兵团初到嵖岈山区时，曾派人劝说史聘侯与新四军共同抗日，史聘侯不但不愿合作，反而加紧纠集人员，修筑工事，企图阻止挺进兵团到尹集地区活动。

母猪峡位于尹集南5公里处。峡口处两山对峙，山势险峻，中间是一条由遂平通往舞阳县境的必经之道。史聘侯将大队部设在了唐寺沟，其他4个中队分别布置在峡口北面的石灰刘、岗上、陈场、缸窑等村，其中在峡口部署了一个分队。1945年2月初，挺进兵团多次派人到母猪峡地区进行侦察，根据史部的兵力部署情况，决定集中优势兵力，采取夜间突然袭击的战术，先吃掉分散孤立之敌，然后四面合围黄湾，将敌聚歼于大队部。为了确保此次战斗的胜利，挺进兵团集中了挺进二团、挺进四团和挺进三十九团各一个营的兵力，实施此次战斗计划。

2月6日夜，挺进兵团在黄林司令员率领下从驻地出发，冒雪急行军几十里，按照预定计划，部队神不知鬼不觉地进入了各个战斗区域。次日凌晨3点左右，战斗打响了。挺进二团的二个连在团长林国平、政委邵敏的带领下首先攻占了峡口，俘虏了峡口守敌30余人，并由南向北压去。附近何庄守敌听到枪声，立刻弃村北逃。与此同时，黄林司令员率领一个营的兵力绕道到黄湾北面的缸窑等村，从东、北、西三面扑向攻打目标。各村守敌一触即溃，在一片“缴枪不杀”“宽大俘虏”的劝降声中，史部人马纷纷缴械投降。紧接着，黄林司令员率领部队向黄湾、唐寺沟一带进攻。史部的一个排利用蜘蛛山有利地形进行拦截，双方发生激战，不多时，挺进兵团由南向北进击的部队从史部后背发起猛攻，史部即刻溃散，黄湾、唐寺沟也随即被攻破。此时，惊慌失措的史聘侯已经筋疲力尽，侥幸躲开挺进兵团战士的追击后，只能在护兵的搀扶下爬山越沟，东躲西藏。当他看到尖山上有像自己人在活动时，立刻让护兵发出联络信号，不料从山上跑下来的人都在高喊：“新四军优待俘虏”“放下武器，缴枪不杀”。史聘侯最后的希望化作了泡影，一下子瘫坐在了地上，很快成为挺进兵团战士的俘虏。至此，母猪峡战斗结束，首战告捷。此战，全歼史聘侯部700余人，缴获大量武器弹药，其中迫击炮1门，重机枪1挺，长短枪700余支，手榴弹、子弹两大车以及大量的布匹、烟草、粮食等。战斗结束后，挺进兵团一边组织人员搬运战利品，一边在苇子园、唐寺沟等村休整，并在唐寺沟北面埂上的一个小岭上设了岗哨，以防驻尹集日军的袭击。

二

驻尹集日军得到挺进兵团全歼史聘侯部的情报后，立刻与驻朱兰、县城等地日军策划，乘挺进兵团尚未撤离之机，实施围歼。日军派人侦察后，了解到了挺进兵团的驻防情况，采用“一路由尹集出发，直扑挺进兵团的宿营地——唐寺沟等地，迫使挺进兵团向西平、遂平境内撤退；一路绕道蜘蛛山东面，从舞阳与西平、遂平交界处迂回包抄”的方法进行围歼。

2 月 9 日凌晨，由尹集出发的一路日军开始出动，走在前面的一个小队，率先摸上了挺进兵团设在埂上小岭的岗哨，刺杀了哨兵，并放火烧了哨棚，后面的日军则直奔唐寺沟。待唐寺沟的挺进兵团哨兵发现日军、鸣枪示警时，大队日军已经临近村头。由于不明敌情，住在村内的挺进兵团部队听到枪声，迅速向村西的虎头岭上转移，准备抢占制高点。日军尾随而至，发现挺进兵团战士正在向虎头岭上攀登，走在前面的便在岭下架起机枪、小炮向岭上猛烈开火，后面的则急追而上。全力向上攀登的挺进兵团战士在快要接近虎头岭顶端时，突然遇上一道宽 300 米、高 10 多米的大石崖，陡不可攀，只得从两侧绕行。这让正在攀登的战士们暴露给了正在岭下射击的日军，十多名战士顷刻血染虎头岭。一些战士负伤后，不再撤离，与追赶上来的鬼子进行厮杀，直到最后牺牲。岭上的大部分战士绕过大石崖后，边打边撤，向仓房、刘连沟方向撤去，在那里与挺进二团林国平部会合后，准备进行反击。不多时，尾随的鬼子在指挥官指挥下疯狂赶去。当鬼子进入挺进兵团的反击范围时，林国平团长率领战士们高喊着“冲啊”“杀啊”，勇猛地冲向了鬼子。挺进兵团的猛烈反击，使战场形势转眼间发生了逆转。嘴里一直号叫着“啊几哩！啊几哩”的日军指挥官被一枪毙命，正在向前追赶的日军见状，一个个慌忙掉头回窜，一路上丢盔弃甲，狼狈不堪。林国平团长率领战士们乘胜追击，一直追到尹集南才停了下来。此时，另一路日军则扑空而返。

三

史聘侯部被全歼之后，驻李楼的国民党舞阳县长刘馨吾部成为兵团向西发展道路上的又一障碍。

刘馨吾部下辖县国民兵团、县保安团、县自卫队等武装，有人枪500余众。舞阳县城沦陷时，该部南撤到舞阳、方城、泌阳三县交界一带。挺进兵团进驻遂平嵖岈山区后，刘馨吾在王店、尚店、李楼、寺山、尹集等地联合地主武装势力，建立起一个个乡村政权，构成了一片国统区，并把县境最南端的李楼村作为国民党舞阳县流亡政府的临时驻地。

李楼村地处舞阳、方城、泌阳三县交界处，四周筑有寨墙，村北300米处有一道土岭，像一道围墙护卫着村寨；村南是界牌河，河南岸从东南至西北的弧形沙石岗，形成了一道天然屏障。此地进可攻、退可守，是舞阳南部地区一处难得的战略要地。刘馨吾部进驻李楼村后，加固了寨墙，并在寨墙四周和东、西寨门两侧分别修筑了炮楼、暗堡。刘馨吾将县国民兵团、县保安团及特务大队等分别布置在李楼村周边的下安、连岗、塔后、大黄庄、王店等村，自己带着县自卫队驻守李楼村。兵团全歼史聘侯部后，犹如惊弓之鸟的刘馨吾害怕步其后尘，不惜花费300块大洋贿赂驻象河关的国民党别动军，要来了一个全副美械装备的分队，为自己看家护院。

挺进兵团侦察到李楼的情况后，黄林司令员决定攻打刘馨吾部。2月23日，兵团派出5个连的兵力从嵖岈山出发，于当晚11点左右到达李楼村附近。在此兵分两路，一路从东北方向攻打由国民兵团驻守的连岗村，一路从西北方向攻打设有电台收发室、粮库的塔后村。战斗打响后，驻守连岗村的县国民兵团很快被击溃，残敌纷纷四处逃窜；塔后村守敌在粮库失守后，带上电台侥幸逃走；驻守下安、大黄庄、王店的县保安团则是闻风而逃。兵团部队转而包围李楼村，一路很快封锁住了东门和南小门，一路也迅速堵住了西门。此时，刘馨吾及县自卫大队、别动军分队都被围在了李楼村内。

兵团部队紧接着便开始攻寨，双方越打越激烈，寨内守敌以寨墙、碉堡作掩护，拼命抵抗。刘馨吾发现攻寨部队人员多，担心时间一长，凶多吉少，便打算从南小门突围出去。于是他让几位别动军士兵在前面开路，自己紧随其后去到南小门。不料，小门刚一打开，冲在前面的一位别动军士兵，就被埋伏在门外的兵团战士抓住，尾随其后的刘馨吾见状，连滚带爬地退了回去。然而刘馨吾仍不死心，紧接着又一次组织向外冲杀，结果是一名县自卫队士兵即刻横尸门外，其余人员全被密集的子弹堵了回去。刘馨吾见突围不成，便又想到搬兵解围，他让村内一甲长偷偷溜出村，去泌阳象河关找别动军。战斗一直持续不停，处于胶着状态。天将亮时，一个中队的国民党别动军突然从南面袭来，使村南的兵团部队一下子陷于腹背受敌的境地，只得边打边撤。刘馨吾乘机从村南逃出，与援兵会合后，向方城县小史店逃去。

四

挺进兵团在舞阳南部接连取得全歼史聘侯部、击溃刘馨吾部的胜利后，尹集以南地区已成为挺进兵团的活动区域。3 月初，日军发动老河口战役，驻尹集据点的日军被派往前线作战。为了不让挺进兵团收复尹集，日军便派驻扎在舞阳县北部的绥靖军第一师第一旅调驻尹集地区。

绥靖军第一师是豫中地区最大的一支日伪武装，师长关震亚，副师长尚振华。该师在舞阳沦陷前夕，曾是一支打着抗日旗号的国民党舞阳县地方武装，时称舞阳抗日游击动员总队，总队长由北舞渡区联保主任关震亚担任，副总队长是北舞渡区区长尚振华，拥有 2000 余众，枪 1000 余支。到了舞阳沦陷后，该武装仍在不断扩充力量，控制着舞阳澧河以北地区，致使日军不敢贸然北进，在周边各县引起了一定反响，纷纷组建抗日武装。国民党第十五集团军总司令何柱国得知这支武装的情况后，打算将其收编，便委任关震亚、尚振华为许（昌）临（颍）郾（城）襄（县）舞（阳）叶（县）6 县挺进军正、副指挥官。关、尚借机扩充武力，相继兼并了郾城、临颍、襄城及舞阳部分乡镇的抗日武装，兵力达9000多人。1944年10月，因国民党军队收编该部不成，关震亚、尚振华便认贼作父，卖国求荣，投靠日伪军。鄂豫边区绥靖主任李玉林委任关震亚、尚振华为绥靖军第一师正、副师长。驻漯日军派人亲临北舞渡点验人马，核实编制。该师下设2个旅，第一旅旅长由尚振华兼任，旅以下编制为三三制。日军指定该师管辖范围为东至郾城大新店，西至叶县坟台，北至襄县纣城，南至舞阳县城，方圆百余里，粮秣供应全部由当地百姓负担。

该师接到日军“驻防尹集”的命令后，由尚振华率第一旅进驻到尹集。本为乌合之众的尚振华部，毫无军纪，一到尹集便号房子、派粮款，敲诈勒索，无恶不作，不几日，将尹集闹得人心惶惶，怨声载道。附近有些村的家畜家禽被杀光，粮食、被褥被抢走……面对飞来的横祸，曹八沟的王天佑、陈松林、石黑孩等村民忍无可忍，商定让石黑孩去嵖岈山，请新四军来尹集为民除害，拯救百姓于水深火热之中。

石黑孩到嵖岈山后，将尹集地区发生的情况汇报给了挺进兵团。当时，适逢新四军五师第十三旅旅长周志坚率主力部队第三十八团由湖北大悟山北上与挺进兵团在嵖岈山会合，已具备了大打一场围歼战的基本条件。因此，挺进兵团决定乘敌立足未稳之机，围歼尚振华部。

为了尽快为民除害，挺进兵团随即派出侦察人员到尹集地区，将尚振华部在各村的布防情况侦察得一清二楚：尹集南面的南赵庄、王庄驻守一个营，尹集西面的大刘庄、闫庄、宋庄、孤山寨驻守一个营，尹集北面的连庄、徐庄等村驻守一个特务营，尹集东北面的军王、许沟、梁庄、蔡庄、徐庄、任洞沟等村驻守一个团；旅部设在尹集寨内，由师特务营和机枪连驻守。

3月25日，周志坚旅长、黄林司令员率领第三十八团、第三十九团和挺进三团向尹集进发，行至酒店，兵分南、北两路：南路部队由黄林司令员带领，迂回到尹集南面的稻田冲、苗沟、埂上等村附近；北路部队由周志坚旅长带领，迂回到尹集东北面的军王、许沟、蔡庄、徐庄、任洞沟等村附近。26日凌晨，北路部队开始攻击后，很快占领了军王、许沟、蔡庄、徐庄等村，并向尹集外围据点连庄进攻。南路部队右翼攻打南赵庄、小王庄两个据点，战至上午8时许，攻克小王庄；南路部队左翼攻打尹集西面的闫庄、大刘庄、孤山寨等据点，俘敌一个营，活捉敌营长。10时许，除南赵庄守敌外，尹集外围据点已基本清除。此时，南赵庄守敌十分惊慌，企图逃回尹集寨内，几次逃离时，均被北路部队的炮火堵了回去。尹集寨内守敌见状，在寨墙上架起轻重机枪向南疯狂扫射，掩护南赵庄守敌撤退。双方对峙一直持续到午后，南赵庄守敌才得以从村东路沟内偷偷溜进尹集寨内。27日晚，部队开始攻打尹集寨。不多时，从南面攻寨的炮火燃着了民房，顿时传出一阵阵村民救火的哭喊声。为了寨内百姓生命财产的安全，黄林司令员立刻下令停止炮击，准备采用其他方法攻寨。周志坚旅长指挥部队在寨北攻打，他身临前沿阵地，不幸被流弹击中，身负重伤。在这种情况下，兵团部队停止了攻寨，主动撤离。在返回途中，又歼灭了乘机进犯嵖岈山抗日根据地的国民党遂平县政府武装300余敌。当夜，寨内的尚振华一直都在提心吊胆地防守，次日早上才发现兵团部队撤离，这才带领残部300余人狼狈地逃回了北舞渡。此战，兵团部队共俘敌800余人，缴枪700余支，打死打伤40人，取得了尹集围歼战的一大胜利。

五

挺进兵团在以武力打击日伪武装及国民党顽固势力的同时，还相继收编了驻地附近各县的一些地方武装，从而壮大了抗日队伍。在舞阳县收编的第一支地方抗日武装是效信趁支队。效信趁是舞阳县保和乡魏庄人，1936年于北京大学毕业后，在国民党舞阳县政府部门供职。1937年抗日战争爆发，他积极参加抗日救亡斗争。1939年6月，由时任中共舞阳县委书记胡田希介绍加入中国共产党，成为一名特殊党员。1944年6月舞阳沦陷后，效信趁与张茨山等在舞阳南部山区组成了抗日武装——方宝动员区第二挺进纵队，效信趁任第一支队队长。1945年1月，驻舞阳、叶县的日军对舞阳县抗日武装进行“围剿”，第二挺进纵队被日军击溃。效信趁带领第一支队一大队等突出包围后，召集纵队溃散人员，重新组织起一支400余人的队伍，番号改为效信趁支队（简称效支队），并将队伍转移到距国民党舞阳县政府驻地李楼村较近的王店，以便求得县政府的财政支持。挺进兵团攻打李楼时，效支队中有人暗中配合，刘馨吾得知此事后，怀疑效信趁私通新四军，两人由此分道扬镳。效信趁带着支队离开了王店，去到了北面山区瓦房庄一带。在此，效支队既要防范日伪军的围剿，又要防备国民党别动军的袭击，经常是居无定所，到处游击，白天住在村子里，夜里再转移到山上。即使这样，还是不断遭到日伪军的包剿和追击。除此之外，支队还存在着生活更加困苦这一问题，上百号人常常是吃了上顿没有下顿，生存环境十分险恶。挺进兵团得知效支队的情况后，决定收编这支抗日队伍。4月5日，效信趁率200余人到达兵团驻地。效支队在兵团驻地接受了一个多月的整训后，被改编为新四军五师河南挺进兵团叶舞支队，支队长效信趁，政委王泽民，政治部主任李华；支队下设1个营、4个连，共300余人；董仲衡任营长，刘景川任副营长，贾一道、石东彦、傣明义、彭彦士任连长。支队经过这次改编，由一支国民党地方抗日武装转变为由共产党领导的人民抗日武装，与挺进兵团共同打击日伪顽反动武装。

六

兵团在舞阳收编的另一支地方武装是曹集地区的贾光远部。贾光远部有一位叫王方明[①]的人，他出身于曹集一个豪绅家庭，毕业于私立河南高中。1937年7月抗战爆发后，王方明参加了舞阳县青年抗日救国会，积极从事抗日救亡活动。1938年5月，他加入了中国共产党。同年10月，被党组织派往延安抗日军政大学学习，后到八路军总政治部宣传部工作。

1941年1月皖南事变后，国共两党关系出现大逆转，豫南、豫中地区的中共组织面临十分危险的境地，中共中央决定将其全部撤离到延安

① 或王方鸣。见本卷《新四军五师部队在舞阳的战斗过程》（作者：刘传银、胡德周）。

等抗日根据地，仅留下一些没有公开身份的中共党员从事地下工作。同年 10 月，王方明受中共中央农村工作委员会派遣返回舞阳，主要任务是建立地下联络站，开展策反工作。在这期间，王方明利用其父王庚魁（大豪绅）、其兄王方愚（国民党舞阳县书记长）以及亲戚（众多地方政界头面人物）的关系，广交各界人士，通过他们了解和掌握敌情，联系失散的地下党员，争取、团结、发展进步势力。不久，由于叛徒出卖，不少地下党员、进步人士被捕，党组织遭到严重破坏。在这种情况下，王方明回到曹集，以小学教师的身份作掩护，继续从事地下工作。

1944 年 6 月，日军占据舞阳，家乡沦陷，王方明便到驻尹集母猪峡地区的史聘侯部开办抗日游击训练班，培养骨干数十名。挺进兵团进驻嵖岈山地区后，王方明劝说史聘侯与新四军共同抗日，史聘侯却顽固坚持反共立场，不仅不予以合作，反而与挺进兵团作对。

1945 年初，王方明将家乡一带的乡保武装组织起来，建立了一支百余人的抗日队伍。为了争取曹集保家自卫团贾光远部（日伪武装），王方明带着队伍打入了曹集保家自卫团，被编为该团的一个营。

同年 4 月，王方明与挺进兵团取得联系。他根据兵团指示，先后促成贾光远部 500 余人起义。贾光远部起义后，被挺进兵团改编为挺进第九团（后又改为挺进第十五团），黄得魁任团长，王方明、贾光远任副团长。

七

1945 年 1 月，日军为了遏制新四军及地方抗日武装在舞阳县西南部梁八台地区进行抗日活动，在大韩庄设立了据点。该据点不但有坚固的寨墙，而且修有炮楼和碉堡群，并围村挖了一道七八尺深的壕沟。日军在发动豫西鄂北会战期间，将驻守该据点的日军调去参战，让皇协军团长阎升堂部的 130 余人驻守。阎升堂原是方宝动员区第二挺进纵队第一支队二大队的队长，效信趁的部下，并且两人私交也不错。纵队溃散后，阎升堂对坚持抗日丧失了信心，在日军高官厚禄的诱惑下，卖身投靠，当了个皇协军独立团团长。4月间，效信趁率部投奔了新四军，阎升堂得知此事后，感到自己当汉奸不光彩，也打算反正，由于部下意见不一致，使他没有下决心投奔新四军。正当此时，挺进兵团决定攻打大韩庄。挺进兵团领导得知效信趁与阎升堂的关系后，让效信趁派人给阎升堂捎信儿，劝其反正，并说明此次只是佯装围打，新四军到后鸣枪示警，对方不得抵抗，然后全部投降，阎升堂对此表示同意。5月22日下午，兵团挺进二团政委邵敏、叶舞支队队长效信趁等带领挺进二团的4个连和叶舞支队到达大韩庄附近，于次日拂晓形成对据点的包围。不料，守寨的伪军一发现新四军，慌乱中率先开了枪。围寨部队以为敌情有变，顿时假打变成了真打。叶舞支队政治部主任李华带领一个连，率先从东寨墙攻入大韩庄村内，一举俘获未来得及穿好衣服的伪军50多名。随后，攻进村的兵团部队也开始攻打进行抵抗的伪军。战至天亮，6个碉堡被端掉了5个，仅剩下1个碉堡中的伪军在顽抗。后来，该股伪军乘兵团部队撤离之机逃之夭夭。此战，俘敌70余人，打死打伤4人。阎升堂当晚不在大韩庄，未被新四军收俘。战斗结束后，邵敏、效信趁分别带领部队撤出大韩庄，转移到刘沟、张湾等地。阎升堂到张湾找到效信趁抱怨说：原来不是说不打吗？咋会打成这样呢？效信趁解释说：出了点意外，搞得双方误会了。接着，效信趁劝阎升堂反正，阎升堂答应“回去带上人跟新四军一起走”。午后，效信趁等来的不是阎升堂的反正人马，而是百余名日军。效信趁带领部队迅速抢占了支锅山制高点，利用山头上的石寨墙作掩护，居高临下地阻击日军，日军便用迫击炮还击。兵团战士见状，边打边逼近日军，使日军的迫击炮无法展开火力。与此同时，邵敏带领一部分战士从刘沟村出发，由乔张村包抄过来，叶舞支队的一部分战士也运动到日军的背后。日军发现将要被包围时，立刻落荒而逃，一路上丢盔弃甲，狼狈不堪。一名日军被打伤后被抬上了马，慌乱之中又从马上跌落下来，后又反复跌落了几次才得以逃脱。邵敏带领战士们一直紧追不舍，边追边打，追了五六里路后才停了下来，途中收缴枪支数十条。挺进二团和叶舞支队刚刚打完一个漂亮的围歼战，紧接着又打了一个漂亮的追击战。

八

随着根据地的不断扩大，豫中地区的日伪、国民党地方政权已名存实亡，亟待在根据地建立起地方抗日民主政权。1945 年 6 月，豫鄂边区党委派栗再山到豫中，组建豫中工作委员会，栗再山任书记。河南挺进兵团改为豫中游击兵团，黄林任司令员，栗再山兼任兵团政委。兵团开始配合豫中工作委员会（后改为豫中地委）在嵖岈山地区相继建立了遂平县抗日民主政府、郾（城）上（蔡）西（华）抗日民主政府、西平县抗日民主政府。紧接着，豫中工委开始在舞阳东南部武功、尹集地区筹建抗日民主政权。不久，舞阳县抗日民主政府在武功刘川沟村成立，中共舞阳县委书记苗宝泰兼县长，王方明任副县长，下设财粮科、民政科，辖詹山、大同乡抗日民主政府。当时，乡级抗日民主政府下辖的各个保甲政权，仍由原来的保甲人员组成，抗日民主政府利用他们主要开展了四个方面的工作：一是发动群众，拥军支前。积极开展征粮（主要对象是大户）、征鞋、献布工作，让根据地老百姓为抗战有粮出粮，有力出力，制定“凡有 200 亩土地以上大户，出量 5000 斤，对个别顽固不出者给予处罚”的政策进行征粮，免征赤贫户粮税；按每户一双鞋或每位成年妇女一双鞋的标准征鞋；鼓励每户为部队献棉，解决冬装问题，部队给予所献物资者一定的报酬。二是组建乡抗日武装。各乡建立了 30 至 50 人枪的抗日武装，用于保卫乡民主政权和维持社会秩序。三是开展倒地运动。1945 年夏，中共河南区委颁布《土地转移法》《河南灾期卖地倒还条例》，其中规定“让 1943 年因灾荒失去土地的贫苦农民从地主手中赎回土地”，各乡抗日民主政府成立了赎地小组，使倒地运动得以广泛展开，极大地调动了根据地广大贫苦农民抗日救国的积极性。四是征税。税收是根据地财政收入的主要来源，抗日民主政府只收商税，并且仅征收大户开设的商行（店）的营业税，对于一般小商贩和手工业者免税，这种有区别的征税，深受根据地工商界人士的欢迎。中共舞阳县委、县抗日民主政府的建立，标志着舞阳南部地区已成为豫中抗日根据地的组成部分。日军无条件投降后，各县的抗日民主政府随即改为民主政府。

九

杨梦圃是杨庄人，出身于地主世家。抗战初期，他曾任舞阳县尚店区区长兼保安团团长、县救济院院长。舞阳沦陷前夕，国民党舞阳县政府人员纷纷逃往南部山区，杨梦圃也回到了杨庄。当时，各村寨都在组建抗日武装，杨梦圃很快就建起了一支数百人的武装，被编为县政府直属大队，由他任大队长。舞阳沦陷后，日军不时地对南部山区进行扫荡，并建立了据点，杨梦圃部曾与日军交过火。在这期间，杨梦圃为了安全，带着家眷和一个中队到寺山上安营扎寨，其他 4 个中队分别驻守在寺山周围的吴庄、龙泉、柏庄寨等地。

寺山位于杨庄村南不远处，山高数丈，平地突起，南面十分陡峭，东、北两面山坡较缓，西面与大林坡山相连，是一处十分有利于防守的军事要地。杨梦圃看中此地后，开始在山上大兴土木，征用数百民工，修寨墙、筑地堡、盖房屋、砌饮马池、挖环山湖。他的部下更是借机征粮派款，敲诈勒索，明讹暗抢，胡作非为，惹起很大民愤。挺进兵团到舞阳南部山区活动时，只要路过寺山一带，就会遭到杨梦圃部的冷枪袭扰。在这种情况下，挺进兵团决定，全歼杨梦圃部。

1945 年 8 月 15 日晚，黄林司令员率领挺进二团、挺进四团到达舞阳尹集西山岭，在此召开战前动员会，下达了挺进二团、挺进四团分别攻打寺山南、北两坡的作战任务。次日午后，挺进二团到达苏庄一带，挺进四团到达水田一带，形成对寺山及其周围的包围。战斗前夕，黄林司令员写信给杨梦圃，劝他放下武器投降。杨梦圃看了信后，不满地骂道：“他妈的，还想较量较量哩！”信也未回。入夜时分，挺进二团、挺进四团的参战人员分别进入了各自的战斗区域。攻击命令下达后，挺进二团三连率先从北面佯攻，寨上守敌借着月光疯狂向下扫射，很快就有六七名攻寨战士中弹负伤。攻寨部队只好暂停攻寨，就地隐蔽下来。月落后，挺进二团对准寺山连射了3发迫击炮弹，山上顿时火光四起，爆炸声震耳欲聋，守敌很快乱作一团，吓得一个个东躲西藏，枪声一下子停了下来。此时，黄林司令员再次派人送信给杨梦圃，劝其投降。杨梦圃还是不愿意投降，仍未回信。次日拂晓，攻寨战斗再次开始，挺进二团派一个营从山北面组织佯攻，吸引住了山上守敌的注意力；隐蔽在山下的挺进二团三连战士们趁此机会从寺山东南角陡峭山崖处攀援而上，迅速攻入了寨内。与此同时，挺进四团2个连的攻寨部队，一部分攻占了大林坡山，居高临下地向寨内开火；一部分从南面山坡攻上了山。很快，攻寨部队占领了山寨，四面响起了一片“缴枪不杀”的喊声，在火把的照耀下，守敌一个个束手就擒，杨梦圃也被从地堡中揪了出来，吓得连声叫着“饶命，饶命”。战斗结束时，天已快亮。杨梦圃在押解途中企图逃跑，被兵团战士击毙。此战，俘敌百余人，伤敌20余人，毙敌3人。

十

1945年8月15日，日本鬼子无条件投降。此时，河南军区为了扩大和加强豫中根据地，派河南人民抗日军第三支队陈先瑞部途经舞阳进驻嵖岈山地区，与豫中游击兵团会师后，成立了中共豫中地委、豫中专员公署和豫中军分区。栗再山任中共豫中地委书记兼军分区政委，欧阳景荣任专员，陈先瑞任军分区司令员，黄林任副司令员。豫中军分区部队按照党中央关于“八路军、新四军及其他人民军队，应在一切可能条件下，对于一切不愿投降的侵略者及其走狗实行广泛的进攻”的指示，向根据地周围的日伪顽武装不断发动攻势，很快打垮了尚店、王店、象河关、小史店、太尉庙的国民党顽固势力，将根据地扩大到了叶、舞、方、泌四县交界地区。9月中旬，中共豫中地委决定撤销舞阳县抗日民主政府，在舞阳县南部尚店成立叶、舞、方、泌联合指挥部（联合政府），由王泽民任指挥部政委兼中共舞阳县委书记，吴振挺任指挥长兼舞阳县民主政府县长。舞阳县委、县民主政府下辖尹集、尚店、柏庄3

个区委、区政府。10月初，国民党军队准备大举进攻豫中地区，中央指示新四军五师、豫西八路军向豫中地区集结。不久，冀鲁豫军区水西八团王定烈、李世才部经扶沟、叶县进入舞阳卸甲店、接官厅地区，由此去到嵖岈山槐店镇，与新四军五师会师。河南军区司令员王树声、政委戴季英率领皮定均、刘昌义、张才千三个支队由登封南下豫中地区，经舞阳进入嵖岈山。与此同时，国民党第四十一军一〇四师杨显明部抢占了舞阳县城，日军及日伪政权撤离后，国民党舞阳县党部、县政府、县保安团等随后进驻。盘踞在舞阳北部地区的绥靖军第一师关震亚、尚振华部被国民党收编为新编第七十五师。10月底，国民党军队的4个整编师开始大举进犯豫中根据地，中央指示已经在此集结的新四军五师、河南军区部队及部分冀鲁豫军区部队实行战略转移，撤离豫中及舞阳县南部等地，向桐柏地区集结。在主力部队进行转移期间，豫中军分区司令陈先瑞、副司令员黄林、中共舞阳县委书记王泽民与县长吴振挺分别率领一部分武装活动在嵖岈山和舞、方、叶三县交界地区，在此牵制敌人。国民党第一〇四师随即派装备精良、战斗力强的苟则华团进攻舞阳南部，中共舞阳县委、县民主政府被迫撤离驻地尚店。苟则华团占据尚店后，多次袭击活动在该地区的豫中军分区部队。在敌我力量悬殊的情况下，留守在嵖岈山和舞、方、叶三县交界地区的豫中军分区部队于11月初全部撤离，奔赴中原突围新战场。

挺进兵团自1945年1月进入舞阳活动，到同年11月撤离，仅仅不到一年时间。然而，它为中华民族解放事业英勇奋战的辉煌业绩，将会永远铭刻在历史的丰碑上。

注：本文编写主要参考了《中共舞阳党史》《舞阳县志》《舞阳文史资料》《舞钢文史资料》《舞阳抗战风云》等书中的有关资料，由于涉及众多撰稿人，不再一一注明，仅在此深表感谢。

选自2015年《漯河文史资料》第二十二辑

舞阳的抗战概况

胡德周

2015年是中国人民抗日战争胜利70周年，也是世界反法西斯战争胜利70周年。法西斯是人类历史上出现的一股邪恶势力，在20世纪30年代，德国、日本、意大利组成法西斯“轴心国”，妄图以侵略战争为手段，把法西斯黑暗制度推行于全世界。中国人民的抗日战争，是世界反法西斯战争的重要组成部分，中华民族为世界反法西斯战争的胜利承受了巨大的民族牺牲，中国抗日战争在世界反法西斯战争中占有十分重要的地位。

以1931年九一八事变为标志，日本法西斯发动了蓄谋已久的侵华战争，并迅速侵占东北的一些大中城市，直至占领整个东北。中国抗日战争从九一八事变开始，到1945年9月中国胜利结束，历时14年之久。特别是卢沟桥事变后，日本法西斯向中国发动全面进攻，把战火扩大到华北、华东、华中和华南，中日战争在长达5000公里的正面战场和130余万平方公里的敌后地区进行。中国与日本交战的兵力最高时达1000余万，其中，中国军队近500万，民兵200万，日军近200万人，伪军100多万。战争中，中国军队毙伤俘日军150万余，歼伪军118万。日本投降前夕，日军在中国战场兵力为186万人，其海外总兵力358万人。战争结束期间接受投降日军128万余人，投降伪军146万人。抗日战争中，中国军民伤亡3500万以上，其中军队伤亡380余万。中国官方财产损失和战争消耗达1000多亿美元，间接经济损失达5000亿美元。

英美军在太平洋战场上使日本损失124万余人，苏军出兵中国东北歼、俘敌67万余人。相比之下，就可以看出中国战场的重要地位。

以下从五个方面概述舞阳县抗日战争时期的救亡宣传、武装抗日、日军侵占舞阳罪行以及舞阳的人员伤亡财产损失情况等。

一、抗战前期的救亡宣传

全国抗日战争爆发以后，舞阳县的青年学生怀着强烈的爱国激情，积极投入全国抗战的洪流中，在北平、开封、信阳等地上学的青年学生纷纷回到家乡，他们自发联络，于 1937 年 11 月初组织成立了舞阳青年救国会，发动全县各学校组织分会，动员社会各界参加到救亡运动中来。组建青年救国会的青年学生大多出身于豪绅、商人、政界人士的家庭，他们借用各自的家庭地位和社会关系，带动舞阳的党、政、军、教育、工商界、士绅等知名人士参与进来，组成理事会，募捐筹款。几个月时间，青救会在全县各区建立了 43 个分会组织，会员发展到 6000 多人，他们通过传单标语、漫画、墙报、教唱抗战歌曲、演剧、创办报刊、成立儿童团、开办夜校识字班、办革命书店等方式，深入全县各个角落，宣传国家兴亡、匹夫有责、团结抗战，掀起了全县性的抗战热潮，成为舞阳近代史上最广泛最深入的一次群众运动。

青救会成立之初，党中央从延安派回的中共党员陈遗根据鄂豫边省委指示，回到舞阳家乡，恢复和发展共产党的组织，他积极参与到青救会的工作中，会同国民党释放政治犯出狱回乡的中共党员邹屏，组建了中共舞阳县工作委员会。1938 年 1 月中共舞阳县委成立，县委把发展壮大党的组织力量，开展抗日民族统一战线工作，动员群众抗战救亡作为主要任务，借用和团结青救会的组织力量，首先在青救会中建立党的支部，发展党员，逐步取得对青救会的领导权，随后在全县相继建立了 7 个基层区委，46 个党支部，党员发展到近 500 人。共产党在舞阳的抗战救亡工作中取得了主导权，中国共产党倡导的抗日民族统一战线政策在舞阳得到了很好实施，虽然共产党的组织和活动还处于秘密状态，但当时的国民党县内高层也心知肚明，不加反对。舞阳良好的救亡群众基础，在全省产生了广泛的影响，引起党中央和省委高度重视。1938 年 6

月在舞阳成立了中央豫中特别工作委员会，12 月改建为中共豫中地委，1940 年 12 月中共河南省委机关设立在舞阳，领导豫中地区乃至全省的抗战救亡工作。

1938 年初，河南省战时教育工作团在范文澜等带领下到舞阳开展抗战救亡的宣传活动，活动达几个月。同年 6 月 5 日至 11 日，河南省青年救亡协会成立大会在舞阳召开，促进了当时舞阳的抗战救亡宣传运动。6 月 14 日至 22 日，爱国将领冯玉祥视察防地到舞阳，所到城乡宣讲抗战救国道理，鼓舞斗志。

随着形势的变化，按照党中央指示，舞阳地区区委以上的党组织及党员干部，从 1941 年春到 1942 年底，有组织有计划有秩序地撤离舞阳到陕北、豫鄂边等根据地，这期间，舞阳党组织为党输送了 100 多名优秀党员干部。

二、日军第一次侵入舞阳的情景

抗日战争前期，由于日军空军控制了制空权，日军飞机深入中国内地，到处狂轰滥炸，曾对舞阳进行多次轰炸，造成重大财产损失和人员伤亡，其中突出的是 1940 年 4 月 30 日下午轰炸县城，东大街居民张天训一家 6 口男女老少被炸死，十几间房屋全被炸毁。东大街做生意的梁勤一家三口被炸死，北大街路东路西门面房炸毁，路西防空洞内闷死数人。

1941 年初，侵华日军在湖北中部与国民党军队作战三度受挫后，发动豫南攻势，企图打通平汉线，以三个师团兵力北犯豫南，其中第三师团经泌阳一带向舞阳进犯。当时守卫在舞阳、泌阳的是国民党三十一集团军十三军汤恩伯部，汤恩伯命令一一〇师吴绍周部在尚店一带阻击日军，八十九师舒荣部占据泌阳象河关阻击日军，日军万余人攻破象河关国民党守军，八十九师一团人撤往方城境，而没有按原计划北进与吴绍周师合力，使吴绍周势孤力弱。随后日军进入舞阳境，日军飞机轮番轰炸尚店一一〇师阵地，29 日夜尚店失守，日军继续北犯。自 28 日，日军飞机就深入舞阳，寻找目标实施轰炸。29日前的几天，吴绍周部分驻在舞阳县城附近村庄的驻军纷纷南移到垭口山、接官厅村一带阻止日军，准备将日军歼灭于尚店以北地区，南移途中不断遭受日军飞机轰炸扫射。28日晚，一一〇师三三〇团分派士兵在刘山、黄山、西南山、苏山、面石山、鏊山、将军墓山、支鼓山上构筑工事，29日早上，日军步兵一部攻占苏山、面石山、鏊山。三三〇团团长陈钦文率部攻占山头，未能成功，转战北上守舞阳县城，途中不断遭日军飞机扫射，鏊山以北到枣林以南武功以南一一〇师士兵伤亡惨重，大多被飞机反复扫射致死，又被燃烧弹烧灼。29日下午，陈钦文团长为国殉职于武功北路旁，陈钦文团长以下300多人，战死者达三分之二。29日夜，一一〇师另一部在大石门、刘山、黄山地带与日军激战，30日，是豫南会战中战斗最激烈的一天，尚店失守后，国民党八十九师一部在尚店以北与敌鏖战，日军在飞机、大炮、战车掩护下向十三军各阵地猛攻，一一〇师在接官厅、小石门阵地遭集中炮轰，日军从尚店以北分三路攻各个山头，由于兵力悬殊和武器上的差距，吴绍周部一部分士兵退往西部山区，一部分向北县城方向，一路遭日军飞机扫射和步兵追击。日军步兵自朱兰向北经西大路进犯县城，一一〇师士兵经武功向北经东大路去守县城。29日下午，部分日军进犯到枣林以北。30日下午，与一一〇师士兵交战于老庄南壕沟处，因地形不利，国民党士兵战死数十人。一一〇师官兵未能占据县城，在城南三里店以南部队已伤亡殆尽。30日下午四五点，日军进入县城。另有一路日军自西平进入舞阳县城。

这次日军侵犯舞阳，除与国民党吴绍周部作战外，所到之处只要看到平民百姓就枪杀，见到妇女就奸淫，所经村庄无一幸免，平民百姓有一个两个遭枪杀者，有集体射杀达17人者，妇女有单人被强奸者，有三四十名日军轮奸一人者。日军这次侵入，是舞阳抗战中遭受损失最重，国民党士兵战死最多，平民百姓被炸被杀、妇女遭强奸轮奸人数最多的一次战争灾难。

1941年1月31日，日军第十七师团主力由遂平、西平向舞阳企图与第三师夹击国民党部队，日军第三师转到叶县保安。2月2日，在国民党军队围击下，向南逃离舞阳。2 月 3 日，三十一集团军收复舞阳。此次日军侵入舞阳，据有关资料记载，一一〇师吴绍周部战死官兵 1000 余人，日军从舞阳、叶县、方城向南阳逃离时，受到国民党军队围剿，毙伤日军 9000 余人。

三、日军占领舞阳的状况

1944 年初，日军为挽救其失败的命运，决定在国民党正面战场发动一场旨在打通纵贯中国大陆南北的大规模豫湘桂战役，河南战役是其中的一部分。4 月 18 日，日军 97000 余人的兵力进攻河南，河南战役爆发。6 月 9 日，日军第三十七师团分数路进入舞阳，骑兵第四旅团藤田茂部占领舞阳县城，舞阳沦陷。日军占领舞阳后，首先派指导官小野久士和汪伪政府的翻译人员潘庆扬到舞阳组建维持会，建立伪政府。还以经商为名组建大信公司，由重本义一等三名日本人掌控，借控制食盐交换麦子等军需物资，公司下设谍报小组，搞间谍活动。设特务机关万祥公馆，专门抓捕抗日人士。开古董店，收购中国文物。抓带到舞阳 40 多名年轻女性，在县城南大街、北大街、东大街设慰安所，在朱兰店设慰安所。其中有朝鲜妇女，有保定女子中学的学生，有东北姑娘。在田洛庄和将军墓山上日军还强抓附近村庄的年轻女性做慰安妇。在县城经常查户口，登记外来人员，强制每户门前用白灰糊一片上写“中日亲善，击灭英美，建立大东亚共荣圈，共存共荣。”还办报纸、办小学校，搞愚民奴化宣传。

日军以县城为中心在控制区内交通要道等多处设据点，如朱兰店、栗林铺、河湾、石门郭、大韩庄、大有号、尹集、卸甲店、高堂、吴城等村镇，据点之外还设岗哨。日军因兵力不足，笼络北舞渡地区的关震亚、尚振华武装成立伪军绥靖第一师近万人，替其把守澧河以北。日军自身控制澧河以南到朱兰、尹集一带，实际兵力在舞阳驻扎约 300 人，县城只有几十人控制。日军笼络人员成立一个数百人警察局，成立一个 1000 多人的自卫团，成立几个便衣队等，利用他们经常入村掠夺财物，派用牛车，强拉民工等。这些走狗人员为虎作伥，欺压平民，私发横财。他们带领日军时常入村窜扰，强奸妇女，胡乱杀人。凡勒索钱物不给者，听不懂日语误判意图者，保护女儿、儿媳不被奸淫者，亦遭杀身之祸。凡窜入村庄，无没有妇女遭强奸轮奸者，影响较甚者如尚店轮奸妇女 20 多名，朱耀环村强奸轮奸 30 多名，北高村强奸轮奸 12 名，大杨庄村强奸轮奸 10 名，少女、妇女被轮奸致死者有之。所到村庄抓鸡撵狗，逮猪赶羊，牵牛拉驴，搞得鸡犬不宁，村民四散。

四、舞阳的武装抗日斗争

日军侵占舞阳前夕，国民党舞阳县政府转迁到南部山区，下属武装国民兵团，三个直属独立武装大队，后期成立的保安团，均在山区，另有抗日人士张茨山、效信趁等组建的方宝动员区第二挺进纵队，活动在西南山区，共有武装 3000 多人。这些武装或独立行动，或联合行动，时常打击占领舞阳的日军，对日军在舞阳南部垭口山以东以及罗大山、将军墓山、支鼓山、鹁鸽楼山、石门郭村等设立的前沿哨所予以有力打击，使日军不得进入大石门以南地区。但由于武器装备不佳，人员缺乏正规训练，不能对日军展开大的作战。方宝动员区第二挺进纵队在西南山区多次围击、追击日军，让日军伤亡惨重。恼怒的日军 1945 年 1 月 6 日联合叶县的日军对舞阳地方武装突发围剿，在第二挺进纵队被打散以后，仍有纵队支队长效信趁带领余部 300 余人坚持与日军作战，并于 1945 年 4 月改编为新四军叶舞支队。

在舞阳地方武装与日军斗争的同时，由新四军五师一部组成的河南挺进兵团于 1944 年 11 月进入舞阳南部地区，打击日伪顽军。开展了虎头山战斗、尹集战斗、大韩庄战斗，并时常出击田洛庄、栗林铺等地的日军。

上述武装抗日斗争，致使日军占领舞阳期间有百余名日军官兵命丧舞阳。

此外，舞阳农民群众还以不同方式反抗日军的占领，勇杀日本兵。

如苏林村的老太太相互兑面粉，捏成小面人蒸熟扎上刺圪针，编成“七家面、八家水、九家柴火煮洋鬼”，坐在路边发给人们吃。大杨庄村农民王法中、王娃不堪汉奸辱骂，在日军驻扎村内的险境下，将其杀死，又和村人设计将责任推到另一名汉奸身上，借日军之手将其处死，巧除了两名汉奸。戴庄农民郭和东和佣人郭三在日军小队人马进村派工割草喂马期间，勇敢将闯入家中的一名日军杀死，填进红薯窖中埋掉。卸甲店村农民郭清林、谷锁勇将追赶本村年轻姑娘的一名日军杀死。

随着抗日战争形势的发展，1945 年春季以后，日军到了垂死挣扎的阶段，舞阳南部由于新四军的战斗与活动，具备了开辟与建立根据地的条件。1945 年 6 月中共豫中工委决定在舞阳建立中共舞阳县委，舞阳县抗日民主政府，先派工作队开展工作，同年 7、8 月间在刘川沟村县委、县抗日民主政府成立，大同、詹山两个民主乡政权相继建立。民主政府发动群众支援部队，发展武装，使舞阳南部成为豫中抗日根据地的重要组成部分，到同年 10 月新四军五师部队与八路军王树声部会师于舞阳南部。

1945 年 8 月 15 日，日本宣布无条件投降，中共舞阳县委、县抗日民主政府随后在庙街召开群众大会，庆祝抗日战争的胜利。9 月 20 日，占领舞阳的日军到漯河投降。

五、抗战时期舞阳的财产损失和人口伤亡

日军对舞阳的侵略，掠夺了大量民财、树木、粮食、牲畜、桐油、生漆、杂铜、牛皮等，破坏了经济社会发展，农业生产停滞，舞阳人民的生命财产受到重大损失，无数家庭家破人亡。仅对全县近百个自然村 160 名 75 岁以上老人的调查，并查阅文献资料，结果为：共伤亡人口 699 人，其中直接死亡 490 人，伤 17 人；间接伤亡 209 人。伤亡人口中失踪 220 人，流离失所急待救济 509 人。财产损失：土地 200 亩，房屋 2243 间，树木 20000 棵，粮食 2390 石，衣服 8483124 件，各种农器具 3239 件，牲畜损失 20082 头。

在整个抗日战争时期，舞阳县每一个自然村都有流离失所的难民，每一个村都有因抗战当兵牺牲在外的热血青年。与日军作战的重大战役，如卢沟桥、台儿庄、上海、山西中条山、湖北宜昌、河北、河南各地以及保卫许昌、保卫漯河等，都有舞阳籍的士兵和烈士。舞阳人民在中国抗日战争中遭受了巨大牺牲，也为抗日战争作出了重大贡献。

选自 2015 年《漯河文史资料》第二十二辑

救亡运动

漯河人民在抗日战争中

漯河市史志档案办公室

在抗日战争中，富有光荣革命传统和斗争精神的漯河人民在当地党组织的带领下，广泛开展抗日救亡运动，为夺取抗日战争的最后胜利写下了光辉篇章。

广泛开展救亡运动

1937年后，北平、开封、天津、信阳等地的一些学生党员和先进青年受党组织派遣，返回家乡漯河、舞阳、郾城、临颍，在当地党组织的热情支持和具体领导下，成立救亡团体，开展抗日宣传，动员广大群众参加抗日斗争。舞阳县青年救国会最为活跃，在中共舞阳县委的直接领导下，在全县城乡设立了60多个分会、支会，发展会员6000余人。他们在全县范围内贴标语、出版报、演剧目、搞募捐，宣传党的抗日民族统一战线政策和抗日主张，成为当时全省青年运动最活跃的地区。郾城县抗敌后援会和巡回话剧团，从县城深入十五里店、大新店、小商桥、洪陈店、万寿寺、黑龙潭、河状以及北舞渡、周口、商水等地，上演《放下你的鞭子》《打鬼子去》《张家店》等剧目，广泛开展抗日救亡宣传，激发人民群众的抗日救国热情。漯河《警钟日报》的党员利用这个宣传阵地开辟了《心声》副刊，组织励行中学的党员教师和进步学生撰写文章，宣传党的抗日救国十大纲领，激励广大市民的抗战热情。临颍县抗敌后援会创办《抗敌日报》，拟定《临颍抗日救国宣传大纲》，宣传八路军、新四军将士对敌开展游击战争的胜利消息，演出《戚继光平倭寇》等剧目，开展募捐活动。所有这些活动，极大地鼓舞了漯河地区人民群众的抗日热情，掀起了豫中平原上抗日救亡的巨浪。

建立豫中抗日民族统一战线

中共豫中地委十分重视对当地各阶级、阶层，特别是国民党当局、武装首领及各种地方实力人物、社会名流的统战工作，同地方当局建立起统一战线。如让青救会组织部部长利用兄弟关系出面活动，晓以大义，稳住了县党部书记长，使其对青救会的活动给予同情和支持；通过青救会的其他骨干，说服、争取了另外的一些当权人；依靠青救会骨干、当地名门望族子弟，做好他们这些社会上有影响的家庭的工作，使他们能够支持当地的抗日救亡活动。后来形势变化，国民党河南省党部再三下令，让县党部解散青救会。由于与当局有较好的统战关系，县党部特派员主动同青救会联系，让青救会改变名义，顺利地转为舞卫剧团、青年座谈会、自卫报社等，仍然公开合法存在，保存并发展了党的力量。

武装抗击日寇侵略

1944 年 4 月，日军集中近十万兵力，发动河南战役。驻扎在河南的国民党军汤恩伯部仅 37 天就丢失了 38 座县城，中原大地沦入敌手。5 月上旬，临颍、郾城、漯河、舞阳相继沦陷。此后，日军在漯河屯驻重兵，设立军政部，建立名为公馆的众多特务机关；还成立了维持会和警察局，在各县扶持维持会，培植皇协军，铁蹄所至，烧杀抢掠，无恶不作，制造了小沟张大屠杀、火烧老应、血染石桥、大树血案等一系列惨案。据不完全统计，仅临颍县就被日伪打死 2353 人，直接逼死 12333 人。

在这民族危亡、家乡人民处于水深火热的危难时刻，共产党员挺身而出，立即组织抗日武装，同日伪展开了短兵相接的斗争，其中规模较大的有叶舞支队和郾城抗日游击队。

叶舞支队原为舞阳共产党员效信趁等创建的一支活跃于叶县、舞阳一带的抗日武装力量，曾发展到1000多人，后正式改编为新四军豫中游击兵团叶舞支队。对日伪作战主要有以下几个战斗：一是曹庄战斗。1944年11月，效信趁带领部队在舞阳南部山区曹庄截击进山扫荡的日军。当敌人进入伏击圈后，支队官兵勇猛冲锋，经过激战，打死日军9名，进山日军溃退。二是老翟山战斗。1945年1月，效信趁带领支队在老翟山下与敌遭遇，展开激战，游击战士利用有利地形，英勇杀敌，战斗整整进行了一天，我方连续打退日军四次冲锋，重创城南据点日军。三是李楼战斗。1945年2月13日，效信趁带领游击战士配合豫中兵团主力，奔袭驻扎李楼村的伪顽，毙其10余人，生俘50余人。四是大韩庄战斗。大韩庄位于舞阳城西南老金山东侧，是进出西南山的门户，地理位置十分重要，日军在此设立据点，修筑碉堡6个，派兵把守。1945年5月14日，效信趁带领支队奔袭大韩庄，于午夜到达，拂晓前发起进攻，战士们攀上云梯迅速攻入寨内，以迅雷不及掩耳之势，很快就将碉堡外的敌人堵死在屋子里，使他们没有来得及穿衣服就被缴了枪，成了俘虏。至天亮时分，攻克碉堡5个，击毙伪军王麻子等6人，俘敌70多人，缴枪64支，拔掉了据点。此外，叶舞支队还参加了新四军同日伪作战的神庙沟、姚孟、瓦店营、象河关、武功等战斗，多次受到豫中军分区的嘉奖。

郾城抗日游击队是地下党员蔡永令在其家乡——郾城县西南乡一带组建的一支抗日武装，开始有一二百人，后发展到近千人。从其成立至抗战胜利仅仅一年零三个月的时间里，郾城抗日游击队打日军、除伪顽，对日伪作战30余次，击毙日伪官兵数百人，其中日军官兵60余人，缴获迫击炮4门、机枪23挺、手枪300余支、步枪1000多条、弹药、食盐及其他物资一批，沉重打击了日伪势力。

为建立抗日根据地作贡献

1944年7月，党中央根据河南大部分沦陷这一战局变化，决定开辟河南抗日根据地，并发布了向河南敌后进军，全面开展河南抗日战争的命令。中共中央平原分局部派遣冀鲁豫军区八团，新四军派遣河南游击挺进兵团从东、南、西三个方向向漯河地区挺进。经过同敌伪多次战斗，八团于1945年6月在郾城砖桥建立了冀鲁豫第十三地委、专署、军分区，在万金张村建立了中共郾（城）上（蔡）西（华）县委和县抗日民主政府以及砖桥、华陂、万金、五沟营、百尺等区政权。随后，在逍遥镇建立了中共西（华）临（颍）郾（城）县委和县抗日民主政府以及奉母、逍遥、老窝等区政权。同月，新四军在嵖岈山建立了中共豫中工委、专署和军分区，7月在舞阳南部武功乡鸡山北坡的刘川沟村建立了中共舞阳县委和县抗日民主政府以及詹山、大同等区政权。

深受水、旱、蝗、汤四害之苦的漯河人民十分感谢共产党、八路军、新四军的恩情，他们以极大的热情积极参加根据地建设，从人力、物力、财力上大力支援政府和部队。一是广泛开展回地运动，深入进行对敌伪残余及豪门权贵的斗争。仅砖桥、久寨徐一带就回地9000多亩。还组织了老揄队，揄了一些欺压群众、鱼肉乡民的土豪地主，把揄来的粮食和财物分给贫苦农民。二是积极交售公粮和开展税收，为部队和政府提供物资保证。三是动员、支持广大青年积极参军。根据地广大青年农民在家庭的支持鼓励下，形成参军热潮。如八团在不太长的时间内，就有许多农民子弟踊跃入伍，兵力扩大了一倍，达2000多人。另外，各区还建立了区干队，由当地青年农民组成，多的每队有50余支枪，少的有20多支。他们在为部队输送兵员、保护政府和群众利益、维持社会秩序等方面都起了很大的作用。

欢庆胜利

1945年8月15日，日本帝国主义宣布无条件投降。中国人民历尽艰辛，浴血奋战，终于取得了反法西斯民族解放战争的最后胜利。光复后的漯河人民异常喜悦，纷纷走上街头，载歌载舞，到处充满了欢呼庆贺的歌声。漯河是全国15个受降点之一。

受降会场设在寨内山西会馆。9月20日，日本北支那派遣军第十二军团中将司令官鹰森孝率其部属一一五师团、十四独立骑兵团、九十二混成旅团、十三独立骑兵团、第四独立骑兵团及其他配属单位官兵31560人，向中国军政接收人员无条件缴械投降。在受降仪式上，鹰森孝身着武服，步履沉重、气色不佳地走进会场，首先在事先已准备好的投降书上签字，然后摘下他的指挥刀双手献上并脱帽鞠躬。为纪念这一重大胜利，漯河人民把日军投降时走过的河沿街更名为“受降路”，各界群众纷纷捐款，在车站花园修建了“受降亭”。

半个世纪过去了，漯河人民在党的领导下英勇抗击日本侵略的光辉历史，作为整个民族解放战争中的一部分被记载并流传下来，成为我们的一种精神财富。

选自1995年《漯河文史资料》第六辑

抗战实况漫忆录

周声远[①]

我1914年生于舞阳，在内忧外患灾荒困饿中走了过来，参加革命后，在共产党培育下成长。过去的崎岖成为历史，81岁后逢抗战胜利50周年纪念，特将本人亲身所知日军侵华和抗日战争中的实况作零星忆写。

舞阳县师的抗日宣传

1930年秋我升入县师，不久在县师任教的党员撤离。国民党开始新的反共活动，学校的中共党支部转入地下活动。学校中虽有李绍唐、王伟之两位教师是中共地下党员，却不接触学生支部，只对学生进行思想教育。

九一八事变后，日军侵占沈阳，共产党人从校外投入纸镖，我们展开一看，是日军侵华漫画和号召抗日传单。经李绍唐老师讲解后，同学们开会讨论决定，发起了抗日宣传运动。

经过串联发动，全城中小学生集合起来，列队上四街四关宣传，抗日救国口号喊遍了全城。

游行后大家集中在街上，提出要查禁日货。推选出搜查人员，由大队跟着到各商店检查。见有日货强令立即封存，不准出售。查到利昌号，店员关上门不让检查，门被砸开后仍坚决不让检查，气得大家抓住一个阻挠的人，架起来到街上游行，大队学生跟着，激怒地呼喊着“打倒奸商利昌号”“卖日货是亲日汉奸”“坚决抗日救国”“把日本鬼子赶出中国去”等口号，使抗日救国声浪传遍了全县。

① 周声远，舞阳县人，1914年生。曾任营连文化教官，文工团团长，县委、县政府秘书，县文教科（局长），县高中副校长，县各界代表、县人大常委、县政协副主席。

学生请愿要求抗日

1933年秋我去开封师范学习，1934年7月北平学生赴南京请愿要求国民政府出兵抗日。开封由河南大学学生发动掀起了各校学生请求抗日运动。

开封师范校长田恩沛、教导主任皮春如、军训教官宋特夫都是蒋系老法派，严格封锁消息，听说学生结队游行，紧关校门集合学生训话。游行的学生砸开校门涌进校院，田恩沛的训话转为对我们的怒斥和命令，命令不准参加。游行大队到了天桥上，对着我们喊："阻挠爱国运动就是汉奸！打倒汉奸卖国贼！……"

田恩沛大声叫道："不准参加！参加，参加！武装参加！"只两三秒钟作了个一百八十度大转弯，留下了长久的笑料儿。我校同学跑着加入了游行大队。

大队学生串街宣传，游行到省政府门前，方其道出面接见，我们请求派专车送大家赴南京请愿，他推说火车由铁道部门管，省府无权。大家到车站一看，室门全锁，空无一人，原来省府已经打电话让躲开，太使大家气愤了！

大家一堆一团聚在站台上，有的唱抗日歌，有的谈日军罪行，也有人大声对大家讲话。忽听西边有火车吼声，一列客车飞驰而来，大家迅速冲向道轨边，火车急刹车停下，同学们蜂拥而上，顿时挤满车厢，乘客被挤下车来。没注意司机竟然偷偷溜走，只好等在车上。初中学生把帐篷扯在道轨上，心想："开车必得先通知我们，以保证能乘车上京请愿。"

夜里大家畅谈了很久，到深夜，挤不上车者坐在站台上，背靠背睡了一夜。黎明时候谈话和唱歌声又响起来。

太阳出来，开封市的群众尤其是老太太和小孩子，纷纷来到火车站，拿着馍和各种食物让我们吃。这种诚恳的支援，强劲地鼓舞着大家的斗志，更证明抗日救国是人民群众的心愿。

想不到开封师范教导主任皮春如也来了，他从工友手里接过馒头，转身往我们手里送，嘴里还说着同情的表面话语。一会儿，有同学从学校来车站，传来了十分惊人的奇怪透顶消息，说:“校长把训育主任挂牌开除了！”大家不相信，认为可以开除学生，对教育职员只能解聘。

有人要看稀奇，我也跟着跑回学校，一看，虎头牌挂在布告栏里，上面用红笔圈勾着的字是:“查张雨生阻挠学生爱国运动，着即开除出校，以示惩处。此布。”下有田恩沛署名及行章、时间。为什么当面阻挠爱国运动的人竟会公然以违章方式开除主张抗日救国的人，而且无耻地把自己的罪名反转过来给别人安上呢？原来田、皮、宋是蒋系老法派，张雨生和简贯三老师是CC派。这是他们借故排除异己的不顾廉耻的歪邪花招。

我们学生为了坚决乘车赴南京请求出兵抗日，卧轨坚持三天四夜。省府来通知说国府派大员来答复大家的请求，下令叫我们到龙亭后运动场集合。到达运动场，只见到处有武装人员挺立，气氛威武森严，大员夸说勉励之后，说中国实力雄厚，国防巩固，大家应该专心学习。并乘飞机冲向低空对大家敬礼，以安定人心。

我们回校一看，除宿舍外，各处门户紧锁，空无人迹，贴出了提前放暑假布告。同时传来命令：车站有专车等候，速速搭车返里！学生坐火车到郑州，分三路乘车返家，结束了一场卧轨请愿运动。

卧轨请愿运动是随着北平学生赴南京请愿发动的，请愿获得的结果，除提前放假外，引起了蒋系对学生加强统治。1934年暑假前南京和开封对高中以上学生举行一个月军事训练，把法西斯绝对服从的奴化教育实施到学校中，还派专人向学校发展特务组织。如派来戴笠久住开封，在各校宣传设立蓝衣社组织便是铁证。

1935年暑假前，又对高中以上学生集中进行军事训练两个月，开封更把陕西省的学生集中起来，举行两个月豫陕高中以上学生军训，把绝对服从的法西斯奴化教育和特务组织深入豫陕境内。

崎岖坎坷的抗战宣传

1936年秋，我被开封师范斋务主任和彦林（中共党员）介绍到辉县师范任教。该校是中共县委所在地，县委书记韩达生①吸收我入党，同校教师经常以阅读进步书刊、演话剧、谈话和出壁报对教师和学生进行抗战革命宣传。而从西安事变起，国民党四十军部相反的作污辱张杨、反对团结抗战宣传。放寒假前我为避免参加国民党而离校，随后国民党开始逮捕共产党员，韩达生、许秀生、王昭、陈济民几位同志都离开了学校。

1937年韩达生通知我去洛宁县师任教，到校后得知该校也是中共县委所在地，韩达生仍为书记，贺崇陞（后任交通部副部长，离休于北京）、王自珍（后任开封市市长，逝于汴）、校长曲乃生（后任河南省教育副厅长，逝于河南大学）均为县委委员。我被培养为青年部长，积极开展了抗日救国宣传活动。

处在西安事变后国共合作形势下，洛阳有十八集团军（八路军）办事处，渑池有十八集团军联络站，贺崇陞还兼任国民党县党部统战部长职，在贺的领导下抗战宣传工作在全县展开了。

我任课的音乐课专教抗战歌曲，美术课专教抗日漫画，借着宣传队把油印品散发到各地。贺崇陞以学生中的共产党员及活跃学生为骨干组成宣传队，趁星期六晚上和星期日下乡出演抗日救国街头剧，广泛用各种办法宣传，效果相当突出，曾激发起穷苦抗日军人家属请求救济运动。

该县国民党假名合作抗战而行反共不抗日之实，他们估测到学校中必有共产党组织，下令将校长曲乃生撤职，引起学生反抗，又开除学生以示镇压，引起学生结队游行抗议，他们又将训育主任王自珍关押起来。学生结队欲去洛阳专署请愿，他们才拦回学生，释放了关禁一个月的王自珍，收回了被开除的学生，但是校长终未复职。

此后，中共洛宁县委迁于西部山区并开办中学作掩护。我被调往北部边远区程村区委，公开身份是在当地小学任教。因我常以抗日救国革命思想教育学生，用标语漫画宣传，并组织学生公演抗战歌剧，被洛宁

① 河南杞县韩楼人，生于1905年，1925年加入中国共产主义青年团，1926年转为中共党员，是大革命时期豫东农民暴动主要领导人之一。1940年初，受中共豫皖区区委派遣，任睢杞太特委书记兼独立团政委。1941年4月，国民党顽固派偷袭根据地领导抗美，韩达生被捕。先后转押于漯河郾城等地，后被秘密杀害。

县府下令以“破坏阻挠抗战”罪名驱逐出境。

以后洛阳地委书记刘子久（后在全国总工会工作，逝于北京）派我同席国光同志（后在公安部工作，离休于北京）带上小李，从洛阳经广武、汜水、郑州联系工作，到荥阳后我留在县委工作，公开身份是米村小学教师。1939 年暑假，曾借教师集训机会同进步教师把合作抗日救国思想直接向县党部爱国元老樊百泉作宣传。不久荥阳发动反共逮捕，捕押 30 余人，连樊百泉也被关押起来了。

我深夜逃出，步行去竹沟镇准备向省委汇报情况。途经舞阳时，中共豫南地委组织部韩赓尧（名铿唐，后任新疆维吾尔自治区财政厅厅长，离休于乌鲁木齐市）同志说竹沟现在中央军围攻中，不可去。他把我介绍给张维桢书记（后在中央劳动总局工作，逝于北京），我把荥阳情况作了汇报。

在反动派的阻挠破坏下，做抗战救国工作实在困难啊！

日本帝国主义对华政策的本质

1939 年秋，组织留我在舞阳故乡工作，初以城厢小学教师为掩护，只做党内组织工作，抗日救国言论在反动派统治下无人敢提，到处是一片沉寂。

1940 年我回家过暑假，农历七月十二日（8 月 15 日）邻叔突然吐泻不止，两腿抽筋，紧接着又有几人发生同样病症。这位邻叔经一天死去，有几个人跟着也死去。发病的人越来越多，好多户全家得病。我父亲先得病，紧接着全家人连我在内也都出现了症状，只是病情都比较轻。

全村慌乱成了一团。在求医治疗中，人们用大箩头药，药店把药橱运到村里抓药，田志这位针灸医生不停地扎针，手被使得直抽筋。

人们从发病情况判断，准是日寇派汉奸往水井里撒了虎烈拉（急性霍乱）病毒，因为本村和连寺村都有一名汉奸。这一来，村里的人都不敢在这里吃饭喝水了，可是病毒已经向各村传开，死了不少人。我们隆周村除小孩子外已经死去40多人，到村外一看，到处有新埋的坟头。

我家离井稍远，劳力弱，早上打水较晚，病情较轻，不幸的是我父亲在发病半月后，也含恨离开了人世。

没停几天，忽然有一架日本飞机飞来，不扫射不扔炸弹，只在低空盘旋，有人发现日本飞机扔下了蛤蟆、老鼠等动物，还有一些肮脏东西。据说还扔下来很多小玩具，有个儿童拾起玩具玩耍很快得病死了。人们断定是扔下了带有病毒的东西，此后都把投下来的东西用土深埋起来，并相互警告严格注意日机放毒，千万不要疏忽大意。

通过这些惨痛教训，大家看清了日本帝国主义者的狠毒用心，是要灭绝中国人。他们对中国实行烧、杀、抢“三光”政策，是最终达到灭绝中国人这个目的的手段。以后日军对中国人的残杀，尤其在南京杀人30多万以及日军发起杀人竞赛的行为，都加深了我的印象，国耻家仇永世难忘。

敌机狂炸舞阳城

开学后我在舞阳城厢小学任教。日本飞机连续多天飞达城关上空轰炸扫射，经常跑警报，周围土城边挖了很多防空洞，砖筑的所谓“九里十三步，一步三盘磙”城墙，是那时候为跑警报方便而扒去的。

人们一听见警报吼声，惊得仓皇失措，狂奔乱跑。有的老人慌张得跨不开步，有的小孩吓得小便失禁。为了使学生利索地跑警报，我特意对他们讲：“听见警报千万不要慌乱，应该想着：警报响敌机不一定来这里，来也不一定轰炸，丢炸弹也不一定丢在近处，纵然丢在附近赶快趴到地上就不会炸伤自己了。顶要紧的是沉住气赶快跑。”以后学生们都能迅速地跑警报了，幸亏跑得利索，一次空袭中教室被炸坏但没有人受伤。

经过日机多次轰炸，全城死伤的人、炸毁的房屋等无法统计。印象深的是东大街炸得惨重……从小十字街到东关房屋全被炸毁，火烟冲天，连东关停的几辆牛车也被炸坏，被炸死30多人。只张四少家就炸死6人，街上有尸骨碎片，树上有衣服和妇女头皮、头发挂着，墙上贴有皮肉碎块，惨不忍睹。南关被炸得火光遍地，成了一片焦土。苗坑和臧坑被轰炸得都很惨重。正德堂药铺和张庭僚家被炸毁，张四少被炸弹炸烂，落在地上的尸首残缺不全，路南墙上贴着人皮碎片。滚蛋沟老南戏园附近炸毁不少房屋，有一家人从倒塌的废墟里扒出一个男子，刚放到地上警报响了，一家人哭叫着赶紧逃跑，也没顾上看这男子的死活。东关有一个口向东的小防空洞，炸弹正好碰住对面的树爆炸，把洞里的人全炸死了，我看见他们的尸首在里面歪躺着，西关外路北土城内的地里有两三个炸弹没有爆炸，留下了炸弹钻入地下的洞，直径有两拃，粗度该是六拃多了。周围有旋转着钻下去的痕迹，深不见底。

那时候全城人心惶惶，坐卧不安，不仅无心干活，连吃睡也不安宁，夜里为了及时跑警报，睡觉连衣服也不脱。人们心里留下了深刻的印象，直到50多年后的今天，老人们还不断谈论日本飞机轰炸舞阳城的罪行。

沦陷前的形势

一个地区的形势是随着全国形势而变化的，1940年前后舞阳的情况是复杂的。

河南省最早从辉县起，到西安事变后相继在洛宁、荥阳开始排斥、逮捕共产党和抗日人士，更从在竹沟围攻中共河南省委会中，把蒋系不抗日、专反共的阴谋用心暴露无遗。各地的抗日救国活动已渐渐被压制下去。

地县委所在地舞阳县城原来抗日救国运动比较活跃，是豫中抗战运动的推动核心，河南大学战教团曾来这里进行多天的积极宣传。到我从荥阳回来，已是一片沉闷，号称河南四大害之一的汤害即汤恩伯十三军已扔下武器望风而逃，远遁湖北兴山躲避日寇了。1940年末，中共地、县委领导及区委以上党员撤走，只留下400来名党员，国民党又发起了对共产党的搜查逮捕。全县成了反共特务横行的天下，纵然日军逼近，血泪深仇愤恨难忍，也没有人敢提抗日救国了。

国民党反动派纵日反共的真面目已昭然若揭。

1941 年，日军开始侵犯舞阳，县政府不做丝毫抵抗。只有南部山区一支军队英勇抗击。这支军队孤立无援，损失惨重，牺牲的烈士尸体集中埋葬于将军墓砦山峰坡上，称为“万人坑”。这既是民族抗战的一座丰碑，又是日寇所欠血债的铁证。

1941 年 1 月 30 日（正月初四），侵华日军在毫无抵抗情况下进入舞阳县城，群众四散而逃，逃不及者横遭惨杀欺辱，财物粮食被任意糟蹋抢劫。贾文魁老先生说，他躲避两天后悄悄回城拿吃的，见臧坑北岸有一片死尸，坑里的水被血染成了红色。日本兵整整杀戮抢掠三天，2 月 2 日（正月初七）才撤走。[①]

日军撤走后，汉奸李雨霖暗中积极发展汉奸武装组织，舞阳局势混乱到极点。

一是蒋帮借日军势力迫害共产党，如舞阳由南阳 13 处特务头子联系本县特务，在国民党县党部名义下，发动对共产党员大清查逮捕。个别党员叛党变节后，从口供中列出近百人名单，有不少人被捕关押受审。

二是日寇暗地发展卖国汉奸组织，除了扩大加强豫中汉奸武装绥靖军实力外，还派汉奸深入舞阳摸底，以北舞渡为重点，动员匪霸叛徒及国民党三青团人员投日反共，为组织汉奸武装打基础。

三是当地豪绅匪霸积极活动。他们利用原有势力，笼络原有地主武装，搜罗武器扩大地盘，大肆派收捐税、粮食、用品和器物，加重了对群众的搜刮剥削。

在这种情况下抗日救亡啊，革命求解放啊，都做不成说不上了。

1944 年 6 月 9 日（农历四月十九），日军二次侵舞，舞阳沦陷。县城成立汉奸维持会，北舞渡公开竖起皇协绥靖军第一师名称，充实旅团营人员及武装，还找出汤恩伯十三军丢下的大炮和炮弹组织了炮兵团，

① 此为豫南战役期间，日军第一次进犯舞阳。

豪绅匪霸武装不抗日专反共。日寇侵华军放心大胆地横行开了！

这就是当时的实际情况。日后假若没有中国共产党领导创建敌后抗战根据地，领导人民对日军坚决抗战，舞阳县的情况简直不堪设想！

日军的无耻暴行

日本帝国主义在侵占舞阳的年月，已经暂时采用了“以华制华”的政策，借以掩盖他们用“三光政策”灭绝中国的野心。他们的做法是：利用伪政权名义搜刮剥削、利用汉奸武装力量欺压中国人民，瓦解抗日力量，以创建恒久霸占的工程为重点来实现最后彻底灭亡中国的目的，并赤裸裸地付诸行动。

先捕捉未能逃脱的所谓上层人物，关押、审问、拉拢，把坚决不投顺者残酷折磨杀害（如把效坦斋关入木笼示众后惨杀），把投降者组成维持会和空牌县政权机关，由他们代替日军搜刮人民，除派收钱粮物资外，还抓壮年劳力为日寇做苦力。

以北舞渡为中心组成汉奸绥靖军，代替日军统治舞阳北部和郾城、临颍、襄县、叶县边区，并为日军做政治欺骗宣传。

日军为把舞阳建造成西进灭华的一个据点，就以县城为中心，先设下吴城镇、问十镇（郾城管）联络站，在武功镇安下指挥部，又在朱兰店设立督工处，在垭口修筑军事工程。紧接着在城东南开始修建飞机场。强迫着各地派、抓民工（日本人称为苦力），不停息地大干。

沦陷期间我始终在故乡，常听大家和逃难的人诉说日军的兽行，概括忆写于下，使后人得知其一二。

1. 用无德无耻的兽行污辱糟践中国人。对微有反抗表示者毒打或杀害，污辱、奸淫、毒打、残杀妇女是常事，在县城的日军故意在群众的饭锅、面缸、水缸和各种炊具里屙尿，便溺在床上和箱柜里，再盖上被褥衣服，把新被子摊在地上让军马在上面过夜，肮脏了再换干净的，这些丑恶行径证明，日本鬼子根本没有把中国人当成人看待。

2. 除了日常抢掠、派收、破坏东西之外，经常押着中国人到田地里割庄稼苗，作为养马饲料用。肆意践踏郊野的田禾，故意制造人民的饥饿灾难。

3. 摊派、抓捕青壮年男子当苦力，驱赶到垭口和修飞机场工地，强迫他们日夜做苦工，不管吃住，不让休息，不顺眼就毒打。不顾苦力死活，害得苦力病倒、伤残、死亡时有所见，人数无法统计。

只从这三点就是足以证实日本帝国主义侵华的内心所抱目的了。假若不进行坚决的抗日战争，求得最后胜利，中国的前途处境就可想而知了。

皇协军的本质与罪行

北舞渡的皇协军绥靖第一师，一般人只知其罪行，不深识其本质。我直接接触过他们，今简略忆写之。

该师以蒋系旧人员为主要骨干，以原来中央军丢下的枪炮为武器，是蒋介石派系统治的延续。而且成立之后，又派参谋长曹闻远专程赴襄樊，领到蒋军暂编第七十五师编制，成了名副其实的两军二合一的货色，忠心为日蒋效劳。

蒋系派来以迟慕飞为首的 12 名军统特工人员，分配到师部及各团任职，监视其行动随时作汇报，迟本人被分配到实力最强的炮兵团。

师部把当地的国民党员、三青团员和个别中共叛徒纠合起来，并动员小知识分子加入组成师部政工队，大肆活动，把“对日亲善，中日合作，兴华保亚，共存共荣”口号喊遍。他们认贼为父，甘当汉奸，无耻为日军作宣传。

皇协军杀害人的罪行最令人发指。师部不断暗杀人，把尸首扔进沙河或埋在称为老鳖圪塔的沙丘上。炮兵团更是常暗害人，我本人曾两次几乎被枪杀，连一名来和迟慕飞联系的中统特务也被活埋了。这是铁的事实。

对粮款派收得奇重，使群众穷困得难以过活。如炮兵团把向群众派收得款为团长家买耕地，很快达到了近 200 亩。另外炮兵团为了盖转楼，把老古树刨了起走，扒完了大小庙宇和坟墓碑楼，连大宋村用以防水患的砖筑寨墙也扒掉了。

群众编了顺口溜说："大事儿岔不岔，得问关震亚；该杀不该杀，去问尚振华；活成活不成，问问董茂亭；想让日子穷，去找王玄亭。"又说："董茂亭，真是饕，大家送号汤恩爷。"（关震亚、尚振华、董茂亭、王玄亭等人是该师的几个为首分子）

共产党抗日救国战斗

舞阳被日军占领，灭华据点开始兴建后，效信趁（中共党员、效坦斋之子）和董仲衡（中共党员，后被国民党杀害于县城东关外胡桃园）联合民主人士及群众组织起抗日游击队伍，效任支队长，董任营长，在县西南地区同日军开展了坚决的武装斗争。在梁八台战斗中，董受了伤，其爱人英勇牺牲。他们是舞阳人民抗日战斗的带头人，从 1944 年 7 月一直坚持到最后的抗战胜利。

1945 年初，中共鄂豫边区敌后抗日根据地派人在西平县李兴楼成立豫南军分区。1945 年 5 月分区派专人通知我赴军分区工作。去的同志很多，组成文工团，我任团长，王方明[①]从延安学习归来后在曹集动员民兵起义，组成抗日人民挺进军第十五团。军分区栗在山主任派我去该团，分配在马朝阳营当文化教官。

在营里随军转战于西平、遂平、舞阳之间的山区，曾在戗风朵峰北侧设岗哨，日夜监视北面日军的行动。我针对士兵无文化的特点，以教唱讲解二三十首抗战歌曲的方法进行教育，效果相当好。印象最深的是参加神沟庙战斗的情况。

寨里集中了几股专反共不抗日的团伙，都是蒋军逃去时留下的人员和武器，有轻重机枪、手榴弹和二三百支步枪。夜里我们迅速攻破敌寨，战斗中除几名头目逃跑外，人员及武器全被缴获，清除了创建根据地的障碍。

① 或王方鸣。

神沟庙战斗结束后，我又被派参加农村工作队，在山区发动群众创建地方抗日人民政权。这时候效信趁支队（后改称舞叶支队）已经严重打击了舞阳、叶县、方城边区的日寇，日军被迫停止了军事兴建工程。不久八路军南下支队到达，随后消灭了霸据寺山砦的杨梦普反动武装。日军躲进城里不敢出动，却强令关、尚的皇协军向尹集进攻，皇协军一触即溃，战斗结束，伪军人员被我方全部俘获，只有叛徒尚振华逃脱，局势稳固。

军分区成立豫南抗日人民专员公署，欧阳景荣任专员。苗宝泰（舞阳城内人，后在沈阳党校工作）随八路军南下支队回来，任分区宣传委员，被派舞阳任县委书记兼县长职务，依农村宣传工作队的工作基础创建县人民政权，组成了西（平）遂（平）舞（阳）泌（阳）边抗日人民政府（地址尹集），开始了发动广大群众抗日救国工作。

后来又派王泽民（叶县人，后任《人民日报》国内政治版主编，离休于北京）任县委副书记，吴振挺任县长，县府迁到尚店，改为舞（阳）叶（县）方（城）泌（阳）抗日人民政府。我自始至终都担任着县委县政府秘书工作。

在西遂舞泌抗日人民政府刚成立的时候，我们抗日人民专署和县府的安民布告贴遍根据地，一直贴到日军霸据着的县城南门，此举大大地鼓舞了群众，极大地震慑了侵华日军和汉奸。我们积极发动群众，搜集武器，建立区政权，开展抗战救国保民工作。一次，日军从武功镇西边来犯，我们只派区武装就打退了他们的进犯，以后日本鬼子再也不敢出动骚扰了。

豫南抗日人民地委和专署、西遂舞泌和舞叶方泌抗日人民县委县政府以及所属各区级政府，是这一地区破天荒首次创建的人民抗日的革命政权，是中国共产党深入领导发动、慎重组织建设、坚毅抗战救亡的基层革命机构，一直坚持到抗战胜利日军签字投降之后。在欢庆声中，人民政权的武装后来又被编入中国人民解放军，投入解放全中国的战斗中去。

选自 1995 年《漯河文史资料》第六辑

国难记忆

秦国藩[①]口述　穆喜才采写[②]

我出生于1929年12月，少年时代恰逢抗战期间，虽然已经过去了70年，但那个时期的事情我还记得很清楚。

爷爷是个精明人

我的老家在山西省长治县五区南宋村。爷爷叫秦天顺，他可算是我们村的精明人。1937年以前，爷爷靠家里仅有的一辆独轮车起家，秋天把我们村的粮食收购起来，冬天卖到外地，并收购外地的一些农用工具，卖给乡里的农民。这样买进卖出，使我家没几年就富裕起来，最富时，家里有20间瓦房，25亩土地，还有一头驴，一家人的生活过得很殷实。总体来说，我的童年时代还是比较幸福的。

7岁时，父亲想让我同他们一起跑生意，爷爷坚决不同意。他说："小孩子不学习，将来是没有前途的。"他亲自把我送到村小学，学习四书五经。我的小学老师叫丁含盛，他对我要求很严。一次临摹毛笔字，我有个字没有写好，他拿起小棍照着我的小手就打了起来。严师的教育使我受益匪浅，至今我的毛笔字写得还算不错。

1938年，有9个鬼子带着一帮汉奸进了我们村，他们见鸡就逮、见羊就牵、看人不顺眼就刺。我家的一头驴也被鬼子牵走了，爷爷为此事两天两夜没有吃喝。爷爷听说村里的秦效邦、李仙州、李四秃等人在河

① 秦国藩，祖籍山西长治，生于1929年12月。曾任人民银川漯河分行副主任科员。

② 穆喜才，回族，生于1962年，漯河市人。1981年参加工作，1986年8月河南银行学校电大班毕业，曾任中国人民银行漯河分行保卫科主任科员。

南漯河开了杂货铺，正愁缺乏资金，开张困难，便卖了部分土地和家里的值钱东西，以合伙入股的方式做起了杂货铺生意。这也为我大半生在漯河生活埋下了伏笔。鬼子的这次进村不仅影响了我的后半生，还在我心里埋下了仇恨的种子。

五叔一家的遭遇

远房五叔家离我家有半里地，家有一双儿女，大儿4岁，小女2岁，都很漂亮且可爱，我经常逗他们玩。鬼子进村那天，他们看五婶长得漂亮，就侮辱了她。过去的妇女封建伦理观念强，五婶上吊自杀了，在外哭着要妈妈的一双儿女被鬼子发现后，都被刺死了。我五叔得知此事后，悲愤交加，要同日本鬼子拼命，咬断了一个鬼子头头的手指。这个鬼子头头气坏了，他让十几个汉奸把我五叔捆绑起来，要挖个坑把五叔活埋了。等到傍晚，鬼子要回炮楼，土已埋到了五叔的脖子，我的伯父是个伪保长，他实在看不下去，发了善心，他对鬼子说："你们走吧！后边的事我来处理。"鬼子走后，他迅速挖开了土，五叔的命虽然保住了，但从此疯疯癫癫，成了流浪街头的傻乞丐。

过着东躲西藏的日子

自从鬼子进村后，我们便过上了东躲西藏的日子，大人把仅有的粮食埋起来，把牲畜藏起来，要么跑到山上住几天，要么躲在附近的山坳里。我藏身最多的地方是在村附近的蝉庵寺楼下，那里树木茂盛，崎岖不平，我们特意挖个洞，一旦发现鬼子就钻进去。当时，鬼子也许是害怕八路军的缘故，只要有隐蔽的地方他们就不敢去，山上他们更不敢去，晚上也不敢在村里停留，只有在白天带着维持会的一帮汉奸找八路军，抢劫粮食、牲畜，随便杀人。那个时候像拉锯一样，白天不是中央军来，就是鬼子进村扫荡，晚上也不时有八路军造访，我们哪还有心思种庄稼，学校也办不下去了。爷爷了解到漯河地理位置优越，杂货铺生意缺乏人手，再加之那里能上学，为了我能更好地读书，便毅然带领我们全家踏上了前往河南漯河的旅程。

路遇连二妮一家

在山西长治到漯河的路上，我看到了哀鸿遍野、尸骨成堆的凄惨景象，看到了剥树皮充饥的逃难者。我纳闷地问爷爷："这里的逃难者怎么这么多？"他说："这里很多人是从黄泛区过来的，他们的家乡发了大水。"这时，我们看到一位5岁的小女孩蹲在路边方便，且"哇哇"直哭。我走到小女孩面前，看她可怜无助的样子，心想着她肯定是个弃婴，就对妈妈说："我正好没有妹妹，咱们把她领走吧。"妈妈默许后，我就抱着妹妹上了我们的车。这时从东边跑来了一个十七八岁的姑娘，大声说道："把人留下！"她叫连二妮，这个小女孩是她姐家的女孩，她姐夫被鬼子杀害了，留下一双儿女，现在，她们也正准备到漯河逃难。二妮告诉我们，她姐说这家肯定养不起小女孩，能把家里的男孩养活就不错了，所以才把小女孩抛在路边不要了。二妮气不过，说就是死也要和小女孩死在一起……

新中国成立后的一天，我曾在牛行街见到了连二妮，她说："从那天同你们分手后，俺一家来到漯河，我的母亲得了痫疾，俺嫁给了一个比自己大30多岁的卖豆腐的人，全家总算保住了性命。"我至今对连二妮充满同情和敬佩。

少年时期的影响

1951年，由于我识字、会算账的缘故，新成立的人民银行正缺我这样的人，经当时漯河市人民银行负责人马慎言、李纪尧介绍，我到了人民银行工作，人生也步入了青壮年时期。说起少年时期对我的影响，我总结了三点：一是学习。是我精明的爷爷把我引上了读书学习之路，使我后来有了稳定的工作，我和爱人一生衣食无忧，特别是到了晚年，人民银行的领导特别关心我们这些老职工，各种待遇都落实得非常好。二是爱国。1997年，香港回归祖国，当我在电视里看到冉冉升起的五星红旗时，我激动得一夜未眠。当时，银行内部要开展迎接香港回归联欢会，我非要参加，还写了首长诗要在联欢会上朗读，那可是我的一片真心啊！记得其中一句是：“我亲爱的祖国啊，你从此不再有列强炮火的轰炸，百姓不再有刺刀见红的杀戮。”三是善良。只要看到有人不孝敬父母、不关爱儿童，我就不厌其烦地给他们讲连二妮的故事。

20世纪60年代，人民银行工作很忙，我的爱人因身体残疾上不了班，我就让她帮着照顾职工们的十几名孩子，解除了青年员工的后顾之忧。现在我们老了，也只有在春节前为行里的职工做点写对联的事了。有一句歌词唱得好：“只要人人都献出一点爱，世界将变成美好的人间。”那些苦难的日子让我更加珍惜现在的美好生活。

选自2015年《漯河文史资料》第二十二辑

郾城县抗日巡回宣传队

应时雨　李　辉[①]

“郾城县抗日巡回宣传队”是在党的直接领导下，由共产党员在汴返乡进步学生中组织起来，活跃在郾城城乡和临颍、西华、周口、商水的进步文艺团体，是思想战线上以文艺形式宣传抗日救国的一支重要武装力量。它从1937年底建立到1938年10月结束的将近一年的时间里，先后经历了“抗日巡回宣传队”“抗敌后援会巡回话剧团”两个阶段，为舆论上宣传抗日和组织上培养干部、积极推动抗日救亡运动作出了不可磨灭的贡献。

一

卢沟桥事变后，全国抗日救亡运动逐步形成高潮。开封河南大学里，学校地下党组织根据中共中央和河南省委的指示精神，组成了以范文澜（教授）、冯纪新等同志为首的“战时教育工作团”（以下简称战教团），建立了“歌咏宣传队”“大众话剧团”“时事研究会”等进步团体，运用生动活泼的形式积极宣传党的主张，广泛开展抗日宣传活动。“八一三”事变，日本侵略军大举进攻上海，继而又沿平汉路继续南犯。9月、10月，保定、石家庄相继失守，整个华北硝烟弥漫，开封形势日趋紧张，许多学校教师无心教书，学生无心读书，纷纷要求学校提前放假，参加抗日救亡运动。当时，在开封河南大学上学的郾城学生积极响应中共中央提出的“组织起千百万觉悟的民众，进行抗日斗争，并在斗

① 李辉，1945年生，河南西华县人。1968年毕业于河南大学。曾任教师、编辑、郾城县广播电视局局长等。

争中进一步巩固、发展、壮大党的组织”的伟大号召和省委提出的“凡是在汴学生，不论哪省、哪县的都要返回原籍，带领城乡群众，积极开展抗日救亡宣传”的指示精神，踊跃报名参加抗日宣传工作。省委委员沈东平、开封市委吴祖贻等同志根据省委的决定和学生们的要求，分别与李国华（现名李微）、张慧如（现名张乃一）谈话，指派他们带领郾城在汴学生返回原籍开展抗日宣传活动，并交代以张慧如为首，及时与省委和开封市委吴祖贻直接联系。沈东平同志对张慧如说：“当前党的中心任务是发动全民族抗战，坚持抗战到底，争取胜利！”李国华、张慧如很受鼓舞，及时与本校学生詹海舰、王玉琳、阎凤仪、刘景尧和北仓女中、静宜女中、黎明中学的郾城籍学生陶淑钧、王玉静、王异选等人进行联系、磋商返乡开展抗日宣传事宜。这些学生在校期间，多数曾参加过抗日宣传，有较好的思想基础和活动能力，所以一呼百应，一致拥护党组织的决定，于是，以李国华、张慧如为首，以“旅汴同学同乡会”的名义及时召开会议，研究了返乡的日期和宣传计划，决定联合当地进步学生，广泛制造舆论，积极开展抗日宣传活动。

二

从开封返回郾城家乡的当天，詹海舰（家住在东北詹庄）、阎凤仪（家住城西北阎庄）、刘景尧（家住城西北甄庄）等同学顾不得休息，就主动到李国华（城内西街观口）家聚会，商量建立抗日救亡组织问题。当时县国民党当局唯恐群众制造混乱，对建立群众团体控制得很严。李国华等经过反复研究，最后决定利用国共第二次合作的有利形势，以“抗敌后援会”的名义建立“抗日巡回宣传队”，并由李国华执笔，全体具名，“呈文”分别上报设在县“民众教育馆”的“抗敌后援会”和“新生活运动会”，“呈文”的大意是：国难当头，匹夫有责。我们都是青年学生，理应当先，愿建立宣传队，发动民众，团结抗日，拯救中华民族之危亡。时过数日，“呈文”批复后，他们经过筹备，很快就正式建立了大约有 20 人参加的“郾城县抗日巡回宣传队”（以下简称宣传队），李国华任队长，阎凤仪任副队长，其余皆为队员。

早在旅汴学生返乡之前，郾城已经建立了“抗敌后援会”，但只是有名无实。在整个县城里，不论大街小巷，处处死气沉沉，万马齐喑，毫无抗战的气氛。大街上，人们看不到抗战救亡的标语；衙门里，人们聚集的地方，没有人议论抗战的国事；校园里，听不到抗战的歌声。宣传队看到这种“大敌将至尚不知，大祸将临梦不醒”的可悲状况，就借用城厢小学的一间房子，一面编演讲词和节目，一面组织队员到街上进行宣传，工作搞得十分活跃。特别是沈东平专程到漯河听了张慧如的汇报，并指示他们尽快与郾城地下党取得联系，组织群众抗日，发展壮大党的组织，更加鼓舞了队员的积极性。许多家住农村和漯河的队员，有的自带干粮每天往返城乡，有的投靠县城亲朋家食宿。他们不畏严寒，不辞劳苦，坚持宣传，使县城很快改变了那种沉闷的气氛。

宣传队的宣传形式更是多种多样，内容丰富多彩，很受群众欢迎。在人们聚集的地方，他们组织讲演会，大讲日本对我国发动战争的实质是亡我国家、亡我民族的侵略战争，颂扬抗日英雄，激励青年积极参加抗日救亡运动；在学校和街头，王玉琳、陶淑钧经常教学生和民众唱《义勇军进行曲》《救亡进行曲》《救国军歌》《游击队之歌》《牺牲已到最后关头》《松花江上》《五月的鲜花》《大刀进行曲》《九十八小调》等，激发他们热爱祖国、向往革命的热情；在衙门、城四关等重要街口，李国华、詹海舰奋笔书写抗日的标语和抗战的重要电讯。同时，王玉琳等还绘制抗战形势图，表明边区（即解放区）、国统区、沦陷区的地理位置，教育人们树立抗日的紧迫感和抗战到底的决心。他们还通过漫画的形式，揭露汉奸、亲日派的可耻嘴脸，孤立和打击他们的反动气焰。

通过一个多月的广泛宣传活动，广大群众受到了深刻的爱国教育，不少青年学生，如李炳华（现名李文）、赵含辉、赵松岩、赵盘根、赵绍德、赵含超等陆续加入宣传队，还有王熙年、张尚德、田方、张从儒、冯廷贵等人也不断参加，同大家一起共同开展抗日斗争。这样，不仅壮大了宣传的力量，还扩大了宣传效果。

三

郾城县当时只有四门（东西南北四个城门）、四街（东西南北四条街），范围比较小，人口也不多，经常用上述形式进行宣传，难免出现一些厌烦情绪，收不到良好效果，特别是一些群众觉得说说唱唱、写写画画太乏味，不愿听、不想看，宣传场地一时有些冷落。宣传队及时总结了一个多月的宣传经验，分析了群众的思想状况和要求，认为要把宣传活动引向深入，必须改变老一套的宣传方式。于是，他们研究决定，将宣传队改为抗敌后援队“巡回话剧团”（以下简称话剧团），用更生动、更形象的形式感染群众、教育群众。

话剧团成立后，他们及时排练新的话剧节目。开始，一些同志觉得自己缺乏文艺素养，对演话剧信心不足；有的缺乏登台公演的经验，怕丢人献丑；还有的感到没钱买道具，无法排练。剧团针对这种状况，一面派李国华和詹海舰到漯河四处奔波，通过商会庶务李幼敬（李国华之父）、秘书王绍文，找到商会会长、面粉厂总经理杨靖宇，几经周折，筹借资金200元，及时购置了布匹和道具；一面耐心地做思想工作。经过学习教育和反复排练试演，很快就在街上连续演出，受到群众欢迎。在女校操场的一次演出活报剧《放下你的鞭子》时，陶淑君、刘景尧、阎凤仪、李国华等扮演主要角色，演得真切动人，观众赞不绝口，在全城轰动很大。

1938年春，正当公演时，张慧如的二哥（国民党员）从中作梗，说她是不是疯了，是不是共产党？不让她参加抗日宣传。张慧如及时到省委向刘子久同志作了汇报，后刘子久来信调她到开封开展地下工作。李国华感到宣传队主要演员和党的力量薄弱，就到舞阳找到在那里开展抗日宣传的“战时教育工作团”的范文澜、冯纪新，要求派人支援剧团。省委新任组织部部长危拱之同志了解这种情况后，当即决定派杜启远（河大学生，战时教育工作团女生队长，党员，杞县人）和张咏絮（开封女中学生，党员，洛阳人）到话剧团接替张慧如的工作。这样，不仅增加了两个女主角，而且加强了党的力量，并以李国华为首成立了党支部。随后，又和豫中特委书记周泉森（现名邹屏）取得了联系，并经省委批准发展了朱灿东（后叛变）、李学文入党，使话剧团办得更加富有生气。

在县城公演一段后，团里决定走出县城，赴各乡镇和其他县公演，以便更加广泛地开展宣传教育。第一次是先到新店镇演出。出发时，同志们带着镶有“郾城县抗敌后援会巡回话剧团”的赤色大布幕和用白竹布做成的两个布景（布景是黑龙潭小学校长魏彦卿绘），穿着用蓝布做成的、带有背带的工作裤，肩上带有杜启远设计的五角星徽章，提着用黑布做成，上有王玉琳等同志用白线绣的“巡宣”和“民廿七年三月”标志的手提袋，浩浩荡荡地来到新店镇。在那里，他们夜里住在新店小学校里，演出时用学校的课桌拼在一起为舞台，一连演了几场。后来他们又巡回到城西南的大刘、问十、皇寓，城西的十五里店，城西北的甄庄，城东北的黑龙潭、老窝、何庄、詹庄，城北的商桥、洪陈店、清凉寺、万寿寺、宋岗，城东南的邓襄、五沟营等数十个村镇以及漯河等地连续演出了《放下你的鞭子》《电线杆子》《打鬼子去》《张家店》等剧目，并且还举办了训练班，教群众看书识字。

不论是在县城还是在村镇演出，团员们都认真体会剧情，力求演得生动形象，由于感人至深，引起强烈反响。群众看了他们的演出后，有的主动给演员送茶送饭，有的向他们赠送草帽，有的向他们祝贺并表示要参加抗日宣传。有一次在老窝演出《放下你的鞭子》时，李国华扮演打抱不平的人，刘景尧扮演老头，陶淑钧扮演受欺压和凌辱的小姑娘。当剧情进入高潮时，台上台下的群众声泪俱下，怒不可遏；有几位观众看到小姑娘将要遭受鞭打时，立即冲到台上，夺下鞭子，用身体挡住了这位身体瘦弱的小姑娘，高声喊道：“放下你的鞭子！”还有一次，在詹庄演出刚刚结束，还没有来得及卸装，扮演老头子的刘景尧等就被群众簇拥到詹海舰的家里，并对刘景尧说：“你这么大岁数了还出来……”刘景尧当场把脸上粘的胡子拽掉，惹得群众哈哈大笑。

剧团在县境内演出一段时间后，他们又先后到临颍、西华、周口、商水进行公演，都收到良好的效果，在群众中留下了美好的记忆。一次在临颍戏院演出，一连几天场场满员。当演出《张家店》一剧打日本兵的情节时，台下群情激昂，“打倒日本帝国主义”“打倒汉奸卖国贼”的口号声接连不断。有些群众由于见到参加演出的是13人，就送他们一个“十三太保”的美名。因为剧团除中途外出上学和调离的外，只有13人：李国华、杜启远、张咏絮、王玉琳、詹海舰、刘景尧、陶淑钧、李炳华、赵绍德、赵含辉、赵含超、赵盘根、赵松岩，群众对他们的演出水平也赞扬不已。

四

1938年秋，由于国民党消极抗战，积极反共，国民党当局采取通告和鸣枪威胁等手段，不准剧团超越演出范围，在演出内容上也给予许多刁难和限制，开展活动十分困难。他们决定解散剧团，联合地下党员和进步青年，分赴延安圣地和竹沟革命根据地，直接参加抗日。据调查，9至10月仅报名去延安的就有27人，他们中除7人中途因故未能到达外，计有20人分四批陆续到达延安或敌后根据地。其中第一批有杜启远、张永絮、陶淑钧、赵松岩、赵含辉、赵含超、郭玉枝七人；第二批有赵盘根、麻纪斌、师凤翔三人；第三批有赵绍德、张柿贤、赵怀德三人；第四批有李国华、詹海舰、王玉琳、刘景尧、李炳华、孙玉珍、白淑芳七人。这20人中，有13人都是经过抗日的宣传教育成长起来的。

从宣传队和话剧团的建立到结束，虽然不足一年的时间，但它在人们心目中留下了深刻的印象，它像播种机，把革命火种撒播到四面八方，生根开花；它像红色学校，培育着青年茁壮成长，走向革命道路；它的事迹光彩照人，它的革命精神将永远鼓舞人们奋勇前进。

选自1988年《漯河文史资料》第二辑

战教团在舞阳的抗日宣传活动

范振江[①] 胡德周[②]

1937年，卢沟桥事变后，日本帝国主义发动了全面侵华战争，中原大地危在旦夕。在这民族危亡的时刻，一支由中共河南省委领导的规模较大的抗日救亡团体“河南大学抗敌训练班农村服务团”（简称服务团），于1937年12月在开封成立。河南大学著名教授嵇文甫、范文澜担任正副团长，冯纪新任总队兼党总支书记，中共河南省委派马致远指导服务团的工作。

服务团的前身，是由河南省委通过河南大学文学院长肖一山及河大教授嵇文甫、范文澜等，于1937年10月成立的河南大学抗敌训练班，用来广泛吸收进步青年参加抗日救亡工作，培养抗日骨干力量，大约有100余人参加，学员大部分是河南大学及北仓女子中学、省立女子中学、开封女子师范、开封高中的青年学生和中共党员、民先队员，其中60%以上为女同志。1937年12月，训练班结束，省委决定以训练班为基础组建“河南大学抗敌训练班农村服务团”。为便于宣传，服务团中成立了戏剧组、歌咏组、漫画组、口头讲演组、生活组等。

1937年12月底，服务团从开封出发，分两路经朱仙镇、尉氏、鄢陵到许昌，在这里进行抗日宣传活动，举办训练班，吸收革命青年加入服务团。

舞阳县胡岗万寿寺小学校长屈勋亭得知这个消息后，趁寒假派教员汪铭新及胡翔宇到许昌参加服务团举办的训练班。随后，在1938年1

① 范振江，舞阳县人。曾任中艺舞阳县委党灾办公室主编。

② 胡德周，舞钢市人，生于1962年5月。1980年至1984年在北京军区某部服役，曾任舞阳县史志档案办副科级干部，县政协文化和文史委主任。

月 21 日，屈勋亭又征得区长王白如的同意，共同写信，委托王立平及胡翔宇到许昌邀请服务团到胡岗来。王立平到服务团后，先找到他过去的老师王北方先生，然后由王北方介绍见到范文澜，说明来意，范立即答应到舞阳。1 月 26 日，王立平回到胡岗万寿寺小学，与屈勋亭等准备迎接服务团到来。

1938 年 1 月 30 日（农历腊月二十九日），服务团一行 90 余人在范文澜、冯纪新的带领下，冒雪徒步到达万寿寺小学，受到当地群众的热烈欢迎。第二天便是大年初一了，按习惯大年初一群众是不卖家里东西的，很多群众提着篮子、罐子送包子、馍、饺子等好吃的饭菜给团员们吃，坚决不收团员们的钱，还把他们请到自己的家里。屈勋亭、王立平、张祥卿等及时安排服务团住在胡岗、屈岗、大王庄、冻庄等地以及自己的家里。

对服务团来讲，这次到舞阳胡岗还是头一次深入农村进行抗日宣传发动工作，他们连夜组织漫画组画宣传画、写标语，女同志很快便与群众打成了一片。她们三三两两，走村串寨，找老人、妇女和儿童聊天，稍熟一些就同妇女一起劳动，烧火、磨面、洗衣服、带娃娃、做针线活，样样都干。她们借谈家常向群众讲抗日救国的道理，从中发现和培养积极分子，没几天工夫就在几个村庄办起了识字班。许多妇女和儿童参加学习，随后很多男同志也来学习了。他们把识字与谈政治形势结合起来，教几个字再讲些时事政治，很能吸引群众。

服务团自编了群众好学易懂的通俗读物——《抗日三字经》，如“三一年，九一八，日本鬼，侵中华，占东北，大烧杀，抢财宝，把人抓”等。为适应一些老太太的兴趣，他们还编了类似经文的顺口溜，叫《抗日经》，如“嗨嗨弥、嗨嗨僧，东洋岛国起祸星，先占我国东三省，接着又占北平城”。

通过一段时间的宣传，服务团的全体团员们同群众建立了鱼水般的关系，群众有什么话都愿跟他们说、什么都问，如“你们是不是红军，日本人打不打得舞阳啊”等，团员们都给予满意的答复；有的婆媳之间吵了嘴，也找他们帮忙调解。

服务团的到来，使胡岗地区生机勃勃，到处可以听到抗日救亡的歌声，看到时事壁报和宣传画，特别是广大青年，白天黑夜跟随团员们一起活动，共同开展救亡宣传。

团员们发挥他们多才多艺的特长，除书写标语、出时事壁报、画宣传画、办夜校识字班外，还教群众唱救亡歌曲、编演剧目、走上街头演话剧、讲演，向群众讲述日本侵略者的罪恶、八路军的抗敌事迹以及陕北人民的抗战生活。经常演出的剧目有《放下你的鞭子》《逃难》《九一八以来》《捉汉奸》《马百计》《张家店》《保卫卢沟桥》《打鬼子》等；演唱的歌曲主要有《抗敌歌》《义勇军进行曲》《流亡三部曲》《毕业歌》《打回老家去》《游击队歌》等。这些剧目和革命歌曲使群众受到了极大的教育和鼓舞。

在服务团的影响下，舞阳县青救会胡岗分会也随即建立起来，服务团帮助青救分会举办三期抗敌训练班，共训练 300 多人。当时在胡岗的廖弼臣还应邀为训练班讲《抗日游击战争的战略战术》等理论。他们还组织夜间训练、演习，到田野、河塘搞实地演练。

1938 年春节过后，服务团的一部分人员在冯纪新、马致远的带领下，留在胡岗农村继续宣传工作，一部分人员由范文澜带领来到舞阳县城，同舞阳县青救会共同进行救亡宣传，并开展统战工作。一时间，县城的抗战救亡活动更加热气腾腾，大街小巷贴满了抗日宣传标语、宣传画，戏剧组、歌咏组走向街头演唱歌曲和剧目，加上青救会的话剧团、歌咏队的宣传活动，气氛空前活跃。

服务团看到舞阳县委缺乏妇女干部，为配合舞阳党组织更加有力地开展救亡活动，团党组织决定把团里舞阳籍的孟玉华、王樾两个女党员留在舞阳做青年及妇女工作。

服务团的活动，使当时驻扎舞阳的蒋介石嫡系五十二军头目关麟征等坐卧不安，如芒刺在背，便想方设法要赶走服务团。3 月的一天晚上，服务团正在县城演剧，县公安局长马先周来到剧台后面，找到范文澜，说县长奉军长（关麟征）面谕，限贵团明天离开舞阳，范文澜回答说："好，明天再见。"演出结束后，团员们得知此事，群情激愤，范文澜坚定地对团员们说:“我们应该有在中华民国土地上做抗日救亡工作的自由,舞阳难道不是中国的土地吗?我决计不走,我决计到舞阳的监狱里找中国土地去。”团员们也气愤地喊道:“我们一起去。”第二天清晨,范文澜去面见关麟征,问什么理由让服务团走,但关一口否认,说是县长传话错误。后关麟征让师部人员搞了几桌酒席在城隍庙大厅(团员们的住地)设宴,说是慰劳服务团的,关麟征身着笔挺的军服带领一些身穿长袍马褂的绅士们,彬彬有礼地进入了“宴会厅”。关颇为得意地举起酒杯欠身道:“今天,敝军和各界同仁,为即将离开敝地的宣传团备了几杯薄酒送行,哈哈!一点小意思,祝大家在范先生领导下,为早日复兴吾中华而干杯。”那些长袍马褂们也举起酒杯,点头哈腰地劝起酒来。

面对这突如其来的变故,团员们又气又急,恨不得把酒杯摔到他们的脸上。范文澜用坦荡豪爽的态度,同他们痛饮酬酢。双方均有醉意时,范文澜站起身来激昂悲愤地讲道:“同胞们!我们此时在这里似乎听不到枪声和炮声。可是,大家可曾想到,就是在这个时候,我们这有几千年文明史的中华民族,正在遭受着一场怎样的劫难!日本帝国主义的铁蹄在野蛮地践踏着我们的国土,大好河山烽烟四起,同胞的鲜血染红大地,有多少父老正在血泊中呻吟!有多少兄弟姐妹正在遭受着敌人的蹂躏!我们的民族在流血啊!同胞们!不甘做亡国奴的人们,大家团结起来拯救我们的民族吧!打倒日本帝国主义!”随着高亢激昂的口号声,范文澜手中的杯子“叭”地摔在地上,他也失声痛哭,团员们几乎全体哭泣,一些国民党军官也流下了眼泪。一位师部参谋拔出手枪,声称要去县政府枪毙那个狗头县长,团员们拉住他,他还是对空中放了几枪,表示义愤。第二天醒来,团员们告诉范文澜“好事者”还为这场闹酒起了一个名字,叫“范先生大闹舞阳城”。

这次交锋,使团员们增长了见识,更加看清了国民党顽固分子阻挠、破坏抗日的嘴脸。

事后,范文澜决计在县城举办训练班,对舞阳青救会会员轮流进行训练,但因某校长从中捣鬼、关麟征出面阻止而无法进行。后范文澜去武汉找人疏通,却被一些顽固机关拒绝,硬让他去鸡公山(河南大学新迁的校址所在地）。范文澜便同从延安到武汉八路军办事处的廖弼臣一同离开武汉，他介绍廖弼臣到舞阳胡岗与屈勋亭联系，并在这里隐蔽。

其间，服务团在舞阳改名为河南省战时教育工作团。到 1938 年 4 月初，战教团离开舞阳到信阳地区，胡岗万寿寺小学特地为战教团举行了欢送会，全体师生拿着小旗送出五六里，群众们更是流着眼泪夹道相送。

廖弼臣也随团一同去信阳，随后又以范文澜朋友的名义回到舞阳胡岗，在这里搞武装工作。

战教团在舞阳几个月的抗日救亡宣传活动，不仅在舞阳人民中播撒了抗日救亡运动的火种，促进了这一地区救亡运动的高涨，还激励了许多的青年学生参加了抗日革命活动。

选自 1995 年《漯河文史资料》第六辑

抗战初期的临颍抗敌后援会

谷水林[①] 周书亚[②]

卢沟桥事变后，在中华民族面临着生死存亡的紧急关头，临颍县地下党员以进步知识分子和爱国青年学生为主体，建立抗敌后援会，这是抗日救亡的进步群众团体，他们积极响应党的号召，利用多种形式，广泛开展抗日宣传，发动群众积极投入抗日救亡运动，迅速掀起了抗日热潮，在地方抗日斗争史上发挥了积极的推动作用。

临颍抗敌后援会的成立

抗日战争爆发以后，全国各地纷纷响应中国共产党提出的建立广泛的抗日民族统一战线、一致抵抗日本侵略者的伟大号召，成立了各种救亡团体，如青救会、农救会、妇救会、战时服务团、抗日宣传队、联庄会、抗日自卫队等群众组织，迅速掀起了全面救亡热潮。在这种热潮的推动下，国民党临颍县政府，于1937年7月下旬，成立了“临颍抗敌救国会”，会长范建吾（财委会委员长），组织委员、募捐委员由机关团体和头面绅士担任，宣传委员为漯河警钟日报社驻临颍记者、中共地下党员姚健宇。这个会名曰抗日救国，实则是徒有虚名、空架子而已，没有开展任何活动。

这年秋天，人们对这种冷冷清清的局面议论纷纷，要求以实际行动开展抗日救亡活动。在临颍县简易乡村师范学校任教的共产党员、语文教师楚光甫和进步教师李计卿挺身而出，动员进步教师和爱国学生，纷

① 谷水林（缺）。
② 周书亚（缺）。

纷走出课堂，到街头巷尾利用演讲的形式，积极进行抗日宣传。接着，又发动县师进步学生时国炎、娄少林、郑林昌、张自厚、赵玉华、潘向恭等，奔赴城镇农村，扩大宣传范围，使抗日救亡运动逐步深入。10月，在开封师范上学的临颍籍学生龚京兆、在济南求学的张鸿钦先后返回家乡，组织进步青年在当地开展抗日救亡活动，并主动和县师同学周坚凝、李长顺等取得联系，提议联合起来，建立抗战宣传教育进步团体，更加广泛地开展抗日运动。楚光甫、李计卿和与县师师生常有来往的、当时漯河警钟日报社驻临颍记者站记者姚建宇等积极支持这一主张。经过充分的商量，统一思想，决定以学生为主，成立"抗敌后援会"，取代"临颍抗敌救国会"，并提出了人选名单。后经同学们联名请求、国民党县长赵一鹤允准，正式成立了"临颍抗敌后援会"，推选较进步的县财委委员长范健吾任会长，姚建宇任宣传委员，会址设在县城内东城隍庙。后援会由楚光甫具体负责指导，所需笔墨纸张、茶水桌凳由县政府设备供应，每月另给15元作宣传费用。

抗敌后援会一成立，许多进步青年，如县师学生李子安、李鉴堂、李懋棍、李仲仁、郭春龄、周庚申等40余人和不少爱国人士也争相加入，甚至连城内西后街爱国群众李百顺也主动要求当义务工友。他们同原来就积极宣传抗日的师生一起，分工合作，成立了宣传队、壁报组、漫画组、话剧团、歌咏组，每组10人左右，经常活跃在全县城乡，到处贴标语、散传单、画漫画、刷壁报、演话剧、唱救亡歌曲，使沉寂的颍川古郡顿时沸腾起来了。

抗敌后援会的主要活动

①创办《临颍抗敌日报》。抗敌后援会成立后，在共产党员楚光甫和进步教师李计卿的主持指导下，首先创办了《临颍抗敌日报》，由县师教师谷林歌（早期共产党员）任编辑，进步学生郭春龄任绘画设计。他们以此为阵地，登载党的抗战政策、主张，宣传八路军、新四军开展游击战争的胜利消息，还按照中央洛川政治局扩大会议《抗日救国十大

纲领》精神，拟出《临颍抗敌救国宣传大纲》，深入浅出宣传发动临颍人民积极抗日活动。

②演抗战剧目。抗敌后援会话剧团，是利用文艺形式制造革命舆论、宣传抗日、团结群众、教育人民的重要宣传工具。参加剧团的有爱国学生，也有进步的教师，他们能编则编、能唱则唱，甚为活跃。县师教导主任蔡鸣九，体育教师詹伯明除负责编剧目外，还帮助师生编排《放下你的鞭子》《戚继光平倭寇》《巾帼英雄》等。这些剧团在全县城乡巡回演出后，立即引起了群众的共鸣，深受欢迎。如《放下你的鞭子》一剧是反映从东北沦陷区逃亡在外的父女，为生活所迫，到处卖艺糊口。刘丙午演老汉，李笑梅扮小女。小女体弱力薄，饥肠辘辘，无力表演，老汉扬鞭抽打，小女痛哭流涕，演得逼真动人。不少观众见此，拭泪失声痛哭。有些抑制不住悲愤心情的人，竟跑上演场，夺下老汉的鞭子，并大声斥责道：快放下你的鞭子！通过演唱，唤醒人们的爱国心情，激起人们对日寇的仇恨，提高了广大人民的爱国觉悟。

话剧团除在县城演出外，还在边远偏僻的大郭、纣城、社仓一带演出，有时还应邀到毗邻舞阳县的北舞渡、化店、马村、刘集等地演唱宣传。每到一处，他们先打锣敲鼓，招引观众，而后开演，尽量扩大影响。同时，还在大街小巷张贴标语、设计壁报和漫画，揭露日寇侵略者的暴行，激发群众爱国热情。

③大唱救亡歌曲。抗敌后援会所唱的歌曲，是当时流行的《流亡曲》《救亡进行曲》《救国进行曲》等爱国之歌。每到一处，宣传队以悲壮的歌声齐声合唱，唤起民众。《流亡曲》中的“九一八,九一八！从那个悲惨的时候，离别了我的可爱家乡，抛弃了那无穷无尽的宝藏。爹娘啊！爹娘啊！谁使我流浪，谁使我逃亡，谁使我们国土沦丧，谁使我们民族灭亡……”歌词悲情切切，歌声十分悲壮。群众听了这些歌词，情绪激昂，发出阵阵“打倒日本帝国主义”的呼声。在合唱《救亡进行曲》中的“五千年民族要翻身，四万万五千万人民要解放，两重任务落在我们肩上，全国同胞兄弟姐妹，要勇敢承担。不分派别，不分政党，同心协力来救亡”这段歌曲时，听众为之所动，发出“有钱出钱，有力

出力”的呼声，使爱国青壮年迸发出抗战怒火，有的当场报名参战。

④开展募捐活动。抗敌后援会还利用于九一八事变、“一二·九”等重大国耻纪念日，组织募捐活动，到全县各联保村镇，发动群众进行募捐，号召大家有钱出钱、有力出力、有物出物，支援前方。广大群众为抗日热情所激发，纷纷捐钱献物，如募捐组在大郭、纣城一带搞捐献时，一位从九一八事变后逃亡到这里的原籍天津的老大娘，听到要打倒日本，把鬼子赶出中国去，当地人可以安居乐业，外乡人可以回家和亲人团聚，激情满怀，当众掏出随身所带的三块银圆，交给了募捐组，并嘱咐早日打败日本侵略军。后援会将所募捐到的全部钱物，分批寄给前方将士，鼓舞他们的士气，并把捐献中的好人好事和捐献数字张榜公布，还登到自办的《抗敌日报》上。

⑤和民运指导员团结一致，打击顽固亲日派。1938 年春，国民党政府通过了《抗日建国纲领》，就战时税收和发展国民经济，作出了在全国范围内清查户口、登记人口、陈报土地、合理负担、支援抗日的相应规定。当时第一战区长官司令部政训处派到临颍的民运指导员王兴国，根据政训处共产党组织的指示，和李计卿、姚健宇等研究，认为这些规定可以缓解土豪劣绅依权仗势欺压农民的矛盾，有利于抗日，便以后援会的名义，提出在全县范围内，清查户口、登记人口、陈报土地、丈量插标，将豪绅们“飞粮撒户”（当时有权势的豪绅压迫农民的手段。即：种地不纳粮，将自己负担的税收，像尘灰一样飞撒在穷苦农民身上，增加农民负担）彻底更改过来，但是政府迟迟不执行《抗日建国纲领》。经过一段积极的工作，县政府迫于无奈，最后只好下令执行。于是，后援会立即组织县师、县中学生数百人，分赴各联保处，挨户清查登记，遏止了地主豪绅地多纳粮少、子弟不应征的现象。对一些如豢龙联保主任赵修齐等百般刁难学生，设置障碍，拒绝人口登记，隐瞒少报土地的有权有势的人，郑林昌等就及时将情况报告给民运指导员王兴国、李计卿，并在他们的支持下，告到县政府。县长接状，将赵修齐传讯到案，扣押数日，令其照章办事。这一举动，震动全县，狠狠打击了豪绅们的威风。

后援会对当地的地主恶霸敢于斗争，对反动当局有权有势，消极抗日、为非作歹、欺压群众的反动派也不示弱。1938年夏天的一个晚上，王岗区野鸡郭村进步青年郭丙乾、郭丙寅兄弟二人，捉到一个受日军派遣到水西区的侦探，就连夜将他送交王岗区公所。区长赵鹤轩畏敌如虎，唯恐日军到后有所连累，当即放走。区民运指导员李计卿闻及此事后，会同王兴国将赵鹤轩告县问罪。赵鹤轩被扣押三个月后，县长刘庆长受贿3000元，将赵释放。不仅如此，还合谋诬陷郭家兄弟有共产党嫌疑，将其诱骗到皇帝庙乡的老家囚入地窖。王、李二人查明实情后，以抗敌后援会之名，控告到洛阳第一战区长官司令部程潜处，程潜极为愤怒，立即把县长刘庆长以“贿庇汉奸”罪撤职查办。

临颍抗敌后援会的终止

1938年初秋，武汉失守，抗战局势发生变化，加之第一战区长官司令部人事更换，政训处解体，并下令解散各种救亡团体，县区民运指导站撤销。在此情况下，临颍抗敌后援会无法进行正常活动，随之解体，抗日活动自此转入低潮。抗敌后援会解体以后，经过实际锻炼和考验的共产党员楚光甫仍然坚持革命。他积极动员抗敌后援会的骨干时国炎、娄少林、张自厚、郑林昌等六名同学投笔从戎，于10月奔赴竹沟，继而奔赴革命圣地延安，进入延安抗日军政大学学习，参加了革命，加入了中国共产党。在革命征途中，他们积极工作，肩负起了党分配的重要任务，为抗日战争、解放战争及社会主义建设，作出了应有的贡献。

选自1995年《漯河文史资料》第六辑

河南省青年救亡协会在舞阳成立

胡德周[①] 王春生[②]

1938年6月初，河南省青年救亡协会在舞阳县召开了成立大会。针对协会成立大会召开的过程、原因及其结果，笔者根据目前所收集到的有关资料，谨作浅述，以求尽可能地把当时情况见诸于众。但因所得材料缺漏之限，有待熟悉此事的同志给以指正。

1938年上半年，正值全国抗战宣传活动高涨之际，在中国共产党抗日民族统一战线政策指引下，全国各地纷纷组织了抗日救亡团体，广泛开展救亡宣传活动。1938年2月，中国青年救亡协会在武汉成立，它是当时全国最大的青年统一战线组织。协会成立后，积极团结各地抗日团体，发展救亡组织。其间，河南全省的抗日救亡运动也风起云涌，全省50多个县先后建立了各种形式的救亡团体，如抗敌后援会、抗敌服务团、战时教育工作团、青年救国会、民族解放先锋队等。中共河南省委为适应抗战形势的需要，决定成立一个公开合法的青年救亡团体作为党的外围组织。1938年3月全国学生救国联合会代表大会（简称全国学联代表大会）在武汉召开之后，中共河南省委就积极筹备河南省青年救亡协会的成立工作，并指示，协会的成立大会要到全省抗日救亡工作开展最活跃、群众基础最好的地方去开。

3月下旬全国学联代表大会召开期间，中共河南省委派刘清源组成河南代表团到武汉参加大会，舞阳县青年救国会骨干陈麟堂也被派往武汉参加了这次大会，并受到了董必武及李昌的接见，向他们汇报了舞阳县的救

① 胡德周，舞钢市人，生于1962年5月。1980年至1984年在北京军区某部服役，曾任舞阳县史志档案办副科级干部，舞阳县政协文化和文史委主任。机关党支部书记。

② 王春生，舞阳县人，舞阳县史志档案办公室党史股股长。

亡工作情况。开会期间，他们同姚雪垠及武汉中国青年协会的谷 ×× 商讨了在舞阳成立河南省青年救亡协会的有关事宜。谷 ×× 指示他负责联络此项工作。陈麟堂还接受中国青年协会宣传部长钱俊瑞的指示，回县后开办了书报供应所。陈麟堂回到舞阳后，及时认真地向党组织作了汇报，舞阳青年救国会党支部在中共舞阳县委的领导下，认真布置安排会议事项。

5 月，河南省青委书记谢邦治到舞阳考察了解这里的抗日救亡工作，其时正值豫东、郑州等地形势吃紧，基于当时的境况，会议地点选定在舞阳。当时舞阳县的青年救国会在中共舞阳县委的领导下，团结了全县各阶层的抗战力量，形成了一个良好的统一战线局面。全县的救亡宣传活动开展得轰轰烈烈，并建立了 43 个青救分会，会员达 5000 多人。

同时，中国青年救亡协会武汉总会派人员到郑州偕同谢邦治、刘清源、姚雪垠、袁宝华及河南主要青年团体的代表，到国民党第一战区司令长官部政训处联络，进行筹建工作。借助于党在那里的统战关系，赢得了他们的支持，并由司令长官部发下民字一四三一号许可证书，政训处民字三九〇号指令，允许在舞阳召开成立大会。月底，省青委领导及各路人员先后到达舞阳。

早在卢沟桥事变爆发后不久，一战区司令部刚成立，党就开始了对政训处的统战工作。司令长官部秘书长兼政训处主任李世璋原是大革命时的中共党员（后参加了邓演达的第三党），他根据党的指示，使大批共产党员到政训处工作，利用合法身份支持、保护中共党员，团结广大爱国青年，为河南的抗战工作做了不少有益的工作。1938 年初，省委派刘子久、张维桢、杨达等同志到政训处做统战工作，协助李世璋在河南各界组织抗日救亡团体。李世璋对省青协的组织成立也同样给予了有力的支持，在青协召开成立大会期间，他也到舞阳参加了大会。

在中共河南省委、省青年工作委员会的领导和中国青年救亡协会的支持下，1938 年 6 月 5 日至 11 日，河南省青年救亡协会成立大会，在舞阳县城西大街城隍庙大殿召开。河南省青年工作委员会书记谢邦治、副书记吴祖怡，中国青年救亡协会组织部部长赵梅生等参加了大会。另外参加成立大会的各团体代表有：河南豫西中国民先队长丁秀，武汉青年救国团代表刘玉柱，以及代表南召青救会的袁宝华，代表邓县的姚雪垠，南阳的陈少景，方城的李柏，密县的刘清源，还有袁宝岱、田莉等近30人。当时全省除沦陷区外（豫东各县没有参加），各地救亡团体大都派代表参加，洛阳、南阳、西平、遂平、密县、息县、方城、南召、镇平的代表在会上发了言。会议由吴祖怡主持。舞阳县青救会副总干事臧自修代表舞阳青救会向大会介绍舞阳县开展救亡宣传运动的经验，与会代表互通情况，交流经验，加强了团结，增进了友谊，推动了全省抗日救亡运动工作的进一步开展。

大会选举了领导成员，常委7人。中国青年救亡协会成员谷 ×× 被选为主任，吴祖怡为副主任，丁秀为组织部部长，陈少景为宣传部部长，姚雪垠为秘书，臧自修被选为联络部部长等。大会发表了协会成立宣言，由赵梅生起草。最后，大会决定将协会办公地迁至洛阳。

河南省青年救亡协会成立之际，武汉《新华日报》曾在1938年6月14日发表了题为《河南省青年救亡协会即将成立》的“舞阳特讯”。6月20日，《新华日报》又刊载了救亡协会成立宣言。

附：河南青年救亡协会成立宣言

敌人的疯狂进攻，已经深入中原了。河南是中华文明的发祥地，拥有五千万忠勇的黄帝儿女和广漠的平原与山野，它跟随着战局的发展，已经成了今后抗战的军事支点。敌人的毒辣企图，在这五千万黄帝儿女的家乡涂上腥血，蹂躏它、占据它，进而攻取武汉，掠夺西北，以动摇我们抗战的力量与决心。因而我们胜利地保卫河南，也就是保卫武汉，粉碎敌人第二期作战企图。在目前的紧急形势下，中原千百万优秀的青年男女，必须携起手来，英勇地保卫大河南，使河南变成中华民族的钢铁堡垒和日本法西斯强盗的坟墓，埋葬他们的尸骨与妄想。

自卢沟桥事变以来，河南青年不怕艰苦、不怕牺牲到前线、到农村、到敌人后方去，从事各种抗敌救亡工作，这些光荣而伟大的努力，无疑将在抗战史中留下非常辉煌的一章。但我们也不能不指出来，过去河南青年运动的几项缺点：第一是缺乏统一的组织，力量不免涣散；第二是庞大的工农青年群体尚很少组织到抗日救亡的阵营中来；第三是一般青年救亡团体同政府的联系还不够。因此，过去河南青年，虽然曾经有光荣的努力，还不能充分地适应目前新形势所带给我们的新的要求，还不能愉快地去完成更艰苦和更伟大的新的任务。更因此，在弹烟炮火之下，戎马倥偬之际，河南青年救亡协会就在政府及中国青年救亡协会总会代表协助下，于六月十一日正式成立了。

本会今后任务，在动员全省千百万青年男女，保卫家乡，保卫祖国，争取最后胜利！在团结全省各阶层、各教育、各业、各党、各派所有热血而英勇的青年男女于一个救亡目标之下，加强抗战力量，巩固抗日统一阵线，为实现抗战建国纲领而奋斗到底！

烽火已烧遍中原，本会谨以十二分热诚，向全省青年战士作如下号召：(一）在已经沦陷的区域，热血的青年战士们，应该更广泛地展开游击战，袭击敌人、破坏敌人，并驱逐它、消灭它；(二）在还没有沦陷的区域，应该在政府的领导下，迅速作武装准备；(三）展开英勇青年们入伍运动，并参加各种战地服务工作；(四）本会更迫切地希望全省青年团体迅速团结起来，欢迎一切青年救亡团体和千百万计有组织的青年战士们，参加进本会里来，永远和本会保持密切联系，使全省千百万优秀青年，团结得像钢铁一样坚固，共同担负起保卫河南、解放中国的神圣任务！

我们家乡已被敌人的铁蹄践踏，到处充满了愤怒的狂吼与凄惨的哀号。不愿做奴隶的中原儿女们，时机紧迫了，让我们携起手来，集中力量，齐一步伐，以铁与血回答敌人的疯狂进攻，保护我们的父母妻子，保护我们的家乡，保卫我们的祖国，保卫人类的正义与和平！

来，同志们，让我们高呼！

全省青年团结起来！

武装保卫大河南！

拥护政府抗战到底！

中华民族解放万岁！

选自1995年《漯河文史资料》第六辑

抗日战争初期舞阳县的抗日救亡运动

胡德周　王春生

卢沟桥事变爆发后，全国上下一片抗战声浪，中共河南党组织遵循党中央的指示，大力宣传党的主张。9月，河南省委重新建立后，更是积极地宣传和组织广大民众投入抗战救亡中去。抗日救亡的群众运动首先在全省各主要城市展开，成千上万的知识青年成为撒播救亡运动的火种。

舞阳县在外地上学的青年学生也纷纷回到家乡，怀着无比真挚的爱国热忱，在中国共产党抗日民族统一战线政策感召下，发起组织了舞阳县青年救国会，团结广大青年，开展抗日救亡的宣传活动，传播宣传十大纲领，揭露日寇侵华罪行。他们在中共舞阳县委的领导下利用演说、传单标语、报刊和戏剧、歌咏等方式，走进机关学校，深入农村，来到人民群众中进行全面的救亡宣传，使舞阳的抗战救亡热潮遍及全县城乡各个角落。

1937年7月至8月间，当时在北平上学的臧自修、陈林堂及王方鸣等回到舞阳后，立即展开活动，在舞阳搞救亡工作。臧自修曾到武汉中国青年救国会联络，打算在舞阳成立青年救国会。此间，刚由开封省立师范毕业回乡的王立平，在舞阳东北部的胡岗小学召集大王庄及姜店小学的师生组织成立一联合救国会，并编写了救国经《诗文》宣传抗日。到10月底，臧自修、陈林堂到开封会同在河南大学上学的刘丹岑，找到此时在开封的王立平商议一同回县开展救亡工作。这时，在信阳上学的胡天禧等也回到了家乡，经商讨后，于11月初的一个星期天下午，在国民党舞阳县党部礼堂成立了舞阳县青年救国会。除臧自修、陈林堂、王立平、胡天禧及刘丹岑外，当时从外地回到舞阳的中共党员陈坤台也应邀参加了筹备发起工作，参加青救会成立大会的有四五十人。

鉴于青救会中的大部分青年学生出身于士绅地主家庭，为便于救亡工作的开展，减少不必要的阻力，并得到各界人士的支持，他们聘请了当时舞阳县的党、政、军、教育、商人士绅等主要人物30余人组成一个理事会。如陈林堂的大哥、县商会会长陈朗轩，当国民党县党部干事长的哥哥陈芾南，刘丹岑的哥哥、县联防主任刘馨吾，王方鸣的父亲王庚魁、哥哥王仿愚，臧自修的父亲臧绍五，胡天禧的族亲胡琢青，国民兵团副团长张哲超以及戚卓堂、苗星南、宗士绅、史玉亭、袁蔚亭、邢国萱、陈耀堂、王幼轩、李蕴文、鲁宏宇、杨梦甫、王子林、张百川、郭尚卿、屈勋亭、孙孟山、孟献若等。理事会下设执行委员会，由10至15人组成。陈芾南为总干事，臧自修、宗士绅为副总干事，秘书股臧自修、王兆瑞负责，组织股长陈林堂，宣传股长胡天禧，募捐股刘丹岑、刘季坦，总务股张复生，会计股邢盘根，图书室由安成功负责。

青救会设有会旗一面，为总会会旗，各分会有三面旗帜：一面为分会会旗，一面为募捐用旗，一面为宣传用旗。会员发有印制的会员证。

青救会成立之后，积极运用各种阵地、各种方式走向社会，进行抗日鼓动工作，在大街小巷刷贴标语、画宣传漫画、出墙报，采取群众喜闻乐见的形式进行宣传，继而组织演剧队成立话剧团，以胡天禧为团长，带领几十人到街头、学校和农村，借助庙会、集市、节日等机会巡回演出，教唱救亡歌曲，讲解救亡道理。他们演出的大型话剧《前夜》及街头剧《放下你的鞭子》《抓汉奸》《三江好》《劝夫从军》《香姑娘》《生死关头》《兄妹开荒》《张家店》《抓壮丁》等给全县人民留下了深刻印象，激发了广大群众的爱国热忱。

与此同时，歌咏活动也是青救会最活跃的项目之一。青救会成立之后，随即成立由柴凯负责的歌咏队，青救会的会员人人都是歌手，每一个集体活动都有雄壮的歌声抑扬起伏。队员们利用各种机会互相教唱，教广大群众唱。他们演唱的歌曲有《大刀进行曲》《黄河大合唱》《义勇军进行曲》《延安颂》《九一八小调》《流亡三部曲》《游击队之歌》《到敌人后方去》《五月的鲜花》《枪口对外》《青年进行曲》《红缨枪》《起来吧，祖国的孩子们》《抗日救亡进行曲》等。

就在青救会成立不久的11月间，原于1935年春被捕的中共党员周泉森因国民党释放政治犯，从狱中出来，并由陈坤台到中共豫南特委联络恢复了组织关系，陈坤台又发展高文彬加入中国共产党，随后组建了中共舞阳县工作委员会，陈坤台任工委书记，周泉森、高文彬为工委委员。为把青救会争取到中国共产党的领导之下，工委研究决定由周泉森借与胡天禧等的小学同学的关系，团结和联络青救会中的主要骨干，进入青救会，由臧自修、胡天禧、陈林堂等参加组成一个出版委员会，以出版报纸的名义，逐步实现对青救会的领导，周泉森为出版委员会主任。

1938年1月，经上级批准，建立了中共舞阳县委，周泉森任书记。县委遵照大力发展党员、发展党的组织的精神，注意克服忽视工农、忽视发展和排斥知识分子的关门主义倾向，采取了大胆发展的方针。首先发展了青救会中的胡天禧、张复生、罗宗成为中共党员，并于元月建立了青救会党的支部委员会，胡天禧为支部书记。青救会从此有了党的领导，舞阳县的抗日救亡群众运动也就在中国共产党的领导下，开展得更加广泛深入。

出版《救国三日刊》，扩大抗日救亡宣传范围。1938年2月，在中共舞阳县委的直接领导下，青救会创办了《救国三日刊》报纸。周泉森为主编（后为苗宝泰）。青救会的主要人员臧自修、胡天禧、陈林堂、柴凯、王立平、李景伦、张复生、苗宝泰、梁富学、李在藻、臧宝兴以及陈坤台、高文彬、罗宗成都是主要的撰稿人及编委会成员。三日刊的宗旨就是向广大人民群众宣传中国共产党的抗战主张，宣传民族统一战线政策，推进国共合作，唤起民众树立抗战必胜的信心。它刊登的主要是县委负责同志撰写的带有指导性的文章，还有中共党组织及青救会各分会的主要骨干所写的总结性工作材料和通讯，并发布一些国际国内新闻、时事短评、宣传大纲、诗歌、抗战歌曲等。发放范围除全县城乡各青救会分会、支会外，还远发全省其他各县，以至省外，发行量多时达2000余份。

《救国三日刊》所发的文章短小精悍，很受民众喜爱，对于广泛深入开展抗日救亡运动，团结各阶层人民共同抗日起了很大的推动作用，是党的一个重要舆论工具，更是中共舞阳县委和青救会指导工作的重要工具之一。1938年6月冯玉祥到舞阳时曾称赞报纸办得好，并题写了刊名。到1938年11月，国民党顽固派下令青救会停止活动，出版100余期的《救国三日刊》也被迫停刊。

开办夜校识字班，吸收青救会员。1938年春节过后，青救会就组织了由孟昭兰、臧文贤、樊春秀等负责的夜校识字班，吸收很多青年妇女、失学青年及农民到识字班来学习，聆听青救会成员讲革命道理和学习文化知识。从识字教学入手进行抗日宣传的教育，以明理第一、识字第二的原则，为青救会培养了一大批优秀会员。

成立少年儿童团。为使抗日救亡的革命道理宣传到少年儿童中去，1938年5月，青救会决定成立儿童团，杨富根为团长，李建有为副团长，不久就联络街道儿童200多人。这些儿童大都因家境贫寒而辍学在家，青救会会员们对儿童关怀备至，从教他们认字、读书、唱歌做起，讲解革命道理。在杨富根、李建有带领下，和他们一起读《朱德传》《毛泽东印象记》《睁开眼睛看一看》等进步书刊，还请曾去苏联留过学的中共党员陈坤台向团员们讲苏联革命的故事，组织"追踪"军事游戏等。儿童团在杨富根带领下，常常到沅泉小学、准提堂小学、朝阳小学、县立一小去演节目。还到街道、庙会和集市上演文艺节目，宣传抗日人人有责，有力出力，有钱出钱，开展募捐活动。到1939年春，中共党员李在藻被派到胡岗发动组织少年儿童队，组织了12岁至15岁少年儿童60多名，早晚上操、唱歌，为他们讲解抗日必胜的道理。

创办书店，发行革命书刊。早在1938年3月，陈林堂赴武汉参加全国学联代表大会时，与负责武汉战时书报供应所的钱俊瑞、江陵联系，商谈在舞阳成立分所的事宜，陈林堂与苗宝泰、臧自修多次商议筹办事宜。随着青救会抗日宣传活动的全面展开，经中共舞阳县委批准，1938年7月由陈林堂、宋运台负责在县城北大街开办合记商店为名，发行书刊报纸，由张维桢、陈林堂各出资一部分，陈林堂与商人王春明一起由界首购进哈德门香烟及其他物品，陈林堂为经理，宋运台、宋彦海为办事员。后采用战时书报供应所、合记书报社、中国文化服务社舞阳分社、新生书店等名称，销售进步书刊。

书店与武汉、重庆、延安等地的新华书店、生活书店、新知书店、三联书店及报社联系，先后发行了西华逍遥镇的《大众报》及《新华日报》《全民抗战》《读书月报》《解放》《新中华报》《理论与实践》《大众哲学》《文汇报》《大公报》等。国民党方面的有《中央日报》《和平报》《河南民国日报》《河南民报》等，但这些报纸的发行量很小。而《新华日报》的发行量则超过所有国民党报纸发行量的总和，就连西平、遂平的读者都前来购阅。《大众报》的销售量也很大，它的主编徐师良曾亲赴舞阳，与书店联系。

有关马列主义书籍和进步书刊，先是公开出售，到 1938 年冬季转为秘密出售。如《论持久战》《左倾幼稚病》《论游击战争》《共产党宣言》《社会主义从空想到科学的发展》《法兰西内战》《列宁选集》《联共（布）党史简明教程》《雇佣劳动与资本》《抗日游击战争的战略问题》《论新阶段》等。这些书籍的发行对传播马列主义毛泽东思想，增长共产党员和进步青年的革命知识，提高他们的政治觉悟起到了很大的作用。当时舞阳全县凡是有青救会员活动的区、乡镇、学校都能读到这些进步报纸和书籍。书店发行进步书刊的活动一直持续到 1942 年间，在此期间已成为党的地下活动掩护机关与联络站。

积极开展募捐活动是青救会进行抗日救亡宣传活动经费的主要途径。首先是青救会员们带头捐资，有的会员就是带着钱去参加青救会的，如武功街的董琚、董瑶、罗宗成等前后捐了百元左右，陈林堂一次就曾捐百余元。同时他们广泛宣传国难当头，保家卫国人人有责，号召有钱出钱、有物出物，收到了明显的效果。会员们走向街头，深入商户募捐，王立平曾化装为流亡难民到街上乞讨，先后讨得 100 多元。

其次就是做理事会成员的工作。苗宝泰的父亲是南街的绅士，主动捐助 10 元。臧自修的父亲是北大街街长，又因家里同苗宝泰家是亲戚，陈林堂、苗宝泰、臧自修一起去做他的工作，也捐了款，又动员了刘季坦的父亲刘信武及孙孟山、胡琢青、刘馨吾等捐了几十元。臧自修以自己家的名义特别请齐卓堂及孙孟山、夏建章、孟献若、李蕴文等到家里吃饭，晓以道理，使他们慷慨解囊，一次各捐20元、50元不等。胡天禧还曾动员陈朗轩、陈芾南、胡琢青、胡灿宇等捐了款。《救国三日刊》从创刊直至1938年夏，出版费用一直由募捐来的钱出版印刷。后来，舞阳县抗敌后援会成立后，经费才有了保证。

青救会在开展救亡宣传过程中，通过各种人际关系、政治关系推动这一工作。1938年春夏之交，别廷芳到舞阳视察联防工作，召集地方联防主任开会。青救会在党的指示下，组织了100多人的欢迎队伍，打着旗帜去迎接，提高了青救会的地位和影响；冯玉祥到舞阳时，青救会也派代表迎接，使其对青救会的宣传活动给予了充分肯定。

在中共舞阳县委的领导下，青救会的抗战救亡活动开展得轰轰烈烈，全县城乡一片抗战热潮。从1938年初起到同年6月，青救会先后建立了城关、吴城、王楼、武功、安寨、梁八台、曹集、尚店、尹集、辛集、王店、卸甲店、上澧河店、下澧河店、宗台、孟寨、马村、姜店、章化、北舞渡、胡岗等43个分会，有的分会下面还建立了支会。整个救亡活动达到了高潮，青救会员发展到5000多人。除农村各乡（镇）青救分会组织活动外，城内青救会的活动更是丰富多彩，几乎每天都有三四十人集中在一起繁忙地工作，如有臧自修、胡天禧、陈林堂、王立平、苗宝泰、藏宝兴、王方鸣[①]、孟玉华、李持英、柴凯、王樾、臧文贤、孟昭兰、胡赞宇、胡赞扬、李振华、李增华、董琚、董瑶、罗宗成、李承文、陈坤台、张鸿宾、董仲衡、张松峰、王世瑞、高诚忠、陈松波、王树文、梁富学、宗世鉴、高文彬、李廷杰、冯留志、张复生、李景伦、邢盘根、王书香、樊春秀、屈桂卿、胡桂馨、裴桂荣、王赛文、张秀松等。

同年夏，苗宝泰、陈林堂去开封找到省委青年工作委员会副书记吴祖怡，并在谢邦治的协助下办理青救会在国民党党政有关方面的备案事

① 或王方明。

宜。陈林堂又到郑州同谢邦治、姚雪垠、王西岭到国民党一战区长官司令部正式备案。

但自 1938 年 10 月武汉失守以后，国民党顽固派加紧了反共步伐，宣布取消各地救亡团体。舞阳县青救会也于这年秋冬被迫取消，轰轰烈烈的舞阳县青救会的抗日救亡运动被迫转入低潮。

选自 1995 年《漯河文史资料》第六辑

抗战期间的郾城县砖桥抗敌“动委会”

李　辉

卢沟桥事变之后，日本侵略军发动了对我国的全面进攻。日军所到之处，实行了惨绝人寰的杀光、烧光、抢光的“三光”政策，大好河山被肢解得支离破碎，广大劳苦大众颠沛流离、食不果腹，终日挣扎在死亡线上。地处河南东部的广大人民，是有名的“重灾户”。当时日军已迫近黄河北岸，徐州、开封危在旦夕，更是人心惶惶，不可终日。

大敌当前，要光明还是黑暗？是坚决抗击日本侵略军，还是卖国投降？这是中国人民必须作出的两种命运、两种前途的抉择。

1938年春，侯香山担任西华县第四区（现在的郾城县青年村乡）区长，区员是赵明初、张香宇等人，政治部主任是王子英。在抗日民族统一战线的召唤下，第四区（砖桥区）成立了“抗敌动员委员会”（简称动委会）。“动委会”主任是王世杰，成员有张吉甫、索英甫、李子干、刘应泉、孙占远、赵明初、张学六。在“动委会”的号召下，当时流行着“国家兴亡、匹夫有责”“地无分东西南北、人无分男女老幼，有钱出钱、无钱出力”的口号，区政府以下仍袭用旧的联保、保和甲的建制。当时，第四区共有二十二个联保，联保主任中有张学六、李子干、于元性、李世敏等人，这些联保主任都是积极主张抗日的，每个联保都配有一个政治指导员，支持“动委会”的工作，响应“动委会”的号召。

“动委会”成立之后，做了大量工作，主要表现在五个方面：

一、团结开明地主绅士，做好统战工作

当时，第四区的区长是国民党西华县政府任命的，担任联保、保和甲长的人都是地方上推举的有实力、有影响的地主绅士，团结好他们，对于动员全民族抗战有益。经过“动委会”的工作，团结了如王黄石、张郁如、胡振甫、李馨亭等地主绅士，让许多开明的地主绅士真心拥护国共两党合作一致抗日，为动员全民抗战作出了贡献。

二、创办各种类型的训练班，为抗日输送了干部

“动委会”先是创办了一班三民主义青年团训练班，由孙占远负责，共招收了30多名立志抗敌的青年学生。训练班除进行形势教育外，还搞军事训练，直属“动委会”领导。在“动委会”训练班的示范和带动下，各地的训练班也很快办起来了。办得最有名气的是河状寨的“保教会”训练班。张郁如是河状寨的联保主任，他在何可人、李学文、张仁甫、王负五等人的帮助下，办了一期三民主义青年团训练班，吸收几十个爱国青年在那里学习。常国献、胡会川、张有军和张郁如的侄儿张永昌等人都是那里的学员。训练班结束后，张永昌等人奔赴延安，其余的参加了当地的抗日活动。这批青年学生多半都成长为共产党的领导干部。

三、争取散兵游勇，一切为了抗日

“动委会”成立之后，非常注重抗日武装的建设。砖桥区的抗日武装原来建立有一个支队（西华县有总队），每个支队都编有三个大队，特务大队长是郭玉林，武器比较精良、服装整齐，部队纪律也好，战斗力较强。每个大队编有三个中队，每个中队编三个分队，每个分队编三个班。西华县抗日总队的番号是第一战区自卫军第七路，司令是庞国

钧。砖桥区的抗日自卫武装是总队隶属下的第二支队，队长侯香山。王其梅任第二支队政治部主任。各大队都设有政治指导员，中队有政治员，分队则设有生活指导员。由于砖桥处于西华、郾城、商水、上蔡的交界处，所以，这里的散兵土匪很多。他们夜集明散，绑票、劫路、拉牲口。这伙人多半和大地主、大绅士有联系，真正受害的是一般的小地主、行商和富户。著名的土匪头子有张树（张老大）、赵老六、冀老四等。小杆子土匪头目有王良、王滴流、胡老二、葛老七，这帮土匪加起来有几百人。“动委会”成立后，就把这些土匪散兵收编过来，编了三个中队。第一中队长张老大，第二中队长赵老六，第三中队长葛老七，王良、王滴流、胡老二都担任了分队长。这样，不仅安定了社会秩序，还壮大了抗日武装。第二支队共有兵员1000多人，约有步枪900多支、盒子炮200多支、轻机枪4挺。当时，西华的抗日自卫军共有三个支队，仅砖桥就编了一个支队，声势之大，足以证明“动委会”的作用。

四、大张旗鼓地进行抗日宣传活动

“动委会”成立后，立即成立了抗日宣传队，由孙占远任队长，直属“动委会”领导。宣传队工作搞得很活跃，经常深入饭场、麦场、田间、地头做宣传鼓动工作。宣传的形式是多样的，有戏剧、读报、活报剧等。剧团演出的节目有《为谁牺牲》《放下你的鞭子》《张家店》等。每到一处，队员大唱救亡歌曲，并教群众演唱。他们唱的歌曲有《流亡三部曲》《救亡进行曲》《大刀进行曲》《义勇军进行曲》等。除文艺节目宣传外，他们还给群众宣读《新华日报》《大众报》等，整个砖桥区内笼罩着浓郁的抗日氛围。

五、动员群众踊跃支前，实行全民抗战

在“动委会”的号召下，一些有实力的殷实富户出钱出粮支援前方抗日将士。1938年9月，彭雪枫从确山新四军后方留守处，率领由300

多抗日青年组成的东进游击支队，进入豫东与吴芝圃等所领导的地方游击队会合，展开抗日游击战。途经砖桥时住了两晚上，召开了一次军民大会。他在大会上发表了抗日救亡演说，部队的领导人张爱萍、张震也作了重要指示。砖桥的老百姓在“动委会”的号召下，昼夜赶做了大批军鞋慰劳将士。临出发之际，“动委会”和区政府的队员们和将士们依依不舍，一直送到砖桥村北门以外。分手时，张震又讲了话，鼓励大家要团结抗日，赞扬“动委会”的工作做得好。“动委会”委员刘应泉就是这次随着彭雪枫去豫东抗日的。

1938年冬，抗日民族统一战线日趋破裂，“动委会”的活动也较以前困难多了。到了1939年冬，形势更加恶化，第四区的“抗敌动员委员会”和政治部都被撤销。“动委会”主任王世杰，成员张吉甫、索英甫以及刘应泉走后，新补充上来的程代环等同志被迫离开了砖桥；张学六、李子干的联保主任也被撤职；孙占远到了青年村小学教书，“动委会”被国民党压迫得无法存在。

“动委会”活动的时间虽然不足两年，但它起的作用是很大的，它在砖桥一带播下了抗日火种，为抗日救亡作出了历史的贡献。

选自1995年《漯河文史资料》第六辑

舞阳县抗日民主政府的建立

胡德周　王春生

1945 年夏，随着新四军五师部队在舞阳南部地区消灭日伪顽斗争的不断胜利，中共豫中工委为加强地方党组织的建设与领导，以及建立抗日民主政权的需要，决定建立中共舞阳县委、舞阳县抗日民主政府，自上而下地建立党的领导机构和基层组织，发动群众，开展支援部队工作。

7 月初，以胡赞扬为队长，由邢克、赵铎（周声远）、李文普、李杰汉、谷宝祥、张庆军、鲁桂英（女）、高西林（女）、冻喜鹤（女）、高省（女）等十几人组成的农村工作队，遵照豫中工委的指示，在苗宝泰的带领下回到舞阳武功、尹集地区。随即在武功南鸡山北坡的刘川沟村建立中共舞阳县委、舞阳县抗日民主政府（十几天后迁入尹集街内），苗宝泰任县委书记兼抗日民主县政府县长，王方鸣为副县长，李华任县委组织部部长，胡赞扬任民政科长，赵铎担任县政府秘书，李杰汉为财粮科长，张庆军为会计。

县委、县抗日民主政府建立以后，首先抓好基层抗日民主政权的建设，建立了詹山（武功）、大同（八台）两个乡民主政府。詹山乡长李汉三，副乡长高文彬，指导员张玉林，农会主席王铁，武装队长焦居正，财粮陈坤荣，干事邵天一，大同乡长王义久，副乡长李振华。

詹山乡原辖区为北到三里河，西至枣林，东到寺山黄，东北到苏庄，南到鸡山的十三个保。但因辛集为日伪乡公所，马庄村则为国民党乡公所，栗林铺又是日军据点，故乡民主政府主要在洪河以南的 5 个保公开活动，洪河以北的几个保只能利用晚间去开展工作，不时遭到日伪的干扰，工作中存在相当的困难及艰巨性。

大同乡原辖区北到梁八台北部的大沟里，西到与方城、叶县交界地区，东至舞（阳）尚（店）公路。乡民主政府实际开展工作的地区则限于西到卜冲，东到武功。王义久、李振华即在武功的陡沟村办公。

民主政府主要以武功、尹集为依托向西南的尚店、柏庄一带发展。当时的基层保甲组织仍为旧的保甲人员担任，民主政府则利用他们开展征粮、征布等工作。尹集地区的 20 个保中自尹集以西至接官厅 10 个保为民主政府所管辖，接官厅以西在同年 8 月以前为杨梦甫所控制。

鉴于当时的客观状况，为了扩大影响，县民主政府向农民颁发了布告，宣告舞阳县抗日民主政府的成立。布告盖着县政府的大红钤记，下款印有苗宝泰的名字。

县政府依据斗争形势，把实行党的抗日经济政策，发动群众支援部队，发展武装，壮大抗日力量作为主要任务。

制定实行抗日经济政策。组织党员干部大力开展宣传发动工作，向群众讲明部队是为抗日，群众出粮出物完成任务是为支援部队抗日，先采取以了解大户（地主）入手，制定了凡有 200 亩土地以上的大户每户出粮 5000 斤，对顽固不交者坚决给予处罚的政策。然后又分任务给群众，每户一双鞋或成年妇女每人一双鞋的办法，群众积极响应；在征粮过程中废除旧的征粮征税办法，对赤贫群众免征粮税，采取不拿粮的办法，收回所发行的“建设票”，以纸币抵公粮，减轻农民负担。在广大群众中开展为部队献布、献棉活动，解决了部队急需的冬装问题。对支援物资者，部队按当时政策给予一定报酬。

同时，根据群众的合理要求开展倒地运动。按照 1945 年夏中共河南区党委颁布的《土地转移法》和《河南灾期卖地倒还条例》的规定，让失去土地的贫苦农民按原价从地主手中赎回自己的土地（1942 年至 1943 年，由于“水旱蝗汤”之苦，民不聊生，地主豪绅为富不仁，乘机敲诈、贱买农民的土地，广大贫苦农民为了活命，忍痛将自己的土地廉价“卖”给地主）。抗日民主政府广泛发动群众，召开群众大会，宣传党的政策。詹山乡还组织了赎地委员会，在洪河以南 5 个保成立赎地小组，群众踊跃参加，有 100 多户贫苦农民投入了赎地运动。尹集地区农民也积极投入倒地运动，一名老太太赎回土地后激动万分，要送鸡蛋给政府人员。

开展税收工作。为开辟财源，民主政府成立了税收队，制定新的税收制。对当地的烟厂、烟商以及他们开设的商行适当收税，对于一般小商小贩和手工业者则一律免予征税。这种有区别的征税工作，一则保护了贫苦百姓经营的积极性，二则使工商界人士感到满意。

发展抗日武装。在豫中游击兵团的帮助下，各乡都建立了武装力量，多则50人枪，少则20人枪。他们在保卫民主政权和人民利益、维护社会秩序方面起到了积极的作用。为防止敌人利用一些村寨搞反动活动，詹山乡奉命派高文彬率领武装拆毁安寨寨垣，李汉三和李玉林率武装拆毁了曹集寨垣，很多群众也主动参加进来。乡武装还利用夜间袭击栗林铺日军据点及日伪詹山乡政权。

9月初，大同乡改为武功区，李振华为区长，李文普为副区长，高诚忠为农会主席，在武功地区为过往的部队开展征粮征物等支前工作，将原皇协军洪汝林、张晋尧部在武功镇储存的几大圈麦子查封没收，为途经此地的周志坚部提供了数万斤粮食。

9月17日至19日，王店、象河关、小史店、太尉庙、尚店被新四军攻克。根据中共豫中地委的指示，王泽民、吴振挺在尚店成立叶（县）、舞（阳）、方（城）、泌（阳）联合指挥部，王泽民任指挥部政委兼舞阳县委书记，吴振挺为指挥长兼舞阳县民主政府县长，董锡芝为副县长，李华为县委组织部长兼财粮科长，副科长李杰汉，民政科长武定一，秘书赵铎，会计张庆军，原舞阳抗日民主县政府自行撤销，苗宝泰不再担任中共舞阳县委书记及县长职务。

9月下旬，吴振挺在尹集宣布成立尹集、尚店、柏庄三个区。县政府向群众张贴布告宣布县政府的成立。尹集区政委胡赞扬兼区干队政委，谷宝祥为区长兼区干队长，财粮陈坤荣，民政干事王树文，农会主席张鸿宾。到10月中旬，在路经这里的王树声部帮助下，区干队由开始的十几支枪壮大到30多支。

尚店区政委刘成，区长王耀九，副区长华中，农会主席李文普（不久去柏庄区)。王耀九利用自己原是国民党尚店镇长之便，联络旧的保甲人员，带领区工作人员，十几天内为部队征集粮食10000多斤、鞋子500多双、布300余斤。

柏庄区政委王铁，区长李振华，副区长李文普，农会主席高诚忠，区干队长丰明义。

原詹山乡原班人员在李汉三带领下继续工作到同年10月底，此间尹集区干部转移到尚店、王店一带，后同县委、县政府及尚店、柏庄区干部随八路军、新四军于11月初转移到桐柏地区。县委、县政府自行撤销，少部分工作人员分散隐蔽。

选自1995年《漯河文史资料》第六辑

活跃在敌后的郾城铁路工人抗日破坏队

于永生[①]

1937 年 7 月 7 日，卢沟桥一声炮响，全国抗战爆发了。

中国共产党号召全国人民团结起来，筑成抗日民族统一战线的坚固长城，把日本侵略者驱逐出中国。具有光荣革命传统的郾城工人阶级，积极投入了这场伟大的民族抗日战争中。

抗日战争爆发后，为了阻止日寇南下侵略，汉口八路军办事处特派石健民等人到信阳，利用各种关系，争取当地国民党党部的支持，组织创办平汉铁路工人“铁道爆破训练班”。郾城数十名铁路工人在工会负责人王既清的率领下，前往学习爆破技术。1938 年 5 月 1 日，在武汉公开打出旗帜，宣布正式成立“平汉铁路爆破总队”。主任是共产党员兰田，石健民任参谋，郾城车站的马绍勤从开封出狱后，被委派到铁路爆破总队任政训处主任。郾城车站 44 名铁路工人在王既清、尹仲生（钟施恩）、李崇山等人的带领下，立即参加了这个由中国共产党领导的铁路破坏队，被编为第二中队，王既清任中队长、尹仲生任队副兼中队党小组组长。

1938 年 10 月，根据上级指示，王既清、尹仲生等率领郾城铁路工人破坏队员北上抗日，他们经郑州转汜水，北渡黄河，同武陟、修武一带组织的铁路工人破坏队相会合，他们并肩战斗，共同抵抗日本帝国主义的侵略，后王既清等又率领铁路工人破坏队回到了郾城。

1944 年 5 月，日寇攻陷郾城，到处烧杀抢掠，并对附近各县开始了惨无人道的大扫荡。面对日寇的残暴行径，铁路工人王既清、张家范等人重新组织队伍，发展队员 50 人，他们大多是地下党员，有手枪 18

① 于永生（缺）。

支，还有一些土武器，队长仍是王既清。他们多是晚上行动，将郾城车站以北的铁路扒得七零八落，使日寇列车无法南下。他们还和蔡永令带领的抗日游击队紧密配合，同日本侵略军展开了殊死的搏斗。从1944年5月到1945年8月，一年多的时间里，炸毁铁路桥两座，火车头两个，汽车五辆，扒铁路数公里；击毙伪绥靖军特务团长廉青山，日本特务组织西山公馆的特务团长、日本军官平岗孝一，消灭敌人一个迫击炮连，缴获迫击炮两门，子弹数箱，击毙日本护路队员三人，缴获机枪两挺，步枪十支；击毙日本特务和汉奸走狗多人、日本运输队员24人，有力地配合了中国共产党领导的抗日主战场。

选自1995年《漯河文史资料》第六辑

平汉铁路工人破坏队追踪

范奎恩[①]

“爬上飞快的火车，像骑上奔驰的骏马。车辆和铁道线上，是我们杀敌的好战场。我们爬飞车搞机枪，闯火车那个炸桥梁，就像钢刀插入敌胸膛，打得鬼子魂飞胆丧。”当我们唱起《弹起我心爱的土琵琶》这支电视剧《铁道游击队》的插曲时，就想起了那些抗日战争中在铁路线上为国捐躯和流血的英雄们。这些抗战勇士有的为了驱除日本侵略者献出了宝贵的生命，有的抗战胜利后继续奋斗在工农业战线上，为国家富强添砖加瓦、建功立业，历史不会忘记他们，人民永远怀念他们。

在这支工人阶级抗日队伍中，一个分支是中国共产党领导下的铁道游击队，另一个分支是第二次国共合作时期的平汉铁路工人破坏队。

下面就平汉铁路工人破坏队的发展概况和漯河铁路工人破坏队员活动情况加以综述。

平汉铁路工人破坏队是一支组织严密、有九个分队、最盛时有2000余人的队伍。从1938年到1945年抗战期间，他们活跃在道清、平汉、同蒲、陇海、汴新、淮南七条铁路线上，不断在“皇军护路队”的封锁圈内炸毁日军铁路和列车，使皇军视若神经系统的交通线时常中断，运输给养根本无法完成。这是一支比铁道游击队规模更大、人数更多的工人抗日组织。十几个人的破坏队，比一个团的兵力还能干。当时漯河的《警钟日报》和武汉的《大公报》都用红字刊登了这则消息。

抗日战争爆发后，为了阻止日寇南下侵略，汉口八路军办事处特派石健民等人到信阳，利用各种关系，争取当地国民党当局的支持，组织创办平汉铁路工人铁道爆破训练班，郾城数十名铁路工人在工会负责人

① 范奎恩，1943年生，大学文化，郾城区商桥镇教师，2003年6月退休。

王既清的率领下前往学习爆破技术。1938 年 5 月 1 日，在武汉公开打出旗帜，宣布正式成立，平汉铁路爆破总队主任是共产党员蓝田，石健民任参谋，郾城车站的马绍勤从开封出狱后，被委派到铁路爆破总队任政训处主任。郾城车站 44 名铁路工人在王既清、尹钟生（钟施恩）、李崇山等人带领下，立即参加了这个由中国共产党领导的铁路破坏队，被编为第二中队，王既清任中队长，尹钟生任副中队长兼党小组长。

1938 年 10 月，根据上级指示，王既清、尹钟生等率领郾城铁路工人破坏队队员北上抗日，他们经郑州转北渡黄河，同武陟、修武一带组织的铁路工人破坏队相会合，并肩战斗，共同抵抗日本帝国主义侵略。

1940 年后，中国共产党完全退出对平汉铁路破坏队的领导，这个组织成了纯国民革命军编制。据曾参加破坏队的邢海森（临颍台陈镇邢庄村人）回忆，工作队名义上是国民党的队伍，实际上里面有很多共产党员，共产党员在里面开展活动，国民党军官也不吭声，因为他本身也倾向共产党，所以不会暴露身份。

他说："我们那个队伍一共五个大队，在洛阳这边儿（指武陟、修武一带）打垮了两个，剩下三个，一个到大别山信阳去了，一个队伍在这儿（平汉铁路漯河一带），后来这里存不住了，就东去炸津浦铁路去了。"

1938 年 10 月，19 岁的史国顺（郾城区商桥镇史湾村人）被抓壮丁，与新婚三年的妻子海桂梅告别，后辗转派到铁路上参加了铁路工人破坏队，和邢海森一起开赴津浦铁路线上执行任务。同去的还有邢运西、邢国庆（和邢海森同村）、王朝彦（临颍皇帝庙乡王路口人）、吴 ××（临颍皇帝庙乡吴集人）等人。

邢海森说："我们所在的这支队伍承担的任务是专炸日本人的火车。那时日本人把铁路护得很紧，很多日本兵不停地巡逻，没有机会埋炸药，就不可能把铁路上的火车炸翻。怎么办呢？我们就和当地老百姓打成一片，破坏队员都化装成老百姓，跟他们一块去埋炸药。"

据曾和邢海森一起参加破坏队的江苏徐州北柳新乡柳西村王振山回忆说："当时我家境贫寒，父亲为地主干活累死，母亲被人卖掉，只剩我自己一人艰难度日。一个人孤苦伶仃，18 岁参加了抗日游击队。开始人家不愿要我，嫌我小。后来发现我机灵，就让我跟着侦察，慢慢地参加了抗日游击队。1940 年春，刚参加游击队不久，就接到了炸日军军车的任务。在前期侦察之后，摸清了日军的活动规律。接着就是等待时机，那是日军一列运输粮食的火车到徐州停了一会儿，火车慢慢驶出了车站。我和战友迅速分散开来，有人负责放哨，有人负责接应。我快步走到铁道旁开始安放炸药。十几名战友分工协作。就在大家撤退准备引爆时，发现一节电线连接不上，这时火车正在加速向前驶来。在这千钧一发之际，我身旁一名战友跑了过去，就用自己的身体代替缺失的一段电线。电流一通，炸药瞬间引爆，'轰'的一声，火车一下子被炸起来了，日军列车被炸瘫在铁轨上。由于距爆炸点较远，用身体作导线的战友安然无恙。军车屡屡被炸，令日军闻风丧胆。由于害怕遭到游击队伏击，当时日车士兵都不敢执行运输军火、粮食等任务，最后只能通过抓阄来指派。"

王振山说："当年手把手教我爆破的三位漯河籍战友叫邢运西、邢国庆、史国顺，1 米 93 大个子的叫刘昇修，还有祁世德、葛振华等，他们都是徐州周边县及安徽砀山、萧县等地人。"

邢海森说："我是队伍中年龄最小的一个。"他所在的这支队伍，曾成功地完成三次任务，给当时驻扎在陇海线上日军不小的钳制。日军知道有这支队伍，跑火车的时候先用空车皮试试，生怕拉的物资被炸毁了。

"史国顺是在 1943 年一次执行炸火车任务中牺牲的，当时他和另两名队员成功炸毁了日军火车，但在撤退时暴露了身份，被日军抓住就地枪决。"因为当时邢海森未在此次行动中，他说的这一些不很准确。

而另据破坏队的同乡王朝彦和吴 ×× 说：史国顺和战友前一天炸毁了日军一辆汽车，第二天炸火车后撤退时被日军发现，日军在追捕中，他们七八个人躲藏到徐州附近一个叫水寨的芦苇坑中，芦苇坑被日军团团包围，用机枪扫射，全部壮烈牺牲。

日军撤退后，未躲进苇坑的王朝彦发现里面有史国顺的尸体，因为是同乡，自己又是史国顺村的女婿，所以王朝彦挖坑把史国顺掩埋到水寨附近，时年 25 岁。

现在已 96 岁高龄的史国顺的遗孀海桂梅说：“丈夫临别时曾对她说，尽忠不尽孝，等到过年，我回来看看咱爷爷。自从走后再也没有回来，等来的却是他死去的噩耗。”说后泣不成声。

史国顺牺牲后，国民党政府曾为其亲属发过一年抚恤金。新中国成立后，人民政府继续为其亲属发过一年抚恤金。后来他的二弟史顺法接替他在江岸铁路上工作，其遗孀海桂梅跟随女儿史花荣住在信阳新华西路纺织站家属院。

邢海森在日本鬼子投降后继续在铁路上工作，曾任鸡公山火车站站长，1984 年从武汉铁路局退休。一次工伤事故中，导致右眼球被摘除，现在老家邢庄安度晚年，已 86 岁了。

江苏徐州的王振山今年已 93 岁高龄了，一直跟随儿子王家金生活。

当年的邢运西、邢国庆、王朝彦、吴 ×× 在日本投降后，返回了家乡，参加农业生产，前三人已去世，吴 ×× 还健在。而坚守铁路战线工作的王既清、张家范等人在 1944 年 5 月日寇攻陷郾城后，重新组织队伍，发展队员 50 人，他们大多是地下党员，有手枪 18 支，还有一些土武器。队长仍是王既清，他们多是晚上行动，将郾城车站以北的铁路扒得七零八落，使日寇列车无法南下。他们还和蔡永令带领的抗日游击队紧密配合，同日本侵略军进行了殊死搏斗。从 1944 年 5 月到 1945 年 8 月，一年多的时间里，炸毁铁路桥两座、火车头两个、汽车五辆、扒铁路数公里，击毙伪绥靖军特务团长廉青山、日本特务组织西山特务团长、日本军官平岗考一，消灭敌人一个迫击炮连，缴获迫击炮两门，子弹数箱。击毙日本护路队员 3 人，缴获机枪 2 挺，步枪 10 支，击毙日本特务、汉奸多人、日本运输队员 24 人，有力配合了中国共产党领导的抗日主战场。

据河南省档案馆存《军委令江北交通工作队历年战绩统计表》统计，自 1938 年 9 月至 1945 年 7 月破坏队先后断交通线 700 余次，炸毁机车 1690 辆，铁路钢桥 110 多座，钢轨 330 多华里，毙伤日军 13000

余人，军民协力同仇敌忾，谱与了抗日战争中光辉的一页。

参考资料：

①2012年8月24日徐州广播电视新闻《新周刊》。

②《漯河文史资料》第六辑于永生《活跃在敌后的郾城铁路工人抗日破坏队》。

③临颍县抗日老兵邢海森、王朝彦、吴××口述，范奎恩撰稿。

选自2014年《漯河文史资料》第二十一辑

抗战漫忆

抗战前期的中共豫中地委

刘西森

抗日战争前期，随着抗日民族统一战线的形成和扩大以及河南党组织的恢复与发展，党在豫中地区建立了特别工作委员会，后改为地委，在中共中央正确方针的指引和河南省委的直接领导下，中共豫中地委大力恢复发展党的组织，带领全区人民广泛开展救亡活动，努力发展豫中各县的抗日民族统一战线，积极准备抗日游击战争，成为当时共产党领导河南人民开展抗日活动的重要地区之一。

一

豫中是共产党开辟工作较早、活动较频繁的地区之一。早在大革命时期，豫中的郾城、舞阳、叶县、临颍等地都有了党的组织。土地革命战争初期，设立在漯河的中共豫中特委即领导该地群众进行暴动与创立农民武装的斗争；之后，漯河中心县委带领豫中各地人民，准备起义，举行暴动，撒下了革命的火种。抗日战争爆发之后，根据统一战线的要求，国民党释放政治犯，原来遭到逮捕关押的共产党人纷纷回到家乡，同上级党组织接上关系并迅速开展活动，打开了豫中的工作局面。河南省委又派遣在开封求学的共产党员回到原籍，发动抗日救亡运动，并相继恢复、建立了中共舞阳县委、中共叶县县委，党的各项工作均取得了很大进展。为进一步发展豫中，河南省委于1938年5月正式建立了中共豫中区特别工作委员会，因设在舞阳亦称舞阳特工委，周泉森（现名邹屏）任书记，韩赓尧任组织部部长，特工委领导舞阳、郾城、叶县、西平、襄城、临颍、许昌等地的党组织。1938年底，省委根据中共六届六中全会通过的《关于各级党委暂行组织机构的决议》精神，将中共豫中特工委改为中共豫中地委，张维桢任书记，樊杏生、杨毅先后担任组织部部长，张静超任军事部长，张刚（张松峰）任秘书。地委仍领导舞阳、叶县、西平、郾城、临颍、许昌等县党组织，竹沟事变之后，遂平、泌阳也划豫中领导。地委原设在舞阳县城一位党员家里，后转移到县城西南角一个老百姓处，最后在舞阳南部的梁八台。1941 年 4 月，中共中央决定撤退河南区委以上干部。据此精神，豫中地委立即组织干部撤到延安及鄂豫边，地委工作停止，历史结束。

二

中共豫中特工委、豫中地委在其存在近三年的时间内，在中共河南省委的直接领导下，做了大量工作。

（一）建立、恢复、发展、巩固豫中的党组织。1935 年，由于河南党组织遭受大破坏，豫中各县党组织也全部停止了活动。直到抗战开始之后，豫中各县的党组织才得以复苏并逐步发展。豫中特工委建立后，按照省委关于发展与恢复党组织的决定及朱理治关于豫中应大力发展党组织，积极准备抗日游击战争的指示，全面开始建党工作。舞阳地下党的工作最为活跃，河南早期党员陈坤台、土地革命时期的中共舞阳县委书记周泉森，于 1937 年 10 月间先后回到家乡，组成了县工委，后改为县委。县委重视在相当活跃的舞阳县青年救国会中培养发展党员，一方面使当地的救亡运动得到了党的领导和支持，另一方面在群众中广泛地宣传了党的方针、政策，扩大了党和八路军、新四军在群众中的影响。叶县在王泽民等同志的领导下，也建立了县工委，后亦改为县委，积极在救亡组织和地方武装中发展党员，迅速扩大了党的力量。襄县县长李峰拥护党的抗日民族统一战线政策，东北救亡总会派杨战韬和阎宗琛到襄县成立抗敌宣传队，掀起当地抗日救亡高潮。省委为进一步团结李峰，1938 年 8 月派张维桢、张静超到襄县加强党的领导力量，并建立了县委。县委注重在教导队、训练班以及地方上发展党员，还在这些地方建立了党的支部。在韩赓尧、翟子强的领导下，西平建立了县委，以出山为中心开展活动，发展党的力量。郾城党组织是省委直接派遣回乡的共产党员、河南大学学生李国华等发展起来的，主要集中在抗敌宣传队中及西南部的问十、大刘一带，并成立了县工委。此外，许昌、临颍的党组织也都得到了恢复与发展。到1938年8月，豫中已发展党员800多名。后来豫中地委继续扩大发展党的力量，建立健全各级党的组织。至1940年，豫中的叶县、舞阳、郾城、西平、遂平、泌阳、许昌、襄城都建立了县委或工委，临颍党组织的力量较弱，建立党的中心支部。整个豫中有8个县（工）委，3个中心支部，151个支部，党员1750人，成为当时全省党员人数最多的地委，也是新民主主义革命时期豫中党的力量发展史上空前绝后的历史阶段。

豫中地委在大力发展党员，迅猛壮大党的力量之后，十分重视党的组织建设和思想建设。特别是在武汉失守、抗日战争进入相持阶段、客观环境发生重大变化之后，地委根据上级要发展党、巩固党的指示精神，负责同志不断联络各县，深入而又具体地进行了巩固豫中党组织的工作。

1939年春，刘少奇在竹沟工作了三个月，对于中原地区的抗战，作了许多重要部署。省委在竹沟举办了多期教导大队、党训班和各种干部训练班。地委指示豫中各县党组织选派党员、积极分子和优秀青年到竹沟参加学习，亲自聆听刘少奇同志讲《共产党员的修养》和省委领导讲授的《帝国主义论》《社会发展简史》《大众哲学》《论持久战》《游击战术》《统一战线》等课程，增强了修养，提高了理论水平，加深了对党的方针、政策的认识，增长了从事具体工作的才干。他们学习结束后，多数回到豫中各县，成为当地党的骨干力量，增强了党的战斗力。

张维桢等地委负责同志通过巡视各县工作了解到，虽然已经形成了抗战开始以后豫中党的组织力量迅速恢复发展的大好局面，但是，因为党是在抗日救亡运动高潮中发展起来的，的确也存在着一些弱点。一是表现在思想素质上。新党员的成分绝大多数是青年知识分子，他们有满腔的爱国热情，工作能力都比较强，但是他们入党不久，对党的组织原则和党的基本知识的认识都很肤浅，以为当地的党是从青年运动中发展起来的，他们的功劳大，自由主义思想比较浓厚。舞阳青救会内部，甚至舞阳县委内部存在不团结的苗头。二是表现在组织生活上。组织生活很不健全，有的支部书记不知道他的支部有多少党员，有的党员不知道谁是支部书记，甚至有些党员没有编入支部；有些地方虽然建立了党的支部，而区委长达几个月不与之进行联系。一次，张维桢到叶县巡视工作，县委介绍他到一个有50多名党员的区委去。这个区委从未开过会，区委书记不知道谁是区委委员。三是表现在组织纪律上，郾城党组织存在问题突出。早在1938年10月，豫中特工委建立了郾城工委，由问十小学校长朱灿东任书记。后来，地委根据郾城党员不多的情况，决定在隐蔽的基础上继续发展，曾派韩赓尧、刘艺亭、高锦云等去问十小学教书，参加县工委，开展党的活动。但朱灿东阳奉阴违，竟对派去的共产党员排斥、打击，加重他们的教学负担，使他们无法完成党组织交给的工作任务，不得不先后撤离郾城，朱灿东从来没有向地委汇报反映郾城党组织的情况及政治形势。后来，朱灿东在洛阳秘密参加了三青团，地委发现之后，即多次找他谈话，但他拒不交代，并说有他个人的自由，对党组织采取蛮横的态度。四是表现在工作办法上，横的关系过多，活动很暴露，缺乏秘密工作的经验，甚至在舞阳县委办公处要挂出有镰刀斧头标志的红旗。

豫中地委根据当时党的政治任务是掌握扩大武装，准备发动抗日游击战争，组织任务是发展党、巩固党的要求，分析了政治形势已不如抗战开始时有利，国民党顽固派实行消极抗日、积极反共的方针，取消救亡三团体，加紧反共活动等不利情况，认为暴露在豫中党的组织上、思想上的这些问题不能适应新的形势，难以应付突然的变化，决定要下功夫保存和巩固党的组织。首先，地委在舞阳召开了中心支部以上的联席会议，重新传达了共产党组织在当时的政治任务和组织任务，编印了组织工作讨论提纲，创办了《巩固》旬刊。在此基础上，地委决定了整顿巩固豫中党组织的几个原则：自上而下地健全各级组织机构；进行党员重新登记和个别谈话；建立支部生活制度；在每次会议上讨论一个基本政治问题；编印了一个适合农民文化程度的"政治基本常识解答"，说明什么是共产党及共产党的组织原则、什么是党的纪律、发展党员的方式及手续如何，怎样组织支部及开展支部工作、为什么要缴纳党费等，整顿、巩固工作的重点放在党员人数较多的舞阳和叶县。其次，地委把舞阳一些有一定影响的青年党员送到竹沟，集中起来进行思想教育，加强理论学习，开展思想斗争，提高他们的马列主义修养，增强组织纪律观念，继续培养他们对党的忠诚性和对革命的坚定性。最后，地委果断处理了朱灿东及郾城党组织的问题。朱灿东的行为引起了地委的警惕和重视，联系朱灿东的各种活动，地委认为他不是思想作风上的毛病，而是思想上并没有入党，参加三青团更是叛党行为，决定开除他的党籍。同时，因为郾城地下党的成员大多数系朱灿东发展起来的，而且有一部分与朱有亲戚、朋友、同事、同学等关系，组织不纯，所以地委还决定解散郾城县工委及其所属党组织，并在郾城小曹村召开会议，宣布地委这一决定。后来，地委又领导建立了中共郾城县委，通过与朱灿东没有联系的党员继续开展工作，使朱灿东这个叛徒没有能够对党产生更大的危害。

通过努力，豫中地委加强了党的组织建设、思想建设和制度建设，在工作作风上有了改进，克服了组织上的散漫与混乱现象，纠正了同党组织对立的情绪和倾向，清除了异己分子，纯洁了党的组织，增强了基层党组织的战斗力。如叶县段庄支部，有 28 名党员，建立了 5 个小组，支部 3 人负责，能按期开会，自动缴纳党费，有计划地同顽固分子开展斗争。党的培养教育同抗日斗争实践的锻炼使这些新党员很快成长起来。到 1940 年，豫中近百名县、区级干部中，绝大多数是抗战开始后入党的新党员。

（二）建立起豫中广泛的抗日民族统一战线。中共豫中特工委和豫中地委都十分重视对当地的国民党当局、武装首领及各种地方实力人物、社会名流做好统战工作。国民党襄县县长李峰是东北人，对抗日救亡工作非常积极，对国民党消极抗日、不战而溃十分愤慨，对共产党领导八路军、新四军挺进敌后打击敌人则异常高兴。共产党注意到了这个有利条件，省委派刘洁如，“东北救亡总会”的刘澜涛先后派阎综琛、杨战韬，豫中特工委派李彩珠、张松峰、李伊郎、刘艺亭、高锦云，后又派张维桢、张静超到襄县，对县长李峰开展统一战线工作。中共襄县县委多次与李峰谈话，要他摆出当县长的架势，具体工作由共产党组织实施，巩固他县长的地位；以县政府名义成立教导大队，培训军事干部，抓紧武装力量建设，以便在豫中沦陷后迅速开展抗日游击战争，建立敌后抗日根据地。对此，李峰都非常赞同。经过一段时间的筹备，教导大队以县政府的名义于1938年9月底成立，总人数在300人以上，均由各区常备中队、联保中队抽调而来。大队长由李峰委任共产党员张静超担任。县委又派襄县人、共产党员唐守本、唐光仪和戴时去当教员，便于同队员接近，发展党组织，且在教导大队内也成立了党的支部，由张静超任支部书记。教导大队办了两期训练班，讲授共产党抗日民族统一战线政策和抗日救亡主张、军事常识、游击战术等课程，还在训练班中发展了党员。舞阳党组织主动向当局开展统战工作，使得轰轰烈烈的青救会能够公开活动存在。如让青救会组织部部长陈林堂出面稳住了县党部书记长陈芾南，通过青救会骨干王越、王仿鸣稳住了县党部另一负责人王仿愚，依靠当地名门望族的子弟、青救会工作骨干做好家庭的工作。如北大街的臧家、南大街的苗家、甘石桥的胡家、安寨的陈家、孟寨的孟家等，通过工作，使他们保护和支持抗日救亡活动。后来形势发生变化，国民党河南省党部再三下令，让县党部解散青救会。由于同当局有较好的统战关系，县党部特派员主动同青救会联系，表示若青救会能够改变名义，他们仍予以支持。在上峰三令五申的取消以及再三派遣特务的查办之下，青救会转为舞卫剧团、青年座谈会、《自卫日报》等名义仍然公开合法存在，保存并发展了党的力量。叶县存在着南北两大派系的矛盾，党组织做通了县长崔冠卿的工作，争取到了一个国民兵团副团长的位置，保护了当地党的力量，为掌握武装、发展党组织起到了积极作用。

（三）掀起豫中抗日救亡热潮。1937年9月，河南省委在开封成立之后，除积极恢复发展党组织外，还迅速组织动员开封、信阳等地学生党员和先进青年返回家乡，开展抗日宣传，广泛发动群众，动员广大人民参加抗日斗争。豫中党组织给予这些青年学生以热情的支持和具体的领导，舞阳的青年救国会、襄县的抗敌宣传队联合会、郾城的抗敌后援会与巡回话剧团、临颍的抗敌后援会、许昌的民运干部训练班、遂平的青年救国团、西平的抗敌剧团、叶县的救亡组织等如雨后春笋，纷纷成立并开展活动。他们深入城乡，贴标语、出版报、演剧目、搞募捐、宣传共产党的抗日民族统一战线政策和抗日主张，掀起了豫中平原上的抗战救亡热潮。

舞阳青年救国会最为活跃。卢沟桥事变之后，舞阳籍的平津流亡学生苗宝泰、臧自修、陈林堂以及开封的李景伦、信阳的胡天禧等，都是“一二·九”运动的积极参加者，返回家乡后立即开展抗日救亡活动，并以他们为骨干成立了舞阳青年救国会，写标语、演剧目，工作很有生气。中共舞阳县委加强对青救会的领导，并逐步在青救会中发展党员，建立支部，很快成为党领导的青年救亡团体。之后，县委决定大力发展全县青年入会。总会设在县城，在全县城乡建立分会、支会，发展会员6000余人，成为当时全省青年运动最好的地区。1938年初，范文澜、冯纪新带领河南大学战时教育工作团来到舞阳，同青救会会合一起，在全县城乡进一步掀起救亡巨浪，党的方针政策得到了深入贯彻，群众抗日情绪高涨。1938年6月，河南省青年救亡协会成立大会在舞阳召开，舞阳青救会领导介绍了开展青年救亡运动的经验，推动了全省青年救亡活动的进一步发展。

（四）创立武装，准备抗日游击战争。根据省委“利用统一战线，建立强大的党和群众工作，创立武装，准备河南抗日游击战争”的工作指导思想，豫中特工委、豫中地委都十分重视武装建设，作为党的工作的中心任务，做出了一定的成绩，以实现省委确定的“豫中地委以叶县南区、舞阳北三区为发动中心，以后进入方城伏牛山脉，或到西平东边之嵖岈山，与豫南游击区取得联系”的任务。

豫中民间枪支很多，估计有9万支左右。舞阳和叶县属别廷芳宛西13县自治范围，这两个县的主要武装都归属别廷芳的国民兵团。因此，要掌握武装则必须通过统一战线的关系，派党员打进国民兵团去。根据党的抗日民族统一战线政策和豫中的具体情况，地委采取了正确的掌握武装的工作方针，即：对于与我党掌握武装有利的人，采取的是“只要他主张抗日又不妨碍共产党的工作，不管他的政治派别如何，更不计较他的个人生活和其他情况，党组织即可利用社会条件同他们建立感情，并对之开展工作”的措施。地委指示舞阳县委派党员到国民兵团自卫司令部政训处和自卫日报社去，通过这种方式实际掌握了那里的一部分武装和权力。叶县的地方势力分南派和北派，党组织通过工作，加深了南派和北派的矛盾，使南派成为顽固分子进攻共产党的缓冲线。经过一系列努力，共产党在豫中掌握武装的工作取得了可喜的成绩。在叶县，一名党员争取到了国民兵团副团长的位置，而且掌握了其中一部分实际权力，如有一个中队，班长以上全是党员，士兵支部有 30 多名党员；另一个中队任班长、分队长职务的都是共产党员，士兵中有共产党员 40 多人。舞阳国民兵团中一个中队共有共产党员 60 多名，班长以上都是党员。另外，豫中党组织还通过一些区长、联保主任掌握了一些区、保武装。如果当时豫中、豫南沦陷，豫中地委即可以迅速拉起这些武装，开展敌后游击战争，进而建立抗日根据地。

（五）为各抗日根据地输送了一批干部。1938 年 2 月以后，省委在竹沟开办各种训练班，大力培养河南抗日干部。豫中特委和地委都选送了一批批的优秀青年和党员到竹沟学习，接受党的知识、革命理论、党的政策的教育。他们结业之后，有一部分返回豫中各县，成为当地党的工作的骨干；有一部分受省委派遣，北上延安，南下鄂豫边，东进豫皖苏，参加创建各抗日根据地的斗争。1940 年 5 月，中央决定对国统区党的组织实行“隐蔽精干，长期埋伏，积蓄力量，以待时机”的工作方针，同时决定审查干部，有被捕危险的和公开或半公开的干部要进行撤离、调换或者隐蔽。7 月，在延安的豫中地委书记张维桢和刘子久等返回河南开展“审查干部，隐蔽精干”的工作。张维桢回到豫中后，立即到各县传达、贯彻中央的方针，根据情况对干部进行了严格而又客观的审查，选送一些不宜留在当地继续活动的党员或积极分子到延安及各抗日根据地，仅舞阳县一次就输送干部40余人。叶县、郾城、许昌等地都有党员撤退到根据地。据统计，抗战前期豫中党组织向延安、太行、鄂豫边、豫皖苏、晋冀鲁豫根据地输送干部数百人，从人力上支援了抗日民族解放战争。

豫中党组织的工作卓有成效，逐渐成为河南党组织的中心地区。1940年12月底的一天，刘子久、张维桢、郭晓棠、张旺午等河南省委领导集中到舞阳开会，汇报了巡视检查各地贯彻落实审查干部、精干隐蔽的情况，研究部署了下步工作。最后，省委书记刘子久宣布中央电令，调刘去淮北工作，根据少奇同志的指示，由张维桢任省委书记兼豫中地委书记，省委暂设舞阳。

1941年2月23日，中共中央根据截获的一个国民党企图破坏中共河南党组织的情报，立即决定撤退全省区委以上的干部。当时任中央组织部部长的陈云亲自部署这项工作。4月，交通员杜征远从延安到舞阳，向张维桢通知了中央关于撤退河南区委以上干部的决定，并要张维桢具体组织撤退豫中和豫西南的干部。张维桢根据中央指示，随即作出三条决定，豫中的干部向延安撤退，豫西南的干部向鄂中新四军五师撤退；各级党组织一律停止活动；凡一时撤退不了而又有暴露危险的干部，要立即动员他们离开家、离开工作岗位，投亲靠友、分散隐蔽起来，便于隐蔽的尽可能就地隐蔽。之后，豫中地委迅速而又妥善地进行了撤退工作，张维桢等主要领导于5月到达延安。抗战前期豫中地委的活动到此终止。

选自1995年《漯河文史资料》第六辑

豫中地委、河南省委在舞阳

刘志甲 ①

1937 年卢沟桥事变后，舞阳县的抗日救亡工作在中共舞阳县委的秘密领导下，搞得轰轰烈烈，成绩卓著。1938 年 6 月，经中共河南省委批准，建立了中共舞阳特别工作委员会（简称舞阳特工委），周泉森（邹屏）任书记。同年 12 月，特工委撤销，周泉森调省委任巡视员，随后建立了豫中地委（亦称舞阳地委），张维桢（张唯尊）任书记。地委辖舞阳、襄城、叶县、泌阳、遂平（上二县竹沟事变后划归豫中）、西平、郾城、临颍、许昌 9 个县。由于当时舞阳县的青年救亡工作和党的组织建设等工作都取得了很大成绩，成为全省少有的几个先进县之一。为此，部分党员产生了麻痹思想，忽视了党的保密工作，忘记自己仍处地下党的地位，他们甚至想公开挂出马、恩、列、斯挂像，打出镰刀斧头旗。这就引起了国民党当局的注意，致使一些同志身份暴露。地委书记张维桢发现此情况后，及时采取紧急措施，除将已暴露身份或似已暴露身份的党员撤退到陕北或豫皖苏根据地去外，还于 1939 年 2 月在舞阳召开了各县中心支部以上负责人联席会议，根据豫中党组织活动情况，部署停止发展党员，整顿党的组织，党员重新谈话、登记，自上而下健全组织机构，健全支部生活制度，加强保密工作。同时，还印发了《组织工作讨论提纲》，让大家学习提高。

上述措施有效地纠正了党内部分同志的盲目乐观、轻敌麻痹思想，防止了国民党当局的突然搜捕，避免了一些不必要的损失。

那时舞阳地处半山区，交通不便，比较偏僻，加之群众基础较好，

① 刘志甲，舞阳县人，曾任舞阳县法院审判员，检察院检察员、县报社编辑，县委党史办公室秘书。

便于隐蔽斗争，从战略地位看，能进能退。为此，中央河南省委于1940年12月，在舞阳召开了工作会议。出席会议的有：省委书记刘子久、豫中地委书记张维桢、豫南地委书记张旺午、豫西地委书记郭晓棠，会议是以协商合资办卷烟厂为名，在一个进步人士家里召开的，时间一天。会上，首先由各地委书记汇报了全面工作情况，交流了工作经验，最后由省委书记刘子久宣布了中共中央命令，命令刘子久到豫皖苏区工作；张维桢接任省委书记兼任豫中地委书记，张旺午任省委组织部部长兼任豫南地委书记；郭晓棠任省委宣传部部长兼任豫西地委书记；张若谷（未到会）任省委秘书长，会议结束后，新的省委成员分赴各地区开展工作，张维桢仍住舞阳领导全省工作。张维桢是以商人身份，由爱人陈晓凤（共产党员）跟随作掩护，住在城内偏僻之处。省委会议后，移住舞阳西南山区梁八台，直到1941年4月，省委交通员杜征远带来中共中央指示，说是豫西出了问题，要他马上离开舞阳，撤退到陕北去。张维桢经反复考虑，感到形势严峻，旋即通知舞阳县委书记徐耀三，北舞渡区委书记刘长波和爱人陈晓凤一起撤退去陕北。不久，这里的党组织便和上级党中断了联系。

本文参考资料：

1. 张维桢1940年12月写给省委的报告。

2. 邹屏回忆录。

3. 杜征远回忆录。

4. 刘子久、张维桢、张旺午、郭晓棠有关回忆材料。

选自1990年《漯河文史资料》第四辑

铁山风云——豫中抗日根据地回忆

周声远

引　言

一提起舞钢，人们自然而然地会联想到铁山。

20世纪40年代中期，中国共产党领导人民进行了反帝反封建斗争。在这个以铁山为中心的地区，建成一个抗日民主基层政权——豫中人民民主专员公署和它直属下的西、遂、舞、叶、方、泌边区人民民主县政府。但是，由于这个地、县级政权建置时间短暂，形势错综复杂，变动急骤频繁，且时隔40多年，现有文字记载不详或有讹误，人们记忆难免模糊不清。

本人曾亲身参与豫中军分区抗日根据地工作，在西平、遂平、舞阳、叶县、方城、泌阳地区活动至最后撤出。特将亲历依回忆写出，愿与当时同参加工作诸同志相互引发对正，去疑存真，以保留历史原貌。

归　队

1940年，河南省进入反共高潮。组织上决定让区委委员以上党员撤离，赴陕北、鄂、豫、皖、华东等革命老根据地工作。我因在此地工作不久，色彩未显露，经特区党委书记张维桢（曾任省委书记，后在国家劳动总局工作）指定，被保留在舞阳地方，在国特横行、日军肆虐、政治空气令人窒息之下，艰苦地工作着。

1942年，去陕北的同志被派回两人，王方明在舞阳南部山区，胡赞扬在舞阳北部平原，两人和保留在地方的党员同志共同承担着在白区和敌人后方的艰苦工作和生活。我和胡赞扬同志发生了单线联系，在单身奋战中，总算可以消除孤寂之感。

日军侵占河南省后，在豫中设下据点，企图永远霸占。1944 年底，中共领导下的鄂豫皖军区，派栗在山、黄林、冷新华等人，前来豫中建立抗日根据地。1945 年夏初，豫中军分区特工委派马朝阳通过胡赞扬通知我回分区工委工作，使我得以脱离五年来的孤单独干环境，重新回到了党领导下的自己的革命队伍。

同时被通知回分区工委集中的人很多，只离我村很近的就有胡赞扬、殷满堂、董向远、张子明、李文普、杨孔丽等，跟着来集中的进步青年，单从董寨就出来董相林、董泮欣、董万正、宋灼之、殷金堂、殷德林等人。

豫中军分区工委，住在西平县境的酒店地区。我去到的时候，已经把从各地调来的原地下党员，编为分区文工团。栗在山政委分配我担任文工团团长职，随同团员学习。来集中的青年学生，单独编为教导队，在另一处单独进行培训。

在文工团里，同各地的原地下党员同志们在一起，日夜畅叙几年来在国特日寇统治下的曲折经历，感到此次归队，如同流浪漂泊游子重新回到了慈母的怀抱，失散的难兄难弟重新团圆欢聚，对革命基本道理与抗战方针政策的学习，印象特别深刻。大家共沐党恩，倍感革命大家庭的温暖亲切。

部队生活

在分区文工团学习一段之后，工委调我去抗日人民挺进军第十五团马朝阳营里做教导工作。

该团是王方明同志从陕北派回敌后方之后，经过几年的辛勤工作，终于动员当地有枪壮丁队起义，之后通过冷新华主任和豫中军分区联系整编，后又联络附近几县组织，吸收各地抗日武装扩大成一个团。

团长因接触少，不记得名字，王方明同志任副团长，团内政工人员为部队派来人员及地方党员。由于建团不久，政治素养与军事知识技术差，须加紧培训。

当时，军分区抗日根据地才站稳脚跟，还不够巩固。挺进十五团驻在西平、舞阳、遂平间的山岳地区，在山野间与百姓作伴。除日夜上军事政治课外，在山岭沟豁间作军事演习是比较理想的训练环境，也曾在戗风朵峰北侧搭起哨所，设下岗哨，日夜监视北、西两方面的日军行动，防止突然袭击，这样对于加深加重敌情观念，引起对军事学习的重视起很大的作用。我除了从政治思想教育方面培养全营战士外，自己还认真学习军事知识技术，以求提高。

现在想想，当时我是热情认真、积极负责的，我认为空口的政治术语说教，起作用并不大，特别是对于工农群众，进行政治思想教育的最有效的办法，莫若以音乐动其情。在歌声的感召之下，加以简短的政治鼓动与觉悟启发，这样见效快而且效果好，对人的触动也较深，这是我多年工作的经验。因我一贯爱音乐，教唱歌，在十五团充分发挥了这一特长。同时，我发现共产党领导下的八路军和新四军，其最突出的特点就是唱歌，他们的坚强意志、必胜信心和奋战的勇气，就表现在永不停息的歌声中，这是战无不胜、攻无不克的重要原因之一。因此，我征得各位领导同志的同意，每天在全营战士集合的时候，挤时间抓机会教唱抗战歌曲。凭着我十来年教唱歌曲的经验，教起来得心应手，可称运用自如，进行得理想顺利，很快就出现了显著的成效。

教唱抗战歌曲的方法，总的是先教唱简短民歌型的歌曲，由简到繁，针对战士们唱歌水平的日渐提高，逐步教唱较复杂的歌曲，例如先教唱《九一八小调》《绣荷包》《调军》《送郎》《新四军里真快乐》《全国动刀兵》《大刀进行曲》《三大纪律八项注意》（新四军里是十项注意）等。教法是先范唱一遍，讲解了歌词意义再唱一遍，然后一句一句教，基本会唱之后让静听一遍，轻声跟着同唱一遍，再大声跟着同唱一遍，就算初步学会，以后只要经常唱就可以了。主要是经常唱，不让因生疏而忘记。

战士们学会了简单的歌曲，接着逐步学唱《持久战》《游击战》《到敌人后方去》《松花江上》《我们在太行山上》《保卫黄河》等较为复杂、难度较大的歌曲，在教唱过程中，战士们兴趣一度高涨，从没有感到过有任何困难。

自从教唱抗战歌曲起，全营战士每集合必唱歌，各连战士在集合的时候互相拉歌，唱歌比赛成了必不可少的活动项目，除了睡觉、上操、作战演习外，全营经常歌声嘹亮，使人觉得如置身于陕北老八路的营盘中。记得只有 20 来天光景，战士们就学会 30 来首抗战歌曲。在歌声的激荡中，战士们精神焕发，情绪高昂，行动紧张，一洗从前乡村农民的沉闷散漫气象，出现了团结紧张、严肃活泼的革命战士作风。我个人也感到极为快慰，干劲很大。

战斗实习

消灭西平、遂平的不抗日专反共顽固军的神沟庙战斗，挺进第十五团有幸得以参加，做了一次战争实践学习，增加了我和战士们不少军事知识。

那天中午，团里接到军分区紧急通知，令全团做好准备，星夜赶赴指定地点，接受战斗任务。全团官兵认真检验、擦整枪支子弹、服装用具，集合进行动员。太阳下山后，展开行军纵队，连夜出发了。战士们一个跟着一个，穿行在山岭渠间的小道上。我留心检查，由于出发前一个个蹦跳检试，所有同志都能做到脚步轻捷，学会了夜行军中试探型的“弹性腿脚步”，听不到行进中的脚步声；遇有咳嗽的人，也能以物掩住口鼻，不让声音传扬出去；在失掉联系时候的递传信息、等待、赶队中，也都能按照规定，严格而准确地执行。这证明，平时训练已经达到了要求标准。

拂晓前到达神沟庙附近，黎明时转移到寨南离神沟庙约一华里的一个小村停下来，在村里休息了一天，战士们做到对群众秋毫无犯，能严格执行“三大纪律八项注意”的规定，还能接近群众，对群众进行抗日救国、革命觉悟教育，很有些革命军人模样。

白天，敌人在一里外的寨墙上，往坍塌的豁口处架设鹿角砦，敌人这些行为从反面激起了战士们的斗志。

傍晚，具体战斗任务分配下来，集合全体官兵，在村后空地上遥望着战斗目标进行战斗动员。我指挥战士先唱战歌，唱完之后，战士们显现出了英勇奋战的精神。营长讲明战斗任务与战斗中军纪和战术要点，我又领战士呼了口号。天黑下来，我和正副营长各带一个连，按规定时刻进入阵地。

寨里被我们从四面赶进去的敌人，约有 300 多人枪，大小头目有八个，重机枪一挺，轻机枪十多挺。寨墙北、西面是土墙，多处坍塌。南与东南是砖墙，东南角有一砖筑寨门。按照“出其不意，攻其不备”战略，我们指挥员决定周围一齐攻，主攻点设在砖寨门处，副攻点设在南墙，其他处均为佯攻。我们营的任务，是南门和南寨墙一段，负责这一段的阻击任务。

通过实战和首长们的总结谈话以及许多同志的介绍，我对于这次战斗，有了较全面了解。

主攻点战斗队的组织分工具体而明确，给我上了战术课。主、副攻云梯各一。梯子谁抬哪里，突击队员谁站在哪里，登梯人谁是第几个登梯，谁拿什么武器，梯子之下设几个专管扫除手榴弹的人，这几个人谁站在哪里，分工都十分明细。后边掩护登梯的人，谁分管哪一个垛口和枪眼，事先各分管一个。机枪则专管横扫寨墙垛口，听命令看形势行动，所有人员必须配合得十分严密。

攻击准时开始，寨墙四周枪声齐鸣，在敌人不敢接近枪眼瞄准而胡乱射击之下，靠上云梯，准备攻寨的时候，寨上连连扔下了手榴弹，我们负责扫除手榴弹的同志，迅速拾起冒着火花的手榴弹，急忙随手向寨上反扔回去，有的在寨上爆炸，有的在寨内高空爆炸，炸得守敌手足无措，惊恐非常，不知自己投下的手榴弹为什么会在自己身边开花。可是就在这时，主攻点的机枪手竟被流弹击中右手，子弹嵌入骨缝中。

指挥员黄林同志，马上接过机枪，挎背带在肩，也不瞄准，非常熟练地照准寨墙豁口扫射起来，打得十分准确。等到云梯上攀登的同志登到梯顶，停下来准备登寨的时刻，机枪停射，梯上第一个人迅速跃身垛口，一梭子子弹打倒了守寨的敌人，占据了寨门楼，马上又上去几个人，消灭了附近寨墙上的守敌。一个白色信号弹飞上了高空，正式向大家宣告：敌人的守寨防线被攻破了！从战斗开始到信号弹发出，只用了10分钟时间。

就在这时候，南寨墙上一派点点的火光中夹带着枪声一齐发出，我预感到必然是敌人逃出，发出口令让战士们注意，跑几步伏在一片坟头后面，没有停几秒钟，果然有几个敌人冲出，我大喝一声："站住！缴枪不杀！"敌人转身向西就跑。我喊一声："打！"一排稠密的子弹射过去，敌人倒的倒、跑的跑，顷刻间就不见了。

大家依命令进入寨内，经过一夜搜索，全歼了寨内敌人，一般都是缴械投降的。带着轻机枪翻南墙出逃的，是八个大大小小的顽固反动头子。

天亮回到原住村子，总结战斗经验教训。这次战斗主要是战略战术正确，所以能获全胜。副攻点负责扫除手榴弹的一位副班长，略一疏忽，稍迟慢中手榴弹开花，被炸牺牲，副攻点未取胜。我连战士李丙义同志，迎敌稍迟慢，在坟后尚未伏下，被敌人机枪射中头部，因而牺牲。教训是沉痛的。

村里的群众竟把我们战斗前的唱歌，呼口号认为是"硬肚兵"的喝符念咒，说："您打仗打得这么好，敬的是啥神呀？"我们笑着说："咱是共产党领导的人民军队，咱不信神。"

种种参战情况我永远都不会忘记。

豫中形势

神沟庙战斗后，分区工委把我从挺进十五团调出，派出去参加地方宣传工作，使我得到了穿行各处了解情况的机会，从而知道了整个抗日根据地的全面概况。

原来，1941年日军第一次入侵豫中，是要打通平汉线的。自平汉线向西，从漯河、舞阳以西毫无阻挡、横闯豫西、豫西南而回。自驻马店向南阳一线，离开平汉线就遇上吴绍周部人马，经王店、尚店追至铁山，在日军飞机、大炮、步兵夹击下，吴绍周部大受损伤，遗尸在将军墓寨埋了个“万人坑”，立有碑记，这是日军在豫中对中国人的一次大屠杀。

1944年，日军占领豫中，已在日军的牢牢掌握之下的平汉线，成为日军军事上进一步扩大侵华战争的依靠。自漯河向西，以舞阳为战略主攻据点，北面差遣李雨霖笼络关震亚、尚振华组织皇协军师以巩固地方；自舞阳向南设下武功镇、朱兰店据点，在南部山岭一带大修防御工事，以防西南方面的反攻；同时在舞阳城东南郊兴修飞机场。南边从驻马店至南阳，则作为将来的主要交通运输线，以支援将来向南阳等以至鄂西的进军。日军这些军事计划，当时是一望可知的。

中共中央作出深入敌后建立抗日根据地的军事部署后，一方面加强中原军区的兵力，又派八路军南下支队在豫西、嵩岳等地区创建敌后抗日根据地。1944年冬，中原军区派栗在山、黄林等同志带领一部分武装，经过竹沟、板桥到达嶃岈山地区，又向北直达西平的龙泉、酒店、李兴楼地区，着手建立豫中军分区抗日根据地。

我豫中军分区，以动员组织群众，建立敌后军事基地，为持久抗战打下稳固的军事、政治基础为主，十分注意对地方武装的争取团结。对日军据点不发动进攻，暂时只着重打击其向我区域出扰的日军，如有来犯，必坚决给以抗击，直到将其消灭。

而对于自驻马店至南阳一线，因其为日军的运输联络线，特别还是我们分区和军区的联系要道，所以定为对日军的主动截击点，我军在这里不断打击敌人，缴获了不少物资。日本军官雄仓和士兵上仓官保就是在这一线被我们俘虏的。

豫中军分区经过从1944年冬至1945年春夏，逐渐联系组织起地方人民武装和群众抗日组织力量，消灭了史聘侯和国民党县大队等许多既不抗日又专和我军相抗衡的顽固派武装，打退了日军多次进攻，击溃了关震亚、尚振华等皇协军的进攻。神沟庙战斗，可以说是消灭顽固派的一次接近尾声的战斗，以后连日本侵华军也不敢轻举妄动了。

我做宣传工作的几天，和前来归顺的卢宏宇、贾文轩谈过话，连夏金木、夏金玉、任哑巴这些土匪头子也来挺进十五团归顺，可是，不几天他们又叛逃出去，还用刚从我们这里学得的夜间作战方法来偷袭过我们。

总之，军分区的地盘巩固了，连日军的铁山工事和舞阳的飞机场也都停了工。当然，这也是受了欧洲战场大战结束的影响所致。

我和招抚司令于致龙接触过，她是遂平人，曾动员过不少人参加抗日武装组织。她领导的抗日救国宣传队，被称为“干儿干女队”，能深入接近群众，常唱歌曲如《青天蓝天》《解放区的天》《军民鱼水情》，给我印象很深。如“吃饭要吃糯米饭，投军要投王老汉……吃菜要吃白菜心，当兵要当新四军……”通俗而朴实，相当感人。

尹集的来老婆也领导了一个宣传队，同样被称为“干儿干女队”，也在到处宣传。

在基本安定的形势下，老太太、女青年的宣传，在军民关系之间起到了促进亲密团结、坚决抗战到底的思想意识形成的催化作用。

农村工作队

分区工委调我回农村工作队工作，队长是老熟人胡赞扬，副队长是从部队下来的李杰汉，也是当地人。队员都是本地区内外的原地下共产党，有的平时相识，但不知道他入党的事。如李汉三、李华，后来还来了曾以华工身份参加过第一次世界大战、舞阳首批共产党员之一、中共首任舞阳县委书记张鸿宾同志。工委给工作队的任务是发动农会组织，进行以灾区赎地运动为主的群众斗争，用以启发农民群众的阶级觉悟，建立群众基本队伍，建立农村基层政权，为抗日根据地打稳政权建设基础；组织区、乡级武装，作为根据地的永久性实力依据。

工作队以王方明同志的家乡曹集周围的村子为起点，迅速开展工作。通过深入访贫问苦，扎根串联，村农会迅速组织起来，势如雨后春笋。村农会相联合，乡级农会相继成立。特别是农会工作老手张鸿宾在胡赞扬同志的合作下，借助以往农会工作基础，使尹集区农会组织一跃而起，又向四周发展开来。村、乡、区级政权相继建立，乡区级武装也跟着逐步组织起来，农民情绪日益高涨。

在发动农会会员回忆以往封建制度压迫剥削下，灾荒与苛捐杂税逼得忍饥受寒，以十分低廉的价格出卖土地的痛苦实况后，会员们提高了觉悟，提出“赎回廉价出卖的土地”口号，掀起了震撼一时的灾区赎地运动。通过群众斗争，顺利地向富户以原价赎回了灾荒年间被迫卖出去的土地。

工作队完成了工委赋予的任务，使这里的农民进一步认识了中国共产党领导群众斗争的根本任务和目的。

寺山战斗

从铁山南大石门垭口绕龙头山向南，去尚店、王店的路上，路西的山头上有个寺山寨。寨里盘踞着一小股顽固反动武装，头头名叫杨梦甫，是当地一个土皇帝式的恶霸。他因霸占农民的土地，被群众称为骑马侵吞土地的“杨照先儿”。杨梦甫霸揽地方民枪，迫使壮丁在他管辖下为他效劳，占山为王，把从农民的手中搜刮来的财物、米面、猪肉、香油、烟酒、大烟老海存在寺山寨里，坐享清福，既不抗日，又不和共产党联系。由于他人少势单，不向外移动，对分区局势影响不大，所以工作队没有理他。

分区局势稳定后，派一部分武装，打算同叶舞支队前往嵩岳抗日根据地去完成一项任务。当从王店去舞阳西部联系叶舞支队，走到寺山寨东边的时候，杨梦甫竟然在寨上向着我们行军队伍发冷枪射击。立时就有不少同志提出，要收拾掉他们，因紧急任务在身，强忍怒气没有理他们。

分区部队和叶舞支队回来，已经是7月初，黄林司令员批准了消灭杨梦甫的意见，派兵把这几百名顽固反动武装包围起来，先消灭周围力量，又将寨子包围起来，拂晓将寨攻下，全歼了豫中军分区的范围内最后这一股顽固反动势力。

那天早上，工作队于黎明前赶去，协助打扫战场，清理战果。杨梦甫笼络壮丁和枪支约 500，有百十人逃窜，其余全部缴械。最后杨梦甫在寨上命令壮丁拼死抵抗，亲自督战死守。他紧握手提式枪向我攻寨战士扫射，一直坚持到子弹打完的最后时刻，表现出了他坚决与人民为敌的反动本质。我们战士在攻寨战斗中重伤 1 人，轻伤 2 人，都是杨梦甫亲手射出的子弹所伤。到了寨已被攻破，杨梦甫又躲进地窖，企图混过，然后潜逃出去。经过群众揭发，随即逮捕了他。几个群众赶来，对着杨梦甫又打又骂，还用火烧他。为了避免后患，就当场把他毙了。

我当时还看了杨梦甫吃喝吸大烟贪乐享受的场面。

我背了几天打伤我们同志的那支手提式枪，群众看见还说："这是杨照先的家伙儿。"

边区政权

寺山寨最后一股反动武装被消灭后，苗宝泰同志被分区工委派到工作队来。他是 1940 年从舞阳调往陕北，后来随同八路军支队去嵩岳敌后建立抗日根据地，这次是随军来豫中军分区的。我和他早有组织关系，攀谈之下，知道他到豫中军分区便担任了工委宣传部部长职务。目前分区已经成立豫中特区党委和豫中专员公署，委任他担任中共边区县委书记兼任县长职务，前来负责创建敌后边区县政权。

苗宝泰同王方明、胡赞扬等同志研究拟定了建立边区县政权组织的初步方案，计划让王方明兼任副县长，李华任县委组织部部长兼县政府财粮科长，胡赞扬任民政科长，仍兼任着尹集区委书记，我任秘书，张子明任会计，所属地区就是西平、遂平、舞阳、泌阳四县边区的山岭地带。

方案经特委、专署很快批回，定名为"西遂舞泌抗日民主县"。就这样，在工作队工作成绩的基础上，迅速建立起了豫中铁山地区破天荒第一个人民民主政权基层组织，它是在共产党领导下，人民艰苦奋斗的辉煌成果。

由于人少事简，多为兼职，县委和县政府决定合二为一，并根据大局形势的具体情况将县委、县府地点设在鸡山西北山脚下的刘川沟村。

尚未到达刘川沟，我们就接到了豫中分区专员公署印发下来的安民布告。为了和专署的布告一同张贴出县府布告，我先拟出布告稿，交给李汉三同志找石印机印刷，到了刘川沟，我急急找到了梨木和刀锯，赶忙刻制县政府的鉴记和县长的行章。一取回布告，盖上鉴记、行章，就派人出去张贴。

由欧阳景荣专员署名的豫中专员公署安民布告、由苗宝泰县长署名的西遂舞泌抗日民主县政府安民布告，并排张贴出去了，贴遍了全边区县境，贴到了周围村镇，一直贴到日军盘踞着的舞阳城南门外的砖墙上，当时广大人民群众看见我们的安民布告，心情如何？日本侵华军内心又有什么反应？这是很明显的。事实证明，舞阳城里的日军又出来骚扰了两次，被我们一小部分武装和李振华、殷满堂率领的区乡武装击退后，又龟缩不动了。

边区县党政机关初建，各种工作异常繁忙，各人兼职又多，机关虽设在刘川沟，可是大部分都不在刘川沟机关办公，一般同志连来也不来，只有我和张子明会计还有两个跑腿的同志，我们住在一户人家的两间草房里。李华同志在村里找的有房子，可他也很少住在村里。当时正值7月中旬，县委、县政府除日常工作外，主要是抓当年的夏季征粮。

为了迅速开始夏征，我又着手刻制夏粮收据（俗称公粮回头）和存根版，同张会计印刷，装订成册编号盖印，分发到各区，以供夏征使用。

为开展税收工作，我又刻制了税票及存根版，印出税票、订册、编号、盖印，交给税收队长来龙泉（尹集人），开始了行商税和对卷烟厂、商号的营业税征收工作。

在刘川沟不多天，县委、县政府机关迁移到尹集寨内，住在路西一家地主的大院子里。记得院子是三进院，还有跨院，二门外粉墙边有多年枸杞藤，二门里有闪屏门，宽敞得很。书记、各科室也都有了办公地点，并且和尹集区委、区政府在一起，联系方便，胡赞扬同志的双重兼职也容易照顾，忙而不乱了。夏征任务完成顺利，解决了机关、部队的供给问题。

乡级政权逐步向外发展，政府领导的人民武装迅速建立，到7月底，分区派吴振挺来担任县长职务的时候，西面的尚店、柏庄、接官亭以及梁八台都已经先后建立了区乡人民政权，组织了人民武装。

由于军区、军分区武装相互配合，四面出击，豫中抗日根据地，在七八月间，已经达到了巩固的程度。

县所属地区的变迁

1945年8月初，西遂舞泌抗日民主县委、县政府接特委专署指令，从尹集转移到尚店，划出西平、遂平两县所属地区，另划入叶县、方城两县边区的一部分抗日根据地，改名为舞叶方泌抗日民主县。

迁移到尚店重划地区改变县名之后，人事亦有较大变动：苗宝泰被调走了，新委派王泽民为县委书记，副书记未到职，不记得名字，李华仍任组织部部长不再兼职，县长吴振挺、兼职副县长王方明未变，增派来董锡之为副县长，沈祥甫为财粮科长、李杰汉为财粮副科长，胡赞扬的民政科长、我的秘书、张子明的会计职务均未变。县委、县政府仍然在一起办公。

在尚店，党政机关人员较多，分工明确，我的工作已经理顺，加上尚店镇长王耀九是我在县立师范的上班同学，人熟办事也方便。我重新刻制县政府的鉴记、长戳等印鉴，很快就开始了正常的办公。那时候，县委、县政府的办公地点，就在从南过来向东转弯处的路北房院里。

上级党迁机关改县名的措施，是针对苏联和美国参战后，东亚的形势变化趋势而定。到尚店后，县委、县政府的工作从8月上旬开始，重点是打击日军气焰，抓紧时机搜集地方上散乱的弹药武器，充实与扩大县、区、乡武装组织，接下来是布置 1945 年秋征任务。此外，还加强对行商和大工商行号的税收工作。

按照特委行署布置，秋征重点先派布匹、棉花、马料、马草，并发动妇女开展做军鞋运动。秋粮则进行摸底，掌握准基本情况，不急于征收。抗战胜利在望，人们的心情已与以前大不相同。

三易县名

侵华日军彻底失败，宣告投降。消息传来，我们又接到特委行署更改名称的通知。我怀着兴奋的心情，从原县政府的鉴记上挖去“抗日”二字，镶上一块梨木，刻成“人民”二字。长戳等印鉴也重新刻制换成了新名称。

这次定名、刻印，已经是第三次。我们边区县不足两个月时间三易其名，这三易县名的过程是：西遂舞泌抗日民主县——舞叶方泌抗日民主县——舞叶方泌人民民主县。这三个县名，所代表的具体实体都不同。

第三次定名，县党政机关的位置未动，人员未更，地域没有扩大或缩小；却标志着反对帝国主义侵略战争的结束，人民翻身斗争的初步成果，是人民革命斗争划时代的里程碑，同时也是下一阶段革命斗争过程的出发点。

在抗日战争的最后阶段，豫中军分区的西遂舞叶方泌抗日民主县，起着连接陕北和中原军区关系的桥梁作用。日本投降后，中国形势急转直下。我们应该把这里建设成为从大西北通过白色封锁区前来中原地区的坚实稳定的“码头”，用来迎接八路军来中原和新四军会合。这又是翻开下一部分历史新篇章的序言了！

面对此种情景，同志们心花怒放，干劲倍增，投入了兴建“码头”的忙碌中。

迎接八路军

在庆祝抗日战争彻底胜利的喜悦心情下，舞叶方泌人民民主县的干部战士和群众投入了紧张的工作中。秋征任务完成得利索，军粮和各种军用物资收缴起来了，妇女群众赶做军鞋成了一项鼓舞人心的高潮行动，觉悟高的妇女还加工做了纪念品，准备送给八路军战士。其他工作也完成得又好又快。

随着日军的投降、撤离，从8月下旬起，豫西抗日根据地和嵩岳抗日根据地的八路军、地方工作人员，源源不断一溜水似的开来，道经舞叶方泌山区，向中原鄂豫边区根据地涌去。

两个抗日根据地同志们一到来，这里所有干部、战士、群众热情接待，安排吃住，按需要供给棉布、棉花、军鞋、马料和马草。在欢欣的迎接、慰问、支援、送别等拥军活动中，大家的胜利喜悦心情，充分表现在活跃的动作、亲热的谈话和畅快热烈的歌声中。

在紧张的工作中，大家没有顾得上思考日军撤离、漯河受降、国民党抢夺抗战胜利果实等事，满心满意只想着抗战胜利后怎样精诚团结，共同建设祖国，只觉得身上有使不完的劲。

县区乡各级的支前、搜罗武器、税收等工作，一直在继续进行着。

根据地的中止

俗话说：“天有不测风云，人有旦夕祸福。”其实现在的天气可预测，人类社会的形势也是可以预料的。国民党反动派素来主张“宁亡于日，勿亡于共”，这是从旧封建帝王“宁与友邦，勿与家奴”中继承来的。因此他们坚决反对共产党而与日军妥协，在对日抗战的紧要关头撤兵深山，休养生息，蓄意反共。今天抗战胜利，日军签字投降，形势将如何变化，是一想可知的事。

果然！西南乌云翻滚，在鄂西深山里养精蓄锐的蒋家嫡系军，渡汉水自襄樊经南阳而来。10月底国民党十三军第十一师开始向豫中根据地移动，准备向我人民抗日根据地发动进攻。

情报传来，我舞叶方泌人民民主党委及政府奉命结束，把全部工作人员和武装队伍改编，组织成中国人民解放军舞叶支队，吴振挺同志任支队长。因情况紧急，迅速集合转移到尚店西南的一个村，进行收尾与整编工作。除王泽民前去主持叶舞支队的领导工作，董锡之、沈祥甫和一部分无军事常识的同志不适于参加战斗，须保留在地方以外，县区乡主要干部和武装人员，一般都编入了支队。

当时所搜集的武器甚多，支队人员全部武装起来以后，交付保留在地方的同志一部分，作为自卫武器，还剩余不少次、劣、坏、土造枪支，统统用火烧过，又加以砸毁，以免散落民间，祸害人民群众。

我几次细心雕刻的县政府鉴记、长戳等印章，统统投入烈火，让它们和短暂的豫中人民民主政权一同退出历史舞台。

支队人马很快集合整队，排开行军纵队，顺着山岭间大道向南进发。支队长吴振挺跨上战马，在马上放眼巡视了浩浩荡荡的行军队伍，深有所感的同时也是开玩笑似的说:“又演《铁流》了！”这场面使我发现了共产党人坚强的战斗意志。

漫长曲折的革命道路，是遥远而无止境的。

暂　别

舞叶支队转移到泌阳县境的铜山以西，停在高邑、马谷田地区休息，派李文普等几位同志分别去北、西面侦察敌情。这时已是农历的十月初，全队人员因以前只顾支援南下八路军等同志们，自己还都没有过冬衣被。吴振挺支队长命令我:“你和张会计用余下的一些税收款子，给大家解决过冬的衣被问题吧。”

十三军第十一师是先帮扶国民党县政府回县，然后才向我豫中根据地进攻的。我们先撤到大拂岭，后配合王树声、陈先瑞、黄林、黄德魁等部武装，从铜山出发，投入保卫豫中革命根据地的战斗。

我们部队在战斗中，登嵖岈山，过葡萄架、灯台架、磨轴峡，穿稻田冲，攀蛮王岭，踏遍山峦沟壑和反动军队展开了战斗。有广大人民群众相互配合，团结战斗，我们是有信心有决心永远坚持在豫中的铁山地区，直到全中国最后解放的。

1945 年 12 月下旬，党中央根据反动派下决心要以最大兵力，用各个击破战略消灭我军实力的情况，下令让我们退出豫中根据地。我们只好忍痛离别豫中的父老兄弟姐妹们，走出成年累月苦心经营的豫中铁山地区。“阵地的攻、守、取、放——兵家之常，不必内心激动。”我抑制住情感，一再默念着这句话，朝着桐柏山走去。

选自 1995 年《漯河文史资料》第六辑

建立在抗战胜利前夕的郾上西抗日民主政权

李　辉

抗战胜利前夕，八路军王定烈部曾在郾（城）、上（蔡）、西（华）三县交界处开辟抗日根据地，建立了民主政权，为抗日战争的胜利作出了贡献，并为以后当地人民的解放斗争播下了火种。

1944 年夏，河南沦陷，豫中地区成了日寇的后方。当时日军控制平汉铁路，商（水）、漯（河）公路等主要交通干线及沿线城镇，伪军郭受天部盘踞在鄢陵、扶沟一带，国民党第五战区霍守义部麇集在项城以南地区。他们互相勾结，残害人民，人民盼望共产党来如大旱之望云霓。

冀鲁军区第八军分区八团（以下简称八团）奉上级命令，要举兵南进，西渡新黄河，挺进豫中，插入敌后，开辟新区。1945 年元月，八团由团长王定烈、政委李士才领导，从山东根据地出发，冲过陇海铁路敌人的封锁线，进入河南境内，在黄泛区转战千里，经过 3 个多月的长途行军，于同年 5 月中旬到达西（华）、上（蔡）、商（水）三县接壤地区。

这一地区驻有伪军第八师和国民党西华县自卫团。我八团经过激烈战斗，击溃了伪军，活捉了自卫团团长张坦然，攻占了原属西华县的砖桥镇，乘胜追击，连克 18 个寨，缴枪 600 余支，铲除了“地头蛇”，大快人心。

战斗一结束，便于 5 月 27 日在万金张村（现属郾城县）宣布建立郾上西（实际也包括商水）县，成立县抗日民主政府。由侯杰任县长兼县大队长，杜学章（一名杜明德）任公安局局长，黄林任武装科科长。中共县委会同时成立，赵舒天任县委书记兼政委，冯明高任县委副书记兼组织部部长。接着，又建立了区政权：一是砖桥区，张超任区委书记、区长；二是华陂区，李健任区委书记，张学六任区长；三是万金区，陈戈贝任区委书记，盛 ×× 任区长。领域：西起平汉铁路，东到东王府，南至五沟营北部。

根据地的建立和发展，引起国民党顽固军的仇视。6 月初，第五战区霍守义部两个师的五个正规团纠合上蔡、汝南、商水三个县的自卫团，杀气腾腾地向我根据地猛扑，妄图将我军赶回黄泛区以东。敌人兵力约 14000 人，十倍于我军。我军采用“以少胜多”“集中优势兵力，各个歼灭敌人”的战术，决定偷袭霍部的兵粮基地——贾寨；急行军 60 里，仅以 30 分钟时间，就攻下这个寨堡，全歼驻守该寨的商水自卫团，活捉团长朱占彪。霍守义部见正面不能取胜，便暗中策动伪暂编第八师从我军后方骚扰，因此我八团必须攻占五沟营。五沟营当时属郾城，是一个有数百户商店、农家的大集镇，占领了它不仅可以扩大根据地，解决筹款筹粮等困难，还可以打通与新四军五师的联系。因此，八团乘霍部不敢贸然向我进攻之隙，挥戈西进，以迅雷不及掩耳之势攻占了这个大集镇，歼灭伪军 800 多人。五沟营战斗结束后，八团指战员又连续进行了逍遥镇、邓襄寨、张明、肖明、望田、十里园等一系列反日伪顽蚕食的 40 余次大小战斗，粉碎了敌人的联合进攻，保卫并扩大了根据地。郾上西县随即增设了两个区：一为五沟营区（原为镇）及其附近村庄，回民阿訇吕玉斋任区长（原为五沟营镇长）；一为百尺集区（在上蔡城北），王威任区长。不久，八团又配合地方党的力量，在临颍、鄢陵、郾城三县边区建立了临鄢郾县抗日民主政府和地方武装，形成了一块拥有 4500 多平方公里、近百万人口的游击根据地。

郾上西县抗日民主政府在扩大与保卫根据地的同时，又做了几项有利于人民、有利于巩固政权的大事。

一、开展“回地”运动

1942年，河南亢旱，赤地千里，千百万饥民嗷嗷待哺，而吃陈粮烧陈柴的富户（其中多数是大地主）却乘人之危以廉价（几十斤粗粮买一亩地）从饥民手中攫取了土地。灾荒过后，国民党政府虽曾有明文下达，准许农民赎回忍痛卖出的土地，但要按市价。不久，河南沦陷，政策并没实行。

1945年6月，郾上西县政府开会研究，通过决议，发动农民开展回地运动，并制定回地政策。规定：凡在1942年灾荒年间农民为饥饿所迫廉价卖出的土地，由地主买的按原价赎回；富裕农民买的则采取双方协商的办法解决，但必须保证赎回的土地与原出卖的土地，其亩数大致相当（有些买方要求换地块，故有此规定）；亩价则根据当时行情和双方经济情况商定。会后，政府印制关于回地运动的布告，广为张贴，并连续召开上层人物会、基层政权会和群众大会，层层发动，达到家喻户晓。县、区还成立了“回地委员会”具体负责回地事宜。

由于政策好，运动声势大，比较开明的买地户都纷纷让卖地的农民把地赎回。对软磨硬抗、拒绝回地的少数顽固分子，政府则用强制的办法使他们认赎。几个月中，回地近万亩，重获土地的农民对党和政府感激涕零，中秋节时，他们抬着礼品，去慰劳八路军和抗日民主政府的工作人员。

二、扩大抗日武装

郾上西抗日民主政府一成立，就着手武装建设。广大贫苦农民认识到八路军是人民的子弟兵，看到这支部队官兵平等，纪律严明，既讲革命道理，又能学习文化，于是便踊跃参军。俘虏兵经过教育，不少人也愿留下当兵。县境外的青年农民闻讯也自愿到八团或县大队报名参军，还有些人和八团联系，经同意后，成立了一个回地大队，后来以这个大队为主，组建了八团第四营。由于农民的不断参军，抗日武装力量就逐渐扩大。八团由冀鲁豫军区出发时指战员1900多人，到撤离时已发展到2900多人，由3个营扩编成4个营，并曾对外改称“八路军豫中支队”。

三、建立合理的征粮收税制度

郾上西县是一个新开辟的根据地，社会情况和老根据地不完全相同。因此，县委、县政府根据“有钱出钱，有力出力”的总原则，结合本地情况，因地制宜地制定征收公粮的办法。规定：人均1亩以上者按亩数征粮，每亩征粮额数由政府统一规定。禁止规定以外的摊派。部队驻地用粮，统一记账，上报政府，由政府调剂计算，平衡各地的负担，地方干部不得以任何借口拖延，违章不办者，由群众举报，政府查处。由于征收公粮办法合理，群众欢迎，因此，当年麦季群众就自觉缴纳公粮200多万斤。

税收方面，郾上西县也制定了简便易行的条例。行商，根据他们携带货物的数量、质量和价值以征收实物或现金。坐贾，按营业额征税。无论行商或坐贾，税率都很低，因而广大工商业者都乐于缴税。

征粮收税工作顺利，保证了八团指战员有饭吃、有衣穿又有钱，通过行商从敌占区和国民党统治区买回子弹，使战士们能保持昂扬的斗志，在对敌斗争中能战无不胜。

1945年8月，日本一投降，蒋介石便在美帝国主义唆使下，急急忙忙地调兵遣将，向共产党领导的抗日根据地进攻，以抢夺抗战胜利果实。9月初和9月末，国民党军曾两次逼近华北，进攻豫中。

为了保卫抗战胜利果实，阻止蒋介石发动内战，冀鲁豫军区首长电令八团迅速撤离豫中根据地，挥师北上，参加邯郸战役，八团接电后当即布置行动计划。10月5日，全团指战员从西华县的逍遥镇出发，向北挺进。随着八团的撤离，郾上西县抗日民主政权也宣告结束，它共存在4个月的时间。

（本文经谭星白同志改写）

选自1990年《漯河文史资料》第四辑

略述抗日战争时期舞阳县党的建设与统一战线工作

胡德周

统一战线是中国革命和建设的一个重要法宝。它不但在新民主主义革命时期如此，而且在社会主义现代化建设中仍然如此。尤其是在抗日战争时期，党的统一战线的方针、政策得到了全国各族人民的拥护，在各地区党的建设与发展中有着极为重要的作用。

在抗日战争时期，舞阳县党组织的发展和壮大、抗日救亡运动的开展，正是由于中国共产党的抗日民族统一战线政策指导的结果。如果离开了党的统一战线政策，舞阳县党的组织就无法发展和壮大，抗日救亡活动就无法开展起来。正是由于正确地运用和坚决贯彻执行了党的抗日民族统一战线政策，才使舞阳党组织在这时期由小到大、由弱变强，党的区委发展到 7 个，支部达 46 个，有近 500 名党员，并建立了抗日民主政府。

下面根据抗日战争时期舞阳县革命活动的历史状况，就它的几个特点略加表述。

舞阳县的抗日民族统一战线的形成和扩大，有着一个良好的开端。其表现就是在第二次国共合作的环境条件下，首先出现了个有无产阶级、有农民、有小资产阶级、有自由资产阶级甚至有大地主、大资产阶级也来参加的救亡团体——舞阳县抗日青年救国会（下称“青救会”）。这个救亡组织完全是中国共产党的抗日民族统一战线政策的产物。它是由舞阳县部分留外青年学生在 1937 年 10 月组织发起的。其宗旨就是组织和团结广大青年，掀起抗日救亡运动，传播抗日战绩，为前线募捐、揭露日寇的侵华罪行，宣传十大纲领。

抗日战争爆发后，舞阳县广大民众及不同阶级、阶层的人们，同全国人民一样也面临着被宰割的危险，都有着抗战的决心。当时舞阳县在外地上学的青年学生臧自修、胡田希、陈林堂等，由于学校停课被迫回到家乡。他们适应抗战形势的需要，站到抗日宣传的最前列，组织发起了青救会，舞阳县国民党上层人物共30多人跻身于青救会的理事会之中（有地主绅士、地方党政军头目等），他们在不同程度上为青救会捐了资，但他们也同样抱着不同的目的来参加这个统一战线组织，有的是为了捞取政治资本，有的是为培植个人势力。对于这样一个力量不平衡而又复杂的组织，刚成立不久的中共舞阳县委（抗战前的1935年3月党组织遭破坏），为了尽快使它掌握在党的领导之下，就积极利用统一战线形成的良好局面，认真执行党的民族统一战线政策。首先团结了那些组织发起青救会，有着强烈爱国思想、救亡心切、具有初步共产主义世界观的大多数青年学生，在1938年2月以组织成立《救国三日刊》出版委员会的名义把青救会中的骨干人员都安排进去，并由县委书记邹屏任主任同时发展了胡田希、陈林堂、张富生等为党员，并在青救会建立了第一个党支部，胡田希任支部书记，以此为舞阳县的抗日救亡宣传工作创造了条件，为舞阳党组织的发展壮大奠定了基础。实践证明，党也正是利用了青救会中的广大青年知识分子的桥梁作用，使得统一战线这一法宝在舞阳得到了充分的运用和发展。抗战初期，舞阳县的广大青年、学生都面临着何去何从的抉择，他们急切需要党的教育，希望自己能够投身于伟大的抗日救亡运动之中，需要有人去宣传鼓动和组织。但由于一开始国民党的不抵抗政策和严重的白色恐怖，广大的爱国青年、学生和农民没有革命活动的自由，没有人向他们宣传抗战的道理。如今，舞阳县党组织以青救会为主力，靠传单标语、靠报纸书册和戏剧、靠学校、民众团体和干部人员深入农村、机关、学校和广大群众结成一体，进行全面的救亡宣传动员，号召各界人士有力出力，有钱出钱，使舞阳县的抗战热潮遍及全县广大乡村、城镇各个角落。到1938年6月，全县的青救分会发展到46个，会员达5000多人，成为当时河南省抗日救亡宣传活动搞得最好的县份之一。由于有了这样的环境，河南省青年救亡协会的成立大会是月在舞阳召开。

在轰轰烈烈的抗日斗争活动中，在抗日民族统一战线不断得到扩大和巩固的同时，舞阳县党组织把统一战线这个法宝有力地运用到本地区的革命实践中，坚强地领导了这个地方革命的统一战线。为了坚持和牢固对抗日民族统一战线的领导权，1938 年 5 月，中共舞阳县委利用统战关系让党的积极分子苗宝泰参加了国民党舞阳县“抗敌后援会”的改选，并成功地当选了副会长，挫败了以县党部干事长胡灿宇等一些反动资产阶级代表人物企图分裂统一战线的阴谋。之后，县委借抗敌后援会检查保甲长的名义，先后组织了几百人的检查团进行了大规模的组织宣传工作，不仅检查出保甲长贪污舞弊的行为，打击了保甲长欺压农民的气焰，还巩固和发展了党的组织、壮大了党的力量。

为了深入发展和扩大民族统一战线，舞阳县党组织还着重靠近和吸收统一战线中的中坚力量，即进步的国民党人士和开明绅士等，引导他们走上正确的道路。如张茨山和效信趁，长期在国民党政府机构任职，都是出身于地主、士绅家庭，北大毕业的学生，他们都有着进步的思想。党组织对他们经过长期的统战工作和考查，争取和发展了他们为特别关系党员（分别于 1940 年、1941 年脱离共产党），利用他们开展国民党上层人物的统战工作，及时了解国民党当局对我党的态度和动向。在张获山担任县中校长期间，派党员去任教，掩护身份，利用他 1940 年间担任县党部书记长之便，使党的活动得以顺利开展。在效信趁担任北舞渡区长之时，党组织安排了省委委员张旺午在那里隐蔽几个月。1942 年春形势紧迫的情况下，在县政府工作的效信趁先后两次把国民党要抓捕的共产党员名单传送给中共党员张平（胡赞宇），使党及时地组织党员撤退，免遭损失。

地方开明人士屈勋亭，是胡岗万寿寺小学校长，有积极抗战的思想，1938 年初曾热情地联络河南大学组织的“战教团”从许昌来到舞阳，在这里开展抗日宣传达两个多月。他还在同年 7 月组织召集地方青年 200 多人，组成民军进行训练，准备打游击。当时，由武汉派到地方准备组织游击战的老红军廖弼臣被聘为教官，负责训练民军，时间几个月。后经党组织的考查，屈勋亭被吸收为特别关系党员。党组织还团结了积极参加抗战宣传活动的县树人中学校长宗世申，使学校成了党长期的掩护机关，很多党员曾在这里任教，开展党的工作，先后在学校发展了 30 多名党员。

舞阳县统战实践证明，善于团结和吸收那些进步的小资产阶级者以及革命的知识分子，才能组织伟大的统战力量，组织千百万农民群众，发展革命的文化运动和发展革命的统一战线。

1938 年 10 月，武汉失守以后，国民党加紧了它的反共步伐，下令取消各地救亡团体，提出所谓“一个政党、一个主义、一个领袖”的口号，极力推行“限共”“溶共”“反共”政策。舞阳县抗日民族统一战线同样遭到破坏，一些反动的资产阶级代表人物相继退出了统一战线，走上了反共的道路，党的活动受到限制。鉴于上述情形，中共舞阳县委充分做好了政治上、思想上、组织上的准备。一方面尽量地发展统一战线工作，另一方面采取隐蔽精干的政策，利用广泛的统战关系，由公开的不合法地位转移成分散串联式的合法地位。以自卫团政训处为突破口，派进党员以公开职业继续开展救亡宣传活动，开展党的工作。

自卫团成立于 1938 年 5 月，它实际是地主阶级为保护自己的封建剥削、维护它的政治地位而建立起来的武装组织。舞阳县自卫团司令是地主阶级出身的资产阶级代表刘馨吾，他早在 1934 年就参加了反动法西斯组织“蓝衣社”（亦复兴社），曾在南阳伪师资、联保人员训练班任教官期间，就联合地方劣绅孙孟山及国民兵团副团长张哲超，从舞阳派遣大批亲信去受训并加入“蓝衣社”后，安插在全县各基层，一直统治到舞阳解放。1937 年冬回县任联保主任，同孙孟山、县党部干事长胡灿宇结成三位一体，以蓝衣社为力量压榨人民。1938 年 5 月投靠别廷芳任县自卫团司令，统治着七八千人的武装，后又相继担任国民党舞阳县党部书记长、三青团干事长、县长等。在他的长期统治生涯中，作恶多端，反共透顶，仅从 1940 年到 1942 年秋就曾先后协助国民党特务机关逮捕了张富生、樊春秀、王书文等共产党员数十人。刘馨吾的弟弟刘丹岑原是青救会的募捐股长，后为了个人利益脱离了青救会，1938 年 10

月在武汉“战干团”受训后当上了自卫团政训处主任，他要在政训处培植自己的势力，先后创办了《自卫日报》和“舞卫剧团”党组织，借这一机会利用共产党员王立平和李景伦与刘丹岑的个人关系，先后派进了8名党员到政训处，分别担任了《自卫日报》编辑宣传科长、组训科长、总务科长和会计等，还建立了党的支部，基本上掌握了政训处的实际领导权。紧接着，党又借这年底政训处举办政训员训练班之机，选派70多名党员及先进分子去学习，继而分派到全县自卫团各区团、大队、中队、分队，不仅保护了大批党员干部，巩固了统一战线，还掌握了部分武装力量。

在利用国民党地方灰色团体组织开展广泛的统战工作的同时，针对国民党片面抗战、限制共产党的政策不断升级的形势，对于他们强制共产党员加入国民党的政策，中共舞阳县委严格坚持在统一战线中的独立自主原则，要求党员一律不加入国民党，采取一面隐蔽，一面撤退，以广泛的抗日民族统一战线政策为指导，团结各阶层人民群众掩护党的同志，以自己独立的姿态，建立掩护机关。如1939年秋，豫中地委建立了振兴棉织厂，派共产党员董济重开办了“复兴饭店”；还通过统战关系让共产党员王春台联合城内西街联保主任胡茂勇开办了石印馆。另外，陈林堂、宋运台负责开办了书店，不仅长期成为党的联络掩护机关，且秘密发行《列宁选集》《共产党宣言》《抗日民族统一战线教程》等进步书刊，提高了干部党员的理论素质，还利用了城内的几所中小学校，使大批党员去任教，从中发展党员、掩护同志。

皖南事变后，国民党反共气焰日渐嚣张，舞阳县党组织根据上级党的指示，区委以上干部撤退到根据地。由于统战工作做得好，直到1941年的上半年组织撤退，这一地区的党组织没有遭到破坏。豫中地委机关从1939年元月一直在舞阳设立，舞阳党组织在此期间先后为党输送到根据地的党员达100多名。

面对着敌人的白色恐怖和同志的撤退，在舞阳县的历史环境中，无论形势多么严峻、环境多么恶劣，中国共产党的抗日民族统一战线政策仍然在这一地区得到运用和发展，直到抗日战争的最后胜利。舞阳县的优秀党员严格执行和运用了这一政策，努力去为党争取武装、发展武装、领导武装。1941 年下半年，中共党员胡赞扬、王方明分别从延安派回舞阳，遵照党的“隐蔽精干、长期埋伏、积蓄力量、以待时机”的方针，紧密配合，积极了解和掌握当地国民党及日伪军的活动。胡赞扬通过统战关系担任了日伪（棠里）乡长，活动于敌伪之中。王方明利用自己的家庭地位（父亲是地主士绅），以更灰色的面目担任了曹集乡联保主任。为了进行兵运策反，他通过统战关系，进入了当地伪军贾光远部任大队长，以此为掩护对士兵进行宣传教育和改造，从而使他们更加明确党的抗日统一战线政策的重大意义，明确抗战的政治目的及其和士兵本人的直接关系。经过长期的艰苦工作，王方明终于动员了贾光远部 400 多人的武装于 1945 年 4 月下旬先后两次起义，投归新四军五师河南挺进兵团，被编为第十五团。

此外，在舞阳县西南部山区活动着另一支抗日武装队伍，他们在不同的战场上与日本侵略者展开着英勇的激战，这支队伍的产生完全是党的抗日民族统一战线政策宣传执行的结果。它是由有着爱国思想的进步人士张茨山、效信趁等人组织发动起来的。他们接受过党的教育，受过共产党抗日统一战线政策的影响。1944 年 4 月，他们以“方宝动员区抗日游击纵队”的名义，先后组织扩大了有 800 多人、600 多支枪的抗日队伍，由张茨山任司令、效信趁任支队长。特别是这年 5 月，日本鬼子侵占舞阳后，他们高举“不当亡国奴，不当汉奸，抗日自卫”的旗帜，积极开展抗日宣传和动员，主动打击侵略者，先后作战 20 余次。后来叶县张联芳等人率领的近百人武装也编入了这支队伍。

1944 年 11 月，新四军五师河南挺进兵团进入豫中嵖岈山地区以后，为了同这支活跃的抗日武装取得联系、配合作战兵团，派政治协理员李华回到舞阳梁八台原籍，以党的统一战线政策为指导，通过他的哥哥李振华（曾任梁八台党支部宣传委员，1942 年秋失掉关系）同效信趁等建立联系进行活动。后使李振华到纵队贾文轩大队担任副大队长，并以他的家庭为联络站，联络豫西抗日支队与嵖岈山新四军的联系，挺进兵团的胡坤科长常住他家。由于挺进兵团利用了李振华的关系，使这支地方抗日武装得到了党的指导，有计划有目的地活动于方（城）瓣（阳）叶（县）三县交界地区，配合了挺进兵团的正规作战。1945 年 2 月，挺进兵团歼灭驻扎在舞阳西南山区李楼寨的国民党舞阳县政府时，游击队曾派原地下党员杨金印、贾一道等做侦察工作。

到 1945 年 3 月间，这支抗日武装活动日趋困难。他们屡次与敌人作战，人员大部失散，只有以效信趁为支队长的 400 多人还在坚持活动，但仍不断遭到敌伪反动势力的“围剿”。正在此时，兵团党组织利用李振华同胡坤科长一起，积极耐心地做效信趁的工作，让他接受党的领导，归属新四军黄林挺进兵团。经过李振华和胡坤的努力，终于使效信趁于 1945 年 4 月初带领 300 多人的武装到达了遂平新四军驻地李兴楼，并改编为“叶舞支队”，效信趁任支队长。后李振华遵照兵团领导的指示，又动员了贾文轩、王国贤两个大队归入新四军，使他们完全改编成了由中国共产党领导下的人民军队。

舞阳县地方抗日武装力量，在党的抗日民族统一战线政策实施下，接受了党的领导，扩大了中国共产党的抗日武装队伍，和新四军一起消灭了舞阳南部地区的敌伪顽固势力，开辟了革命根据地。1945 年 7 月初，中共豫中工委派宣传部部长苗宝泰带领李华、胡赞扬、王方明等回到舞阳南部开辟党的工作，在武功鸡山后坡刘川沟村建立了中共舞阳县委和舞阳县抗日民主政府，并建立了乡政权积极开展党的工作发动群众，支援部队。

纵观舞阳县党的发展历史，抗日战争时期所做出的成果，进一步证明了中国共产党的抗日民族统一战线政策在地方革命中的重要地位；证明了革命的发展与壮大完全离不开中国共产党的统一战线的路线、方针、政策。

选自 1993 年《漯河文史资料》第五辑

八年的回顾

胡赞扬[①]

我是舞阳县九街乡玉皇庙村人，今年已有70岁。我的青少年时代，小学毕业之后，上了3个学期的初中，就停学了，其余时间算是虚度年华。1938年开始，送走了旧我，开始了影响我一生的新生活。

开始走向革命道路

1938年元月，河南大学抗敌训练班服务团在许昌办了一期训练班，我嫂子征得我父亲的同意，参加了学习。学习结束回来，她带回一本《二万五千里长征记》给我看，这本书生动地描写了我们党中央率领红军长征胜利到达陕北的经过，深深地打动了我的心扉。

元月底（春节前夕），河大抗敌训练班服务团来到舞阳胡岗寨，住在胡岗小学。他们在附近各村，以座谈会、讲演会、演剧、唱歌、办农民识字班等形式宣传抗日。2月下旬我应邀参加了一次服务团老师召开的座谈会，还参加了一次他们办的抗敌形势讲座。我细心听他们的发言、讲话，受到他们关于抗日战争宣传的熏陶。我的思想从茫然中解放出来，觉得我应该争取参加抗日救国的活动。

3月12日，青年救国会胡岗分会召开成立大会，我应邀参加，并当选为宣传股长。从此，我正式卷入时代的激流中。

这时，我开始阅读《新华日报》，还有一些小册子:《中国的新西北》、蒋光慈20世纪30年代早期的小说《少年漂泊者》等。我的政治

① 胡赞扬，1920年生，舞阳县人。1938年参加中国共产党。新中国成立后任中南军政委员会主任秘书、科长，河南技工学校副校长等职。1983年离休。

思想觉悟从而大有提高。我和几位青救会会员经常酝酿，只有参加中国共产党才能更好地投入伟大的抗日救国事业，也才有自己的光辉前途。我们迫切地想要加入中国共产党。但找不到或者说不知道往哪里找党。四五月间，我同青救会会员李持英、冻涪璋、张自铭、冻金盘、路秀珍等人商量，由我起草写了一封信，寄给八路军驻武汉办事处。收信人是周恩来、陈绍禹、秦邦宪，要求他们对抗日救亡工作给予指示，要求入党。发信以后不久，收到复信。复信大意说：关于工作方针，要经常看《新华日报》社论，关于入党问题，可在当地找党。信末署名是代复信人奚如。

1938 年 6 月，中共豫中特工委书记周泉森以舞阳县青年救国会巡视员的名义来到胡岗分会，他教全体会员唱《游击队歌》，向全体会员作抗战形势报告，并进行座谈等活动，之后他约我和李持英（女）、张自铭三人于晚间到青救会胡岗分会谈话。我清楚地记得那天是 6 月 29 日。

我们准时到了那里，谈了几句闲话之后，周泉森便有意识地从抗战形势谈到中国共产党的英明伟大，征求我们几个人的意见，是否愿意参加中国共产党。我们听了之后喜出望外，真没想到，党果真就在我们身边。我们以极其兴奋的心情不约而同地说：“愿意！”

周泉森同志便表示欢迎。我当时还幼稚地问了一句：“那谁给我们介绍？”

周泉森笑了笑说：“那还用说，当然是我当介绍人了。”

当时周泉森同志给我们介绍了党的性质、党的组织系统、党的组织纪律等。他说，党对党员的要求是必须参加党的组织，过组织生活，按月缴纳党费，终身为共产主义事业奋斗，永不叛党。他指出，在当前党员要绝对保守党的秘密，互相之间不能发生横向关系。他指出党在当前的任务是争取抗日战争的胜利，胜利后还要继续革命，建立新中国，要在我国建立无产阶级政权，建设社会主义，走向共产主义的大同世界。这就是在当时条件下的入党仪式。也是给我们三个人上了一堂生动的振奋人心的党课。

他指出，因工作需要，我们入党即是正式党员，无候补期，他指定我们三人组成支部。胡赞扬为支部书记，李持英为宣传委员，张自铭为组织委员。他指出，目前支部的任务是大量发展新党员，领导好青救会胡岗分会的宣传活动。

我们的入党和胡岗支部的建立，就是胡岗一带有共产党员的开始，有党组织的开始。

舞阳县青救会胡岗分会活动情况

1937 年 11 月，在中国共产党员陈坤台（刚从延安回到舞阳）的动员与组织下，以从北平、开封、信阳等地返乡学生（他们大都参加过 1935 年的“一二·九”运动）为骨干成立了舞阳县青年救国会。1938 年 2 月，中共舞阳县委成立后，作出决定在全县范围内，凡是有党员和抗日救亡活动分子的地方和学校都要成立青年救国会的分会。

这时，胡岗的一位青年，北平华北大学返乡学生胡麟宇（参加过“一二·九”运动）同县青救会取得联系，经过酝酿，成立了舞阳县青年救国会胡岗分会（第二十八分会）。1938 年 3 月 12 日成立大会在胡岗召开，舞阳县青救会派代表胡天禧（被介绍为胡奔先生）、陈麟堂、孟玉华（昭懿，女）参加了大会并讲了话。参加大会的共 30 多人。多数为中、小学学生，还有小学教师、还乡军人、公务员等。会上选举胡麟宇为总干事，胡赞扬为宣传股长，李持英为组织股长，张聘卿为募捐股长，还有总务股长（我忘记是谁）等。从此抗日救国的宣传活动，继河南大学抗敌训练班服务团（他们于 2 月底离开舞阳）之后，在胡岗一带开展起来。

8 月，胡麟宇患病，医治无效，1939 年元月病逝。为了不使胡岗分会的活动受影响，同时，县委也有意让胡岗分会置于我党的领导之下，那时我已任中共舞阳县东北区区委书记，所以经过酝酿，改选了分会领导，由我任分会总干事。从此，胡岗分会在共产党的直接领导下进行活动。分会从成立到 1939 年 8 月，在广大会员积极努力之下，开展了以下活动。

一、组织活动。主要是吸收新会员，发会员证，征收会费以增强会员的组织观念。会员以胡岗寨内的人居多，女会员有 20 多人（包括开封流亡来的一位女中学生），绝大多数是有文化或稍有文化的农村青年。他们热情奔放，积极参加各项活动，吃自己的饭，义务工作。分会会员最多时达 80 余人（不含支会人数）。

二、宣传活动。这是分会的主要活动，向广大群众宣传抗日战争形势，多根据毛泽东《论持久战》的内容，宣传抗日战争必经的三个阶段、抗战必胜的道理，使广大群众树立抗战必胜的信心，有钱出钱，有力出力，参加抗战是人人应尽的义务，等等。宣传方式方法有：出版墙报三期，到集市、街头口头宣传两次，到庙会宣传两次，在街道和寨墙上用石灰水刷写抗日标语、张贴纸写标语等。

1939 年元旦，在胡岗演出话剧三天，内容是对敌伪的斗争，参军、支援前线等。其中有一出话剧《三江好》，描写一位东北抗日义勇军领导人的领导游击队英勇机智消灭一支鬼子兵，并教育伪警人员促其反正的故事。

三、其他几项重要活动。1939 年春，国民党推行“国民精神总动员”，以“国家至上，民族至上”“抗战第一，胜利第一”“力量集中，意志集中”为口号实行其法西斯统治。对于国民党这一套，我们党中央曾在延安出版的《解放》杂志上和他们进行了针锋相对的斗争。当时国民党的胡岗区公所派我及其他会员到各乡宣讲“国民精神总动员”内容，我就根据我们党中央指示的精神，把上述口号注入我党的宣传内容。宣讲党中央、毛泽东关于抗日战争的特点，持久抗战的道路、前途等论述，宣讲八路军、新四军的战绩，揭露国民党顽固分子张荫吾、朱怀冰在河北省破坏抗战、破坏团结、搞摩擦等阴谋活动。

举办少年队。1939 年春，在中共党员李再藻的主持下，以国民党胡岗区公所的名义在全乡组织少年队，共 50 人。我任队长，办了一期两个多月，每天早晨，傍晚各集合一次，每次约两个小时。主要活动有徒手操，上政治课宣讲抗战形势和战斗故事，唱抗战歌曲等。

举办识字班。1938 年冬，在胡岗、玉皇庙、冻庄，由青救会员中的积极分子任教员，吸收农村男女青年文盲，每隔一天晚上上识字课一次，各村各有学员20余人，办了两个多月。除教学员识字外，也讲些抗战知识。

成立义勇军。1938年春，在玉皇庙村召集青壮年男子20多人开会，宣布成立义勇军。号召参加者平时在家生产干农活，一旦家乡沦陷，便组织起来，奋起抗日，保卫家乡。只开过一次会，没有什么活动。

四、参加总会的活动。1938年7月7日是抗日战争一周年，胡岗分会男女会员20多人，由胡麟宇率领到县城，同青救总会会员一起参加全县军民纪念大会。纪念大会结束后，总会特地召集我们胡岗分会会员与总会部分会员、领导同志一起座谈交流经验。在总会活动的几天中，还学会几支新歌:《延安颂》《到敌人后方去》《大刀进行曲》《点将！朱总司令》。

参加总会的另一次活动是1938年11月，我和李景伦同志代表胡岗分会参加舞阳县青救会第四次代表大会。代表大会总结了一年来的工作，部署了以后的任务，选举了领导成员，我党指定的候选人全部当选。

五、分会的内部活动。我们胡岗分会除了以上对外的活动以外，还有一些有进步意义的内部活动。

歌咏活动。当时限于条件，唱歌基本上是唯一的文娱活动。会员中的骨干几乎人人是歌手，往往是一人唱、众人和。唱得最多的歌曲是《义勇军进行曲》《救亡进行曲》《我们需要战争》等。豫中特工委书记周泉森教唱《游击队歌》，红军团长廖弼臣教唱《流亡三部曲》第三部、《起来吧，祖国的孩子们》，胡麟宇把红军的《三大纪律，八项注意》歌改名为《青救会员歌》，亲自教唱，他把首句的“抗日军人”四个字改成“青救会员”，全部歌词和我后来知道的这支歌的歌词内容基本一样，不知当时他从哪里抄来。

学习时事，学习政治，学习军事。豫中特工委书记周泉森给我们分会作过一次国内外形势报告。请过抗战前曾参加过革命的同志讲话。平时经常学习《新华日报》《解放》等报刊；有时开生活会，学作开展批评与自我批评；我们和胡岗小学分会联合邀请随河南大学抗敌训练班服务团活动的红军团长廖弼臣（他在胡岗活动到7月底才离开，去了嵖岈山）讲授游击战术，在他的指挥下举行过几次游击战术演习。

六、同顽固派斗争。我们写的标语如“抗日高于一切，一切服从抗日”“拥护蒋（介石）委员长抗战到底”“巩固与扩大抗日民族统一战线”等。这本来是完全正确的口号，却引起一些顽固分子的不满。他们仍旧讲什么“礼义廉耻”。他们说领袖（指蒋介石）最高，不能说抗日高于一切，应该是“服从”，而不是“拥护”蒋介石；“统一战线”是共产党的口号，不能用。对此我们教育会员说，抗日战争是神圣的事业，当前的中国什么事也没有抗日事业重要；谁抗战我们就拥护谁，谁不抗战或不抗战到底（中途变卦）我们就反对谁，统一战线是全民抗战的正确口号，不管谁提的我们都拥护。

1939年，胡岗附近的环境还可以，但就全国来说，国民党日趋反动。上级指示，为防止突然事变，分会可以停止活动。当年春夏两季，会员的去向有另谋职业的，有进城上中学的，有几个去竹沟学习。根据这些情况，胡岗分会在春节以后，以读书会的名义存在。只有内部活动，很少对外活动。当年8月，分会的活动就停止了。

抗日战争前期中国共产党在舞阳县东北地区活动情况

一、党组织的建立与发展

据我所知，1938年6月以前，舞阳县东北地区（跨今九街、姜店两乡）没有党的组织活动。1938年3月，青救会胡岗分会成立与开展活动后，在会员中涌现了一批先进分子。是年6月下旬，中共豫中特工委书记周泉森首先吸收胡赞扬、李持英、张自铭三人入党，并组织建立了胡岗支部。

胡岗支部建立后，根据上级大量发展党员的指示精神，我们在青救会胡岗分会会员中发展党员，7月初建立胡岗和冻庄两个小组。7月到8月，又发展10余人入党。在这期间，周泉森同志指示说，党员人数多了，要以村为单位建立小组或支部，要继续发展党员，建立区委。

8 月下旬，豫中特工委派韩赓尧（西平县出山寨人，现在新疆）到胡岗来。韩说，中共豫中特工委决定建立中共舞阳县东北区委，王立平为区委书记，张自铭为组织委员，李持英为宣传委员，胡赞扬为农民委员。第二天，韩赓尧又召集会议，出席的有李持英、张自铭和我，王立平没有出席。韩赓尧说，王立平不干了，区委成员重新安排：胡赞扬为区委书记，李持英为宣传委员，张自铭为组织委员。会上，区委决定先建立胡岗、玉皇庙、冻庄三个支部，从这时起到 1939 年 5 月，党组织逐步向附近各村农民中发展党员。先后建立的支部有：

支部名称	支书姓名	党员人数	其中女党员
胡　岗	胡桂兰	9	6
玉皇庙	胡禄卿	12	2
冻　庄	冻洁璋	9	5
殷　庄	殷满堂	10	
何　口	何怀德	5	2
屈　岗	屈明超	6	1
姜　店	蔡捂廷	4	1
大　刘	王庭荣	8	
丁　湾	丁德崇	3	
孙　湾	贾乐善	4	
连　寺	连步道	8	
董　寨	高照黎	6	1
井　李	李盘铭	8	
天　王	王书才	3	
申　张	张纪典	5	

以上共计支部 15 个，党员 84 人，其中女党员 17 人。支部书记全是中小学文化程度。一般党员中农民占多数。党员年龄除少数 30 岁以上外，大多数是十几岁到二十几岁的青年。

党的组织迅速发展，也带来了缺点，就是发展党员中有拉夫现象，不少党员对党缺乏认识，起不到应有的作用。1939年，根据上级指示精神，组织工作确定：一是以巩固为主，放慢发展党员步子。这一年只发展井李、申张两个支部。二是将党员中的不坚定分子、意志薄弱者洗刷掉，到年底只留下九个支部。在当时条件下表现为不再同他们联系。三是将不服从纪律的党员清除出党（五人），但劝其勿暴露自己党员身份，勿向国民党告密。后来的事实证明，他们履行了这些劝告。四是中华民族解放先锋队队员，好的转为党员（转了4人），不好的洗刷掉，撤销“民先”组织。

二、区委工作概况

（一）对党员的教育工作。在短短的时间里发展党员这么多，连区委成员本身也都是新党员。这些党员，虽然处于地下，但这是“和平”时期发展的，没有经过严重的阶级斗争、民族斗争的考验与锻炼。在这种情况下，党组织对党员的教育工作，显得非常重要。关于这些，一方面靠党员自学，或送出去学习，大量的工作是由区委委员或支部书记到支部或小组传达口头指示或文件宣讲，向党员灌输党的基本知识，提高他们对党的认识。

学习内容：上级关于国内外形势的指示，组织决定是口头传达，学习文件有县委印发的《新党员训练大纲》《支部工作纲要》《怎样做一个共产党员》（陈云）、《反对自由主义》（毛泽东）。县委编印的党内刊物《团结》。中央出版的党内刊物《共产党人》。还有《新华日报》《新中华报》《解放》等报刊上的文章。

（二）宣传工作。利用党员个人的公开合法身份。向群众宣传党的政策、主张。1938年冬和1939年春，豫中特工委派我们打入国民党舞阳县国民兵抗敌自卫团当政训员，同时打入的有十几个共产党员。我就利用国民兵（类似现在的民兵）集中训练的机会按当时延安出版《三民主义概论》的内容逐章进行宣讲。

（三）发动党员、青年出外学习、参军。从1938年9月到1939年6月。我和东北区委在建立和发展党组织的同时，输送党员和青年出外学习、参军。到竹沟学习的有12人（其中党员9人）。他们是胡桂兰、张自铭、胡玉臣、胡奇云、胡治国、胡金华、李二套、殷爱华、殷六顺、殷秀春、殷爱群、殷永祥等。6人学习后参军，6人学习后返回（包括因病中途退回的2人）。其中，殷六顺、殷爱华、殷永祥三人在抗日战争中献出了宝贵的生命。

我的另一重要活动是参加一次中共河南省委直接召开的豫中地区县委、区委书记联席会。1939年4月初，县委通知我去确山竹沟参加会议。我和城关区委书记邢盘根同行。经出山寨、槐树（曾看到当地墙壁上的进步标语）、嵖岈山、沙河店、板桥等小市镇。路途纵跨舞阳、西平、遂平、泌阳、确山等县边境，到达竹沟。在离竹沟北20里的板桥村遇见4位穿八路军军装的同志，同住在小饭店。第一次遇见穿军装的我军人员，我非常高兴，当晚我们共唱革命歌曲，他们是从延安经洛阳八路军办事处来竹沟的。第二天早起我们同赴竹沟，才分手了。

我们报到之后在第一招待所住下，次日就参加会议。这个会议的参加者，舞阳有县委书记胡天禧，城关区委书记邢盘根和我共三人，叶县、襄城县、西平、郾城等县各有县委书记及区委书记参加。豫中地委宣传部部长张静超也参加了（1939年初豫中特工委改建为豫中地委，舞阳县委也正式建立，以前是特委兼县委）。

会议的主持人是省委组织部部长陈少敏。会议开了七天，各县将党的工作进行了汇报。最后由陈少敏部长做总结，她要求各县在红五月继续大量发展新党员。把五月定为突击月，要组织好新党员的政治学习，提高其觉悟。关于大量发展党员的任务，实际未执行，因当时的政治形势已不是1938年那样了。

会后，陈少敏与我们一起会餐。省委宣传部部长王澜西在会后单独接见舞阳县的三个同志，对宣传教育工作提出了一些要求，并发给我们每人《共产党宣言》《共产国际纲领》各一本。

在竹沟的一个星期，我初次领略了抗日战争时期根据地的生活，见到了我的入党介绍人、前豫中特工委书记周泉森，还见到省委书记黄岗（朱理治）同志，听了老红军王国华同志（大家统称他“王老汉”）讲他在红军时代打游击的战斗故事。

以上就是我在东北区活动的情况，共有一年半的时间。

三、东北区委沿革

1938年8月成立的区委，是在胡岗支部的基础上建立的首届区委。当年9月，李持英调县委工作。张自铭去竹沟学习，学习结业返回胡岗，不久他自动脱党。区委成员没有补充，只我一人。同年10月，从汝南地委经省委豫中特工委转到东北区委的丁德崇同志被上级指定为区委军事委员，丁曾到一些支部巡视过工作。1939年2月，县委把丁德崇调到舞阳北区开辟工作。东北区委的工作在1939年8月以前基本上是我一人在主持。

1939年5月，县委决定将舞阳东区与东北区两个区委合并，我任区委书记，高诚忠为组织委员，谷宝祥为宣传委员。实际上是要我到东区帮助工作。我曾在东区所属的汪庄支部巡视过，在吴城、街南陈、街东王等村镇活动过，接触过不少群众。因时间短，又没有胡岗那样党与群众水乳交融的条件，所以没有什么效果。原东北区各支部的领导与巡视工作他们二人并未插手，仍由我负责。这是第二届区委。

1939年9月，县委又决定东区与东北区区委恢复原来的建制。这时，东北区委的班子由我挑选，重新组成。我任区委书记，蔡绅如为组织委员，王瑞宇为宣传委员，冻洁璋为妇女委员，殷满堂为青年委员。区委成员在四个月内至少曾开过三次会。蔡绅如曾到一些支部做过巡视，冻洁璋主要负责冻庄支部，并负责其他支部女党员的联络工作，这算第三届区委。

竹沟事变以后，鉴于形势进一步恶化，党逐渐收缩自己的活动范围。1940年2月县委将我调离东北区，作为转移、隐蔽的措施。从城关区调来张文先（原化名张定帮）任东北区委书记接替我的工作，这算是第四届区委。直到1941年5月，张文先撤离，东北区委的活动停止。大批党员因之失掉关系，东北地方党组织也就不存在了。从1938年8月到1941年5月东北区委一共存在将近三年。

到延安去

1939年11月11日发生的竹沟事件，标志着国民党顽固派趋向反动。地下党领导就考虑撤退一批骨干到解放区去的计划，我调到北区的同时，舞阳党组织调一部分党员去豫皖苏，一部分去延安。去延安的人，经八路军驻洛阳办事处出来，可能由于国民党特务的跟踪，有孟繁杰等五人在西安被捕。鉴于此，上级党委研究决定：去延人员不经洛阳办事处，径直到西安，经八路军西安办事处转赴延安，一些同志遂于1940年夏秋两季纷纷前往延安。

我在北区停留中，未担任过党内职务。在当年四五月间，曾向县委书记徐耀三同志提出要求去延安学习。经地委书记张维桢批准，8月，徐耀三把去延安的介绍信交给我。我对家中说是去西安谋职业，路费是母亲筹措的90元钱。我让区公所给我开了个路条，路条上写着去西安三民主义青年团招待所谋职。另拿着从西安三民主义青年团招待所来信一件，这个所谓招待所，是专门拦截去延安的进步青年的特务机构。我拿着这些是作为护身符的。10月5日，我和同行的丁德崇同达北舞渡，10月6日我们徒步扛着行李到达叶县，10月7日乘汽车（当时只有卡车）到洛阳，10月8日下午坐上火车，9日夜间到达西安。下了火车，我们二人走在大街上，我悄悄地对丁德崇说："去八路军办事处，这可是一关啊！"当晚，我们在一条大街找到一家叫"京沪大旅社"的旅馆住下。第二天早上，给家中写了一封信，说平安到达西安。吃罢早饭后，我们上街打探八路军驻西安办事处。

在家时听张文先同志说，八路军办事处的地点在革命公园北边，叫七贤庄，所以我们离开旅馆时先打听革命公园在西安的什么地方。我们来到革命公园，玩了一会，毫无兴趣，出了公园向北走，这时已是下午。我们漫步在街上，突然看见前面有一排建筑，第一个大门口有一牌子："国民革命军第十八集团军办事处。"我们欣喜异常，真想一头钻进去，但我们冷静地向前走，看到"七贤庄"的街坊牌挂在办事处的外墙上，为了防止特务的注意和跟踪，我们仍维持原有的步行速度，也不左顾右盼。回到旅社，匆匆收拾行李，雇了一辆黄包车，我坐上车，把被子盖上，装作有病的样子，丁德崇同志跟着车，径直向七贤庄走去。

在家时，我听张文先同志对我说，西安的黄包车夫，多是穷苦的人，还比较可靠，不至于是特务。况且，这个拉车的老实人是路过而不是停放在旅馆门口，是偶然碰上。因此我叫住了他，说是去七贤庄。七贤庄名称由来至今我也没有打听过，反正有七个大院、七个大门并列一排，办事处是七贤庄一号。到七贤庄跟前时，车夫问我去几号院，我说“一号”，说着就到办事处大门口了，下了车我们拿下行李进入接待室。

接待员热情地帮我们拿东西，我将介绍信从束腰皮带扣环一端的折叠处抽出来交给接待的同志。他们拿到里边，一会儿，他们把军装、符号、胸章、臂章拿来，我们马上脱了便衣，换上正式的军装，臂章上印的“18GA”（第十八集团军），不是去年去竹沟见到的“八路”了，胸章上印有“115D”（一一五师）字样，我的领章符号上三个豆花（上等兵的标志），这是接待员同志根据每人的相貌年龄发不同的军装及符号。接待员同志嘱咐我们：把胸章、臂章在脏头发上摩擦摩擦，使之显得旧陈，像佩戴较久一样，以防外出时被特务纠缠。那时，我们的卫生习惯不如今天好，多天不洗头，头上的灰尘加溢脂（俗称脑油）能这样摩擦几下，新布料符号就变脏变旧了。另外，要我们记好自己胸章上写的具体番号，以便万一外出特务盘查时不致说错。无事不要外出，外出须经允许，并要两人以上结伴同行，以免出事故。大门外有球场，参加打篮球时，不要互叫真名。所有这一切都是为了应付国民党特务，尽可能防止发生意外的措施。

我们高兴地缝上徽章符号，穿上自己的军装，俨然是八路军的一名战士了。这时已是下午 5 点钟，接待员同志把我们二人领到招待所（可能是五号院）住下，到招待所就见到苗宝泰、李在藻、梁富学、李在寅、李景伦等同志，他们中有的只比我们早到一天，我们高兴地聚会，可以大声说同志之间的语言而无所顾忌，这还是第一次。

我和丁德崇同志到达西安办事处的那天，恰巧是国民政府的双十国庆节（当年的 10 月 10 日是辛亥革命 29 周年）。晚上，办事处在一号院举办了纪念晚会。晚会上，主持人首先请林伯渠同志讲话（他可能是从重庆返延安路过这里）。我看到林伯渠同志须发皆白，根根如银，但满面红光，神采奕奕，非常敬佩。他说辛亥革命成功只是推翻一个清朝，但还未消灭封建制度，连孙中山也说“革命尚未成功”，今后民主革命的重担已经历史地落在我们肩上。他讲话以后，进行文艺会演，有两位青年同志演出小歌剧《黄花曲》。这首歌曲在以后的许多年，我都会唱。

第二天早晨起床后，见到韩赓尧也到了，他比我晚一天到达。他是晚上下车后直接到办事处来的。

在七贤庄住了几天以后，招待所让我和另外几位客人同志搬到西安北郊另一个住处住下。这一回我穿着八路军的军装，唯一的一次在国民党统治的西安街道上昂首挺胸走着，感觉无限光荣。

在西安一共住了 20 来天，10 月底招待所通知我回七贤庄，到七贤庄一看，原来住的那几位老乡不见了，只留下丁德崇、韩赓尧为办事处工作（办事处经常利用“客人”开展工作）。

办事处的一位负责同志和我谈话，要我化装去延安。后来又来了三人，一个是叶县人张文西，两个遂平的同志，还来了一位给我们带路的王章同志，谈了走的路线、走的办法、起程时间。王章同志是陕西兴平人，他穿着一身国民党军的军装，胸前挂着黄埔军校的毕业纪念章。瘦瘦的小个子，戴一副眼镜，年纪看上去有 30 来岁，很精明。

晚上我脱了军装，换上黑长袍、灰裤子、灰呢礼帽，拿一根手杖，打扮成教员模样；张文西穿黑棉袄、裤，农民打扮。办事处把我们去延安中央组织部报到的介绍信交给我，我小心地把它藏在圆口黑布鞋口前脸衬里之间。

第二天早上，趁天色朦胧灰暗之际，我们先后闯出办事处，直奔西安火车站，各买各的火车票。根据行动路线，我们买到兴平县去的票，天色大明坐上火车出发了。大概一两个小时，便到了兴平，下了火车一行五人聚齐，往北进发，中午走到王章同志的家吃午饭。休息一会又出发了，走到天黑，我们赶到礼泉县东二十里铺，找了个小饭店住下。那个农村店铺是非常肮脏的，就是当时处在农村、卫生习惯不是很好的我也觉得很脏。“好店只一宿。”我们几个纷纷说，为奔向革命，脏一点也无所谓。

第二天早上起来，吃饭之后，又上路了。没走多久，王章同志吩咐：他带遂平的二人前面走，拉开一定距离，我和张文西在后面走。遇到岔路时，我和张文西见到哪条路上有青草一团，我们就走哪条路。这是因为离边区近了，人群大了，惹人注目，所以如此。就这样，我和张文西见到岔路上凡有青草团标记的，我们就走这条路。

将近中午，我们走过一个村子。走到村的西头，张文西提议休息一下，他说实在又累又饿走不动了。我说，这里距边区这么近，万一有特务出现，怎么办？“走吧！”但是说什么他也不走，非休息一会不可，无奈，我顺从了他的意见，坐在路旁。休息时他还哼着“同胞们！细听我来讲”的小调。我们休息了大约 20 分钟，站起来向北方走去。刚走几步，背后有人把我们叫住，我转身一看，有三个人身穿草绿色军衣。我当时想：坏了，可能是特务。他们可能有手枪，我想路径不熟，不宜狂奔，我们停了下来。他们盘问、搜身，没有发现任何可疑之处，但把我们身上带的钱全没收了。他们问我们是不是八路、红军。我们坚决否认。他们威吓、审问，也没有什么结果，最后说要我们当兵。我假意满口应承，稳住他们，这样一缠两缠，天色已到下午。他们把我们带到他们家里住下。当天晚上，我被带到乡队长李大海家中，把我安排在他家雇工住室（牲口屋）。我同雇工闲谈，问及附近有无军队？雇工说没有什么军队，有也不多。我问是什么军队，他说有红军有白军。我问哪个军队好，他说红军好。

那天晚上，我一直睡不着，回味着在西安的幸福生活，现在突然路上发生意外，能逃走吗？将来还能到延安吗？原来他们是“抓兵”的，究竟后果如何，很难断定啊，因为从抓住我们的时候起，他们便把我们二人分开了。

我们过了难熬的一夜之后，次日又是他们三个人带我们上路，说要送我们去礼泉县城里应征。中午时分，向南走了大约 50 来里。我已知道他们三个人的身份，一个是乡队长李大海，一个是乡队副，一个是乡丁。我们二人从被他们抓住的时候起到这时已整整 24 个小时，一直没有说话的机会。一路上尽是沟壑纵横，丘陵加深沟，在路上走着，我盘算着如何逃走的问题。我一直在观察地形，打算遇机逃跑，只是考虑，无论如何要和张文西一起逃出。

该是吃饭的时候了，他们把我们领到村上一户农民家里，在一间客房休息，坐了几分钟，队副说："我去抽鸦片了。"离开窑洞而去。队长走累了，躺在炕上酣睡。乡丁说我去看看饭做好了没有，饭马上就要端来。我想机会来了。

"走！"我用眼神又把脸向门外摆，向张文西示意。

"敢走吗？"也用眼神回答。

"没有关系。走！"我仍用眼神表示，因为一说话，惊动了睡熟的队长，就不能逃了。

于是我们二人蹑手蹑脚走出屋门，装成要小便的样子。刚一转弯我命令似的说"跑"！我们狂奔北去。

上面说过，我在路上走时，一直在观察地形。这时我们跑几步跳入沟内，顺沟跑了几步又翻了几道沟，不走原路。我想即使现在他们发现我们逃走，也找不到我们的去向，即使知道我们的去向，再也休想追上我们，因为地形复杂。反正当时我们没有经验，几个坏家伙好像也是笨蛋。也许他们是故纵，因为他们也弄到钱了（我们二人共被搜去 150 元），总之，敌我双方头脑都有些简单。反正就是这样的情况，我们逃出了虎狼窝，达到了我们的目的。以后回想起来，觉得很好笑。

我们狂奔一阵之后，后顾之忧基本解除，又按正常较快的速度向北走去，不觉饥饿，不觉困累。沿途问路是按王章同志事先给我们说的一个目的地打探询问。走到将近泾河岸时，看到一个农民向我们走来，这个人身穿的一件破烂上衣很像"披肩"一样，手中拿一把镰刀，挡住我们的去路，我们立刻有些紧张。他问我们到哪里去，我说了一个地方。他问我："你的手杖和小包袱呢？"

"放在一个朋友家了。"我说，马上我意识到是有人叫他来接我们的，我的情绪也立刻缓和下来。

“一位当官的叫我接你们。”他说。

我们高兴极了，果然是王章同志担心出了事派他来打探、迎接我们来了。我们立刻感谢他，他说不用谢。我们随即沿着小路向河底走下去，路上我看他的上衣实在太不像样，我立刻将我身上穿的一件新布衫脱下给他，他也表示了感谢之情，便穿上了。

从平原下坡约有七八里远才到河边，河水宽约30来米，当上船渡河时，大概是下午6点来钟，天色已经灰暗，河对岸的人的面孔看不清楚，但穿黄军衣的王章同志在对岸站着望着这边，却隐约可见。几分钟便渡过河，下船后由王章同志迎接住。我们热情亲切地握手，像久别重逢的亲密朋友。在他那一方面，完成了护送任务，保证了我们的安全无误。在我们方面则满意回到了亲人身边。

“可把我急坏了！”王章同志说。

我把路上出事情的情况从头到尾详细叙述了一遍。我们边走边说，爬了七八里河坡路，才上到原上。

“泾河水把黄土高原切得这样深。”当时及以后，我多次回味着。“怪不得听说此地是走七八里路用驴驮水吃。”

走到住宿的村子，大约已是8点多钟。王章及主人把我们领进一间新房（刚结过婚的新房）让我们二人住。我们很高兴，坐在炕上喝了些水。一会儿主人端来两大碗捞面条。

我们当天吃过早饭后大约来回走了100里路，十几个钟头，滴水未进、粒米未吃，现在闻着面条味道香喷喷的，觉得确实饿了。我们狼吞虎咽地吃完了美味的面条又喝了些水，就上炕睡觉了。困乏的身体，躺下去一夜睡得好香，并且生平第一次领略了睡炕的滋味。

次日早饭后，我们二人仍由王章同志带领走路，遂平的两位比我们早一天出发先走了。走到村口，就看到用石灰刷在墙上的标语，十分醒目：“陕甘宁边区是共产党领导的，是蒋（介石）委员长承认的，反对顽固分子进攻边区！”“人不犯我，我不犯人。人若犯我，我必犯人！”

我看了心中无限的快慰。在当时，我党对国民党是采取又团结又斗争的方针，该说的话，在国民党统治地区不能说，在我们边区可以理直气壮地公之于众了。

群众觉悟很高，警惕性也高，几次我们被打谷场的农民和牧羊的小羊倌拦住盘问。他们对我们“外来人”（主要服装与当地不同）不放心，在我心里觉得，他们越是盘问，我越是高兴。

“这是我们人民自己的地方呀！”我这样想，心里毫无怨言。最后总是由王章同志展示路条让他们看，也就放行了。每到一村，吃饭、休息时，户主总是热情接待，甚至以酒肉招待。

大概走了两天，便到了“重镇”照金，我说它重镇是因为这个地方似乎是进出边区的枢纽之一。在这条路线上进出边区的人员，总要在这里停留一下，变换服装。但这个照金比起我们河南的村镇简直小得可怜，只有 30 户人家，到了照金就算从关中平原进入山区了。

找到接待站，接待人员把我二人领到一个空房住下，第二天王章同志同我们分手返回西安办事处，他算完成了这次的护送任务。

接待人员拿了军衣来让我们换上，将我们穿的便衣拿走。同住在这个房子里的，还有另外两人。吃饭有简便食堂，人也不多。

住了两天，接待同志给我们发了路费（是光华银行代用券，正式边区银行钞票是 1941 年初发行的），第一次见到我们自己的钞票。我和张文西及另一位陕西省的同志一起出发。第一天经过马栏、石门到杨坡头村住下。这个村是关中地委、专署和军分区所在地。我们凭路条在一家住了一宿，次日开始进入深山区，经刘坡头（甘肃省境）、骡马店等处。这几天老是走山上，走山下的时间少，向四周看去，白云如海，尽在脚下，荒无人烟，直到天黑才见到人家，住宿地也只有一两户。因此每天吃了早饭上路，直到住宿地才吃上饭。几个地方晚上用油松劈柴照明。家用器具，多是木、石，非常原始。我们经过的一处地方，可能饮用水含有某种化学物质，一些居民的四肢、面孔、身体多呈畸形。这些地方原无道路，据说是八路军踩出来的，尽是羊肠小道，荆棘丛生，我们的裤子大腿以下，走了几天就全被挂破了。常常见到路旁有颓垣断壁、废弃窑洞。这大概是很久以前，由于战乱或灾荒被人丢弃的。沿途常遇到野鸡呱呱起飞，有时也碰到狐狸和狼，很少遇见行人，只有两条小路，没有岔道。我们行经直罗镇，也是一片废墟。这个地方是五年以前长征到此的中央红军，为在陕北建立根据地，与国民党的最后一战，弹痕遗迹，斑斑可见。最后到了鄜县（现称富县），才算走出荒原。

鄜县是唐代大诗人杜甫曾住过的地方，我们在公路上看到山上石刻诗词不少。那时我们没有欣赏古迹，更无和唱的念头。无暇细看，匆匆走过。我们曾在甘泉县城住下，甘泉的城墙是土墙，而且小得很，站在南门，可以看到北门，喊话可以听见，招手可以看见，行人少，比我们家乡的胡岗寨小多了。次日，经过劳山、三十里铺，沿途人也多了起来，公路在山间开辟，工程浩大。我们这时劲头十足，终于走到盼望已久的伟大古城延安，心中充满无限的喜悦。从照金到这里走了八九天，也算我的一次八百里长征吧！延安城两边山上窑洞成排，在紧靠城东南的山上宝塔屹立。穿过城到北门外一二里，找到了中央组织部，拿出介绍信报了到，住进中央组织部招待所。

我在组织部招待所住下以后，组织部照例布置我写自传，写好后送交组织部，部里根据自传情况，指定专人谈话，弄清个人历史情况。我记得最先接见我的是王鹤寿同志，以后又有姓柳的女同志和我谈话。

住招待所期间，除上述任务外，就是会见老乡，老乡们来得早一些的，绝大多数分到学校学习了，如延安青年干部学校、陕北公学、军政学院、中国女子大学、中央党校。原豫中地委宣传部部长张静超进了马列学院。王方明同志来延安二年多，在中央军委工作。有几位早不几天的，仍在招待所住。有时同志老乡到饭馆会餐，所谓会餐，不过烙油饼或肉面而已，都舍不得喝酒。

我在招待所住了10天，闲着没事，我和老乡们到处走动，有时晚饭后也出去溜达，想领略一下延安风光。延安古城墙一半在平川，一半在山上。城东北紧靠延河，河水在城外哗哗顺流东去，直奔黄河。城里从南门到北门向东弯了一下，大街成为弓背形。城内房屋破烂不堪，很少有人居住。因为抗日战争爆发后，日本鬼子的飞机曾到这里狂轰滥炸，房屋大部分被毁。住户、机关、商店、作坊全部疏散到城外。中央机关在北门外，大部分学校也在北门外。其他机关、学校、部队、医院、工厂、商业、文化团体等也均在城外四周的群山之中的窑洞里住。多层次的成排窑洞，远远望去，好像城市里的多层楼房一样排列，夜里更是好看。窑洞的好处是，建得快，节省材料，也不潮湿，冬暖夏凉。我记得古代有两句诗就是形容窑洞的："风雨不向窗中入，车马犹从屋上过。"那大概是关中地区的写照。我从西安到边区的途中，见到实景，但多层次成排的窑洞的美景，大概只是延安才有，我在延安的几个月中，随处可见建窑洞的繁忙景象。

南门外有陕甘宁边区政府、参议会、行政学院、边区师范、自然科学院等。南门外不远处有一个新市场，也是在一道山沟新开辟的，有一里长，两边商店都是凿的窑洞，连边区银行也是石砌窑洞式建筑。1941年发行的边币，代替了原来的光华银行券。我们发的津贴每月一元（在工作岗位一般发两元），就是这票子。新市场东口，紧临延安至西安的公路，街道口上有一跨街木牌坊，上边有毛泽东亲笔题的"延安新市场"几个斗大的字。我记得1941年春节时新市场东口有一副对联，挺有意思：今日在延安市上暂时少吃一口，明年到鸭绿江边准备痛饮千杯。

北门外不远处就是新华书店，延安图书馆在西山坡上，青年沟、文化沟都离组织部不远，从组织部再往前走就是中央党校，中央医院等单位，延河北岸，有中国女子大学、解放社、解放日报社等单位，文化沟有一排几间窑洞，挂牌叫文化俱乐部，曾见到朱总司令同康克清在这里散步；也曾见到朱德、吴玉章、艾思奇等人在那里共读古典哲学。这里每星期天都有报告会，我也曾在这里听过萧三、李富春、苏醒等人的报告。

1940年11月下旬，我被分配到行政学院学习，最初两个星期，我被分配在中级班学习，后来经我要求，学院教务上同意，入高级班学习，我和李在藻同志分在一个组里学习，我是党小组长，李在藻是行政组长（我们组里十个人中有三个非党员），学习的课程有行政总论（南汉宸讲）、党史、新民主主义论、选举法（临时课，谢觉哉讲）。有时也请中央及有关领导讲话，林伯渠、陈绍禹、郭洪涛（从山东归来）都曾来讲过。

学校伙食是小米干饭随便吃，菜每人分一小勺，有土豆、白菜、红白萝卜之类，每十天改善一次伙食，吃白面馍加肉菜半碗。每个月到50里外背柴一次，我参加过两次，还参加背米一次，没有参加过烧炭行动。

入校前，我的行李（棉衣、棉被等）还没有从西安办事处运来，组织部发了一条棉被、一件棉袄，王方明借给我一条棉裤，入学后不久，行李运来了，我就把棉被、棉衣、棉裤归还了。那时国民党当局卡我们的脖子，不给八路军发军饷，不供应军需物资，所以影响到延安的党政军群单位团体的生活，条件相当艰苦。冬季衣服按需分配，自己来时带的有，就不供应了；有旧的也不再发新的。同志们都很自觉，毫无怨言。

我入学几天后，韩赓尧同志也调来行政学院学习，丁德崇同志被分配到中央党校学习，他们二人是穿军装押大车从西安公开来延安的。

1941年元月，国民党顽固派蒋介石，一手制造了皖南事变。叶挺被俘，项英牺牲，新四军遭受巨大损失。舞阳、叶县等县一度被日军骚扰。这两件事，我们全体师生无不义愤填膺，恨不得立即奔赴前线，同敌人和顽固派干一场。

行政学院分高、中、初三个班，每个班学员50名左右，每班一个党支部。课堂是露天的，每人矮凳一个，上课记笔记，腿当桌子，我在行政学院学习的时间只有三个多月，院领导和老师的名字全忘了，只记得年底未改选前，余修是总支书记（解放后余修在山东任副省长多年）。

春节前后，学校放寒假十天，假期中间，我和李在藻同志跑了不少地方：图书馆、文化馆、延安礼堂等，看了话剧《马门教授》《雷雨》，秦腔戏《过年》和几出抗日剧。

行政学院几次宣布，学制两年，一般不随便将学员外调。我也曾下决心至少在延安五年。但是事与愿违，2月初，中央组织部找我谈话，说明要把我调出行政学院，征求我的意见。我只说希望留在学校继续学习深造，但也服从调动。结果是我服从了组织部的决定，3月2日我便告别老师、同学、老乡，到中央农村工作委员会报到去了。

中央农村工作委员会的位置在远离北门外的北偏西方向，叫侯家沟。我离开行政学院时，一位老师甚感兴趣地说：你去的那地方是枣园。似乎说那个地方很要害，是中央保卫部所在地。

这个单位是专门向敌占区、国民党统治区派党的干部去搞地下工作的机构，它与被派出去的同志是单线直接联络，有电台设备。我住在那里时，经常听到汽油机的轰隆声，发电发报，此外还有什么业务，我就不清楚了。我们都自觉遵守保密规定，也不去问。当时的总负责人是任弼时，常务负责人是吴德峰，据说他在大革命时期，是汉口市公安局局长。平常他冷静耐心，讲话时雄壮有力，很有鼓动性。我调到这个单位以后，对我进行教育、谈话、布置任务以及我被派出以后与这里联系的地点、暗语、暗号、署名等规定，都是由吴德峰直接面谈、安排的。帅孟奇同志也同我谈过话，她可能是组织部部长。

吴德峰同志要我看美国人写的一本《驭人策略》以及有关青帮洪帮的书，以增加我的社会知识。至今我还记得在《驭人策略》一书里有这样一个论点：当你打算和某人交朋友时，你必须了解某人的爱好，他爱好什么，你也爱好什么。至于青帮、洪帮书籍中所规定的暗语暗号，我能背诵、记忆的很不少。这对于我将来到国民党统治区，敌占区工作时是需要的。

他给我的任务是，出去以后到指定地点要长期埋伏，竭力灰色，相机工作或起交通站的作用。他还对我指示，可以加入国民党，不同我党任何地下党组织发生任何联系，如果地方党对你有怀疑上告中央，中央把这事压下不理。你直接同中央农村工作委员会联系工作，你不发展和建立党组织，但可以与一些进步的人士交朋友。当然为了工作还要和中立的甚至反动的人士交朋友。

当时吴德峰同志要我写一个冼攀桂（我的爱人）的材料存放在中央农村工作委员会，并指示说她的组织关系同我在一起。

差不多同时调到农村工作委员会的有彭、唐二位同志，他们将被派赴四川，一位曹同志是往陇东派的。就是说，我们都是将要调往国民党统治区做地下工作。调出边区是秘密的，因此，在延安就保密。不得外出访亲探友，不参加生产劳动，不公开露面，买什么东西可由机关人员代买，不得外出游玩，只准在附近山上、山沟活动。平时无事，我就同上述几个人聊天、下棋、打扑克或看书、唱歌。茶水吃饭不去厨房，自有小鬼按时送来。机关的同志称我们为客人。除吴德峰外，基本上不同机关人员来往。我们住的这个窑洞与机关办公、住宿的窑洞有一段距离。只有缝纫工人钱平同志和我们同住，我们出边区化装穿的衣服都是他在这个窑洞剪裁、用手工缝制的。（钱平于新中国成立后任青海省西宁市副市长）

中央农村工作委员会的机关工作人员也响应党的号召，克服困难搞生产。四五月间，他们举办了一次生产展览，在一排窑洞外面的平台上作为展览场地。展出的产品，工业方面的有土法开采的石油、锡焊铁皮水壶、缝纫品、铁打农具等；农作物有玉米、土豆、蔬菜等；打猎品有狼皮、黄羊皮等。

展品中最使我感兴趣的东西是石油，它是怎样从地下流出？如何开采它？在展览的次日，我约同住的老曹同志一起，顺着我们住的侯家沟上溯，看到一股涓涓细流，在谷里缓缓流动，水面上漂着油花，不到一里路，便走到机关开采石油的地方，那是挖的约一平方米的池子，水和原油从泉眼中一齐涌出；原油在池水上漂浮一层。然后用大约15cm × 50cm 的木板往漂浮着的油面一靠，石油便粘在木板上，再用竹片把附着在木板上的石油刮到容器里。这就是采油的全过程。当时我也拿着木板试生产了一番。

“多么有趣呀！”当时我想。

石油原油是棕色的浓汁，比乳汁还稠，现在看到原油，也许不以为奇，但在 40 多年前的“洋油”时代，我是多么惊奇啊！而且我们住的窑洞里，晚上点灯用的就是这种原油。因为未加工，又有水分，所以烟大，有时会响，水珠从灯头中爆出。我们的油灯尽管原始，但这是自力更生的火花，它照得我们心里亮堂堂，遥想将来到了社会主义时代，我们就会炼油了。

那一天的展览会，好像是专为中央诸首长来参观而举行的。上午 10

时前，中央首长陆续到来，步行的、骑马的，还有唯一的一辆类似今日的面包车来了，那是毛泽东同志等乘坐的。今天我能够回忆起来参观的有毛泽东、朱德、任弼时、张闻天、博古、邓发等共20余人。我看到中央首长们的到来，想到他们为中国革命事业，出生入死英勇奋斗了多年，敬仰的心情油然而生。特别是毛主席，我端详了又端详，高大的身材，白胖而慈祥的面孔，炯炯有神的一双大眼，沉静坚定的神态，不断地大口大口抽着纸烟，40多岁年纪……从那时起，幸福的回忆，常常在我的脑海里泛起，直到今天。

中央农村工作委员会的几十人同中央领导一起开了一个庆祝会。会上毛主席、朱老总、任弼时等首长讲了话。毛主席用他那浓重的湖南地方口音讲道："我们党中央和红军长征到陕北以后，摆在我们面前的有三条路，一条是'死'，一条是'散'，一条是'干'。为了中国的革命事业，我们既不能死，也不能散，而只有干。所以，我们号召大家自己动手搞生产，以争取丰衣足食，如今已经开花结果。今后我们更要努力干下去，以支援抗日战争，减少群众的负担。"朱总司令主要介绍中直机关开展大生产运动的情况，如种地、纺毛线等方面的先进人物的事迹。会后举行了会餐。

在中央农村工作委员会三个月里，我参加了三次公共活动：一次是党员大会，一次是生产展览庆祝会，一次是吴德峰同志传达毛主席的《改造我们的学习》的报告。

再回舞阳

我在延安停留时间只有将近七个月，其中在中央农村工作委员会待了三个月（1941年8月2日—6月4日）。5月下旬，吴德峰同志决定要我们奔赴各自的长期埋伏活动的地区——我是舞阳、郾城。5月底，机关为表示欢送之意，做了几样菜为我们饯行，吴德峰及另一位领导亲自作陪。随后，机关给我们发了足够的路费及若干预备费，发了化装衣物（原有衣物行李统统留下）。派一位保卫干部老李同志和两个饲养员，带着一支手枪、三头毛驴护送我们。一切准备停当以后，我和四川的两位同志一起于6月4日离别延安，向我来延安时走的那条老路走去。一路上护送的人对我们照顾得很好，沿途的饮食也比来时强了许多。走了七八天便到了照金。在照金，由林凯同志接待。林凯同志原来姓谢，河南省郾城县小商桥附近人，曾去过苏联学习，他是农村工作委员会派来长驻照金的干部。

这次我在照金只停了一天，同四川省的两位同志告别。林凯同志安排我从这里走向耀县的柳林镇，从鄢里出边区。将要出发时，恰好从河南省新安县来了一位同志，化装成卖笔墨的小商贩到了照金。林凯同志要我带着这位同志的货物、路条化装返回河南，另派专人（化装成老百姓、穿的便衣）送我到柳林，稍事休息，又送我到几里地以外的村子，到一位农民家里，然后由这位农民同志送我出境。经过我军岗哨验看路条后，走了一小段寂静的路沟，这位农民同志悄悄地对我说，前边就是小邱镇，路口有国民党军队的哨卡，你小心地去吧！我抬头向南望去，看见右前方有一座高大的六角形碉堡，上面架着机枪，直指我军方向。我和他点头告别，戴着大草帽，背着行李、手提货物，不多时走到哨卡前，国民党士兵问了几句话，看了路条，我随便轻松地答了几句，并掏出香烟让了他们两支，他们似乎并没有敌意便放我走了。

交通站的那位农民同志曾经告诉过我，这个小邱镇驻扎有国民党军一个营。前些时，老是向我们挑衅，前几天，我军狠揍了他们一顿，国民党的营长害怕被消灭，暗地派人向我军联系要求休战，我军答复他们，要他们规规矩矩，不得胡乱扰民害民，干扰行人，他们答应了。我就是利用冲突的间歇这个有利的条件，跨过暂时平静的边界，向国民党统治区走去，向三原县城走去。路上，遇到一个同路的国民党士兵，我和他边走边谈，到三原县城北门，守门士兵没有盘问，就让我们进城了。

这时已是下午，买饭吃了后，即到火车站买票上车，晚上到西安。因为是夏天，为避免查店的麻烦，不住旅馆，就在车站休息。次日乘火车到洛阳，接着乘汽车、坐毛驴，用了两天时间回到家中。这时已是

1941年的6月24日，自延安到此整整20天。到家后，三祖父匆忙要我到胡岗小学代课。祖母、母亲几个月来不见我的音信，突然我回来了，她们都很高兴。

1940年10月5日离开舞阳去延安，1941年6月24日又回到舞阳家乡，中间隔了将近九个月，虽然时间短暂，情况变化却不小。全国来说，1月间国民党发动了第二次反共高潮，搞皖南事变“围剿”我新四军军部，破坏抗战，破坏团结。从舞阳来说，日本鬼子从信阳直窜到舞阳、叶县一带进行洗劫。日本鬼子走了，臭名昭著的国民党汤恩伯部队，驻扎在叶县、舞阳等县，并开始在舞阳逮捕共产党人，张富生、臧顺志就是在这时被捕的。家中情况也有变化，我的大女儿雪军，在元月出生，我回来时她已有半岁，会坐会笑了。

我党的地方组织的情况是，地委、县委的领导人以及北区区委书记刘长坡、东北区区委张文先等人均于5月间撤离舞阳，大批本地地下党员无人领导，后来我逐渐了解到，个别同志，上级仍和他们联系过。1942年底，原县委书记徐耀三以省委巡视员名义还同他们联系过。

当时，中共河南省委书记兼豫中地委书记张维桢同志发现，党内出了叛徒，为防止党组织遭受破坏，决定撤退。地委、县委及部分区委（全是非舞阳籍的人）负责同志撤退后，大批本地同志就失掉关系，成了没娘的孩子。原来曾受过我领导的一些党员见我时，问我怎么办，东北区的同志有的还问我，党费交给谁，我说目前只有等待，别无他法。我之所以这样回答，是因为前面说过的吴德峰的指示：除我的爱人冻攀桂同我的组织关系在一起外，不同任何人发生党组织关系，不进行党组织活动。所以，我只有眼睁睁地丢下这些同志不管。

我的主要任务是长期埋伏，要在没有党组织指示的情况下，长期独自活动，必要时直接用暗语、暗号同中共中央农村工作委员会信函联系。党派人来接头，也是用规定的暗语谈话。在延安时，吴德峰一再指示，要我做思想准备，埋伏他十年八年，组织上不一定派人同我联系。他特别举了日本特务的例子，他说，一个日本特务在我国一个地方埋伏了十年，回特务机关汇报工作后，特务头子又要他回原地再埋伏十年八年。

我回到舞阳家乡后，先是了解情况，站稳脚跟，向上级汇报本地政治情况。秋冬两季在本村当小学教员，1942 年在郾城（也是上级规定我活动的地区）孟庙小学当教员一年，1943 年无职业，1944 年 2 月到 4 月，在上澧河店小学任教员，1944 年 6 月到 1945 年 6 月，当伪塘澧乡（辖区占今九街、姜店、辛安等乡各一部）乡长，这些算是这几年间我的公开身份。

从 1941 年到 1943 年，国民党反动派在舞阳每年都逮捕人。1941 年冬他们逮捕王立平、董向远等（当即逃脱），1942 年春逮捕胡赞虞、周声远及陈海滨（当即逃脱）。1943 年初被逮捕的人数多、范围大，他们在配合全国性第三次反共高潮计划，在舞阳，他们利用叛徒贾增重这个知情人的方便，通过各种手段大肆逮捕共产党人和爱国青年，李振华、王书文、高诚忠等都在这一年被捕。不是共产党员但参加过青年救国会活动的也不能幸免，如爱国青年弯云章被捕后竟受虐待致死。已去延安者，不在家中的也立案，派法警去家中盘查、敲诈，甚至对早已叛变革命成为地方当权派的尚振华、他们的骨干分子刘丹岑也不放过，照例逮捕送叶县集中营，他们的政策方针仍然是宁可错捕一千，从不放过一人。

在延安中央农村工作委员会等待派出时，吴德峰考虑到我在国民党统治区长期埋伏的活动特点，党内文件看不到，革命的报刊书籍也难以看到，所以他当时对我说："你要学会从字缝里看书。"这句话的含义是可以从反动书籍报刊中看到我党的革命的或进步的信息。受这一启发，蒋介石的《中国之命运》一书我也就阅读了，从中知道他所攻击的东西，恰恰是我党必须坚持的原则。另外，一个偶然的机会，我到国民党县党部找县党部干事董振宇先生闲谈，看到他的办公桌上有一本最反动的书《毛泽东批判》，拿起来一看是叛徒叶青写的，立即引起我的注意，在征得董先生的同意后，我拿回家中。这本书是内部参考书，不公开发行，书中摘引毛泽东的文章，一大部分是《新民主主义论》《整顿党的作风》等书的摘录。这本最反动的东西，因为它是批判毛泽东的理论的，所以摘引的文句较长较多，这更给我以方便。我把它摘引的毛泽东同志的所有文字全部抄下来，编辑在一起，题名为《毛泽东语录》。

我编了《毛泽东语录》后，写了篇前言，简单介绍《语录》内容，简单介绍下叛徒叶青的来历，“要学会从字缝里看书”一语，也放进去了。这本语录当时我曾以私人朋友关系给一些失掉党组织关系的同志传阅，他们视为珍品。

1943 年 7 月，我接到上级用暗语写来的信，上级要我回延安。收到信后，我马上找王方明同志联系，他也接到同样内容的信，我们二人研究了情况，约定了出发日期和出发相会的地点，之后我们各自准备了路费路条，在城西关外相会后，就出发了，走了四天，到达洛阳。从洛阳坐火车到西安，下午到达三原城，找到一个旅馆住下。

当晚，我们约定第二天早上在三原县城北门外会合同行。当我们次日离开三原时，沿途看见有步行的、骑马的，都是国民党的军人，多如过江之鲫。原来国民党反动派发动第三次反共高潮，准备大举进攻边区（这在事后才知道）。我们路径不熟，语言、服装同当地不同，无法在这种情况下相机进入边区。因此，我们不得不从原路返回舞阳。返舞后，我们各按各人的通信地址，用暗语暗号，向上级汇报了没有能够进入边区的原因。

1944 年春，日本鬼子占领了舞阳县城，跟着成立了伪政权——县维持会。6 月，舞阳县伪维持会派人给我送了一张委任令，要我当伪乡长。这个突如其来的事，使我一时不知如何是好，我探明任委令的来历以后，又考虑到我的活动方式，心中暗想：如果当上伪乡长，这不是向竭力“灰色”又迈进了一步吗？这是符合吴德峰同志的指示精神的，于是我就了任。充任乡长之后，为了工作方便，我把原地下党党员蔡绅如同志找来当伪乡公所干事。他问我将来党追查这段历史时怎么办？我说：“我给你写证明，有事情了由我负责。”

抗战时期，国民党反动派不允许我党我军在他们的辖区公开存在，为了执行抗日民族统一战线政策，团结抗日，我党在他们辖区，不搞夺取武装、扩大控制区的活动。而在沦陷区，我党为了有利于抗日事业，就不受上述约束，我党的方针是放手发动群众，尽可能进军到所有沦陷区，消灭日伪，以争取抗日的胜利。因此，在舞阳沦陷以后，我的活动方针作了一些调整，一方面我开始以更灰色的面貌（任伪乡长）出现，另一方面开始同较多的我认为可靠的失掉组织关系的一些同志以及有革命觉悟的群众广泛地接触。我同他们互相交谈对战争形势的看法以及如何为抗日事业和革命作些贡献。我也经常接触在伪军中的屈勋亭，并密切注意了解我军在平汉线以西的活动踪迹，以便相机联系。

1944 年冬，新四军五师在我县南部（今舞钢市）活动，我派人前往联系。恰好遇见了李华同志所在的团队（李当时任政治协理员），谈了一些联系办法。1945 年 4 月，我又亲自到遂平县境的李香楼村新四军五师豫中挺进兵团驻地找部队领导同志，蒙挺进兵团政治部主任冷新华和效支队政委王泽民同志接见。我向他们汇报了舞阳北部伪军情况，谈到一些同志及青年要求参军及我是否来部队工作的问题。他们表示关于伪军情况要继续深入了解掌握；关于要求参军问题，他们表示欢迎，但要由我写介绍信；关于我来部队工作问题，他们表示停一段时间再说。我提出给一些党的文件，因游击战争环境文件极少，只给了毛主席写的《一九四五年的任务》，这是我离开延安四年以来第一次看到党的文件。四天后，我又秘密地返回胡岗。1945 年春，全县除尚店、尹集一带以外，完全在日伪暗无天日的恐怖统治下。我既已和新四军五师挺进部队取得联系，应该在日伪统治区显示一下我党的影响。3 月间，我和冻攀桂搞了一些纸张，拟了一些抗日标语和一篇告伪军书，用瓦片刻了一个“新四军第五师豫中挺进军司令部之印”，将标语和告伪军书用土法印好，盖上印章，秘密带到北舞渡（伪皇协军第一师师部所在地）找人散发。初夜时分，将标语撒在大街上，将《告伪军书》贴在伪师部大门口一张、开元中学（山陕甘会馆旧址）大门口一张、穿心阁一张。深夜以后，伪军在大街上似乎增加了岗，如临大敌，严密盘查行人，问“口令”之声不绝于耳。

第二天早饭后，我到开元中学了解情况，教英语的蔡老师主动告诉我说：“昨天夜里学校大门口发现贴有一张共产党的宣传品《告伪军书》

和一些标语。”另一位朱老师说：“新四军来北舞渡恐怕有一个连，这些人（指伪军头子）得小心脑袋。”我听了由衷的高兴。

1945年6月15日，我与攀桂和邢克同志，携带驳壳枪一支，子弹20余发，一齐奔向向往已久的新四军五师豫中挺进兵团。

到部队，首长们热情欢迎，挺进兵团（相当于军分区的建制，不久也就改称军分区）政治部要我担任文工队长，队员是刚参军不久的舞阳、西平县的一些人，周声远也在其中。当时初到部队，我还不太明白文工队的工作内容，文工队也没搞什么活动。不几天，我随效支队活动，文工队也不存在了，部队没战斗任务，又逢雨季，实际上在休整。7月间栗在山同志为开辟舞阳地区的工作，组织了一部分从舞阳敌占区来参军的同志的工作队，我任队长，驻扎在曹集以南一个村庄，开始了舞阳的政权建设。

7月，舞阳县抗日民主县政府宣布成立。苗宝泰任县委书记兼县长，王方明为副县长。不几天，苗宝泰同志要我去豫中行政督察专员公署领委任状，到专署会见了专员欧阳景荣，副专员孙石，民政科长朱晓山。我记得的几份委任状是：县政府秘书周声远，民政科长是我，财政科长李杰汉。其他的不记得了。县政府临时设在曹集西南鸡山下刘川沟村。

8月，日本宣布投降，国民党军队和他们的流亡县政府占据县城。9月初，县级领导改组，县政权的名称也变更了，名为舞叶方泌民主县政府。王泽民为县委书记，李华为县委组织部部长，吴振挺为县大队指挥长兼县长。实际上只辖我县南部山区即今舞钢市。

当时县领导在尹集召开干部会，由吴振挺宣布成立三个区：尹集、尚店、柏庄，尹集区胡赞扬为区委书记兼区干队政委，谷保祥为区长兼区干队长，张鸿宾为农会主席。

这时，因处于战争环境，我的组织关系没有及时从延安转来，为了工作方便，县委承认我的党籍，以临时关系参加党的一切活动。

县政府成立初期，豫中地委书记兼军分区政委栗在山在我县干部会上号召：组织农会，发动群众，开展倒地运动。所谓倒地运动，就是在1942年至1943年间河南大灾荒时，贫苦农民被迫贱价卖给地主富农的土地，无代价地归还给卖地的贫苦农民。因时间紧迫，未来得及发动群众，组织农会开展群众斗争，仅以命令形式倒还了几户土地。

另一工作是征粮、征布、征军鞋，支援过境部队。日本宣布投降以后，国民党反动派把大批军队从大后方运送到沦陷区，企图阻止我军解放沦陷区。在全国、在河南，形成蒋、日、伪合流，共同攻打解放军和侵占解放区的局面，形势恶化。为了保存有生力量，根据中央的决定，嵩岳军区王树声部撤退南下，路过我区，我们所征收的粮、布、鞋供应了部队。

组建区干队，有步枪 30 来支，大部分是王树声部路过留给我们的。队员约 30 人，分三个班。

村政权，仍是国民党统治时的保甲组织，原来的保甲长也未变动，我们利用他们开展征购工作。其他如党组织的建设、青年、妇女、农会、文教等工作，均未提上日程。总之，因为是战争时期，其他工作都没有来得及搞。

我们在尹集区活动两个月，10 月底，县委书记王泽民（他长住尹集）前往尚店，临行前对我说，现在我们的所有部队已经远离这一地区，形势紧张，我们准备撤退，你们再坚持一两天，不行时，向县政府住地尚店靠拢。

第二天，我们继续以征粮名义，收回我们的纸币（名叫“建设票”中原边区建设银行发行，与国民党的“法币”的比值为一比二），我们不带走粮食，以公粮抵纸币，减轻农民负担，票子收回后也不再流通。不便随军行动的一些同志动员他们回家隐蔽。通知干部战士做一些行军前的准备工作。另外派人往尹集以北打探情况，察看国民党军队有否向我方运动的迹象。

下午 4 点钟，敌人的一发炮弹在尹集以北响了，好像在催我们走。当炮弹响到四次的时候，我当即下令干部及区干队集合出发，几十人的队伍出尹集往西南方向走去。走了约 20 里，天黑以后，我们又折返向北走到尹集以西相距约 8 里的一个村庄暂停。说也奇怪，我们刚停下来，敌人的机枪在我们的北边偏东方向又响成一片。我估计下午的炮声这时的机枪声，可能是敌人进行火力侦察。当时我还想，这也可能是国民党军队老一套，打阵枪炮之后，好向他们的长官谎报军情：激战几小时，一举攻占了什么什么地方……

实际情况是:方圆几十里地方，就只有我们40来个人,30多条破枪，子弹也没有多少，刚刚组建，又无战斗经验，此外再没有我军了。我们稍事休息，向尚店走去。午夜时分，到达尚店，直到街中心，才见到我们县大队的哨兵，问了地址，我们到县政府休息。各区的人员在次日都集中来了，下午集合，在县领导的带领下，往王店方向前进。以后几天将队伍精减了两次，有一个战斗连队跟着，游击了半个月，往往是夜间行军，天明进村，白天休息并封锁消息，奔驰于泌阳、舞阳、方城接合部。中间同敌人有两次小接触，打了就跑，最后脱离了这里，随陈先瑞部经泌阳县东半部的王店、马谷田和吴城（桐柏境）到达桐柏县城。

选自1990年《漯河文史资料》第四辑

抗战初期舞阳县地下党对敌斗争的片段回忆

梁　毅①

参加革命　走上抗日

我原名叫梁富学，出身于河南省舞阳县八台街一个农民家里，幼年时期是在天灾人祸的旧社会度过的。

1938 年 8 月，全国轰轰烈烈抗日救亡运动的热潮，迅猛地席卷着我的家乡。我舅家表弟贾增重和几个同学介绍我到城里参加县抗日青年救国会。一走进青救会，就看见张富生、邢盘根、陈鉴林、王友文、赵全喜等很多同学，还有不少我不认识的爱国青年，都在忙碌工作着。邢盘根正在紧张地刻印《大众识字课本》，几个青救会员忙着写抗日大标语，抗日的嘹亮歌声从另一个房间传来。他们这种爱国热忱深深地感染了我，我精神振奋，决心为抗日救国而献身。

在青救会紧张愉快的工作中，学习抓得很紧。我学了中国共产党为抗日救国向全国同胞发出的“八一”宣言，看到爱国青年纷纷走上抗战道路后，更坚定了革命信心，认为“有共产党领导抗日，中国不会亡”。

积极工作　光荣入党

一个中秋节的晚上，月明星稀。贾增重问我：“你认识小周吗？”我说：“哪个小周？”他说：“就是原县师学生，叫周泉森。”我说：“认识，他现在在什么地方？”他告诉我说：“小周现在是咱县中共地下县委书

① 梁毅（缺）。

记。他听说你在青救会表现很好，叫我问问你，对党的认识如何？”我表示：“参加革命，抗战到底，我决心已定，将努力争取早日做个光荣的共产党员。”同时，我们还谈了其他很多情况，从过去在学校闹学潮，到郭梧轩老师和佟志健、李廷耀等同志的被捕，直到目前的抗日救亡运动，天快亮了才入睡。在这次谈话中，我得知郭梧轩老师已惨死在国民党的监狱里。

几天以后的一个下午，贾增重告诉我说：“县委已同意你申请入党，我和小周做介绍人。”当时我喜出望外，激动得一句话也说不出来，只是拉着他的手抖动很久才断断续续地说：“感谢党的信任！感谢同志们的帮助！”我随即填写好入党申请书，誓词为：“遵守党的纪律，服从党的决议，保守党的秘密，誓为共产主义奋斗到底！永不叛党！”不久，组织就批准我为正式党员，没有候补期。这是我政治生命开始的日子，1938 年 9 月 10 日，我永志不忘。

创建西南支委　团结青年抗日

接着党组织就派我回八台街，和王书文、李振华两同志创建西南支部委员会。区委王世瑞同志领导我们开第一次支委会。王书文是刚从竹沟新四军受训回来的，我们就选他做支部书记。李振华同志为组织委员，我为宣传委员。我们都是新党员，特别我刚入党没有工作经验，就凭一股革命热情干起来了。

第一件事，就是组建了八台街抗日青年救国分会，并设一个读书会，吸收青年入会学习。当时梁天照、李增华、梁义成、李海亮等青年参加读书会，一面学习，一面做抗日宣传。我们写了《抗日救国告同胞书》，贴在八台街寨门上，到街上赶集的四乡农民，都来围看。我们还用笤帚蘸石灰水，在大街墙上大书：“打倒日本帝国主义！”“全国人民团结起来，抗战到底！”

春节到了，我们在人们欢度旧历年节时，组织青年排练演出《东北一角》等小话剧，揭露日本帝国主义在东北残害我同胞的罪行，唤醒人们誓死不当亡国奴。八台街和附近乡村的抗日火种，开始燃烧起来了，老年人见面就问："日本鬼子打到哪里了？"他们说："老蒋这龟孙子不打日本，就是跑得快。"年轻人（特别是知识分子）很关心国事，纷纷相约去前线打鬼子。少数有钱有地的人，则惶恐不安，往城市跑，既怕日本鬼子打过来，又怕共产党来。

记得有一次在王世瑞同志家（东王楼）开支委会，讨论形势，王世瑞同志提出："国民党军队不抵抗、节节败退，我们要掌握一部分武装力量，日寇打来，我们要上山打游击。"会议讨论决定后，我们便分头活动。我们首先接近八台街仅有的一位西医医生（姓名记不起来了，王书文同志可能记得），准备请他将来给游击队当医生，他有一部分医药用品和医疗器械。其次和地方武装民团联系，先找几个较进步的青年战士交朋友，利用亲友关系和民团的连、排长结交，调查他们的政治思想和行动表现，选好对象后，逐步做抗日救国的宣传教育工作。一旦日本鬼子打来，能拉出队伍上山打游击。

在另一次支委会上，讨论了发展新党员的问题。第一批培养对象是两名，一个是王道行东关帝庙小学教师高士熙（高堂人，现已去世），另一个是李增华。经过几次谈话和一段时间的考察了解，他们两个情况都很好，培养基本成熟，可作为发展对象。

投考县自卫团　出任政治教官

12 月初，县自卫团政训班招考，毕业后到自卫团各队任政治教官。党组织指定我去投考，将来好掌握自卫武装。受训一个月，毕业时正好是春节放假，我又回到八台街，和青救会的同志过了个欢乐的假日。

春节以后，我和李承文、朱炎德、王友文被分到南阳自卫团第四团一大队，分别任一、二、三、四连队的政治教官。我在第二连，连长（姓名记不清了，北舞渡人）原在冯玉祥部队当过军官，人很和气，也很老练，我们很谈得来。一天下午他发现我有一本《论游击战》的油印本，很感兴趣，就借去看。第二天他说："你上政治课给战士讲讲吧。这本书很好，对咱们很有用。”我说：“不行，我是个外行，你是知道的，还是你讲得好。”他态度诚恳地说：“那就咱们俩商量着分头讲吧！”从此我们开始共同学习，研究游击战术。我也给战士讲过几课。在这位连长的帮助下，我学到了一些战术知识，战士们的抗日信心也有很大增强。

遗憾的是，正当全连的军事、政治和思想工作不断进步的时候，这位连长却因病离开连队去治疗。班、排长和战士都舍不得他走，送别时，不少人都含着热泪，我更为以后工作开展困难而感到难过。

调到政训处　出版《自卫日报》

1939年夏天，我被调到政训处工作，政训处是舞阳县自卫团的政治组织。主任刘丹岑是县自卫团司令刘馨吾之弟，听说是国民党战干团毕业的，腰里挂个“自杀刀”，蛮神气。其实在政训处工作的骨干力量，如王立平、李景伦、胡赞宇、李在藻、陈鉴林、张富生等同志，都是县委派去的共产党员。这个主任是个当官的挂名主任，很少到政训处来，一切工作都推给李景伦等同志去干。可以说，政训处实际上是我们的宣传阵地。

政训处的党组织是由县委直接领导的，不和党的其他组织发生横的关系，便于绝对保密。王立平同志任党团小组长，兼任《自卫日报》的编辑，李景伦同志负责对外联系并兼任“舞卫剧团”团长，陈鉴林同志给报纸刻蜡版，胡赞宇同志做校对。我开始给大家管伙食并帮助张富生搞报纸的印刷和发行，以后作为报社的记者，可以带上记者证做掩护，更便于开展党的活动了。我曾多次以记者身份和在县中教书的我党县委书记苗宝泰同志接头联系。同时，我还在报社帮助校对和做些编辑工作。

《自卫日报》是当时县里独一无二的新闻报纸，办好《自卫日报》是政训处的中心工作之一。当时我们的经济、物资、设备条件都很差，困难很多，国民党顽固派还经常捣乱破坏制造困难，同志们不怕艰难困苦，坚守阵地，昼夜不停地出报纸。

在报社工作时，要数陈鉴林同志最艰苦了。他给报纸刻蜡版，以后报纸改石印，他又写油墨，总是勤勤恳恳埋头苦干，夏天一头汗，顾不得擦；冬天手冻僵了，用嘴哈点热气继续赶写，毫无怨言，从没误过一次出报时间，直到组织上调他到延安去学习。他到延安学习后，一直在军委做机要工作。我们在延安时，经常见面。1954 年，我调到北京空军工作，我们还见过面。1958 年我转业到哈尔滨后，对他的情况就不清楚了。

《自卫日报》在县委直接领导下，经过同志们的努力，为宣传党的抗日救国政策，传播抗战胜利消息，激发群众的抗日救亡热情，做了不少工作。但报纸出版发行已半年多，几次向国民党省党部申请登记“新闻出版许可证”，都没下文，报纸出版还是非法的。为了争取合法，党把这个任务交给我，再次申请登记。我不懂什么公文程式，就登门拜访一位老先生，请他帮助写了个“等因奉此”的公文，邮送省党部，结果仍无音信。不管它，没有许可证，我们的小报仍天天和群众见面。

顶住白色恐怖　挫败敌人破坏

1939 年秋，国民党顽固派在前方不抗日，却勾结日伪顽敌攻击八路军、新四军；在后方，则和我们搞摩擦，制造白色恐怖，破坏团结抗日。当这股反革命恶浪波及舞阳一带的时候，我们地下党的活动和抗日救亡的宣传工作受到很大的压力，形势迫使我们随时提高警惕。

我们开党的会议，每次都要改换地址，还要用各种形式作掩护。记得一次会议是在孟昭兰同志家开的，桌子上摆着麻将牌，火房还准备些酒菜，以应不测，并规定党的文件不准放在书桌里。开始随身带在内衣袋里，发现敌特在大街上突然拦路搜身以后，就规定党内文件白天一律交炊事员老王（共产党员）同志，藏在厨房灶坑里，以免失密。

报社编辑王立平同志，生活艰苦朴素，工作认真负责，对人和蔼可亲，同志们都愿和他接近，有事愿和他商量。他对抗日救亡工作热情很高，有一天，他在报纸夹缝中刊登了“实行新三民主义”“扩大抗日民族统一战线”“全国人民团结起来，抗战到底”（还有什么口号记不起来了）等宣传口号。国民党河南省党部发现了（每天报纸都邮去检查），要逮捕王立平同志。幸好我地下党事先得知消息，紧急通知我们，使他连夜离开报社，才免遇难。王立平同志走后，党团由李景伦同志任组长，报纸编辑由李在藻同志和我代理，继续出报。

我们这个小报，从此更引起敌人的注意。在一个星期天的早上，我们还没有起床，反动县长（姓名忘了）带着护兵到报社进行突然袭击，他们一进门就乱翻一气。由于县委早有指示：提高警惕，严格保密。我们把文件、书籍都做了妥善处理，结果他们什么也没有搜查出来。李景伦同志赶去和他们周旋。那个县长在报架上找到一张《新华日报》，问道：“你们为什么订阅共产党的报纸！”李景伦同志随便指着报架说：“全国的报纸我们都订阅，你看，《大公报》《申报》《中央日报》《河南日报》等，什么都有，这是我们新闻工作者必需的参考呀。”那个县长听了李景伦同志的话后带着护兵就走了。这次搜查虽说是一场虚惊，却给我们敲了一次警钟：对敌斗争，丝毫不能麻痹大意，要随时提高警惕。

时隔不久，国民党县政府先后两次派李春辉（原县中的训育主任）和一个姓刘的（名字忘了）来报社，名义上任报社主编，实际上是来监视我们。我们开党团会议，研究对策，并请示县委同意采取敬而远之的态度，挤出去的办法。他当主编，我们不积极供稿，没有稿件编不成报，就是他东拼西凑些乱七八糟的稿子，编出报来，我们的印刷工人，有的请病假，有的请事假，他干着急，报纸就是出不来。没多久，他们就一个一个地夹着尾巴溜了。他们走后，我们的小报，又继续按时出版发行。

在县委领导下，我们利用小报宣传党的抗日救国主张比较及时，群众觉悟也有一定提高。党组织还向延安、豫东新四军分批输送了许多爱国青年和知识分子干部。

组织舞卫剧团　接受“特殊任务”

“舞卫剧团”也是政训处的中心工作之一。李景伦同志任“舞卫剧团”团长，我为秘书。李景伦同志有很好的艺术天分，对戏剧特别爱好。他能自编自演河南梆子，如《花木兰从军》等不少剧目，亲自扮演花木兰和其他剧中的女角，颇受观众欢迎。前些年我到西安还去看过他。听别的同志告诉我，他在西安编写过不少剧本，也是大家喜闻乐见的。

节假日，剧团常在城内戏楼（关帝庙对面）公演，还被邀请到各区去公演过。1940 年春节，李景伦同志带剧团到第一区公演回来对我们说：“这次演出有成绩，为抗日救国的宣传工作作了贡献。”

1940 年春，一天下午，县委书记胡天禧同志问我：“有个任务，你能不能完成？”我说：“党的工作，我不惜流血牺牲坚决完成任务！”他笑着说：“不要紧张，这个任务，也不需要流血牺牲就能完成，但别人去不如你去合适，就商定派你去。”我问明了情况，原来是要去驻马店车站接一个女同志，她从豫东新四军回舞阳。

第二天早上，我就步行上路了。在驻马店等了几天，也没接到（她没按时回来）。后来得知，因我当时还没结婚，组织上是有意识地想让我们接触，促成我们的结合，虽未成为事实，但我很感激组织上对我的关心。

披上“护身符”　学习收发报

我从驻马店回来，同志们精神都很紧张，好像发生了什么意外的事，又看到桌子上有几张“国民党党员申请登记表”。我很奇怪，忙问：“这是怎么回事？”李景伦和李在藻同志告诉我说：“现在形势吃紧，县委指定我们这几个同志参加国民党，以掩护组织，保守革命阵地，坚持斗争。我们已填好表，只等你了，你快填好，一起送去应付他们。”开始我思想还转不过弯来，经他们解释说服，我想既然是县委指定，又是为了党的工作，坚持斗争，肯定是对的，于是也填了一张表。我们都没参加宣誓仪式，就成了国民党员。我们这几个人编在一起，每人每月交五分钱党费，就成了我们当时的“护身符”（这段历史在延安整风中作过结论）。

报社的新闻消息，原来是县政府的收音员抄送给我们的，以后他经常不按时送来，甚至几天不送。我们不能按时出报，干生气，没办法，我和李景伦同志每夜要到城外部队电台抄收新闻。7月间，听说南阳自卫团司令部在内乡县西峡口开办无线电培训班，各县自卫团可保送学员。经小组讨论，县委同意，我去受训。学习内容是：收发电报、维修收音机和收发报机等。我决心努力学好，为我们的小报抄收好新闻，再不受他们的窝囊气，所以抄报速度进步很快。

接收紧急电　来到延安城

正在学习紧张的时候，突然接到李景伦同志的电报：“你的祖母病故速归。杲（杲是李景伦的别名）。”我看了电报感到很奇怪：我祖母早已去世，为什么李景伦现在来这个电报？猜想一定有紧急要事，不能耽误。我马上请假，赶回舞阳县政训处。果然不出所料，李景伦同志一见到我，就把我拉到屋里，还没坐下，就急切地对我说：“现在情况更恶化了，我们的工作困难，县委已决定，立即组织撤退，我们几人和苗宝泰等同志都转移到延安去学习。时间紧迫，你再回来迟点，我们就先走了。”我当时又气愤又高兴，气愤的是，无耻的国民党顽固派外战外行、内战内行，不抗日、搞摩擦，破坏抗战，使我们多年辛勤经营的宣传阵地丢了，实在可惜。高兴的是，过去我曾多次请求去延安学习，都未能如愿，这个喜出望外的消息，使我兴奋得几乎说不出话来。

经过简单的准备，我们就徒步行军，奔向延安大道。同行的有李景伦及其爱人张文杰同志，还有个工人同志董辉理，共四人为第一批。李在藻、苗宝泰等同志为第二批。

1940年秋，我们到了革命圣地——延安，大家都说：“到家了！到家了！”我们到处感到温暖，从此我们开始了“又学习，又生产”艰苦而又紧张愉快的新生活。

选自1995年《漯河文史资料》第六辑

抗战老兵纪事

潘丽亚[①] 吴艳敏[②]

70年前，中华民族最终夺取抗日战争的完全胜利，血与火淬炼的抗战精神，在历史的星空下定格成永恒。在那段最艰难的日子里，千千万万爱国将士浴血奋战、视死如归，各界民众万众一心、同仇敌忾，奏响了一曲气壮山河的抗击日本侵略的英雄赞歌，用生命和鲜血谱写了一首感天动地的反抗外来侵略的壮丽史诗。如今，那段抗战的记忆还未远去，在我们的身边，还有一群当年在战场上英勇抗战的士兵。为了纪念中国人民抗日战争暨世界反法西斯战争胜利70周年，特发表一组抗战老兵纪事。

一、刘国忠：16岁参军打鬼子

父亲被鬼子打死，他成放马娃

70年前，还是个孩子的刘国忠参加了抗日战争。如今，已届耄耋之年的他在漯河生活得幸福美满。在商务花园A区的家中，刘国忠接受了访问。那部壮丽的抗战史诗，从他的青春划过，留下深深的烙印。

刘国忠是地道的黑龙江人，1929年出生在黑龙江省依安县台东村（音）一个贫苦的家庭。由于家庭困难、兄弟姐妹多，从小就没有上学。7岁的时候父亲被日本鬼子打死，他就一直在地主家里打长工，为地主

① 潘丽亚，女，1977年生，郾城人，毕业于河南科技学院，漯河日报社社会新闻部副主任。

② 吴艳敏，女，郾城人，2011年参加工作，漯河日报社社会新闻部记者。

放马。由于长年放马，当地的土匪看中刘国忠精湛的骑马技术，就邀请他加入土匪的队伍。可身负家仇的刘国忠拒绝了，他说土匪不打日本鬼子。

“那时候，东北被日军占领，到处驻扎的都是日本鬼子兵。我们村上隔三岔五就有日本鬼子去。”提起当时日本鬼子干的坏事，刘国忠至今都无法用言语表达。“日本鬼子进了村里净干坏事，去到谁家谁家就倒霉，哪家里有年轻妇女就去哪家的多。”说着，刘国忠摆着手，低下了头。

为打鬼子，16 岁参加八路军

1945 年 8 月 1 日，有队伍到村里搞宣传，连续两天的宣传让刘国忠看到了报仇的希望。他毅然从地主家里偷偷跑出来，参加了部队。

刘国忠说：“那个时候年龄太小呀，人家不收我，我就死活不走。”刘国忠想起当年的情景，忍不住笑了起来。“拗不过我一定要参军的决心，一位姓曾的就同意把我留下，可把我高兴坏了。”刘国忠说当时自己一心想参加抗日的队伍，家里人找去要他回家，全都被他拒绝了。提起从军的经历，刘国忠说：“我当时就是想着如何打鬼子，给父亲报仇。年轻时打鬼子，老子从来不后悔，那个时候日本鬼子太坏了，我们这些人肯定争着上前线打鬼子。”就这样，1945 年 8 月 1 日，年仅 16 岁的刘国忠参加了革命，后来成为第四野战军某独立旅一名步兵。

攻打依安县，他为前线送弹药

加入队伍的第三天，刘国忠便参加了一场艰苦的战斗，那就是攻打依安县。据了解，依安县城很大，城内纵横十多条街，每条街 100 多米长，县城内驻扎了不少日本鬼子。当询问刘国忠打第一枪是什么感觉时，他说：“打第一枪倒也没有啥感觉，当时也不害怕，要是不打枪了，心里反而挺不安的。那几天非常难熬，打仗紧张的时候，别提睡觉了，饭都吃不上。”

刘国忠说：“我们从四个大门开始攻击，由于有城墙，我们步兵就派不上用场。”双方用的都是大炮，如榴弹炮什么的。日军的炮火异常猛烈，不分昼夜地狂轰滥炸，从天亮打到天黑，到处都是尸体。虽然身为步兵，但部队领导看刘国忠以前放过马，就让他赶着马车为前线送弹药。他说：“每天从后勤到前线，赶着马车送弹药都不知道要跑多少趟。这场仗打得太艰苦了，随时都可能有炸弹在身边爆炸，还挺危险呢！”

打了七天七夜，终于取得胜利

当时部队条件非常艰苦，装备也很差，大部分战士使用的枪支都是“汉阳造”，而日本鬼子则是三八大盖、机关枪、小钢炮。刘国忠说：“谁也没想到打了七天七夜才取得胜利。攻打城门的时候，人上不去，也只能用炮打。日本鬼子的炮往外打，咱们的炮往里打，到处炮火纷飞，那个情景简直没法形容。”作为依安县战役的亲历者，他最大的感触就是，当时我们的作战装备很落后，师部以下没有望远镜，而日军的班长就有望远镜，日军还有对讲机等先进装备。刘国忠高兴地说：“尽管武器装备如此悬殊，但我们还是打赢了！”

“胜利后等我们打开城门想进城时，四个城门口的日本鬼子尸体摞得老高老高，部队根本进不去。”刘国忠说，七天七夜的仗打下来，八路军有伤亡，日本鬼子也被打死不少，尸体把城门都堵上了，部队连转了四个城门，都进不去，只好找当地老百姓拉着车把尸体移走，等老百姓把尸体扔到城外的水沟里时，血把附近的土地和水都染红了。他说：“走进依安县城后，里面很多地方都被炸弹轰平了，看着到处是日本鬼子的尸体，当时我心里的感觉就是终于给父亲报仇了。”

日本投降，家家户户放鞭炮

进城后，整个县城由八路军的部队接管，没几天，就得到了日本投降的消息。刘国忠说：“听到日本投降的消息，大家都高兴地一下子蹦起来。我当时太高兴了，赶紧跑到屋子里，拿了把枪，朝天连打三枪。按照当时规定，我是要被关禁闭的，后来首长说算了，日本人投降了，大家高兴高兴。”

日本投降的那天，依安县城里家家户户都在放鞭炮、敲锣打鼓，地上的鞭炮纸屑快有一尺厚。人们都从家里走了出来，喊着笑着欢呼着，发自内心的高兴。刘国忠说："有些老百姓拉着我们这些士兵的手激动得不肯松开，有些人甚至跪在地上磕头感谢我们。胜利的时刻，我真觉得扬眉吐气！"

转业到郾城，扎根漯河直到退休

抗日战争胜利后，刘国忠跟着部队一路南下，参加了不少的解放战争，随后又参与了剿匪。

1954 年，刘国忠从部队转业时并没有回到老家黑龙江，而是到了郾城汽车站，从此他在漯河扎下了根，直到 1985 年离休。如今，86 岁高龄的刘国忠和老伴儿的生活幸福又快乐。平日里，刘国忠喜欢看看新闻，在小区里散散步，约上几个伙伴一起去河边钓鱼。刘国忠虽然有些耳背，但精神始终很好，且十分开朗、健谈。

刘国忠说："没有共产党，就没有新中国，就没有我现在的好生活，我很知足，所以我感谢党给予我现在的一切。抗日战争给我留下了许多印记，我觉得这是我对党、对国家、对人民的幸福与繁荣所付出与奋斗的纪念，更是那段岁月留给我的宝贵财富，是我的无上荣光！"

二、张毛子：攻打炮楼被炸伤

召陵区召陵镇久寨徐村的张毛子老人，已经 89 岁高龄了。17 岁参加抗战的他，回忆起当时炮火连天的日子，似乎回到了 70 多年前的岁月。

17 岁满腔热血参军打鬼子

7 月 23 日，我们见到了张毛子老人，他身体健康，只是眼睛有点花，需要戴眼镜，耳朵稍微有点背。因在战场上受伤，属 8 级伤残。得知我们的来意后，张毛子打开了话匣子，让我们仿佛一下子回到了那个战火纷飞的年代。张毛子说："当时日本人扫荡得厉害，家乡闹灾荒，家里揭不开锅，大家都对他们恨之入骨，听说咱们‘八路’招兵，我们这十里八村的青年人一下来了好几百个。”

1943 年的一天，张毛子遇到三个当兵模样的人，他们问他是哪里人，为啥出来，谈了一会儿，其中一个叫林发德（音）的就试着问他：“小鬼，你愿不愿意当兵？”他一听，愣了一下，下意识地说：“当兵，能不能吃上饱饭？”

“能，当然能，吃不饱饭，咋打仗？有时打鬼子还能缴获很多战利品，还可以吃上肉罐头呢！”张毛子一听，心头一热。他说：“只要能吃上饱饭，打鬼子不成问题，走，我愿意跟你们走。”于是，当时 17 岁的他就满怀这样一腔热血毅然从戎。

张毛子说：“我当时就在漯河当兵的，进了营里三天之后，我才发现把自己带来参军的人是个营长。”由于时间久远，他已经回忆不起来自己当时部队的番号了。

几乎每天晚上都要打游击。谈到 1944 年日军来时的情景，老人回忆道：“当时还不知道日军已经过来了，头天晚上只听见从商桥打了两炮，大人都投亲靠友去了。我们在村东南边打转，走在后边的一个人发现了日本兵，我们就赶紧往回跑。同时，我们又看见从东北角的宋寨出来很多日军，有骑马的，有步行的，大约有一个团，和学校操场上的日军会合了。我们几个人猫着腰回到庄上，晚上住在扁担张村亲戚家，听说又过来很多日军。”由于当时受武器、人员等条件的限制，不能与日本兵直接面对面对打，只好趁着晚上利用熟悉的地形打游击战。

张毛子说：“每天都会摸清敌人的情况，然后再一起去攻打日本兵。先把敌人的枪摸走，然后再对日本兵进行攻打。”打游击战成了他和战友们每天尤其是晚上的战斗。那时的装备少，只能利用这种办法增加武器。他说：“当时，日本人的枪支和大炮都比我们的先进，每次缴到日本人的枪支，我们都会更换。那时候我们的游击战打得日本鬼子怎么死的都不知道。”

随后，根据日军的进攻线路，张毛子所在的部队接受命令往南调动。由于日军拦截得厉害，张毛子和战友们就在阴阳赵镇、龙城镇附近渡过沙河，在大刘镇渡过澧河，顺着河堤，往南直到南阳。

“日本鬼子的攻势很厉害，离我们越来越近，我们就急忙把大炮撤走，我带领全连勤杂人员阻击日军，在人员少、枪支少的情况下，我们三五个人分成一组，隐蔽到沟中与日军交战。”老人说到激动处，就站起来比画，还时不时地加进一些当时为了战争需要学的日语，像缴枪不杀、优待俘虏等。

攻打炮楼时胯骨被炸三个洞

在 1944 年的一次战役中，张毛子不慎被敌人的炮弹炸伤，具体地点他已经记不清楚了，只记得是在漯河的一个寨子附近，对日本鬼子的炮楼进行攻击。张毛子回忆说：“当时，我们一直在强攻，我已经顺着梯子爬到了鬼子的炮楼上，突然一个日本鬼子往外扔了一颗炮弹，在我身边炸了，当时我的右胯骨就被炸了三个洞，被送到后方进行治疗。”提起那次受伤，张毛子的眼中禁不住含上了泪水。“当时的医疗条件太差了，就连基本的药物都没有，时间长了，受伤的地方都化脓了，没办法，只能用勺子把受伤地方的一些烂肉挖出来。”那个时候，因为没有药品，每位伤员都遭受了很大的痛苦，他也只能咬牙坚持，尤其每天换纱布更是一件痛苦的事情，因为缺少消毒药水，纱布和伤口粘连在一起，就只能蘸一点香油，滋润一下，然后再把纱布取掉。

伤还没养好就要转移，渐渐掉了队

受伤的张毛子就在老百姓家里养伤。“当时，我们和老百姓的关系非常好，伤兵也比较多。日本鬼子来了，老百姓就把我们藏起来，等日本鬼子走了再出来。”张毛子的伤还没有养好，就不得不随着部队转移，因为受伤的缘故，张毛子渐渐地掉队了，逐渐与部队失去了联系。

没有办法的张毛子只好带着没有完全好的伤回到了久寨徐村。后来结婚生子，有三个儿子，两个女儿。现在的张毛子子孙满堂，他和三儿子一起生活，张毛子的孙女小张说：“爷爷经常坐在路边给我们讲他们抗战的故事，村里有不少人知道我爷爷是抗战老兵，邻居家的大婶没事就来俺家看俺爷爷的奖章。”

虽然老人不识字，但对自己经历过的那段烽火岁月却记忆深刻，采访持续了一个多小时，我们的思绪被老人带到了硝烟弥漫的抗战战场，始终为老人捏一把汗，并感叹不已。老人心态很平和，他说：“我现在很知足，多活这几十年都是赚的，想当年身边的人死去时多么年轻，我能活到现在，已经很幸运了。”是啊，只有在枪林弹雨中经历过生死考验的人才会更加珍惜生命，才会更加坦然地面对人生。

老人的儿子张先生说：“老人自己能走动，不需要人伺候，还能骑着电动三轮车赶集。”

三、周海洲：太行山上打四年游击

8 月 10 日，在郾城区裴城镇中周村，见到了 92 岁的抗战老兵周海洲老人。尽管眉毛、胡须都白了，但是周海洲老人的眼睛依然明亮，似乎还能帮他瞄准伏击圈里的敌人。尽管走路要扶着老年车，但是周海洲老人的双手依然有力，似乎还能拿起枪，给胆敢来犯的侵略者致命一击。

每个人都有自己的历史责任。出生于 1923 年 7 月的周海洲，刚刚长大就成了一名战士。然而，十五六岁的他，在一次和日军战斗中被俘，后被带到山西挖煤。屈服还是抗争？当然是抗争。他不仅逃出了煤矿，还加入了八路军抗日游击队，在太行山打鬼子！一杆枪、三发子弹、八个手榴弹，每次参加战斗他就带着这些，和战友多次伏击日军，保家卫国。

有人说，伤疤是军人的勋章，周海洲老人就有两个这样的勋章：都是枪伤，都在腿上。对于那段岁月，周海洲老人说：“日本鬼子到了中国，不打回去不中，你回家也过不成。”

15 岁当兵，被俘后幸运逃出

1938 年，因为家里要出壮丁，不满 15 岁的周海洲就进了国民党部队。因周海洲年龄小，不适合上战场，国民党部队的长官就让他接受简单的培训，当卫生员。周海洲说："在一次和日本人的战斗中，因为日本人太多，武器又先进，我被日本人俘虏了。"当时被俘的还有他的多位战友，他们被日本人押解到山西的一个煤矿，给日本人当苦力。"当时在煤矿干活，小日本儿盯得紧，不卖力干活就会被他们打。为了活命，只好拼命地干活。"说到这里，周海洲的语气里有些无奈，更多的则是对日本侵略者的憎恶。周海洲回忆："在矿上当苦力，虽然能吃上饭，但是生活条件非常差。我上的是夜班，白天就拿一张席，铺在铁路旁边的地上睡觉，其他的啥都没有。"当时是夏天，他们身上单薄的衣服，还过得去。但是，考虑到天气越来越凉，天天露天睡觉，不被累死也得被冻死，周海洲就和一位老家是西平县的战友商量如何逃出去。经过和战友商量，周海洲决定趁傍晚交接班时逃跑。周海洲说："那一天晚上，天下着雨，趁着交接班领饭、领灯油的时候，我和同伴偷偷地跑了出去。"他们刚上到煤矿外面的坡上，就遇到了日本鬼子的守卫人员，问"什么的干活？""苦力的干活！"周海洲回忆这个片段时，忍不住笑了起来。周海洲说："为了应付日本鬼子，我们必须得这样回话。"正当他和同伴忐忑不安地想着怎么应付那些日本守卫时，旁边又过来一个中国人，日本守卫就过去盘问。那个人没有顺利回答出来，就遭到了日本守卫的毒打。"那个人说起来是我们的救命恩人啊！看着日本鬼子和他纠缠，我和同伴趁乱逃了出来。"周海洲老人说，他幸运地逃了出来，不然不是被日本人打死就是干活累死。他在煤矿当了差不多两个月的苦力。

多次伏击日军，腿上两次中枪

逃出煤矿后，大概在 1941 年，一次偶然的机会，周海洲遇到了八路军抗日游击队。从此之后，周海洲走上革命道路，成了一名抗日游击队员，在太行山区与日军打游击战。"当时加入的是林彪领导的部队，我们的团长叫张涛（音）。后来，我们就跟着八路军在河南的林县（今林州市）、辉县（今辉县市）等地，以及陕西、山西一带打游击战。"作为一名游击队员，周海洲在战斗中英勇杀敌，腿上曾两次中枪。讲到这里，年过九旬的周海洲老人眼中泛起了泪花。“当时部队打游击战，鬼子的人多，武器又好，八路军人少，又没有好武器，战士们的装备非常差，一人才三发子弹、八个手榴弹，日本鬼子离得远了就不打，离得近了就用手榴弹。”

有一次，周海洲和战友与一群日本鬼子遭遇了。当时，看日本鬼子人不多，周海洲和战友就和鬼子交上了火，战斗非常激烈。然而，日本鬼子非常狡猾，打着打着，周海洲和战友发现，有一群日本鬼子绕到了他们身后，和前面的鬼子一起，把他们包围了！“我在突围时受了伤，被日本鬼子的枪打到了腿上。好在当时是在山区，我就躲了起来。后来，我被上山砍柴的老百姓发现，把我带回家养了七八个月，伤才好了。”那时候也没有什么药物，伤口完全是慢慢长好的。“伤养好后，我便和山里的游击队取得了联系，又回到了部队。”虽然那时候八路军装备差、缺衣少粮，但是他和战友们保家卫国的决心异常坚定。他们在群众的掩护下，曾多次伏击日军、截获日军装备。“那时候我还很小，啥都不知道，打起仗来也不知道害怕。现在想想，那时候的日子真是不好过。”

1944年夏天与日军的一次战斗，周海洲至今印象深刻。周海洲说：“上级下命令，日本运输物资的汽车要从林县到河间（属河北省沧州市），让我们把这些物资给截下来。”当时他们以为日本运输物资的汽车只有两辆，就信心十足地打了起来。没想到，战斗打响后，又来了一辆卡车，车上全是日本兵，一下子把他们反包围了。“我们才十几个人，肯定不能硬拼呀，只有转移。”在转移的过程中，他的腿又中了一枪。“那时我们要转移，就翻过一个山头，我离山头还有几十步远，强拉着腿爬到山顶上，我把枪背着，一下子从山顶滚下去。到了山下边，战友们和老百姓找了个担架，把我抬到了医院。”说到这里，周海洲抚摸一下自己的腿。

第二次枪伤好了之后，周海洲又回到游击队，继续和日本鬼子打游击战。之后的一年，生活更加艰苦，战斗更加激烈，周海洲的很多战友牺牲了。

周海洲回忆："有一回，队伍被日本鬼子打散了，正是热天时候，连口水都找不来，把我渴得嘴里冒烟儿。最后，在一家已经无人的老百姓院子里，我看到一个沤着羊皮的水缸，那羊皮在缸里沤着，水的味道难闻得很，就那样的水，我也用茶缸舀起来喝了。啥罪都受了，就那都不跑，都不开小差。日本鬼子到了中国，不打回去不中，你回家也是过不成。"就这样，周海洲和他的战友们，在太行山区与日本侵略者周旋了约四年，大小战斗不计其数。

1945 年 8 月 15 日，日本宣布投降。之后，周海洲随部队到了当时的热河省，开始执行新任务：剿匪。后来，周海洲又随部队参加了解放战争。部队南下时经过周口，由于周海洲生病，战友们知道他是漯河人，便将他送回老家养病。就这样，周海洲自此离开部队，回到了家乡漯河，开始在郾城区裴城镇中周村生活。

如今，虽然周海洲已经 92 岁，但是生活基本还能够自理。周海洲的二儿子周顺才说："父亲身体还行，我们兄弟五个，现在父亲和我四弟一起生活，有时候他自己还能做个饭，没事儿的时候，他就到街上，和邻居们说说话儿。"周海洲说："打鬼子的时候，谁都没想过自己还能活着回来，牺牲的战友太多了……现在的日子不错，每月政府还给我发补贴。"

四、徐德昌：带领民兵炸炮楼

今年 87 岁的徐德昌老人也曾是抗日队伍的一员。8 月 17 日上午，我们来到市区黄河路东段公路新苑小区，听这位老人讲述了当年抗击日寇的情景。

不到16岁加入民兵团

“我老家是山西晋东南地区，也是革命根据地，当时我就是听到了一首童谣，才毅然参加抗日的。1938年正月二十那一天，敌机轰炸屯留县，满城里撂炸弹……”徐德昌激动地唱起了儿时的抗日歌谣。回忆起艰辛峥嵘的战争岁月，徐德昌老人不胜唏嘘。

徐德昌说：“1938年正月二十那一天，日寇轰炸屯留县，城中商铺都关门，百姓个个去逃难，从此日本侵略者盘踞我县，直到日本投降。占领我县后，日寇对我县烧杀掠抢，无恶不作。”“当时我也就10岁。直到1943年，我十五六岁，识几个字，也就是现在的小学程度，也比较爱玩，听说让我当民兵，心里非常激动。那时候，我就当了民兵，民兵就是帮助八路军宣传、发动群众，建立根据地，帮助八路军打鬼子。作为民兵，我们也起到不小的作用。”

反扫荡，保护乡亲责任重

徐德昌说：“那时候我们民兵在农村主要是打游击战和保护乡亲，经常是一晚上挪三个村，怀里抱杆枪，身下铺点草，倒地就睡，有情况一下就站起来行动，每场游击战都打得异常艰难。”

“小日本经常来村里扫荡，我们村里的人就在村口立个竹竿，上面有一面小旗，在村口有人放哨，看到有日本人进村扫荡了，就提前把旗放下来，我们就赶紧转移乡亲进山里面。”为帮助乡亲们转移，徐德昌和民兵团的二三十个人就在村里乱放枪。“我们人少，装备简单，通常一把枪里只有3发子弹，一个人配4个手榴弹。乡亲们转移的时间，我们就放枪，小日本也害怕，听到枪声就会放慢行动，乡亲们才能更快转移。”在一次日军扫荡中，村里死了不少乡亲，徐德昌的表哥也被日本鬼子扔进井里淹死了，看到亲人被日本鬼子杀害，他就更加痛恨日本人。“我们杀只鸡还得想想呢，日本人杀中国人比杀只鸡还简单！”说到这里，徐德昌老人激动地拍了一下腿。

破坏敌人铁路，埋地雷炸鬼子

装备简单、人员少等问题，都阻挡不了徐德昌和民兵团的战友们抗日的决心。炸炮楼、破坏铁路、埋地雷炸鬼子等就成了他们的首要任务。

1943年，徐德昌和民兵团的百十名民兵一起攻打常沟（音）炮楼。徐德昌说："当时我们也是一阵乱打，到底打死了几个日本兵，我们也不知道。攻打炮楼之后，我们就开始破坏敌人的铁路、公路，割他们的电线，让他们无法运输，无法取得消息。"作为民兵队长的徐德昌经常带着民兵团破坏敌人的铁路等设施。当我们问及有没有被敌人发现过，他说，一次挖敌人的电线杆时，他和战友就被日本鬼子发现了，他忙带领着民兵边打边撤退，但还是有人牺牲了。"我们不仅挖敌人的电线杆，还埋地雷炸鬼子。有一次鬼子进村扫荡，我们提前得知消息，把乡亲们转移之后，便在敌人通过的路上挖坑，埋下地雷，敌人的车经过，就会爆炸，我看到爆炸，当时别提心里有多过瘾了。"就这样，徐德昌在民兵团两年，在1945年7月，正式参军，当上了一名八路军。

1963年在漯河有个"窝"

1945年，徐德昌参加了陈州民（音）的部队。徐德昌说："虽然参军比较晚，但我也是抗日老战士了。那时候，一些地区的日本兵都开始慢慢地投降撤退了。"

1950年，徐德昌转业到地方。1963年，他到漯河公路段工作，直到1987年离休。他的妻子雪梅芳说道："我们在漯河搬了十来回家，他的一些军功章和老照片，在搬家的时候弄丢了。"提到老照片，徐德昌激动地说："我还保留有两三张呢。"他便匆匆地站起来到卧室取来，拿起一张老照片说道："这是我和我战友一起拍的，也不知道他现在还在世不。经历过抗战，想想现在的生活，真的很满足。"现在，徐德昌和老伴儿在小女儿家居住，儿女孝顺，让徐德昌老人晚年生活得更加幸福。

选自2015年《漯河文史资料》第二十二辑

抗战老兵辛国芳

范奎恩

2015年农历二月二十五，是临颍县台陈镇李湾村一年一度的传统庙会。在看戏场上，我见到一位精神饱满、胸挂“纪念抗战70周年”纪念章的老人，顿时使我肃然起敬。出于职业习惯，我趋前和他搭话。他看我饶有兴趣，便自豪地拿起纪念章，并从内衣口袋里取出另一枚抗战纪念章和一枚精致的银质纪念币让我看。三枚纪念章、币上都有“抗战老兵民族脊梁”八个字。他指着大一点的纪念章对我说：“这是在广州时台湾记者给我的。”又指着另两枚纪念章、纪念币说：“这两枚是在深圳时台湾记者给我的。”

为了搞清楚这位抗战老兵不平凡的经历。隔了两天，我趁辛庄有会之机，再次拜访了这位老人。辛庄村子不大，只有几十户人家，我刚一进村，恰巧碰见这位老人从胡同里走出来。几句寒暄过后，他热情地把我领进他的家里。

从攀谈中得知，老人叫辛国芳，今年已88岁高龄了。老伴叫宫春月，今年83岁。老两口身子骨都还硬朗健康，两人养育三子两女，各已成家立业。二位老人单独住在这老宅院，住房原为土墙的瓦苫边草房顶上又覆盖上红机瓦。房屋明间中堂挂着一块长约一尺、宽约八寸的精致小匾，上边同样书写着“抗战老兵、民族脊梁”两行红色隶体字，小匾右侧墙壁上挂着一面暗红色锦旗，上边写着“向抗战老兵致敬”七个大字，下面署名是“关注抗战老兵（许昌）志愿者”。靠后墙的桌子上摆放着四条“民族英雄”的红飘带，据说也是来自各地的台湾记者代表台湾当局给他颁发的。同他经常联系的除广州、深圳的记者外，还有四川、重庆、河北邯郸、北京的人士，有抗战老兵，也有牵线搭桥的民间组织，还有人民政府的有关机构，不定时为他发慰问金、生活用品。台湾当局确认其身份后，每月汇给临颍银行 300 元作为他的抚恤金。

待我们坐定后，老人开始讲述他参军参战的不平凡经历。

民国 16 年（1927 年），我出生在一个贫苦农民的家庭里。一家人种地为生。到了民国 30 年（1941 年），家里穷得揭不开锅，为了活命讨口饭吃，14 岁的我跑到商桥招兵站，当时国民党汤恩伯的部队在商桥招兵站扩大兵员。前去应征的有为生活所迫自愿报名的，有被抓壮丁强行拉去的，还有被富户掏钱觅兵顶替其子弟当兵的。

我当时年龄小，他们也不嫌弃。报名的人被征后，我们作为新兵开始开到陕西宝鸡进行短时军事培训。培训后我被安排到营长那里当勤务兵。当时我们的部队属国民党九十八军四十二师五〇六团。司令是汤恩伯、军长邱清泉、团长李相成、连长杨石、排长杨增明。和我一起参军的还有郾城县商桥镇胡湾村的胡林川、胡位庚，老官田的田法成、田立武，小李湾的李振黎，余湾的余国旗、武进成，临颍台陈镇木掀吕的吕国锋，郭湾的郭坷垃、郭法全，王街的葛洪臣、翟耀东等人。他们当中大多数已经过世，活着的也都是 90 多岁的人了。

当时正是国共合作时期，我所在的部队和共产党领导的部队之间或有小的摩擦，没有大的对抗。部队辗转到了四川重庆，排长杨增明年龄偏大，因病离开部队回到家乡商桥镇王湾村。我也不愿跟着营长跑腿，于是下连当了一名重机枪手。部队又从四川辗转到贵州省贵阳南边一个小村子南丹，便和侵华日军交上了火。我作为重机枪手，带着阶级仇、民族恨把一梭梭子弹扫射向日本鬼子，使不少鬼子当场毙命。

日本鬼子对我们实行“杀光、抢光、烧光”的三光政策，我们对他们以牙还牙，除在战场上消灭侵犯我们的日本鬼子外，捉住一些顽抗的活鬼子也决不留情，该杀就杀，该俘就俘。从贵州打到广西，又从广西打到云南，打到中国和缅甸交界处。人越战越勇，仗越打越精，从 1941 年一直打到 1945 年秋日本鬼子宣布投降。只知道日本鬼子一个军被歼灭，究竟打死多少，俘虏多少，作为一个没文化的士兵我也不清楚。

抗日战争结束后，国民党部队秉承蒋介石的旨意，走上了反共反人民的战场，我们被派上华东战场。在淮海战役中，国民党部队被俘人员，愿意随解放军南下的，被收编入解放军部队，参加渡江作战，解放全中国；不愿留下的，给路费返乡，我因在战场上负伤，随回乡人员回到家乡。

和我一起参加抗日的葛洪臣，1948 年春参加中国人民解放军，1950 年后参加志愿军入朝作战，在志愿军第十五军第四十五师一三四团六连担任排长。1952 年 10 月，在上甘岭战役中英勇作战，壮烈牺牲，追记特等功，并授予“二级英雄称号”。临颍县人民政府授予的“祖国英雄”木匾至今还悬挂在他家大门的上方。

我能健康地活到今天，全托共产党的福。到了晚年，政府没有忘记我们这些抗击日本侵略军出生入死的抗战老兵，为我们老年人发抚恤养老金、慰问品。在我有生之年，多么希望台湾早日回到祖国怀抱，让两岸同胞欢聚一堂，共享天伦之乐。

访谈结束，老人把我送出大门以外，一种民族认同感和自豪感在两代人的谈笑间产生共鸣。

选自 2015 年《漯河文史资料》第二十二辑

临颍抗日二三事

王素娟[①]

抗日战争胜利已经50周年了，它以日寇气焰嚣张、进攻我国而开始，以弃甲曳兵无条件投降而告终。抗日战争在中国和世界人民面前高高矗立一座丰碑，它铭刻着爱国志士仁人在中国共产党领导下，英勇奋战的壮丽诗篇。远离前线的临颍县人民，也卷入如火如荼的抗日浪潮，谱写了一曲曲壮丽的篇章。

下面撷取临颍县人民抗日战争的光辉业绩中几朵鲜花，缅怀英烈，以飨读者。

1937年冬，临颍籍开封一中学生龚京兆和济南学校学生张鸿钦等，回县联络县立师范学生周坚凝、李长顺等成立“临颍县抗敌后援会”，领导组织全县广大青年和爱国人士，宣传发动群众抗日救国。抗日的号角吹响了，临颍顿时沸腾起来。他们分成若干小组，深入各联保处，宣传抗日。每到一处，敲锣打鼓，唱抗战歌曲、演抗日话剧、散传单、贴画报、街头讲演，揭穿日寇企图吞并中国的罪恶阴谋，揭露日军外强中干的纸老虎本质，宣讲前方将士披坚执锐、浴血奋战、可歌可泣的英雄事迹，号召后方人民大力捐献，踊跃支前，鼓励民众树立抗日必胜信念。他们的宣传掀起了广大人民的抗日高潮。

为了广泛深入地动员群众抗日，上级派共产党员王兴国任临颍县民运指导员，办公地址设在南街李家菜园鲁公义学内。地下党员姚建宇和进步教师李计卿常与王兴国密议：一面积极宣传抗日，一面积极做好应变准备，一旦敌人攻来，我们就领导群众与敌人拼搏，直至最后胜利。李计卿被派往王岗区公所任民运指导员。

① 王素娟（缺）。

1938年5月19日，徐州沦陷以后，蒋介石派军队在郑州花园口扒开了黄河大堤，企图阻挡日军进攻。滔滔黄水流向豫东平原，数十万人民被无情的黄水吞没，千万顷良田被黄水冲毁，人民挣扎在水深火热中，黄水以东的日军时常西渡侦探我方情况，妄图侵略我豫中。王岗区东邻黄水，7月中旬的一天傍晚，王岗区北郭庄青年农民郭炳乾、郭炳全兄弟二人，在地里捉住一个日本特务，立即兴冲冲地送交区公所。谁料区长赵鹤轩大训送案农民，不但不收，反而说："日本人来了，我怕杀头，谁捉的谁快放走。"两兄弟看到这种怕死鬼，义愤填膺地说："走，放他走。"他俩押着鬼子至王岗西门外板桥处，打死了这个日本探子。

第二天，王岗区公所民运指导员李计卿闻知此事，质问赵鹤轩为什么要放掉日本探子？赵竟然说："绝无此事，是造谣。"李报告给县民运指导员王兴国。王十分气愤，立即下去亲查，郭氏二兄弟异口同声地回答王兴国："千真万确。"王兴国恼怒之极，将案情呈报县政府，把区长赵鹤轩押起来。三个月后，县长受贿3000元，释放了赵鹤轩，并指使当地保长以抓兵为名，将郭氏二兄弟诱骗到皇帝庙扣押半年之久。王兴国、李计卿得悉，又呈报第一战区司令长官部，告发县长刘庆苌，14天后，刘庆苌以"包庇汉奸"罪被撤职查办。

1944年春，国民党军队勇于内争，怯于外战，军心涣散，每与日兵遭遇，一触即溃，仅仅一个多月，致使豫中的38座县城沦陷，丧地千里，损兵折将，豫中千百万人民惨遭蹂躏。

5月1日，日军从此向南进占临颍，不久建立了军政部。该部系临颍最高权力机构，掌生杀之权。军政部指导员沟口右京，部长金宝林，建设组张玄才，文化组李建勋，民政组崔聚坤，又成立了县维持会，为日本侵略者服务。日寇侵略临颍期间，奸淫烧杀，关押拷打，强取豪夺，为所欲为，恶贯满盈，激起我县人民的极大愤恨。

一天，日本侵略者10余骑到王岗区张堂寨割苇子，群众发现是日本兵，马上关闭寨门，保丁持枪上寨监视。待日兵接近寨墙时，数枪齐发，一日兵中弹坠马，其余日兵吓得屁滚尿流，把坠马日兵扶上马狼狈逃窜。

西南乡王街桥口爱国志士共产党员李鼎新，浓眉大眼，身高体壮，智勇兼备。在西华碰上一个日兵，仇恨涌心头，三拳两脚就把日兵结果了，获枪一支。回家后，发誓要杀掉日军头目沟口右京。他常带着手提式冲锋枪活动在沙河一带，有一天，他走到荆李村，找到两个县立师范学生李大田、李书田，商量找打击日军的机会。一天中午，他们得悉有两辆满载荷枪实弹的日兵的汽车要在王街桥经过，就埋伏在桥旁草丛中。待第一辆车过去，第二辆汽车刚爬上桥，他们出其不意地开枪射击，两个日兵应声而跌落桥下，摔进水中毙命。等日兵还击，他们已无影无踪，气得日寇哇啦哇啦逃之夭夭。

三天后，李鼎新找到王岗区的李计卿、拳师王西河（外号铁棒锤）以及其他一些人，约定时间，抄沟口右京的老窝。此事得到早期中共地下党员邢振亚支持，他们暗地组织队伍，李鼎新当了游击司令。但因内部有人叛变，通过商会长黄锦章向沟口右京告密，日伪头目暗中差人牵农民的牲口，诬蔑李鼎新作案，抓捕送县，被定为土匪罪。李鼎新义正词严地反驳："你们来侵略我们，你们才是大土匪！"后被枪杀在县城南关东南角沙坑内。临刑前，日本人强迫他跪下，李说："爷爷不跪！"直挺挺地站着，壮烈牺牲了！

选自1995年《漯河文史资料》第六辑

机智勇敢杀敌寇

张锡源[①] 张付春[②] 范子文

李应午石耪歼日兵

抗日战争胜利50周年了，纣城人民仍传颂着李应午石耪歼日兵的故事。

李应午，临颍县大郭乡纣城村南街人，因自幼家境贫寒，为了糊口，不到12岁就出卖苦力当长工。他中等身材，强壮有力，为人憨厚又有家传泥工手艺，常为街坊邻里无偿修缮房屋，深受乡亲们尊重。他没有读过书，却有强烈的民族自尊心，对日寇入侵、横行中华极为愤恨，常为“空怀杀敌志，恨无用武时”而苦恼。1944年，杀敌报国的机会终于来到了。

那年，他在郾城县中和寨一家地主家当长工。6月中旬的一天，家家户户都在一心一意地打麦，突然有人喊：“鬼子来啦！鬼子来啦！”霎时村中大乱，小孩哭，大人叫，乱跑乱藏，李应午的主人也拉住牲口飞跑出村。而李应午毫无惧色，下决心要看日本鬼子是三头六臂还是铜头铁脑袋，为啥敢来横行欺负我中国人。今天碰上我，要叫他知道中国人不是好惹的。他转身躲入麦垛缝隙中，以便伺机动手。

一小队鬼子兵，头戴钢盔，脚蹬皮鞋，肩扛三八式枪，气势汹汹地从他身边走过。他在麦垛缝中看着鬼子凶神恶煞的样子，恨得咬牙切

① 张锡源（缺）。

② 张付春，即张富村，郾城县人，生于1930年。1948年就读于中原临中高中部，1949年6月参加中国人民解放军。1955年转业，曾任郾城县教育局干事、中学教师、小学校长。

齿，心想要是手里有颗手榴弹，炸死几个鬼子兵多好哇。他急得心头冒火，无奈手无寸铁，不得不强压愤恨，让敌兵从他眼前安然通过。这位久欲杀敌报国的青年遇见鬼子不能杀，心里别提多难受。事也凑巧，日军在村里折腾了一阵子后出庄走了，还有一个掉队的鬼子落在后边，刚出庄走到村边。应午一见，喜上心头，心想：算我没白等，你这个狗杂种该回老家了。当时只有石磙和石耪静卧在场中。他把眼盯在石耪上，行，行，行啊，他找到了得心应手的武器，束了束腰，做好了战斗准备。该死的鬼子兵进入麦场，李应午等他在眼前走过时，霍地从麦垛后一跃而出，双手抓起石耪，闪电般地向日兵头上砸去，鬼子兵未来得及扭头就脑壳迸裂，脑浆四溅毙命场头。李应午迅速拿住枪支子弹，用麦秸压盖好现场，怀着喜悦的心情迅速离去。一小队鬼子兵不见掉队的出村，就进村寻找，结果活不见人，死不见尸，怏怏而去。

李应午石耪歼日兵的勇敢行动，显示了中国人民不畏强暴，敢于拼搏的爱国精神。1983 年他去世了，但他抗日杀敌的爱国主义精神却与世长存。

张子茂击毙日寇脱险记

张全林，字子茂，临颍县城西凹张人。他幼年父母双亡，家道中落，经营小商品为生。此人身高五尺五，膀大腰圆，癖性好赌，输了钱，无奈，去郑州石友三部当兵，接连十几年没有回家，由士兵逐步升到副团长。退伍后，他回到临颍故乡。1937 年，经商务会长龚藩臣介绍，他到县政府任便衣队长，便衣队人数不多，任务是查捕土匪。有一天，县长赵一鹤派他到县东北石桥李暗查匪情，他就和队员龚子安骑上自行车出发前往。那天刮东北风，格外冷，到了滕寺联保处，主任滕峻峰带他两个一起到石桥李保长家。吃过饭，保长又把保队副找来。这个人 40 来岁，也是行伍出身，看着很老练，张就把来的意图说清楚。保队副说，今晚正好，天又黑又冷，街上没人，我去看看土匪李喜旺在家不在家。不一会他就回来报告:“好机会。我走到东北角鸦片烟馆屋后，就听到屋内嚷嚷说话。我慢慢走到屋子前面，发现门关着没上闩，从门缝里射出灯光，屋内小床上躺着两个土匪，北边是鄢陵境土匪郭松，南边是我村土匪李喜旺，顶着头在那里吸鸦片，床西边有三人在那里烤着劈柴火。张队长你看咋办?”张说好办。他和龚子安一商量，一人拿一根大棍，一人拿两支手枪，保队副在前面领路，到了烟馆。他二人一齐猛推开门，使屋里人猛不防，他照准床上两个土匪接连打了三下，龚子安拿着两支手枪对准那三个土匪射击，结果这五个土匪都上鬼门关去了。天明回城报案，得了一支盒子枪，一支八音枪，两支长枪，县长赏赐了他二人。赵一鹤县长后被调至尉氏县，他就回家种田养猪，农闲时搞点小行商。

1944年临颍沦陷，到1945年春2月间，日寇的狗腿子突然把他抓到日寇军政部，不审不问，送到书院街警备队（现在城关粮所)。日兵引他到后院，见院内有一块木板，上面压着一块大石磨，前面有一个小木门，鬼子把门上的铁条一抽，叫他进去，里边地方很小，只能躺一个人，吃饭由家中送。一天下午，下着小雨，他的妻子给他送了一罐大米饭，罐底下粘了点大烟膏子，他就随着饭吃下去。到二更天，在地穴听见鬼子打呼噜，他就趁机叫“太君”，接连叫了两三声，还是呼噜，就准备逃跑。他把身子竖起，用尽全身力量，把上面磨扇移动一边，伸出手把前面小门上的铁条抽下来，用手慢慢推开门，见鬼子抱着枪坐在椅子上，仍然睡着。他找了一根木棍，照鬼子头上打了几下，鬼子哼了几声倒下椅子。他就向东边操场院跑去，墙高夜黑，一时找不到出路，又听前院鬼子吹哨子，他更着急。恰巧他的前面溜着墙根有一个小白狗向北跑去，他就跟着跑，到东北角有个墙豁，他跳过去，蹚过了护城河，出东关后，向南奔去，鸡鸣时走到小商桥李绳武家，换了湿衣服，住了一天，去正阳找老同事程耀德的抗日游击队，直到日本投降才回家里。

日寇发觉张子茂逃跑后，到城郊追捕，追到三里头村，听说用枪打死了一个在街上跑着玩的小孩。

智杀日本兵

1944 年 5 月间，日本鬼子疯狂地大肆进攻中原，临颍沦陷，日本人的“三光”政策和烧杀奸淫的残暴罪行一言难尽。平汉公路在商桥街内通过，老百姓陷入水深火热之中，一听说过日本兵，全村男女老少闻风而逃，有些病残人或老人跑不了，就被日本兵任意蹂躏。有一老妇 70 多岁，行动不便，日本兵发现后，用鸡蛋往老人阴户里填，折磨得她死去活来，日本兵却拍手狂笑。另外一妇女没有跑掉，被日本兵强奸，当时哭得死去活来。

商桥村十字街口住一农民邢唯一，外号神仙，他听说这些事非常气愤，立志不报此仇誓不为人。

1945 年 3 月间，有一队日本兵五十几人，由北往南从商桥往漯河换防，走在商桥十字街，有一个掉队的日本兵走在后边，好像是有病的样子，走到卖馍的人跟前，拿起看看又放下。邢唯一见此情况，即买了一斤锅盔用手巾包着，跟在掉队的日本兵后边，走出商桥南门外，追上这个日本兵，用手势比画一下，在地下写字，知道日本兵是去漯河，他也比画去漯河看病，咱两个一块走，并将馍拿出来吃，还掰给日本兵一块。前边的队伍已离他们一里多远，他们两个一起往南走去，走过商桥车站，到了沈庄北边，邢唯一提出休息一下再走。日本兵也很想休息，于是就躺在原铁路路基上休息。在日本兵吃着馍不注意时，邢唯一猛地将膝盖跪在日本兵的肚子上，从日本兵身上抽出刺刀用力照日本兵咽喉刺去，日本兵立即死去。他将日本兵身上所带的子弹和枪（长枪）去掉，埋在铁路西沿地界沟里，夜里又去将死尸拉到井里，将枪带回，丢在商桥西门井里。直到解放时，解放军追问这支枪时才在井里捞出。邢唯一这一行动，得到当地群众的好评。

好男儿为民除害

事情发生在1944年5月，地点是郾城县东北25里的老官田村。

1944年4月，日本侵略者侵占了郾城县，人民陷入水深火热之中。

我原来在财主家当长工，敌人一来，我就回到了家。以后，我借了五斗小麦的钱，买了一头秃尾巴老驴，瘦得卧下就站不起来，回回都得用人抬。阴历四月初的一天，听说敌军已经到了商桥街上，俺村里的大多数老百姓都吓跑了，只有一些老年人还留在家里。当时我也跑到了东北角密桥的地里，躲在一座土窑里，这个窑离俺庄有三四里。我见有的人把牲口都牵出来了，猛然想起俺的那头老驴还在家呢！也得想法把它牵出来。这时，听人说敌人已经进了俺庄，住在前街，大概有一二百个。我刚走到俺庄东头，一个外号叫“响半坡”的大财主从村里跑出来了。他头上、脸上都是血。见我就说：“孙子，别回去了，日军见人就打，你看把我打成这个样子啦，咱庄的烈虎也被杀了。”我问为啥。他说：“烈虎才娶了个老婆，长得也漂亮。他家在村当中住，敌人进村以后，两口子没有跑掉，烈虎藏到了红薯窖里，他老婆藏到屋里棚子上。日军把他老婆搜了出来，要强奸她，烈虎出来护老婆，被他们用刀砍死了。”这时候从村里又出来一个人，也是满脸血。当时我一想，家里有老母亲，还有那头老驴，无论如何我也得回家。我不敢走大路，就从麦地里钻，蹑手蹑脚地往村里走。过了一道河沟，翻院墙跳到俺大爷家以后，只见一个日军正在街上走哩。他一见到我，忽地窜到我面前，用刺刀照我胸口刺过来，我一躲闪，没被刺住。这时，母亲从家里出来了，还有几位老大娘、老奶奶都过来护住我，那个日军用手比画着要我给他找马鞍子，我比画着说没有，他又要我给他找“扎脖”和“夹板”。我一时脱不开身，只得跟他一起去找了两个“扎脖”和两个“夹板”。敌人走了以后，我赶快回家，牵着驴，就往北走。爬过两个干坑，又看见一个日军过来了，我赶忙丢下驴，钻进麦稞躲起来。等日本兵走远以后，我才拐回去牵驴跑了。

跑出去以后，听说敌人把前街一个80多岁的老人强奸了；日军还要强奸靳庄的一个大姑娘，被她狠咬一口后，就用刺刀把她的肚子豁开了；还有个本家叔叔圈黑妮，也被敌人扎死了。听说敌人这些兽行，我又气又恨，总想着有一天要为民除害。

敌人在俺村住了一天一夜，往北开走了。走到胡湾，有一个日本兵掉队了。打那以后，这个敌人天天都到俺庄抢东西吃，白面、香油、鸡子啥都抢。有一天夜里，他又到俺村，我在家正睡哩。他先进到田树贤家的空院里，那里有一所新盖的东屋，田树贤在屋里住。那个日军推门，门不开，他就用刺刀去别木窗棂。田树贤在里边看着不行了，就爬到梁上，掏个天窗跑了。日军别断几根窗户棂子以后，钻了进去。

这天夜里，日军进村的消息很快传开，田麻章、田连清从家里出来。连清带着一支公家的枪，走到十字路口，打了一发子弹。听到枪响，我就赶忙从屋里出来，掂了一把大顺刀，站在院里往北仔细一看，不是敌人，就大着胆子走了出去。不一会，田玉昌、田健中、田国健、田河新、田中群，还有俺弟弟田保，都从家里来到了街上。俺们一商量，要去收拾掉那个日军。俺几个来到了田树贤家的空院里，推推东屋门，里边顶得结结实实，推不开。俺们又找来一个油灯点着，从窗户往屋里一照。只见里边的方桌、条几都是腿朝上，这准是日军干的事，可是里边一点响声都没有。大家说，可能是他已经走了。有的说，咱进去看看。这所房子是扫地门。我从门底下用刀剜，很快就剜了个窟窿，把胳膊伸进去一摸，摸到了顶门棍，用手一捣，顶门棍滚到了一边，我一推门，开了，俺几个就进去搜索。用油灯一照，只见里边有一口缸，两盘磨，一个条几，一张方桌，两把椅子，靠窗户放一张小床，床上有一条破袍子。俺们把屋里找遍了，也没看到日军的影子。到底在哪呢？俺几个说，准是走了。这时候，田国健看见，小床一头耷拉一条破袍子，他用棍一挑，碰住个硬东西，只听“唧”了一声。我赶忙过去把袍子一扔，看见那个日军，我把刀一扔，上去抓住日军的一只胳膊，国健抓住他的另一只胳膊，缴获了他的刺刀。大家说，把他捆起来。田保赶忙回家拿来了绳子，把他捆得结结实实，那个日军疼得直哼唧，连法照他头上使劲跺了两脚，他再也不吱声了。不知道谁说了一句“用破鞋捂住他的嘴，别让他喊叫”。俺把他嘴捂上拉出来，拴到院子里的树上。这时他又哼唧起来，麻章过去“啪啪”打了他几耳光，他再也没敢吭了。

怎样处置这个日军呢？放了吧，怕他回去报告，将来报复；不放吧，万一谁透露出去风声，俺老官田村就该完了。因为黑龙潭的老应村，就是因为老百姓杀了一个日军遭到报复，把村子给烧光了。一想到这，大家说：“无论如何不能放他，干脆，把他勒死算了。”一不做，二不休，几个人拉着这个日军，就出了村。走到三里外的一块瓜地里，见有一眼还没挖成的土井，几个人把他勒死往井里一推，就走了。快走到俺庄时，不知道谁说一句：“别叫他再活了。咱再拐回去看看吧！”一听这话说得在理，俺们急忙拐了回去。到了井沿以后，田麻章用刺刀照他的肚子上戳了几下，大家才放心地走了。

第二天，种瓜人到地里挖井，一看里边有个尸体，他吓得连忙把土井给封了。这事他始终没敢对外人讲。

俺们勒死了日军，为民除了一大害，大快人心。

河状打死一个日本兵的经过

在抗日战争时期，河状村的儿童传颂着这样一首歌谣：“河状老百姓，抗日胜过中央兵，日本兵进村中，翻箱倒柜胡乱行，骑二军一营兵，机枪大炮不敢吭。河状人逞了能，拿起汉阳枪，打死日本兵，管你日寇多么凶！”这首童谣正是说老窝河状村民打死日本兵的事。当时我亲临其境，回忆起来还历历在目。

1944 年 5 月，正值大麦将熟小麦泛黄的季节。一天，我随父亲、祖母到南月圈（河堤内地）去割大麦。当时，我才 12 岁，只在父亲后边拾个麦穗。割有半个时辰，我一抬头，忽然发现南河堤上跑来一匹赤色大马，上面骑着一个穿黄绿军衣的人，肩上斜背着一支大枪。我意会到是一个兵，惊恐地对父亲说：“爹，那边来兵了。”父亲停住了镰，向我指的方向，认出是个日本兵。遂对我们说：“是日本鬼子，快躲开。”我们很快躲进沙河岸边上的柳树丛中。从隙缝中窥看，那个日本兵头戴白菜帽，脚穿黄皮鞋，斜背着枪，马鞍上还拴了两只鸡，摇头晃脑地哼着日本小调，大摇大摆地直奔河状村。

过了一个时辰，田地割麦的人，三三两两纷纷往家跑。这时，一个族兄慌慌张张来喊我父亲说："村长叫背枪的赶快回家。"父亲猜想，肯定是打那个日本鬼子，把镰刀扔给我就跟族兄回家了。父亲走后，祖母不放心，也和我一起回家了。到家后，父亲从村公所开会回来说："那个日本兵，从寨北门进村，骑着马东闯西逛，害得人们关门闭户。他开枪打死在街上跑的猪，砸门进屋翻箱倒柜，闹得全村鸡犬不宁。"后来，日本兵走到南大街，看到张疙瘩家是高门楼房，就把马拴在大门外槐树上，拖枪进入院内。这一切村长侯廷僚都看在眼里，立即找群众商量如何打死这个日本兵。他先找一个孤寡老人张得时，提了一篮鸡蛋送给那个日本兵，诱住他暂不要离开张疙瘩家，好组织人员，围杀日本兵。于是，我父亲拿起村里发的那支汉阳枪，子弹上膛，到张疙瘩家西边荒园的短墙下隐蔽，瞄准张疙瘩家的大门。只要那个日本兵出门，就可以当场击毙。另外令学过武术的侯法，先将那个日本兵的马牵走。这时，张得时老人琢磨着外面已布置完备，便给那个日本兵用手示意："你在这稍等，我再给你逮几只鸡子。"那个日本兵信以为真，就让得时老人走去。他却在屋内翻箱倒柜，搜找金银。当张得时走出大门后，张雁南向空中鸣了枪，引日本兵出门。日本兵听到了枪声，慌忙托枪向外盲目射击，边射边往外冲。他刚要冲出大门，被张雁南一枪击中，倒在血泊之中。河状老百姓听说日本兵被打死了，都从家里跑了出来，脸上由惊恐逐渐露出了笑容。一个60多岁的老大妈说："这人真该死，害得多少人不安宁。"一位年轻人用脚踢着日本兵的尸体说："不是我们河状人手狠，只怨你们鬼子心毒，你的阴魂若返回本国，可显灵告诫你国天皇，说中国人不是好惹的。"

河状人打死日本兵的消息传出后，住在下堤村的国民党骑二军开来了一个连。他们扛着机枪，把村庄包围了起来，就是不敢进村，后来得知已把日本兵打死了，才耀武扬威地进村。先把日本人的马牵走，又派两个老百姓把日本兵的尸体抬到驻在二郎村的司令部。他们要以此向上级报功请赏，群众看到这些，非常气愤，心中暗骂：中央军胆小如鼠，见日本人怕得要死，对老百姓怪厉害，我们打死日本鬼子，你们请功是何道理……

事后，骑二军怕驻在漯河的日军进行报复，立即收拾行囊逃之夭夭了。可打死日本兵的消息，确实有汉奸汇报给了敌军，扬言要对河状村杀光、烧光、抢光。对此，我村不得不研究对策，在村长侯廷僚的领导下，把全村的青壮年组织起来，有枪的扛枪，没枪的每人准备一把大刀、红缨枪，准备应战。日本人来的多了，就掩护村民躲避，白天轮流放哨监视日军动静，夜晚老年幼儿躲至他村。这样跑了数十天，也没见日军来。村长合计，这样也不是长久之计，还得想办法让村民安定下来生产、生活。于是，就和乡绅张或如商量对策，张或如建议用钱收买伪军头子宋平轩，让他在日军面前说情。当时，也无他法，就派人和宋平轩联系。宋平轩答应，只要肯花钱，他可以保河状无事。这样一来，村民不得不忍痛凑集500块大洋送给宋平轩，才使河状免遭了日军的报复。

勇杀日本兵

1944年春，日寇为了挽救它侵入南洋的孤军，急需打通中国东北直到越南的大陆交通线，发动了中原会战。日本华北方面军第十二军6个师团、4个旅团及第五航空军一部分共14.8万兵力向中原进攻，在连续占领郑州、新郑、许昌、临颍后，于5月7日抵达郾城小商桥。为了进攻漯河，日军采取对漯河包围的战略：中路自小商桥—孟庙—五里庙—漯河，西路自小商桥—乾勒桥—马坡—郾城—漯河，东路自小商桥—王岗寺—黑龙潭—姬石—英杨—漯河。

且说东路的日本侵略军，他们警惕性很高，不走大路，步兵、骑兵、汽车全由麦地蹚过，所过之处有20米宽的小麦被蹚得如同场面。这样，从5月7日起，一直过了两三天。

日本大军过去后，一天，我正在村中转，忽听村中人说胡湾有一个日本兵，住到庄西头菜园庵里了。村民们听了很惊奇，不知道日本兵一个人为什么会住到这儿。有的说：“兴许是日本的探子。”有的说：“弄不得是等后面的鬼子兵哩。”我怀着好奇的心理，跑到了东边离我们史湾二里的胡湾。到村西头时，见有两个人正在庵外看那个日本兵哩。我凑近庵前，见那个日本兵在那里向南站着，不言不语，中等个儿，约有20多岁，身穿日本浅绿色军装，头戴军帽，腰束皮带，脚穿大皮鞋（如同电视里见到的一模一样）。他带的一支三八式步枪在庵里扔着，不知有无子弹。我们问他是日本什么地方的人，他体会了意思，似清不清地说出中国话“东京”，接着用手指指东边。他又从上衣口袋里掏出了一张相片，上边有几个人的合影，他表示这是他家庭所有的人。我们问他为什么住在这儿，他用手指指自己的身体，有了病不能跟大队前进了。我们又发现在他住的庵地下，放着一束胶卷，胡湾一个人拾起来伸开去看，看后，我接过来仔细一看，是日本兵向中原进军的行军地图。地图有六张，每张有一平方尺大，一张一张可以对在一起，内容很详细。我村史湾以及邻近的一些村庄、道路、坑塘、远处的河流、桥梁……什么都有。我把各张地图对在一起，正西可到叶县，山山岭岭，画得很清楚。这说明日本侵略军进攻中原，已是很早预谋而又做长时间准备的。

这个日本兵在庵里住了些时日，村上有不明真相的人，还给他端一些饭食茶水。他天天扛着枪，这庄跑跑，那庄转转。初到村上时，村民们还害怕，时间一长，他再去时，人们也不跑了，都在观望他的行动。

果然，日本侵略军狂妄的兽行，在这个日本兵身上又表现了出来，不是到这庄村民家里去扒鸡蛋，就是到那村去抢东西。一日，他到我村东头尹书海家，家里的人不搭理他，看他在干什么，这个日本兵到屋里拣些衣服，气势汹汹地扛着枪向正东走了。又一次，到我村后边的小村唐湾，在夏海滨的院里，敲死了两只鸡子，枪挑着大摇大摆地走去。闹得人心惶惶，村民们敢怒不敢言。

一天，这个日本兵从胡湾正南到四里远的老官田村南北街（位村东部）的北头路东田廉卿家的牲口院堂屋，要牵走他家喂的一匹骏马，当时被田廉卿夺了过来，接着村民们到现场纷纷斥责日兵的野蛮行径。日本兵看人多牵不走，悻悻地扛着枪走了。

村民们议论起来，弄不得这家伙明天还要来，他既然相中了这匹好马，他是舍不了，咱们准备着，他要真再来牵，不能放他走。果然第二天下午，这个日兵又扛着枪来牵马了。田廉卿的父亲正在牲口屋，看到日本兵气势汹汹地扛着枪又要牵着马走，急中生智，从牲口屋草屋顶，掏了天井出去，找到了田廉卿、田建中等三四个人一齐赶到牲口屋，夺回了马，然后摘掉了这个日本兵的步枪，用绳把他反缚起来。当天晚上把他推到老官田村东北角村外一个土井内，然后把井平掉，解除了人们的心头之恨。

这件事虽至今已50多年了，但人们思之犹不禁精神振奋，津津乐道。

选自1995年《漯河文史资料》第六辑

乾勒桥的战火

冯建堂[1]

出漯河市西行，折向西北，穿漯河至平顶山铁路桥涵再向北，宽约50米的颍河自西向东蜿蜒流去。一座年久失修的旧桥头南端，一方高约一米的石碑上，竖体刊刻着“岳武穆……”几个大字。过颍河继续北行，一个让人明显感觉占地庞大的村子渐入眼帘。此村东西与南北由几条宽约20米的路，把千余户人家分割成几片居住区。村东田野里，京广高铁横空穿越。再向东十几华里，即为京广铁路。

村子中央的十字路口西南角，有一个农药化肥种子专卖店。一群或赤裸着上身或穿着背心或敞胸露怀的老汉们，或打麻将或摇着蒲扇或眯缝双眼，在火烤似的夏日里苦挨着时光。路口东南角，土戏台似的高埂边，一硕大的喷塑广告彩布上，“乾勒桥”三字赫然入目。猛觉眼熟的这三个大字，令我一下忆起，自己所写的《抵抗的国军》拙文中，所涉地名即为此地。

“俺这村子叫‘乾勒桥’，也叫‘疙瘩桥’。村名是岳飞起的。电脑里打不出这个乾字。”一个农妇站在农药化肥店中，用自豪的语气对我说。

“这村名是岳飞起的？”我惊讶地反问一句。

“是岳飞起的！”“岳飞当年抗击金兵，在这颍河边路过俺村，他骑着战马，正跑着，猛一勒缰绳，战马急停脚。他问这是啥地方，没人知道。岳飞说就叫‘乾勒桥村’吧。”“乾字咋写，俺也不会，就知道好像说是勒马嘴绳的意思。”几个老汉纷纷对我讲。

---

① 冯建堂，出生于漯河市一个普通的铁路职工家庭，小学、中学分别就读于漯河铁小和漯河铁中，毕业于郑州大学中文系，就职于郑州铁路局。

“那这个村名应该很有历史文化意义了。”我应答着：“恁这村抗战时打过大仗，国军与鬼子在这村里打仗，知道吗？”

“不光知道，我还亲眼见过鬼子哩。”一干瘦老汉坐在马扎上，对我说：“是国民党部队国军骑兵三师在俺村里跟鬼子打仗的。那时我有10岁多，民国33年（1944）麦子快熟时打的。”

“鬼子来了，你没跑吗？”我疑惑地问他。

“跑了呀，村里人能跑的都跑了，也有少数没跑的，跑不动的老人、孩子藏家里。不过能跑哪里呢，咱这是平原，没山没坎的，漫天野地里，藏不住人。”他答。

“那你咋看见鬼子了？”我问。

“国军给鬼子打仗，约莫打了几个时辰，国军撤了，打不过人家日本人，那鬼子枪炮家什好呀！鬼子追着国军向南了，出了村。我躲在村南头的土堆子大戏台后边，看见有几个被国军打死的鬼子躺在那街心里，也没人管。”他答。

“那你不怕？”我问。

“怕呀！怕也没用，先躲起来再说。”他答。

我们聊的那场国军大战鬼子的战役，发生在1944年5月，日军为打通交通命脉平汉铁路——亦即今日的京广铁路，意欲直通汉口，集结了二十七师团以及三十一师团步兵第二二七联队，5月1日由许昌南侵。国民党第一战区第十五集团军之第八十九军新编第一师、骑兵第二军第三师，在这片800年前岳飞曾经大战金兵的古战场排兵布阵，抵御日军。

“听俺家里大伯说，他们站在颍河河堤上看见国军还在俺家祖坟北面挖了壕沟，不过还没大打就从这壕沟南撤了。”2013年8月的一个周六，从郑州东到漯河西的高铁车厢里，一个在郑州铁路局工作的此村人如是告诉我。是时，时速300公里的高铁正如出膛子弹般穿过乾勒桥村东的田野，向着颍河南的漯河西站飞驰。

“国军的骑兵，怎能抵挡得住鬼子的机械化部队？大兵团作战，日本人惯用的是坦克装甲车，国军除了马就几乎是士兵的血肉之躯，在武力方面双方根本就不对等。国军用士兵的血肉阻挡鬼子的战车，伤亡可想而知。”我分析道。

“俺村北头有个村民，藏在自家的房梁上，看见鬼子强奸他儿媳妇，就跳下来扭住鬼子要拼命，被那鬼子用刀劈了头。”老家在村南的那个铁路人又说：“村里还有个叫坤尧的老头，抗战时在邻村参加过国民党组建的童子军训练队。要打仗时，国民党军官听说他是独子，不让他参加部队，就这样回家了。”

史称“中原大战”的国军对决鬼子的硝烟，已经散去将近70个春夏秋冬。乾勒桥抗日的烽火，也日渐没入时光的隧道。“壮志饥餐胡虏肉，笑谈渴饮匈奴血。”公元1140年岳飞曾在此吟诵《满江红》的悲壮神情，却时常在我脑海闪现……

选自2014年《漯河文史资料》第二十一辑

受降记忆

受降，漯河清晰的抗日记忆

张旭坤[①]

关于抗战的故事，很多被岁月堆积湮没或定格在历史的深处，或散落在历史的琐碎之中。而位于漯河的以日本投降命名的受降路以及因此建的受降亭，至今仍然清晰地向我们昭示着那段历史，成为不可磨灭的记忆。

受降地为何选漯河

1945年8月15日，日本天皇通过电台宣布无条件投降。9月2日，日本正式派出全权代表向中、美、英、苏四国签字投降。蒋介石将全国划分为14个受降区[②]，命令日军集结于指定地点，委任他的亲信大员为受降官，前往受降。

河南省属国民党第五战区管辖，由第五战区司令长官刘峙接受日军投降，但就在刘峙以受降官的身份集结部队，筹划受降事宜时，第一战区司令长官胡宗南忽然向蒋介石提出，他要率部到郑州处理受降事宜，并且快速集结部队到了郑州，无奈蒋介石只得临时又将漯河增设为受降点。漯河之所以被确定为受降点，很大程度上缘于此地乃日本侵华部队第一一五师团司令部所在地，常驻日军中将一名、少将五名。西南方向的南阳、方城等地，南面的信阳、驻马店等地，东面的周口，北面的许昌、郑州等地日军，均由此地日军管辖。中将鹰森孝，是没上过陆军大

① 张旭坤，男，1985年生，漯河市郾城区人，相继担任过编辑、记者、编剧、导演、自己办过艺术学校等，目前任《影像漯河》杂志常务编辑。

② 中国战区分为十五个受降区，含越北区。

学的日本军人的最高职务了。日本宣布投降后，9 月 20 日，先在河南漯河向第五战区司令长官刘峙投降；9 月 22 日，又在河南郑州向第一战区司令长官胡宗南投降。1946 年 7 月鹰森孝回日本复员，1968 年 4 月 27 日死于日本家中。

原山西会馆是受降仪式举行地

1945 年 9 月，刘峙召集了驻漯部队部分长官、地方官吏和日军投降代表，商议受降的具体事宜，同时成立了受降筹备委员会，定于 9 月 20 日上午，在山西会馆举行受降仪式。

1945 年 9 月 20 日，晨曦初透，隐约可见的街道上，五步一岗、十步一哨，戒备森严，禁止行人随意走动。上午 8 点左右，吉普车、大卡车首尾相接，从东向西，满载全副武装的军人向山西会馆疾驰。9 点左右，日军的投降代表鹰森孝和他的几名下属军官先期到达会场。接着以刘峙为代表的漯河驻军各部长官以及美国顾问组等受降人员，分乘小轿车来到会场，受降仪式开始，鸣礼炮 18 响，接着刘峙和鹰森孝各代表中日作了简短的讲话。随后，刘峙代表中国签字受降，鹰森孝面向在场中国军民，后退三步，鞠了九个躬，并把佩戴的指挥刀双手举过头顶，交给主持受降的刘峙，正式投降。这一天，日本北支那派遣军第十二军团中将司令官鹰森孝率其部属一一五师团、十四独立骑兵团、九十二混成旅团、十三独立骑兵团、第四独立骑兵团及其他配属单位官兵 31560 人，向中国军政接收人员无条件缴械投降。

受降仪式结束后，驻漯侵华日军分别在滨河路、张公路（今民主路）日军军需仓库、竹木街日军兵营，向受降的中国军队缴械并办理军需物资的清点移交手续。在日军等待遣返回国期间，中国军队负责人命令他们将竹木街西段由寨内通向煤市街（今公安街）的小土路，加宽取直整修，又运来碎砖烂瓦加以铺垫，筑成宽 8 米、长约 700 米的大道。受降路的名称即由此得来。

受降碑、亭几经沉浮

日军投降后，以第五战区司令长官刘峙为首的长官部和郾漯主要官员商定，建受降碑、亭，“以昭久远”。因当时缺少建筑工程方面的专业人才，郾城地方官员郭尚武建议，建筑亭子参考当时郾城第一名胜古迹“龙塔古篆”（也就是现在的全国重点文物保护单位“彼岸寺碑”）的建筑结构。主碑“受降亭”三字为国民政府委员、考试院院长戴传贤（戴季陶）手书；国民党元老于右任书写的《攘夷颂》、国民政府司法院院长居正书写了《受降记》、国民党第五战区司令刘峙题写了《受降碑》。

建设受降亭用的石料由临汝和宝丰两个县运到设在火车站附近的（今受降路口东）刻石场，石工是当时在国内久负盛名的田金富等七人。一个多月过后，石刻全部竣工，而此时，长官部却已迁往郑州，刘峙也由第五战区的司令长官改任为河南省绥靖督办，忙乱之余，草率安置几句，即行离去。因此，除纪念碑外，纪念亭不再按照之前的设计进行，化繁为简，用水泥、灰沙、砖石、瓦面简造了六角形的受降亭，高一丈七尺、三丈见方，八尊雕刻精美的石狮子围坐亭子周围。将亭子的主题纪念碑——四块高 2.4 米，宽 0.75 米，刻了文字的石碑，字面向外，背面相依，砌成方形的纪念碑放置亭内。同年 12 月上旬，郾漯地方长官向河南绥靖区报告，坐落在漯河火车站南段花园内的受降亭、碑全部落成，几天后，刘峙前来主持了剪彩仪式。庆祝活动大约进行了两个小时，庆祝一结束，刘峙即驱车返回郑州。与此同时，那条大长了中国人民志气的竹木街，也更名为“受降路”，此路亦变成了现在全国唯一的以接受日本投降命名的路。

1948 年，受降亭在战火中被毁坏，亭中四块石碑散失，4 块受降碑仅存一块主碑和大半块残碑。此后，历经历史变迁，“受降亭”逐渐淡出人们的记忆，以致后来很多漯河本地人对“受降亭”知之甚少。后来，源汇区原文化馆馆长陈国兴发现并拯救了当时已经沦落为垫脚石的受降亭主碑，还从民间找到大半块受降亭记碑。

新受降亭落户河上街古镇

受降亭、受降碑作为漯河地方抗战历史文化中的重要篇章，残缺的受降碑不应该就此消失，让极具历史纪念意义的历史一刻“断档”。

2003 年 12 月，源汇区政府成立了受降亭筹建委员会。为充分尊重历史原貌，新的受降亭、亭内石碑按照原有记载资料中描述的形式在河上街古镇重建。碑文也按照原碑文内容，正面仿刻原有“受降亭”，其他几面碑文分别为《攘夷颂》《建亭记》《刘司令长官受降记》。新受降亭周边还建有抗战纪念馆、红色放映厅、纪念广场、牌楼、抗战纪念酒坊等项目，整个受降纪念广场项目占地 6000 多平方米。其中，抗战纪念馆共三层，主要展出包括受降亭原碑刻在内的历史文物、照片、报刊电文以及中原抗战、漯河抗战历史资料。

后记

记住历史，不是为了散播仇恨，而是为了吸取教训。自古，和平都不是来自软弱的乞求，而是来自实力的动态平衡。而这种平衡，不仅是物质追求，更是精神需要。

选自 2015 年《漯河文史资料》第二十二辑

刘峙在漯河接受日军投降轶事

谭星白[①]

1945年9月20日，日本北支那派遣军第十二军团中将司令官鹰森孝率其部属——五师团、十四独立骑兵团、九十二混成旅团、十三独立骑兵团、第四独立骑兵团及其他配属单位官兵31560人，向中国军政接收人员无条件缴械投降。接受投降的中国代表是第五战区司令长官刘峙，另有美军代表（不知道名字）在旁边监督（没有美军代表在场，日军不缴械，各地皆然，有史料可查）。

受降仪式在漯河山西会馆举行。当时整个漯河戒备森严，国民党军全副武装布置在漯河四郊，如临大敌。表面上是迫使日军缴械，实际上是保护日军，防备新四军。当时新四军曾南到西平，东到西华。

受降场面很隆重也很严肃，鹰森孝身着戎服，迈着日本军人的步子，垂头丧气地走进受降站内，摘下军帽，向刘峙和美军代表行鞠躬礼。刘峙正要还礼，美军代表立即制止，严厉地说："不要还礼！他是战败者，应当向我们敬礼！"刘峙唯命是从，面部不免有点尴尬。鹰森孝听到美军代表严厉的声音，看到他严峻的表情，才不很情愿又不得不庄重地在受降文件上签了字。

因为这是一件有伤民族尊严的丑事，所以在场的人不让外界知道，但事后还是泄露出去了。而国民党的地方党政当局民族观念淡薄，听了并不以为丑，只是在某种场合作为嘲笑刘峙的资料。我是听一个朋友说的，他是在国民党郾城县党部听到的。

选自1987年《漯河文史资料》第一辑

① 谭星白，河南郾城县人。1915年生。中学教师，已离休。

受降亭建造始末

郭尚武[①] 马树奇[②]

日军投降后，长官部和郾漯主要官员商定：每星期一上午举行一次碰头汇报会（此时郾漯办事处已撤销）。长官部除刘峙外，还有参谋长赵自力、秘书长 ××× 以及外事处、副官处等所谓八大处，也都参加。在第二次汇报会上刘峙提出，日本投降，中国受降乃永垂千古之盛事，应当勒石记功，以昭久远。与会人员，无不附声。遂决定筹资选址，建受降碑、亭。整个工程，由地方负责，长官部从旁协助。具体分工是，长官部由秘书长负责，地方上由郭尚武负责，漯河商会（承担经济支出）由李幼敬负责。

当时，日军初降，人心初安，百废待兴，而人才奇缺。碑亭设计，竟找不到建筑方面的工程专业人员承担。郭尚武建议，郾城第一名胜古迹“龙塔古篆”（即彼岸寺经幢，国家重点文物保护单位），雄伟典雅，历劫千年，何不参考其结构建此碑亭。秘书长闻说甚喜，即派吉普车，携照相机，赴郾城查看，看后颇为满意，遂决定按“经幢”样式建亭。

建亭需进石料，长官部派卡车两部，由副官处派人到临汝、宝丰交界处采购。两县全力协助，石料迅速运回。石刻请郾城田金富师傅和全国著名刻石工洛阳孙师傅及助手共七人雕镌。

受降亭碑文《攘夷颂》由江东杨圻云史撰写；《刘司令长官郾城受降记》由长官部秘书长 ××× 撰写。书丹则由秘书长电示第五战区驻重庆办事处，分别请国民政府司法院长居正、监察院长于右任执笔，主

① 郭尚武，河南西平县人。时任郾城县三青团干事长。

② 马树奇，1930 年生。河南沈丘县人。1949 年参加中国人民解放军。曾任漯河车辆厂革委会副主任，原漯河市经委干部。漯河市政协文史研究委员会办公室主任。1991 年离休。

碑“受降亭”三字由考试院长戴传贤题写。碑文内容，除概述历代御侮之事迹，“以见我列祖列宗经营缔造之艰难”外，皆为歌颂蒋氏一人之“功德”。插叙刘峙，谀辞满纸，以涂脂抹粉之碑文，欺罔后人。

刻石场设在火车站附近之公兴存厂房（今受降路东口一带），每天从早到晚，经常劳动十几个小时。伙食由商会在就近之小饭馆包饭，夜晚加班，12时加夜餐一顿。石工技艺超群，刻石如泥。石狮口含圆珠，系在口内凿石而成，只能在口内旋转，不能取出，孙师傅精刻碑文，毫发不爽。因系镌刻国民党要人兼大书家所写之字，笔意结体，俱要传神，以此徒工不参与碑文刻字。

大约月余工夫，石刻全部竣工。此时长官部已移驻郑州，刘峙由第五战区司令长官改任为河南省绥靖督办。秘书长行色匆匆，仅以“抓紧时间尽快完成全部工程”，草率安置了几句，即行离去。因此，除纪念碑本体外，纪念亭不再按原设计进行，采取了化繁为简，以粗易精的办法，以水泥、灰砂、砖柱、瓦面建成了碑亭。将纪念碑、亭之主体——四块高2.4米，宽0.75米，刻了文字之碑石，字面向外，背面相依，砌成方形之纪念碑置诸亭内，所谓“永垂千古之盛事”，就这样虎头蛇尾，敷衍草率地结束了。

12月上旬，坐落在漯河火车站南端花园内之受降碑、亭全部落成。郾漯地方长官立即报告河南省绥靖区，请求主持剪彩。几天后，刘峙乘专车来漯，主持了剪彩仪式。会上刘峙以战胜者的姿态讲了话。郾漯地方官员心有灵犀，借机大捧刘峙，与会者闻之蹙眉。庆祝活动大约进行了两个小时，庆祝一结束，刘峙未在漯河停留，即驱车返回郑州。

选自1995年《漯河文史资料》第六辑

1945年日本侵略军在漯河投降经过

马树奇

编者按：1945年9月20日，日本北支那派遣军第十二军团中将司令官鹰森孝率其部属一一五师团、十四独立骑兵团、九十二混成旅团、十三独立骑兵团、第四独立骑兵团及其他配属单位官兵31560人，向中国军政接收人员无条件缴械投降。这是漯河历史上的一件大事。漯河作为当时全国15个接受侵华日军投降的受降点之一，是经过一些曲折才确定的。现在经马树奇同志进一步寻访，查找资料，弄清了始末，写出《1945年日本侵略军在漯河投降经过》一文，现予刊载。

1945年8月15日，日本军国主义在第二次世界大战中彻底失败，日本天皇通过电台广播宣布无条件投降。9月2日，日本正式派出全权代表向中、美、苏、英四国投降书上签字。至此，中国人民历尽艰辛、浴血奋战之后，终于赢得了反法西斯战争的最后胜利。9月3日，也就成了中国人民在遭受帝国主义百年欺凌之后，第一次伟大的民族自卫战争的胜利纪念。

当日本侵略军放下屠刀的同时，蒋介石为了抢夺人民抗日战争的胜利果实，立即把全国划分为14个受降区，命令日本军集结指定地点，委任他的亲信大员为受降官，克期前往受降。

河南省属国民党第五战区管辖，由第五战区司令官刘峙接受日军投降。刘即以受降长官的身份从襄樊第五战区司令部电令驻郑州日军司令部，提示刘峙已经受命为郑、汴地区之受降长官，所有鄂北与河南境内之日本第十二军团及归其指挥的一切部队，均应向第五战区投降并分别在郑州、漯河、许昌集结。在正式投降前，日军保有武装，负当地警备及维持治安之责任。接着，刘峙命刘汝明第二集团军、孙震第二十二集团军分别从鄂北李官桥、谷城一带出发，向漯河、许昌、郑州挺进。当孙震率四十一军和四十七军之一二七师于8月底到达许昌，并北进郑州准备在郑州受降时，第一战区司令长官胡宗南忽然向蒋介石提出，准许命令日军第十二军团所有在豫西（含郑州）、豫北的部队均由胡宗南派员接受投降。胡当即派其参谋长李昆岗为郑州前进指挥所主任，继派副长官裴昌会率张耀明军赴郑州，处理受降事宜，同时拒绝刘峙前往郑州。刘峙既不能按原计划行事，即报请国民政府批准，将受降点改设漯河。遂命孙震由许昌南进漯河。第二十二集团军到漯河后，即以四十一军之一〇四师驻舞阳，以一二二师驻漯河，以一二四师驻驻马店、明港，以四十七军之一二七师驻西平、遂平。四十七军主力，由民权附近开往黄泛区之太康、淮阳。

9月初，国民党郾、漯各机关及驻漯日军代表，齐集漯舞公路三里桥以南，欢迎第五战区司令长官刘峙及其随行人员来漯。是日中午，气温很高，热如流火，树叶下垂，鸟雀无声。下午1时左右，只见西南方向，尘土蔽天，车流滚滚，几十辆卡车、小卧车疾驰到来，一时军号震耳，掌声阵阵。刘峙与参谋长赵自力、美国顾问小组（8人）及随行人员下车与迎接的地方军政人员一一握手，略事寒暄，即驱车至市内临时官邸，迎接活动约一个小时左右。

刘峙来漯河以后，长官部住美国医院（今漯河大桥西之原第一人民医院），顾问小组和外事处住红十字会，将受降地点设山西会馆，定于9月20日上午举行受降仪式。

当漯河广大群众得悉漯河已成为全国15个受降点之一，日军司令在漯河签字投降时，无不欢欣鼓舞，奔走相告。大家都关心着受降的日期和会场的安排，希望能够一睹日军司令投降的场面。会场主厅布置得颇为气派，四壁全用整匹绸缎围挂，地面先以苇席铺垫，上面覆盖毛毯，中间排列长桌，置受降长官席、美国顾问席标志于其上，给人以庄严肃穆之感。

9月19日，一二二师举行入城式，以加强漯河警备，市民欢庆光复，万人空巷，人头攒动，纷纷鼓掌欢呼。

9月20日，晨曦初透，启明未隐，漯河镇内，五步一岗，十步一哨，戒备森严，禁止人行。上午8时左右，吉普车、大卡车首尾相接，从东向西，满载全副武装的军人疾驰山西会馆。10时左右，第五战区司令长官刘峙，第二十二集团军司令孙震和美国顾问等出席受降仪式。日军第十二军团司令长官中将鹰森孝步入会场向中、美官员行鞠躬礼，刘峙代表中国和美国顾问讲话，略谓战争已经结束，日本侵略军应全部无条件放下武器，服从命令，集结指定地点，听候统一安置。日本北支那派遣军第十二军团中将司令官鹰森孝率其部属一一五师团、十四独立骑兵团、九十二混成旅团、十三独立骑兵团、第四独立骑兵团及其他配属单位官兵31560人，双手献刀以示投降，然后在投降书上签字。接着，刘峙、美国顾问代表相继签字，接受投降。随后，刘峙等离开会场，受降大典宣告结束，整个受降仪式大约进行近一个小时。

据说，在受降过程中，鹰森孝步入会场向刘峙和美国顾问鞠躬时，刘峙举措失当，竟欲举手还礼，受到美国顾问的严厉制止："不要还礼，他是战败者，应当向我们敬礼！"刘峙自知有失国威，一时面色颇为尴尬。

原来，郾、漯党政官员夜以继日，奔走筹备受降诸务，满以为能够恭临盛会，旁听观礼，谁知全被拒之门外，不禁大为扫兴。

10月10日，刘峙、孙震为庆贺中华民国国庆，炫耀军威，举行盛大的阅兵式，检阅一二二师。10月24日，一二二师奉命离开漯河，进军豫东，转入了反共反人民的第三次国内战争。不久，刘峙也离开了漯河，前往郑州就任河南省绥靖督办。

刘峙离开漯河以前，曾与郾、漯官员商定，为纪念抗战胜利，漯河应建亭勒碑，用垂久远。因购置石料，招雇巧匠，以四块高2.4米，宽0.75米之青石砌成之纪念碑，镌《攘夷颂》《刘司令长官郾城受降记》

和主碑“受降亭”三字于其上，置亭碑于火车站附近之小花园内。12 月上旬，刘峙由郑州专乘来漯河主持受降亭落成剪彩仪式，仪式完毕，即日返回郑州。

选自 1990 年《漯河文史资料》第四辑

日本侵华军在漯河的投降经过

邢富功

1945 年 8 月 15 日，日本帝国主义宣布无条件投降，中华儿女经过浴血奋战，最终取得了抗日战争的最后胜利。

漯河是侵华日军北支那派遣军 2971 部队司令部所在地，也是在豫侵华日军的主要指挥机关所在地之一。当时，侵占河南的日军把漯河作为指挥中心，所辖范围包括西南至老河口、南阳、方城、叶县、舞阳，南至信阳、驻马店，北至许昌、郑州，东至周口等地的日军。日本战败投降后，国民党政府把漯河确定为全国的 15 个受降点之一，即第五受降区，委任刘峙为受降长官。刘峙和他的参谋长赵自力等 8 人来漯河主持第五受降区的受降事宜。

日军北支那军司令长官鹰森孝（中将）把他的司令部从滨河路西段路北医院街迁出来，并将该处移交给国军第五战区司令部使用，受降办事处驻寨内西大街中段路南。

刘峙来漯河后，召集了驻漯国军部队长官、地方官吏和日军投降代表商议受降等具体事宜，成立了筹备委员会，确定受降日期等，并指定由郾城县政府和漯河镇公所负责布置举行受降仪式的会场。会场设在山西会馆。经过几天的紧张工作，会场布置得庄严隆重。会场四周用天蓝色布围拦，主席台上搭有顶棚，下铺苇席，会上用的桌凳大都是新的，在进行严密的检查后派警卫人员看守。

1945 年 9 月 20 日，天空分外晴朗。东方刚刚放亮，城镇的主要街道便清扫得干干净净，各主要街口设有武装岗哨。这一天，日本北支那派遣军第十二军团中将司令官鹰森孝率其部属——五师团、十四独立骑兵团、九十二混成旅团、十三独立骑兵团、第四独立骑兵团及其他配属单位官兵31560人，向中国军政接收人员无条件缴械投降。

9月20日上午9时举行受降仪式，日军投降代表鹰森孝和他的几名下属军官先期到达会场，随后刘峙和漯河驻军各部长官及美国顾问组等受降人员，分乘小汽车来到会场，郾城县县长蔡友令，漯河镇镇长陶瑞亭，镇区各保都派有知名人士参加了受降仪式。

受降仪式开始，鸣礼炮18响，接着刘峙作了简短的讲话，他以胜利者的身份，大谈中华民族艰苦抗战取得了最后胜利，代表中华民国政府和军队受降。鹰森孝以战败国战地指挥官身份，表示无条件向中国人民缴械投降。嗣后，刘峙代表中国第五受降区签字受降，鹰森孝代表日军签字投降。签字后，鹰森孝面向与会的全体中国军民后退三步，鞠了九个躬，向中国人民低头认罪，向中国人民无条件缴械投降，并把佩带的指挥刀双手举过头顶，交给主持受降的首席官刘峙，正式缴械投降。

受降仪式结束后，驻漯日军分别在滨河路、张公路（今民主路）日军军需仓库和竹木街日军兵营向受降的中国军队缴械并办理军需物资的清点移交手续。

在日军投降后等待遣返回国期间，中国当局命令他们将竹木街西段由寨内通向煤市街（今公安街）的一条弯弯曲曲的狭窄土路，加宽取直整修，又运来碎砖烂瓦铺垫筑成宽8米、长约700米的大道，命名为“受降路”。

为了纪念抗战的胜利，由漯河商界捐资，第五战区司令部指派秘书长负责筹办，请郾城知名人士郭尚武、李幼敬设计，又从洛阳请来著名石工巧匠和漯河润芳斋的田金富、侯忠祥合作施工。经过紧张施工，于1946年春在火车站附近仿照郾城八景之一——龙塔古篆造型建起“受降亭”一座，亭为六角形，高约6米，亭底座面积约8平方米。亭的四周有8尊石狮护守，四面石碑对称而立。刘峙从郑州专程来漯河参加受降亭落成剪彩仪式，并对“亭”中的精雕细刻工艺赞不绝口。

抗战胜利，全国划定的14个受降区，唯独漯河建造了纪念性的“受降亭”，所以，国民党几位知名元老挥笔题词留念。受降亭正面主碑“受降亭”三个字，由当时的中华民国政府委员、考试院院长戴传贤所题，其余三块为“受降亭记”“抗战祝胜词”“建亭记”石碑，分别由国民党中央监察院长于右任、司法院院长居正和第五战区司令长官刘峙亲题。

选自 1995 年《漯河文史资料》第六辑

鹰森孝之外另有一名日军中将在漯河投降

郝河庆[①]

2015年是中国人民抗日战争暨世界反法西斯战争胜利70周年。在我市一名热衷研究漯河历史文化爱好者的帮助下，我查阅了新近发现的一些宝贵文史资料，其中包括70年前漯河受降主要当事人刘峙、安国钧等人的回忆录，还原1945年9月20日日军漯河投降经过，首次独家披露受降时日军官兵、马匹、炮、轻重机枪、步枪数量以及……

公元1945年9月20日是农历乙酉年中秋节。

这日，风起云涌的历史步伐选择了一个名不见经传的中原小镇——漯河，在风云际会的世界反法西斯胜利中，登上当时中国的最高政治舞台，在这里，第五战区接受了日军投降。在我市一网名为“沙澧晨曦”的热心人士帮助下，我从8月上旬开始，查阅了当年漯河受降主要当事人刘峙、安国钧等人的回忆录，特意赶往南京，在该市举行的“中国战区受降档案史料展”（以下简称“受降展”）上寻找诸多关于漯河受降的原始历史档案。今天，让我们去翻开那页尘封的历史，重温历史的记忆，走进那段战火纷飞的年代。

幕后较量：刘峙和鹰森孝的抗日收官之战

网友“沙澧晨曦”是老漯河人，今年50岁，酷爱漯河本土文化，尤其喜欢研究城市的风土人情和历史文化，但他不愿意透露自己的姓

① 郝河庆，出生于1972年10月，山西长治人，毕业于郑大中文系。1999年从事新闻工作，曾策划执行《漯河船民千里寻踪》《京汉铁路百年与漯河》等大型异地采访活动，有20多篇稿件获得国家、省级好新闻一、二、三等奖，多次被评为省市级新闻先进工作者。

名。“沙澧晨曦”有十多年的军旅生涯，曾参与所在部队和地方军分区军事史的编纂，所以对过去发生在漯河周围的一些焦点战争谈起来很是细致。

“漯河受降中日双方的最高指挥官分别是刘峙和鹰森孝。而此前，具有戏剧性的是，这两位最高指挥官曾在战场上较量过，史称豫西鄂北会战。”“沙澧晨曦”说，“这场战事是中国军队抗战之中，22 次大会战的最后一次会战。该会战的隆隆炮声敲响了日本军国主义的丧钟，此战过后再无大战。”

2013 年，中国文史出版社出版的《正面战场中原抗战》记载：“豫西鄂北会战又称老河口作战，在河南省西部和湖北省北部地区，与来犯的日军第十二军团进行的一次防御作战，发生于 1945 年 3 月 21 日至 1945 年 5 月。”据介绍，这场会战双方的最高指挥官分别为刘峙和鹰森孝，各自投入的兵力均在 7 万人以上。“5 月 31 日，豫西鄂北会战结束。据中国方面宣布，共毙伤日军 1.6 万人。此后，中日两军在西峡口以西及襄河两岸形成对峙，直至日本投降。”

前台相逢：刘峙接受鹰森孝漯河投降

今年的 6 月 10 日，“沙澧晨曦”在和辽宁的战友电话交流时，无意间听到的消息让他如获至宝：“我有一个朋友，收藏了一本刘峙写的回忆录，上面提到过漯河受降。”随后，在辽宁战友的帮助下，尽管提到的藏友没能忍痛割爱，“沙澧晨曦”还是购买到了该书的影印版。笔者看到，该书《我的回忆》是一部自述体个人传记，共分八章约 20 万字，写于 1966 年 2 月，1982 年 1 月由台湾文海出版社有限公司出版。作者刘峙，系国民党高级将领、二级陆军上将。

关于这次中日之间的收官之战，《我的回忆》中写道：“3 月 19 日，长官部由老河口城迁往杨林铺之王家营，当留第一二五师汪匣锋部固守老河口，其余部队移驻襄河西岸，作攻势防御。南漳几进几出，襄樊失而复得，战况极为激烈，而老河口则战至 4 月 8 日被攻陷。此时，我正在玉皇顶山上督导空军支援第四十七军之一〇四师，对日寇作猛烈之进攻，几番击杀，终成拉锯，敌方炮弹从我头上掠过，幸未受伤。”此次会战的惨烈状况可见一斑。

“刘峙在《我的回忆》第五章第五节中，以较大篇幅，详细披露了从 1945 年 2 月就任第五战区司令，到 1946 年 1 月转任郑州绥靖公署主任，抗日战争胜利前后其主持日军漯河受降的历史经过。”“沙澧晨曦”说，历史具有戏剧性，刘峙和鹰森孝这对战场的死对头，怎么也想不到，在 3 个多月后战争逆转，他们从幕后走向前台，刘峙作为国民党第五战区司令官代表中国政府在漯河接受了侵华日军 2971 部队司令官鹰森孝中将带领的日军官兵的投降。

人物特写：刘峙的反共抗日双面人生

8 月 22 日上午，古城南京骄阳似火，与总统府景区摩肩接踵的热闹场景相比，相距数百米的江宁织造博物馆内显得较为安静，多是一些中年人的游客在“受降展”上驻足、徘徊。工作人员热情介绍，“受降展”由中国第二历史档案馆等部门主办，展出历史照片 200 余幅，受降档案 100 余件。这是中国战区受降档案首次面向公众系统性地公开展示，展览将持续到 10 月 8 日。

在“分区受降”展区，笔者仔细查看了漯河受降区的情况，认真记录刘峙反共抗日的双面人生。刘峙，1892 年 6 月出生于江西省吉安县，1924 年进入黄埔军校任战术教官，后参加东征、北伐和蒋、冯、阎的中原大战。1926 年 3 月，在蒋介石的授意下，刘峙与海军将领欧阳格合谋，逮捕中山舰舰长、共产党员李芝龙，制造了“中山舰事件”。1932 年 6 月，刘峙率部进犯鄂豫皖苏区，“围剿”红四方面军，甚得蒋介石赏识，居国民党早期“五虎上将”（刘峙、顾祝同、蒋鼎文、陈诚、卫立煌）首位。

刘峙人生的另一面就是积极的抗日斗争。1937 年 7 月，抗日战争爆发，刘峙被任命为第一战区副司令兼第二集团军司令；同年 8 月，率部由河南开封进驻河北保定，迎战沿平汉铁路南下的日寇第一军香月清司部，此战是京、津失陷后，抵抗日军南侵的第一次战役。在保定阻击战中，刘峙率部积极应战，但最终未能有效阻挡日军的强大攻势，被迫退至石家庄一线，战后被蒋介石撤职。1939年刘峙改任重庆卫戍总司令。

日记还原：漯河受降时亲历场景

令人遗憾的是，“受降展”还是缺乏漯河受降区的历史图片以及受降过程，只能从《我的回忆》中还原历史：“1945年8月10日，我从收听到的广播中得知日本愿接受《波茨坦公告》无条件投降，次日向蒋介石发电提4条建议：1. 注重绥靖，2. 剿灭共匪，3. 软化反侧，4. 缩小省区；而后作挺进、受降、接收等准备工作。”据刘峙回忆，因为当时第五战区受降仪式的举办地有多次变更，最后才确定在许昌、郾城地区的漯河举行。

9月7日，刘峙率受降人员由驻地出发绕过老河口城进驻南阳；9月19日，再由南阳抵达漯河。“一路上，我沿途所见，尽是残垣断壁，惨不忍睹；深感8年抗战，沦陷地区就像害了一场大病，如何迅速善后？如何建设恢复元气？的确是问题，想到这里，不禁为之心酸。”在回忆中，刘峙特别写道：“所到之处，沿途百姓到处摆香案、燃爆竹，庆贺抗战胜利，我大为感动。”

“9月20日，这天是中秋节，我在漯河正式接受日军第十二军团司令鹰森孝中将、第二十五师团长杉浦英吉中将之投降。”在受降仪式上，刘峙当场向鹰森孝等宣读并递交“和”字第1号训令：命令集结于许昌地区之日军第九十二混成旅、第十四警备队等，由国民党第二集团军负责将其解除武装；集结于郾城地区之日军第一一五师团、第十三警备队等，由国民党第二十二集团军负责将其解除武装；集结于商丘地区之日军骑兵第四旅团，由国民党兵站总监部派接收小组前往接收。

首次披露：日军有两名中将投降以及官兵、枪械数量

长久以来，包括首部《漯河市志》以及我市出版的诸多文史资料中，讲述日军投降的中将只有一个——鹰森孝，刘峙在《我的回忆》中首次讲述到另一名——第二十五师团长杉浦英吉中将也在其中。此外，《我的回忆》中首次披露："除商丘地区外，累计俘虏日军官兵 28816 名，马匹 2055 匹，炮 138 门，轻重机枪 397 挺，步枪 15213 支。"

作为漯河受降的见证者、亲历者，台湾著名甲骨文学者、书法家安国均先生，在自己的回忆录——《抗日战争胜利受降典礼纪实》（以下简称《纪实》）中，同样写有"与鹰森孝并立者，询知为日军第二十五师团长杉浦英吉中将"。安国钧先生 1915 年出生于杞县，1949 年携妻子到台湾任教。2015 年 9 月 15 日，在市台办工作人员李楠的热心帮助下，见到了居住在杞县县城东关、75 岁的退休老教师安西仁。他说，安国均是他大伯，当年作为学者受刘峙邀请来漯观礼。令人遗憾的是，2014 年 11 月，老人在台湾去世。

"受降典礼，斯日上午九时举行。礼堂设于当地一处的豪门古宅，庭院宽敞，院门南向，悬有受降典礼标识，正厅崇闳，可容七八十人的座位，便是受降典礼的礼堂了。"据《纪实》讲述：时至九点，引导官引日本降将等六人到了，排开，立正，向刘将军敬礼鞠躬，刘将军安坐，点头回答。日军投降代表还是鹰森孝其人，彼等立正，签押受降文件完毕，刘将军敕其遵命："退去！"鹰森孝答："是！"对刘将军敬礼，鹰森孝带头向后转，齐步走。

珍贵史料：将修订和完善漯河市地方志记载

"刘峙是国民党著名将领，一生追随蒋介石，坚持反共内战顽固不化；1948 年 12 月，新华社授权发布的 43 名国民党战犯名单中，刘峙位列第 25 号。但是，作为历史人物，他在 8 年抗战期间，积极率部与日

军作战，英勇抵抗侵略的表现，则应该予以充分肯定。”漯河知名民俗专家和文史学者、今年85岁高龄的孟巍坚老人发表观点时表示：“刘峙的《我的回忆》对漯河的现实意义就是，还原当时真实历史，补充了漯河受降历史。”

2015年9月16日，漯河市文化局副县级调研员、文物科科长齐新卷听到新近发现的文史资料《我的回忆》时很是兴奋。他表示：“古人撰写的一些吊唁文章和墓志铭，也带有回忆录的性质。此外，回忆录就是口述历史，是一种搜集历史的途径，记载了作者亲身经历的那些特殊岁月、重大事件、既不寻常又很有代表性的历史变迁，具有重要的史料价值。”

“我曾参与首部《漯河市志》的编纂工作。受当时各方面的局限性，在漯河一些重大历史事件的记载方面，存在着原始材料缺失、现有记载记述不详与数字不准等现实问题。”当日，漯河市档案馆副馆长吕国成这样说。刘峙《我的回忆》特别是有关来漯主持日军受降的记述真实、可信度高，作为第一手佐证材料可有效填补过去史料不足这一空白。

采访中，吕国成恳切地委托我，希望将刘峙的《我的回忆》存留在市档案馆。他表示：刘峙《我的回忆》这本书对于研究漯河的抗战史特别是接受日军在漯河投降这一历史事件，具有一定的史学和学术价值，对今后修订和续编漯河市志意义重大。

选自2016年《漯河文史资料》第二十三辑

后 记

整理建市以来前三十年《漯河文史资料》是七届漯河市政协确定的一项重点文化工程。任务确立之后，聘请熟悉我市历史文化并热心文史资料工作的学者组建了专项工作小组。专项工作小组首先认真学习了中国文史出版社出版的《文史资料学概论》(卞晋平、方兆麟等著)，对主席会议确定的“去伪存真、去粗取精，补充完善、按系分类”的原则进行了认真的讨论和领会，在此基础上着手开展工作。

纳入本次整理范围的是1986年至2016年市政协征编的《漯河文史资料》共24辑、813篇、351万字，经剔除不符合文史资料体例和不宜出版的内容之后，确定选入史料共计630篇，280万字。

整理工作确立了“遵循国家有关法律、法规，遵循文史资料工作统战性特点，尊重历史见证人对历史事件的表述，以服务大局、服务社会为宗旨，深入挖掘史料价值，全面提高政治、史实和文字水平，更好发挥‘存史、资政、团结、育人’作用”的指导思想。专项工作小组逐篇审读这些史料，建立每周工作例会汇总审读中发现的问题，提出了“校、勘、注、附、表、补、删、插”八字整理工作法，并依据内容将纳入整理范围的文稿划分为八个部分，采取集中研讨、分工负责的方法开展整理工作。整理过程中，经过多次研讨并听取中国文史出版社梁洁同志的建议，又调整了分卷方案，确定为目前的12分册，其中曹代颖、张艳负责《古韵新辉》《百业春秋》《桑梓情思》3册；刘西森、陈思盈负责《抗战岁月》《解放战事》《河上风物》3册；马恒祥、蔡慧娟负责《沙澧英才》《杏坛双星》《生态今昔》3册；鲁锁印、夏跃进负责《民国往事》《校园漫忆》《沧桑巨变》3册。除了较为繁重的文字校勘之外，各组重新审读原文，进行充实梳理，在尊重撰稿人原稿的基础上，根据新发现对史料进行补充完善，对内容存疑或失实的进行更正。其间，收集并参阅大量的外来资料，不厌其烦地进行史料比对，可谓夙夜不息、历尽艰辛。

整理工作的全程中，吕岩同志两次主持主席会议进行专题研究，肯定了本次文史资料整理工作的意义，确立了文史资料整理工作的方案和原则，并多次听取汇报提出指导意见，使整理工作始终沿着正确的方向前行。分管副主席田冠亭、胡新峰同志在日常工作中高度关注，在关键节点协调帮助，为工作顺利推进提供了保障。安清跃、史凤民、刘颖峰为整理工作收集资料提供了有力支持。参加专项工作小组例会的牛青、李永杰、翟媛媛长期牺牲节假日休息时间，为专项工作小组精心服务，作出了应有的贡献。丛书送审稿校定后，秘书长袁国亮组织机关的黎联峰、杨为、李庆峰、蒋向军、刘勇、李聪燕、王玉、崔博、吕煜辉、王文君、赵彤、康家浩等参与审读并提出修改意见；出版社一校二校完成后，各专项小组进行了复审，最后由鲁锁印对复审发现的问题进行统筹，力求使各卷标准统一，格调一致。

丛书整理虽历时三年有余，仍觉时间紧促，加之庚子年疫情的影响，一些图文资料采集计划未能如期实施。参与整理的诸君虽倾心而为，亦力有未逮，实乃囿于学识。期待出版后读者斧正润色，为后继者立标杆，助漯河文史资料工作日益上台阶。

编　者

2021年12月30日